Ressources Humaines

Benoît Grasser
Florent Noël

Ressources Humaines

Enjeux • Stratégies • Processus

2e édition

Vuibert

ISBN 978-2-311-40871-3

Site Internet : http://www.vuibert.fr

Sommaire

Préface

Avec la pandémie du début des années 2020, les organisations ont vécu une expérience inédite de changement nécessitant une implication totale des équipes RH pour accompagner les salariés, les managers et la direction, sécuriser la poursuite de l'activité, préparer et accompagner la reprise, renouveler les politiques et pratiques RH, améliorer le fonctionnement de l'organisation et offrir durablement une expérience collaborateur de qualité.

La pandémie a fait ressortir le rôle crucial de la fonction Ressources Humaines dans la résilience de l'organisation. Les directions des ressources humaines ont pleinement joué leur rôle de partenaire d'affaires afin d'assurer dans les meilleures conditions possibles la continuité de l'activité et la survie de l'organisation. La pandémie a accéléré la transformation de la fonction RH, qui a très souvent gagné en légitimité. Cependant, pour remplir ses missions dans un contexte transformé, elle doit gagner en compétences et légitimité afin de définir et de faire vivre des politiques et pratiques RH qui répondent non seulement aux besoins, actuels et futurs, des acteurs internes (salariés, managers, dirigeants, représentants des salariés), mais aussi aux attentes des acteurs extérieurs (clients, investisseurs, communautés, etc.). La légitimité de la fonction repose sur la capacité du DRH à anticiper les transformations de l'environnement de l'organisation et les attentes de toutes les parties prenantes.

La crise a fait ressortir l'intérêt d'identifier en quoi l'entreprise a un impact sur la société, de mesurer les effets (positifs comme négatifs) de l'activité, et de rendre compte de son impact auprès des partenaires et des parties prenantes. La crise a conduit à réviser le calcul de l'impact social de l'entreprise. Après la crise, la formulation d'une raison d'être apparaît comme une opportunité formidable pour donner du sens au travail de chaque collaborateur et accroître son engagement. L'ensemble des politiques RH et des pratiques managériales s'articulera autour de la « raison d'être », qui permettra de recréer la cohésion sociale.

Dave Ulrich a utilisé l'expression « HR from the outside-in » pour qualifier la « 4e vague RH », celle de l'ouverture sur le monde extérieur, destinée à anticiper les évolutions structurantes à venir et à adapter l'organisation. Après la première vague (une fonction essentiellement administrative), une seconde vague (Design des pratiques RH innovantes) et la troisième vague (RH stratégique), la fonction RH doit s'ouvrir vers l'extérieur afin de modeler les pratiques d'organisation et de communication qui permettront de répondre aux besoins des acteurs extérieurs à l'entreprise dans un environnement complexe. Le DRH doit comprendre le contexte dans lequel le business s'inscrit. Il doit identifier les tendances économiques, environnementales, technologiques, démographiques, sociales, culturelles, politiques et réglementaires qui auront un impact sur les politiques et pratiques RH.

Dans l'organisation devenue un écosystème où la dimension numérique transforme les relations, la fonction RH est la garante des changements dans l'entreprise, des motivations et des performances, et de la gouvernance humaine, avec des champs élargis et avec les parties prenantes. Le DRH doit être stratège et opérationnel, personne d'influence et créateur du contrat social, sourceur de talents et garant de la non-discrimination et de l'inclusion. Il veille à la symétrie des attentions pour offrir à chacun une « expérience collaborateur » de qualité, clé d'une bonne « expérience client ». L'extension des domaines et des thèmes d'intervention de la fonction est permanente. Cet élargissement du champ de la fonction nécessite un développement permanent des compétences et capabilités de tous les acteurs RH.

Cette deuxième édition de l'ouvrage de Florent Noël et Benoît Grasser apporte une contribution de grande qualité au développement nécessaire des capabilités dans le contexte actuel. Elle intègre les évolutions réglementaires récentes, les nouveaux enjeux RH, les dynamiques et les problématiques liées à la crise sanitaire et à la gestion des plans de sauvegarde de l'emploi dans les secteurs les plus affectés. L'objectif est de répondre aux défis sociaux, sociétaux, organisationnels et managériaux que la fonction RH doit aider l'organisation à relever.

Il faut féliciter les auteurs pour la qualité et la pertinence de leur ouvrage dans un tel contexte. Cet ouvrage, écrit par des universitaires engagés dans la recherche et la formation dans le domaine des ressources humaines, apporte aux DRH, aux cadres de la fonction RH et à tous ceux qui souhaitent approfondir leur réflexion dans le domaine de la gestion des ressources humaines, les éléments de culture théorique, juridique et pratique nécessaires à l'exercice de leurs responsabilités. Sa lecture donne envie au praticien de prendre du recul et de progresser. L'ouvrage, très riche, donne une image passionnante et motivante de la fonction RH.

Les auteurs associent approche académique et professionnelle et, au-delà des bases de la culture GRH, présentent les défis contemporains qui conduisent la Fonction RH à se transformer. Ils soulignent à juste titre dès l'introduction le caractère protéiforme et contingentiel de la FRH. Leur ambition n'est pas d'apporter au lecteur des « bonnes pratiques » universelles mais de lui permettre d'acquérir les réflexes nécessaires pour décoder la complexité, gérer, décider et innover dans le respect des contraintes liées à chaque situation, et pour se projeter dans la conception et la mise en œuvre de politiques RH.

La réflexion est alimentée par la présentation de nombreux exemples de pratiques RH, des témoignages, des pratiques innovantes choisies avec discernement. Ainsi, l'apport de clés de lecture conceptuelles est enrichi par des descriptions de pratiques, et illustré par des expériences originales ouvrant d'intéressantes perspectives.

Les quatre parties de l'ouvrage abordent de façon structurée les grands débats actuels sur la transformation de la fonction.

Dès la première partie, le lecteur est confronté aux grands choix possibles de GRH. Trois chapitres présentent les principales articulations qui guident les choix : articulation entre le projet économique et le projet social de la GRH, celle du niveau et du type de flexibilités internes ou externes (quantitatives ou qualitatives), et celle des choix d'organisation du travail. Les multiples illustrations et exemples clarifient chacune de ces articulations.

La deuxième partie positionne la fonction entre ses contraintes et ses marges de manœuvre. Elle présente les contraintes des cadres juridique, institutionnel et économique et étudie les possibilités d'action qui permettront de les intégrer, d'optimiser, de concevoir et de piloter des modèles de GRH adaptés à chaque configuration.

La gestion de la question centrale de l'emploi, des effectifs et des compétences est traitée dans la partie trois avec deux convictions : 1) les ajustements de main-d'œuvre et l'évolution des compétences sont longs et coûteux, faisant de l'anticipation et du lissage des ajustements dans le temps une priorité stratégique ; 2) la compétence étant difficile à définir, à mesurer et à observer, il faut outiller la réflexion pour tenter de s'approcher finement du travail tel qu'il est effectivement réalisé en s'appuyant sur les démarches compétences.

L'ouvrage aborde dans la quatrième partie la motivation au travail et des formes de mobilisation des individus avec la même association entre approche académique et nombreuses illustrations tirées d'expériences originales. Toutes les dimensions, tous les questionnements sont traités avec le même souci de clarté qui caractérise l'ensemble du livre.

La nouvelle édition de cet ouvrage très riche est passionnante et agréable à lire. Elle apporte aux DRH, aux cadres de la fonction RH et à tous ceux qui souhaitent approfondir leur réflexion dans le domaine, les connaissances issues de la recherche en RH et en management ainsi que de la pratique. Elle leur permet de concevoir et de mettre en œuvre des politiques RH adaptées au contexte actuel, à ses défis et ses contraintes. La lecture de ce livre constitue un atout exceptionnel pour ceux qui s'intéressent au management des ressources humaines, qui souhaitent prendre du recul, nourrir leur réflexion et enrichir leurs pratiques pour que la fonction joue pleinement son rôle de « Business & Human Partner » afin d'accompagner la transformation de leur organisation, développer les innovations managériales appropriées et favoriser l'excellence opérationnelle.

Jean-Marie Peretti
Professeur à l'ESSEC Business School
Titulaire de la chaire ESSEC du Changement et de la chaire ESSEC de l'Innovation managériale
Rédacteur en chef de la revue « Question(s) de management »
Président d'honneur de l'IAS (Institut International de l'Audit Social) et de l'AGRH (association francophone de Gestion des Ressources Humaines)

Introduction

La GRH comme un défi

Les missions attribuées à la fonction ressources humaines représentent un défi passionnant. Tout l'intérêt de la GRH réside dans le paradoxe que recèle l'exposé de sa finalité : gérer les femmes et les hommes dans les organisations. Gérer renvoie à des exigences d'efficacité, d'optimisation et de rationalisation. Il est facile de concevoir que de tels objectifs s'appliquent à des flux financiers, des processus de production ou des tendances sur des marchés de produits, pour ne prendre que quelques exemples. Il en est tout autrement lorsqu'il s'agit de transposer cette même logique aux ressources humaines : capables d'intelligence individuelle et collective, connaissant des niveaux de motivation variables, susceptibles de connaître des joies et des souffrances à travers les situations de travail ou en mesure de s'allier pour faire valoir leurs intérêts, les femmes et les hommes qui composent les organisations ne se prêtent guère *a priori* aux calculs et à la planification gestionnaire. Pourtant, il est possible de s'accorder sur le fait qu'il est préférable pour toute action collective de fixer des objectifs et de les atteindre au mieux en gaspillant le moins possible les ressources, qu'elles soient humaines ou non : c'est précisément le rôle de la gestion que d'y parvenir. Le défi de la GRH consiste donc à gérer les femmes et les hommes de l'organisation en prenant toute la dimension de leur singularité. Elle doit, par nécessité et par conviction, porter haut le message que la performance économique ne peut pas se dissocier de la performance sociale et que ces deux dimensions se nourrissent mutuellement, *a fortiori* si l'on vise un développement pérenne plutôt que des résultats à court terme.

L'exposé des grandes fonctions classiques de la GRH le démontre. La qualité du recrutement assure non seulement l'organisation de disposer des ressources correspondant à son projet, mais permet aussi de définir le système d'attentes réciproques, formalisées ou non, qui unissent l'employeur et les employés. La gestion de l'emploi permet d'accompagner les évolutions d'activité ou de stratégie, et vise à anticiper au mieux les ajustements quantitatifs et qualitatifs de main-d'œuvre, qu'il s'agisse d'accompagner le développement de l'organisation ou de limiter les conséquences sociales d'une conjoncture défavorable. La formation et le développement des compétences revêtent une dimension stratégique lorsque les femmes et les hommes constituent une ressource distinctive pour l'organisation, une dimension de réussite personnelle lorsque les parcours professionnels permettent aux individus de se réaliser à travers leur travail, une dimension économique lorsque la compétence reconnue devient un élément de détermination de la valeur du travail et de sa rémunération. La rémunération, précisément, loin de se limiter au versement d'un salaire déterminé contractuellement, représente un levier aux effets multiples, allant de la motivation au développement du sentiment d'appartenance, en passant par la recherche d'alignement entre les intérêts des salariés et ceux de l'employeur. Enfin, la gestion du dialogue social constitue une clé pour la conduite du changement, la mise en conformité de la politique sociale de l'organisation avec les orientations portées par les politiques publiques (prise en compte des diversités, réduction des inégalités liées au genre, amélioration de la qualité de vie au travail, développement de la responsabilité sociale, etc.) et une amélioration du climat social susceptible de réduire les accidents du travail, les risques psychosociaux, le turnover ou encore l'absentéisme.

Une GRH contingente et inclusive

Il est illusoire de vouloir faire face à de tels défis en appliquant des modèles de GRH préfabriqués ou des pratiques supposées universelles. De toutes les fonctions managériales, la gestion des ressources humaines (GRH) est probablement la plus protéiforme. Les enjeux, les stratégies et les processus sont différents d'une organisation à une autre. Face à l'impossibilité de dégager des bonnes pratiques valables en tout lieu et en tout temps, l'idée de ce manuel est de mettre l'accent sur les raisonnements sous-jacents aux pratiques RH, afin de permettre au lecteur l'acquisition des réflexes nécessaires pour décoder la complexité, gérer, décider et innover dans le respect des contraintes liées à chaque situation.

Le parti pris est donc de prendre acte du caractère contingent de la GRH, de la nécessité d'élaborer localement des pratiques de GRH à la fois cohérentes avec les objectifs de l'organisation et pleinement intégrées dans ses dynamiques sociales et ses jeux d'acteurs.

Il s'agit bien sûr de traiter de la GRH en tant qu'**ensemble de modèles de gestion de la relation d'emploi au sein des organisations**, ce qui implique la recherche d'efficacité et d'efficience dans l'atteinte des objectifs organisationnels. Mais il s'agit aussi, parce que c'est une clé d'analyse essentielle, et parce que cela est déterminant dans la compréhension des contraintes et des opportunités, de prendre en compte le **contexte institutionnel**, le droit du travail, la culture et l'histoire des systèmes de relations professionnelles, sans lesquelles on ne peut comprendre les spécificités nationales ou sectorielles.

Dans GRH, le terme « ressources » désigne le travail comme objet de gestion, mobilisé par l'employeur avec un objectif d'optimisation, au regard du coût que représente l'usage du travail d'autrui, mais aussi du potentiel de création de valeur qu'il représente. Plusieurs expressions sont utilisées pour désigner ces « ressources humaines » : travailleurs, collaborateurs, salariés, personnels, talents... Notre approche inclut dans le périmètre de la GRH **l'ensemble des individus qui travaillent dans le cadre de l'activité organisée**. Que cette activité relève des domaines privés, publics ou associatifs, du salariat ou des autres formes de statut possibles, qu'elle se situe au cœur ou aux périphéries des organisations. Et quels que soient l'appétence de ces individus pour leur activité, le caractère ordinaire ou spécifique de leurs compétences, et l'ensemble des caractéristiques qui distinguent les individus les uns des autres. Ainsi, il sera bien évidemment question de personnes clés et de talents, mais aussi d'ouvriers, d'employés, de cadres intermédiaires, c'est-à-dire de tous les travailleurs qui, de fait, sont gérés par les équipes RH.

En raison de cette approche inclusive, cet ouvrage cherche à transmettre les bases de la culture théorique, juridique et pratique de la gestion des ressources humaines. En cela, il cherche à faire émerger les phénomènes récurrents vérifiés par l'histoire de la fonction et quelques certitudes scientifiques établies par les penseurs classiques. Mais il s'ouvre aussi très largement aux **tendances contemporaines.** Nous avons ainsi inclus dans cette deuxième édition les évolutions réglementaires les plus récentes (ordonnances Macron, loi pour la liberté de choisir son avenir professionnel, etc.), et les multiples exemples permettent d'aborder les questions de GRH dans des contextes représentatifs des évolutions les plus actuelles (digitalisation, ubérisation, marque employeur, gestion des talents, etc.). En outre, l'insistance sur les concepts fondamentaux permet d'aborder aussi bien les dynamiques les plus positives et les problématiques liées à la croissance rapide des start-up, par exemple, que les conséquences de la crise sanitaire et la gestion des plans de sauvegarde de l'emploi dans les secteurs les plus affectés.

Le projet et l'organisation de l'ouvrage

De fait, ce manuel est essentiellement destiné à ceux qui, ayant déjà une première approche de par leur formation, leur parcours professionnel ou leur expérience de travail, souhaitent **approfondir leur réflexion** dans le domaine de la gestion des ressources humaines : étudiants de Master en management ou de MBA, en formation initiale ou en formation continue, ou professionnels de la fonction RH (DRH, syndicalistes, consultants) curieux d'interroger leurs pratiques.

Il s'adresse donc à un lectorat qui est déjà familiarisé avec les principaux outils de la GRH et qui désire acquérir ou renforcer dans ce domaine les éléments de **culture académique et professionnelle** qui lui permettront de se projeter dans la **conception et la mise en œuvre de politiques RH**, ou de mettre en perspective un vécu professionnel déjà riche en la matière.

Ce livre ne se présente pas comme un recueil de solutions prêtes à l'emploi, mais comme un ensemble de **clés de lecture conceptuelles** (appuyées sur des encadrés « Zoom »), de **descriptions des pratiques** les plus fréquentes (appuyées sur des encadrés « Outil »), et d'**illustrations par des expériences de GRH** concrètes et singulières (appuyées sur des encadrés « Illustration » et « Application », ces derniers comprenant des exercices). C'est autour de ce projet que se structurent les quatre parties de l'ouvrage.

La première partie consiste à présenter **les grands choix possibles de GRH**, en les situant au croisement de trois dimensions : celle de l'articulation entre le projet économique et le projet social de la GRH, celle du niveau et du type de flexibilités internes ou externes, quantitatives ou qualitatives, et celle des choix d'organisation du travail.

La deuxième partie a comme objectif de questionner la prise de décision en matière de GRH. Il s'agit de positionner la fonction entre **ses contraintes et ses marges de manœuvre**, entre les cadres juridique, institutionnel et économique dans lesquels elle doit s'inscrire, mais aussi dans ses possibilités d'action, pour optimiser le rapport à ces contraintes, et pour concevoir et piloter des modèles de gestion adaptés à chaque configuration.

La troisième partie aborde la question de la **gestion de l'emploi, des effectifs et des compétences**. L'interrogation sous-jacente est de savoir comment anticiper au mieux les variations d'activité, et intégrer les compétences détenues par les individus dans la réflexion et les choix stratégiques de l'organisation.

Enfin, la quatrième et dernière partie traite de la **motivation au travail et des formes de mobilisation des individus**, soit dans une perspective d'incitation et d'alignement des objectifs, soit dans une perspective de prise en compte des ressorts de l'implication et de l'intérêt au travail.

Les auteurs

Benoît Grasser est professeur des universités, spécialiste de la gestion des ressources humaines. En poste à l'université de Lorraine, il enseigne à l'IAE Nancy School of Management, où il a été responsable de formations en GRH (Licence professionnelle et Master). Membre du laboratoire CEREFIGE, ses recherches portent sur la gestion des compétences, son intégration dans les pratiques de gestion des ressources humaines, et ses liens avec l'organisation et la stratégie. Il est également co-animateur du groupe de travail Management des compétences au sein de l'AGRH.

Florent Noël est professeur des universités à l'IAE Paris. Il y dirige le Master Ressources humaines et responsabilité sociale de l'entreprise. Chercheur au GREGOR, il anime la Chaire de recherche Mutations-Anticipations-Innovations, dédiée aux questions de transformation du travail et de l'emploi. Ses travaux portent sur la gestion des restructurations et l'accompagnement des mobilités professionnelles, le dialogue social et les nouvelles formes de management.

Partie I

Le choix d'un modèle de GRH : projet social, organisation du travail, flexibilités

Il n'existe pas une seule manière de gérer les ressources humaines. Selon les organisations, on trouve des pratiques plus ou moins formalisées, des carrières organisées à plus ou moins long terme, des politiques sociales plus ou moins généreuses... Il ne faut pas en conclure que certaines organisations auraient des pratiques préférables aux autres. En effet, il n'existe pas une façon de procéder qui serait suffisamment bonne pour s'imposer. Au contraire, la GRH est à la fois :

- contingente, c'est-à-dire qu'elle doit s'adapter à des variables de contexte ;
- encastrée, en cela qu'elle découle du terreau culturel, historique et institutionnel dans lequel les organisations évoluent ;
- stratégique, puisque les pratiques reflètent également des philosophies de gestion et certains choix de développement à long terme.

Par ailleurs, les pratiques de GRH ne sont pas le fruit des seules décisions prises en toute liberté par les dirigeants. Les choix en matière de GRH sont le résultat de négociations et de rapports de force avec les salariés et leurs représentants, mais aussi avec les autres parties prenantes internes ou externes de l'entreprise : ligne managériale, clients, pouvoirs publics... Enfin, les pratiques de GRH s'inscrivent dans un historique de pratiques et de relations qui se retrouve de façon formelle ou informelle dans les règles et la culture de l'entreprise et qui contraint largement la liberté du décisionnaire RH.

Pour toutes ces raisons, on observe des pratiques très différentes d'une entreprise à une autre, y compris au sein d'un même secteur d'activité (voir Application I).

Cette pluralité des déterminants de la GRH complique l'analyse des pratiques. Cette partie a pour objectif d'explorer cette complexité autour de trois grandes questions qui structurent les grandes options en matière de GRH.

Application I : La gestion des pilotes de ligne, vieilles compagnies nationales vs *compagnies* low cost *émergentes*

Les pratiques de GRH applicables aux pilotes de ligne sont très variables d'une compagnie à une autre. De façon caricaturale, on pourrait résumer les choses ainsi :

- Dans les compagnies nationales historiques, les pilotes sont recrutés très jeunes, parfois avant même d'avoir été formés. Le développement de leurs compétences est ensuite largement pris en charge et organisé par l'entreprise. Leur carrière est organisée par palier jusqu'à leur départ en retraite et ils bénéficient d'avantages symboliques et matériels qui leur assurent un niveau de vie et un statut social enviables.
- Dans les compagnies *low cost*, les pilotes financent leur formation (ils doivent même parfois payer pour avoir le droit de piloter et cumuler ainsi les heures de vol nécessaires à l'obtention ou au maintien de leur licence). Ils ne sont pas directement embauchés par la compagnie pour laquelle ils officient, mais affiliés à des sociétés de portage domiciliées dans des pays à la fiscalité « accueillante », qui les mettent à disposition des compagnies aériennes utilisatrices. Ces dernières se contentent de passer commandes de missions de pilotage. Les pilotes sont donc payés à la tâche.

Dans le premier cas, on se trouve en présence de modèles de management issus d'une époque où les employeurs comme les pilotes étaient rares (une seule compagnie majeure par pays) et où la concurrence s'établissait davantage sur le confort à bord et la liste des escales desservies que sur le prix. À l'opposé, les pratiques des compagnies *low cost* sont mieux adaptées à la démocratisation du secteur du transport aérien, qui tire les tarifs vers le bas.

Question : Montrez que ces choix de politiques RH s'expliquent par les caractéristiques de la concurrence sur le marché du transport aérien et sur le marché du travail des pilotes, par des choix de modèle social, mais aussi par l'organisation du travail adoptée par ces compagnies.

Le premier chapitre abordera la GRH sous l'angle de l'**articulation d'objectifs économiques et sociaux**. L'idée sera de montrer que la GRH est avant tout de la gestion et qu'à ce titre, elle ne doit pas perdre de vue sa contribution à la création de valeur. Pour autant, elle ne s'oppose pas à la poursuite d'objectifs sociaux. Les pratiques de GRH peuvent par conséquent se différencier sur cette dimension, notamment en intégrant des considérations éthiques relatives au lien social que l'entreprise entend entretenir avec ses parties prenantes.

Le chapitre 2 traitera du lien entre **formes de GRH et modèles d'organisation du travail**. Il permettra de préciser l'idée que la GRH est une fonction contingente qui peut prendre des formes différentes selon la stratégie de l'entreprise, les technologies utilisées ou la nature plus ou moins répétitive de la production.

Le chapitre 3, enfin, reviendra sur **les questions liées au périmètre de l'entreprise et à la flexibilité**. Il précisera les raisons pour lesquelles certains travailleurs, bien que participant à l'activité de l'entreprise, ne sont pas gérés par cette dernière, mais au contraire laissés en dehors (intérimaires, sous-traitants...). Cela permettra notamment de différencier des modèles de GRH plus ou moins flexibles.

Ces trois temps doivent amener à relativiser l'idée selon laquelle il existerait des bonnes pratiques universelles que les entreprises rationnelles devraient systématiquement chercher à adopter. Au contraire, c'est l'adaptation aux contraintes et aux contextes, ainsi que les choix économiques et sociaux qui seront mis en avant comme principes explicatifs des pratiques observées et de leurs performances.

Chapitre 1

Situer la GRH entre performance économique et projet social

Objectifs du chapitre :

- ✓ **Comprendre le lien entre pratiques de GRH et performances de l'entreprise.**
- ✓ **Savoir mesurer la contribution de la GRH à la création de valeur de l'organisation.**
- ✓ **Comprendre les enjeux d'une GRH socialement responsable.**
- ✓ **Savoir discuter le caractère responsable d'une politique RH.**
- ✓ **Connaître les principales normes de responsabilité sociale applicables à la GRH.**

« Et si la GRH était de la gestion ? » En posant cette hypothèse un peu provocatrice, Bernard Galambaud[1] attirait l'attention des professionnels sur les risques d'une dérive de la profession l'éloignant des autres fonctions managériales qui, elles, gardent la performance et la rentabilité de l'entreprise comme boussole indiscutable.

La GRH est, en effet, souvent tiraillée entre des exigences multiples qui finissent par brouiller ses finalités et lui font courir le risque d'une perte de légitimité. Chacun des termes du sigle est porteur de significations lourdes :

- **Gestion** : la GRH évoque un projet de rationalisation de décisions allant dans le sens d'une efficacité concourant à la création de valeur.
- **Ressources** : la GRH se pose en garant d'un patrimoine à développer sur le long terme, mais n'étant pas propriétaire de cette ressource, l'entreprise devra penser à soigner la relation avec les salariés qui la mettent à disposition.
- **Humaines** : la GRH s'attache plus particulièrement à développer des actifs humains. Toutefois, la référence à l'*humain* introduit une charge affective forte et véhicule une promesse de progrès social, de reconnaissance des individus, de

1. Galambaud, B., *Si la GRH était de la gestion*, Éditions Liaisons, 2002.

désintéressement humaniste, c'est-à-dire tout ce que les humains sont censés promettre à leurs semblables. Entendue de cette manière, la GRH ne saurait être inhumaine. Pourtant, à bien y regarder, les contre-exemples sont nombreux.

L'enjeu de légitimité est manifeste. Si sa contribution à la création de valeur économique et financière n'est pas démontrée, la GRH perd de sa crédibilité en tant que fonction managériale et le DRH peut se trouver marginalisé au sein des équipes dirigeantes. Toutefois, si l'entreprise ne montre pas sa capacité à répondre à des enjeux de société, c'est sa légitimité en tant qu'acteur de la société qui est menacée (voir Illustration 1.1).

Illustration 1.1 : Le double projet économique et social de Danone a-t-il vécu ?

L'entreprise Danone s'illustre depuis des décennies par la volonté de poursuivre un double projet. Son PDG, Antoine Riboud, le décrivait en ses termes, en 1972 : « *nous devons nous efforcer de réduire les inégalités excessives en matière de conditions de vie et de travail et répondre aux aspirations profondes de l'Homme [...]. La valorisation du travail ne doit pas être une méthode pour augmenter seulement la productivité (...) [...] Le pouvoir dans l'entreprise n'aura de sens que si les valeurs "d'être" ont été respectées. Le rôle et la responsabilité du chef d'entreprise prennent dès lors une nouvelle dimension. Il sera soumis à deux critères d'appréciation. Tout d'abord, la réalisation des objectifs économiques vis-à-vis des actionnaires et de l'environnement. Ensuite, la réalisation des objectifs humains et sociaux vis-à-vis de son personnel* ».

Près de cinquante ans plus tard, cette ambition demeure et s'incarne dans le choix fait par le conseil d'administration, présidé par Emmanuel Faber, d'adopter le statut d'Entreprise à Mission tel que prévu par la loi PACTE de 2019. Elle revendique ainsi une raison d'être : « apporter la santé par l'alimentation au plus grand nombre ». Un comité de mission indépendant a été désigné pour veiller au respect de cette mission et aux respects d'objectifs environnementaux et d'inclusion sociale.

En mars 2021, Emmanuel Faber a été évincé par une coalition regroupant des investisseurs « activistes ». Les raisons de cette mise à l'écart sont multiples : exercice solitaire et autoritaire du pouvoir, faiblesse des résultats financiers, prises de positions publiques en faveur d'un capitalisme plus responsable qui auraient fait « grincer des dents » dans les milieux d'affaires ? Cet évènement pourrait marquer la fin du double projet. On notera que les représentants des salariés au conseil d'administration de Danone ont apporté leur soutien à leur PDG.

On le voit, la GRH oscille entre une première approche qui serait exclusivement orientée vers la poursuite des objectifs économiques de l'entreprise et une seconde philosophie de gestion qui considérerait que des objectifs sociaux mériteraient d'être poursuivis pour eux-mêmes.

La première section de ce chapitre reviendra sur l'impératif de légitimation de la GRH au sein de l'entreprise qui passe par la démonstration de sa participation à la création de valeur. Dans un deuxième temps, il sera question de la participation de la GRH à la légitimation de l'entreprise dans la société, par le biais, notamment, des initiatives relevant de la responsabilité sociale de l'entreprise.

1. La création de valeur comme impératif pour la légitimité interne de la GRH

Paradoxalement, alors que les questions de développement des compétences ou d'engagement du personnel apparaissent déterminantes dans le jeu concurrentiel, à l'heure où les enjeux se structurent autour de la connaissance et de la capacité d'adaptation, la fonction ressources humaines reste souvent regardée avec scepticisme dans les organisations (voir Illustration 1.2).

Illustration 1.2 : La solitude du DRH

Philippe Canonne, DRH de la Croix-Rouge :

« Plusieurs facteurs expliquent la solitude des DRH : c'est un métier du verbe, de rapports humains, de négociation ; les collègues et la direction ne comprennent pas toujours ce que vous faites. Il y a une forme de solitude positive, où notre expertise est reconnue mais pas forcément comprise. On nous laisse de l'autonomie, mais quand on explique nos points de vue, on a l'impression de prêcher dans le désert. Il y a aussi une forme plus négative, avec la peur d'être lâché par sa direction. Personne ne s'occupe de ce stress, les DRH eux-mêmes n'en ont pas toujours conscience. »

Source : extraits de Lucie Tanneau, « Seul au milieu de tous, le DRH ? », *Liaisons Sociales Magazine*, mars 2017.

Cette perplexité peut être surmontée d'une part si on précise les missions assignées à la fonction RH et, d'autre part, si on fait l'effort de relier explicitement les actions RH et la performance de l'entreprise.

1.1. Le DRH comme business partner

Clarifier les rôles de la fonction RH constitue un préalable à toute tentative de renforcement de la fonction en interne. Le DRH et son équipe doivent s'imposer comme un partenaire venant en soutien des activités de l'entreprise et dépasser un positionnement d'expert administratif ou de protecteur des salariés.

On reproche, en effet, fréquemment à la fonction RH de rester prisonnière des contraintes légales et réglementaires imposées par le droit du travail, mais également des procédures administratives créées en interne. Gardienne des règles, probablement par souci de servir l'équité interne et l'intérêt général et de prévenir les risques juridiques, elle n'est pas toujours en mesure de répondre aux attentes des salariés et des managers qui, eux, sont plus généralement en recherche de solutions immédiates et individualisées à leurs problèmes.

Par ailleurs, on prête aux spécialistes RH, à tort ou à raison, des attitudes plus souvent en faveur des salariés et de leur bien-être, que tournées vers les opérations et les affaires. Plusieurs faits alimentent ces représentations, comme la revendication d'une appétence pour la « relation humaine » ou la proximité établie avec les organisations syndicales. Ou encore le fait que les professionnels RH sont, comparativement aux autres cadres dirigeants, plus souvent issus de parcours universitaires généralistes portés sur les « humanités », et moins de grandes écoles formant au « business » ou aux « technologies ».

Le goût pour le contact humain et le carcan réglementaire peuvent néanmoins contribuer à enfermer les équipes RH dans une tour d'ivoire, les empêchant de s'imprégner des enjeux de gestion et de performance économique de l'entreprise.

Dave Ulrich, cofondateur du cabinet américain de conseil en ressources humaines *The RBL Group* et parfois présenté comme le « gourou des RH », prône depuis la fin des années 1990 une modification du positionnement de la fonction RH dans les entreprises. Le *Human Resource Business Partner* (HRBP) n'est plus le gardien du temple qui entrave l'action par ses réflexes bureaucratiques et ses préventions sociales et autres sympathies suspectes. Il doit, au contraire, savoir être force de proposition pour faciliter l'atteinte des objectifs de l'organisation. Il ne s'agit pas à proprement parler d'un changement de métier, mais d'un changement de posture (voir Zoom 1.1).

Zoom 1.1 : La matrice d'Ulrich

Dave Ulrich propose un outil d'analyse de la fonction RH. Il identifie quatre rôles que la fonction RH doit assumer et exhorte les DRH à les jouer tous en se rapprochant des fonctions opérationnelles :

- Le DRH doit être un **expert administratif**, capable de décharger les équipes opérationnelles de charges administratives parasites et de veiller à la minimisation des risques liés à la conformité aux cadres réglementaires.
- Le DRH doit aussi être en mesure de développer l'engagement des équipes en se faisant le **champion des salariés**. Il s'agit de les écouter, de les conseiller et d'entretenir leur motivation. Ce rôle se joue dans la relation interpersonnelle établie avec les salariés.
- Le DRH doit également jouer un rôle dans la préparation de l'avenir de l'organisation. Il doit se faire **accompagnateur des changements**, notamment en animant la communication interne et des méthodes participatives pour lever les obstacles et résistances.
- Enfin, le DRH doit être un **partenaire stratégique** en alimentant la politique RH sur les axes de développement choisis pour l'entreprise, et en éclairant les choix stratégiques par sa connaissance des « ressources humaines » et de leur potentiel.

En 2016, Dave Ulrich, s'appuyant sur des enquêtes régulières menées auprès de DRH, a fait évoluer son modèle pour tenir compte des grandes évolutions qui ont affecté l'environnement de la fonction RH entre la fin des années 1990 et le début des années 2000. Cette nouvelle version se focalise sur les compétences qui permettent aux DRH d'être efficaces, de contribuer à la performance de l'organisation et de créer de la valeur pour les parties prenantes. Sont mises en exergue trois compétences fondamentales (comprendre le positionnement stratégique de l'organisation et en décliner les implications en matière de GRH, construire un climat de confiance au sein de l'organisation et la légitimité de la fonction RH, gérer les situations de tension et de paradoxe inhérentes à la vie des organisations et les relations de travail) et six compétences à travers lesquelles la fonction RH contribue à la performance de l'organisation (manager la culture et le changement, développer les bonnes pratiques RH en matière de talents et de pilotage de la performance, gérer le système d'incitations et de récompenses monétaires et non monétaires, s'appuyer sur les nouvelles technologies et les médias sociaux pour améliorer le niveau de collaboration, les pratiques RH et la productivité, produire et analyser des données RH pour éclairer la prise de décision, assurer la conformité avec une réglementation en évolution constante).

Figure 1. Les missions de la fonction RH : la matrice d'Ulrich.

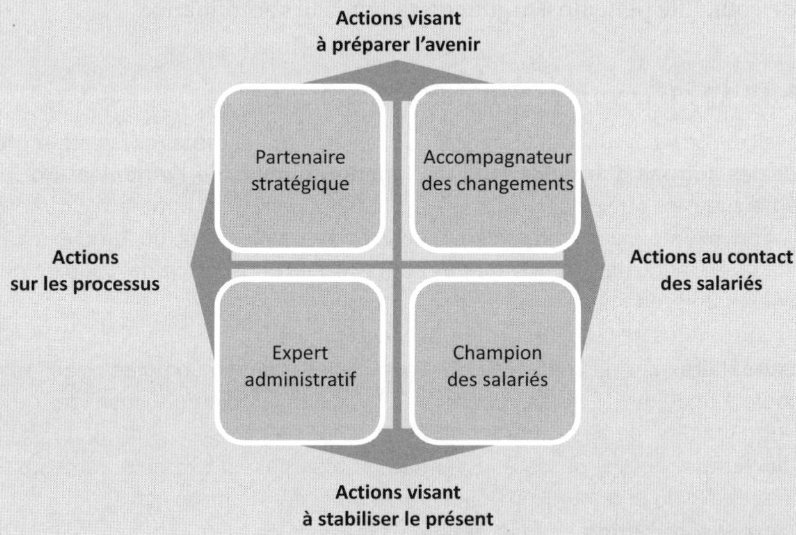

Source : d'après Ulrich, D., « A new mandate for human resources », *Harvard business review*, 76, 1998, pp. 124-135.

1.2. Démontrer la valeur ajoutée de la fonction RH

Dans sa tentative de démonstration de son utilité, le DRH est gêné par le fait qu'il ne contribue jamais directement aux résultats économiques de l'entreprise. En tant que partenaire, sa contribution est diluée dans la performance des autres fonctions auxquelles il vient en appui. La probabilité que les managers opérationnels se tournent vers la fonction RH pour expliquer les échecs est plus forte que la probabilité qu'ils lui attribuent des succès.

Un enjeu clé pour la fonction RH est donc d'expliciter sa contribution. Deux voies sont praticables : la **mesure de la réduction des coûts cachés** d'une part, et la démonstration des **effets de la politique et des pratiques RH sur la performance des autres fonctions** d'autre part. L'enjeu est de sortir des incantations et des affirmations non vérifiables.

a) La réduction des coûts cachés

S'il est difficile dans l'absolu de mesurer la contribution de la GRH à la création de valeur, on peut néanmoins tenter d'apprécier sa contribution à la réduction des dysfonctionnements qui génèrent des coûts dont tout le monde a conscience, mais qu'on ne mesure pas. Ces coûts cachés ne sont pas directement pris en compte dans les systèmes d'analyse des coûts classiques (voir Outil 1.1). En les mesurant et en montrant que les pratiques RH peuvent les réduire, la fonction RH peut s'attribuer une contribution économique propre et se poser en centre de profit autant qu'en centre de coût. Elle peut ainsi arguer du fait qu'elle s'autofinance.

Outil 1.1 : L'identification des coûts cachés

Savall et Zardet proposent une méthode permettant de **mesurer la valeur créée par des actions d'amélioration du fonctionnement de l'organisation**. Leur démarche part du principe que les dysfonctionnements, dont les symptômes sont par exemple de l'absentéisme, des accidents du travail, du turnover ou des défauts de fabrication, génèrent des coûts cachés sous forme de « surcharges » et de « non-produits ».

Les surcharges se répartissent en trois catégories :

- **sursalaires** : temps passé par une personne titulaire d'un poste mieux rémunéré à une activité qui ne lui est pas attribuée (par exemple, manager qui fait le travail d'un de ses subordonnés) ;
- **surtemps** : temps passé à régler des problèmes (par exemple, temps passé à recruter du personnel qui n'aurait pas dû quitter l'entreprise) ;
- **surconsommation** : consommation excessive de ressources du fait du dysfonctionnement (par exemple, production mise au rebut ou recours à la sous-traitance).

Les non-produits sont des **coûts d'opportunité** : une valeur qui aurait pu être créée, mais qui ne l'a pas été à cause du dysfonctionnement. Ils se répartissent en trois catégories :

- **non-production** : perte de production ou d'activité engendrée par le dysfonctionnement (par exemple, machines arrêtées, grève) ;
- **non-création de potentiel** : performance retardée (par exemple, clients qui finalement ne s'adresseront pas à l'entreprise) ;
- **prise de risques** (par exemple, personnel qui part à la concurrence avec le risque de divulgation de secrets de fabrication ou de captation de clients).

On voit immédiatement comment l'identification de ces coûts permet de réintroduire des préoccupations de nature RH dans les outils classiques du contrôle de gestion.

Source : d'après Savall, H. et Zardet, V., *Maîtriser les coûts cachés : le contrat d'activité périodiquement négociable*, Economica, 1987.

b) Préciser et formaliser les liens entre action RH et performance de l'entreprise

Une autre façon d'affirmer la légitimité de la fonction RH consiste à préciser les **liens de cause à effet entre les actions RH et la performance des autres fonctions de l'entreprise**. Si le DRH veut s'imposer comme partenaire d'affaires, il doit montrer que ce qu'il entreprend est en lien avec la performance visée par les entités qui sont, de fait, ses clientes. Idéalement, cette démonstration devrait passer par un effort de mesure et d'identification de corrélations entre des variables mesurant l'activité des équipes RH et des indicateurs de performance. Dans les faits, il est aussi difficile de quantifier l'action RH que son impact sur la performance, ce qui rend d'autant plus nécessaire une formulation de cette démonstration sur la base d'arguments logiques ou théoriques. Cela minimiserait le risque pour la fonction RH d'être perçue comme le relais d'incantations incertaines.

Le « **modèle de l'escalier** » (voir Outil 1.2), développé par Thierry Wils et Jean-Yves Le Louarn, permet de structurer la réflexion. Il part du principe que la GRH peut influencer la performance de l'entreprise en jouant sur les attitudes, les compétences et les comportements des salariés qui participent aux autres fonctions. Par exemple, la GRH peut faire en sorte que les vendeurs soient motivés et suffisamment compétents pour qu'ils adoptent les comportements commerciaux appropriés.

Les attitudes, les compétences et les comportements des salariés sont des résultats qui peuvent être directement attribués à la qualité de la GRH. En revanche, **la performance des salariés sur leur poste dépend d'autres facteurs dont la GRH n'est pas directement responsable**, comme le choix des équipements de travail, ou encore la façon dont les produits ont été conçus. Un vendeur motivé et compétent ne sera pas forcément performant s'il doit vendre des produits trop chers dans des magasins mal situés et mal agencés.

Outil 1.2 : Le modèle de l'escalier

Le modèle de l'escalier est une méthode d'analyse qui vise à expliciter les multiples mécanismes causaux entre action RH et performance de l'entreprise. L'intérêt de la démarche est de permettre d'isoler la contribution de la GRH de la contribution des autres fonctions de l'entreprise (production, marketing, finance...). On peut l'utiliser comme point de départ d'une mesure quantitative des relations, ou pour instruire un débat sur les objectifs de la fonction RH.

Figure 2. Mesurer la contribution de la GRH à la création de valeur : le modèle de l'escalier.

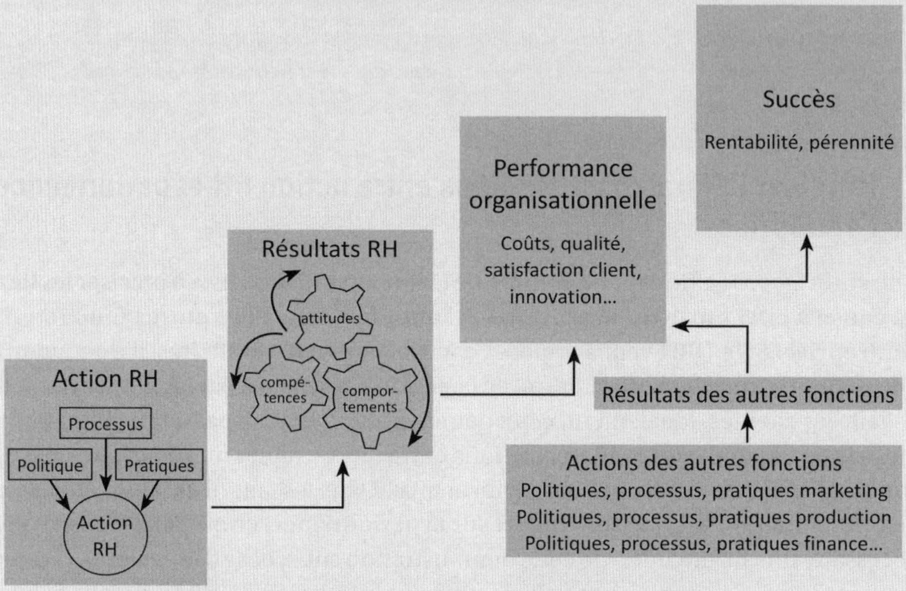

Le modèle de l'escalier se présente comme un modèle de mesure. Il suppose que des indicateurs soient utilisés pour mesurer l'action RH et les résultats RH dans une logique de contrôle de gestion et de pilotage sociaux :

- **Exemples d'indicateurs de mesure de l'action RH** : budget consacré à la formation, taux de réalisation des entretiens annuels, évolution des salaires, évolution des effectifs, indicateurs de fonctionnement des instances représentatives du personnel (nombre de réunions, heures de délégations...).
- **Exemples d'indicateurs de mesure des résultats RH** : absentéisme, turnover, accidents du travail, scores obtenus lors des enquêtes de satisfaction, nombre de candidatures par poste ouvert au recrutement, mesure de qualité du dialogue social (nombre d'accords, conflictualité...), évolution des compétences, etc.

Source : d'après Le Louarn, J. Y. et Wils, T., *L'évaluation de la gestion des ressources humaines*, Liaisons, 2001.

Pour évaluer la contribution de la GRH, il faut donc procéder par étape :

Figure 3. Les étapes de la mesure de la performance RH.

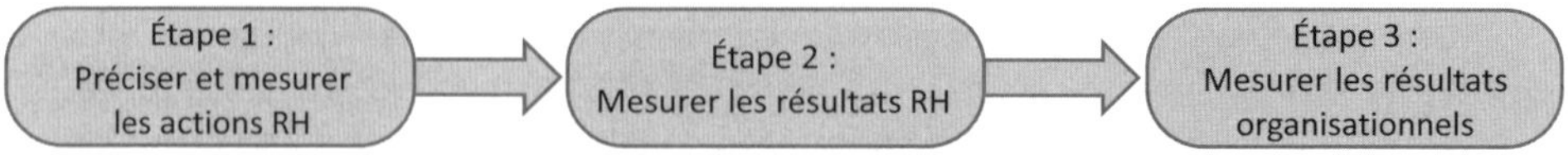

1. Préciser et mesurer les actions RH. Il s'agit notamment de veiller à la cohérence entre les intentions stratégiques affichées, les processus mis en œuvre et les pratiques, c'est-à-dire ce que font concrètement les personnes en charge du déploiement de la stratégie lorsqu'ils « déroulent » les différentes phases des processus. À ce stade, on peut déjà discuter de cette cohérence et définir les résultats RH visés, c'est-à-dire les attitudes, compétences et comportements qui doivent être influencés par les actions RH.

2. Mesurer les résultats RH. Il existe de nombreuses façons de mesurer les attitudes des salariés, par le biais d'indicateurs, d'observations ou de questionnaires et autres baromètres sociaux. On peut de même mesurer les comportements et les compétences, notamment en s'appuyant sur les outils d'évaluation des salariés. On notera que les trois dimensions sont articulées : les attitudes sont souvent mesurées par l'observation des comportements (par exemple, les retards sont interprétés comme un manque d'implication), la compétence joue sur les comportements, mais aussi sur les attitudes... Ce travail de mesure est indispensable si on veut mettre en relation l'action RH et ses résultats, mais aussi étayer l'idée selon laquelle les résultats RH jouent sur les résultats organisationnels, c'est-à-dire si on veut confirmer l'hypothèse selon laquelle la GRH contribue à la performance organisationnelle.

3. Mesurer les résultats organisationnels. Les résultats organisationnels sont les résultats atteints par l'entreprise et qui participent à son succès économique (satisfaction des clients, ventes, coûts et qualité de la production, innovations), qui se répercutent aux différents étages du compte de résultat (chiffres d'affaires, marges, valeur ajoutée, rentabilité, etc.).

Ces trois niveaux de performance étant évalués, il est possible de les mettre en concordance pour vérifier si la GRH produit des effets. L'identification des coûts cachés et la mesure de la contribution de la GRH à la performance sont des démarches qui permettent de **réintégrer la GRH dans les autres fonctions managériales et de lutter contre l'isolement de la fonction**. Cela permet notamment de montrer que la GRH n'est pas un « luxe » que seules les entreprises les plus établies peuvent s'offrir (voir Illustration 1.3).

Illustration 1.3 : Le redressement de Sears

À titre d'exemple, cette démarche analytique a été mise en place dans la chaîne de grands magasins Sears. Sears est l'équivalent américain des Galeries Lafayette. L'idée de départ est de faire face à la concurrence des *hard discounters* comme Walmart en évitant de se placer sur le terrain de jeu du *low cost* sur lequel Sears serait nécessairement pénalisé. La stratégie a consisté au contraire à améliorer le niveau de service et l'expérience client.

La déclinaison RH de cette stratégie s'incarne dans une politique visant à faire de Sears « *a great place to work* », ce qui se traduit par l'élimination des niveaux hiérarchiques intermédiaires, l'intensification de l'effort de formation et la mise en place d'un système d'évaluation des salariés portant sur les compétences et non plus sur les seuls résultats des ventes. L'idée est de viser l'autonomie des vendeurs dans les rayons.

Les résultats RH sont mesurés grâce à deux séries d'indicateurs : un questionnaire mesure l'attitude des salariés à l'égard de leur travail et de leur entreprise,

et la grille d'évaluation des compétences permet de mesurer leur développement.
La multitude de magasins dans le réseau permet d'établir des statistiques de comparaisons entre les magasins et les rayons, selon que la politique RH a été déployée ou non. On mesure ainsi les actions RH (changement des organigrammes et effort de formation), les résultats RH (attitudes et compétences) et on fait le lien avec des indicateurs classiques de performance organisationnelle (montant du panier moyen, satisfaction des clients). On montre, par exemple, qu'une élévation de 5 points dans l'échelle d'attitude se traduit par une élévation de 1,3 point dans l'échelle de satisfaction des consommateurs et par une hausse du chiffre d'affaires de 0,5 %.

Source : d'après Rucci, A. J., Kirn, S. P. et Quinn, R. T., « The employee-customer-profit chain at Sears », *Harvard Business Review*, 76, 1998, pp. 82-98.

2. La GRH et la responsabilité sociale de l'entreprise

Le modèle du RH partenaire d'affaires est très séduisant pour la fonction RH. Pour autant, **la focalisation sur la seule atteinte d'objectifs économiques pose problème**. On peut, en effet, lui reprocher de négliger d'aborder certains problèmes dont la résolution n'a pas d'intérêt économique immédiat. Or, **la quête d'une efficacité immédiate peut générer sur le long terme des problèmes susceptibles de se concrétiser en risques** : risques d'explosion sociale, risques liés à la santé, risques de délitement du lien avec la société... Le DRH doit donc aussi jouer un rôle dans la régulation de la dimension sociale en intégrant d'autres paramètres dans ses critères de gestion. Par ailleurs, comme toutes les autres fonctions, la GRH a des effets positifs ou négatifs sur la société et ne peut s'exonérer de ses responsabilités.

Quand bien même la GRH ne générerait pas de risques, rien n'interdit aux organisations de dépasser le cadre strict de la maximisation du profit et d'adopter des modes de gestion visant à satisfaire d'autres parties prenantes que leurs actionnaires.

Cette section vise à présenter certaines démarches inspirant des pratiques de GRH qui s'inscrivent dans le cadre des pratiques de responsabilité sociale de l'entreprise.

2.1. Les enjeux d'une approche éthique de la GRH

Les organisations sont encastrées dans la société et leur environnement. Elles y trouvent les ressources dont elles ont besoin pour fonctionner, des débouchés pour leurs produits et services, ainsi que des sources de revenus. Si l'on s'en tient aux domaines qui concernent la gestion des ressources humaines, les organisations utilisent de la main-d'œuvre dont la formation a souvent été prise en charge par la collectivité ou par les travailleurs eux-mêmes ; elles distribuent des revenus qui contribuent au développement local ; elles ont un impact sur les conditions de travail et le bien-être des populations ; et elles contribuent à développer les compétences des territoires sur lesquels elles évoluent.

a) Les externalités de la GRH

Les entreprises génèrent donc des **externalités** : elles impactent positivement ou négativement certaines parties prenantes sans que cela donne lieu à des compensations monétaires. Au rang de ces parties prenantes, on compte bien évidemment les salariés eux-mêmes, mais aussi d'autres groupes d'acteurs qui ne travaillent pas directement pour l'entreprise, mais qui n'en sont pas moins affectés par ses décisions (voir Illustration 1.4).

Illustration 1.4 : L'impact des choix de GRH sur les parties prenantes de l'entreprise

On voit bien comment les questions de salaires, de revenus, de temps de travail, de lutte contre les discriminations, de formation, de conditions de travail constituent des thèmes de société centraux qui structurent les débats politiques.
Les **parties prenantes des entreprises impactées par les décisions RH prises par les organisations sont en effet nombreuses**. Il ne s'agit pas ici d'en dresser une liste exhaustive, mais de montrer à l'aide de quelques exemples les effets des entreprises sur leur environnement :

- Les conditions de travail ont une incidence sur la santé des salariés et sur le bien-être de leurs familles.
- Les entreprises forment leurs salariés et participent ainsi à l'entretien du capital humain à la disposition de la collectivité. À l'inverse, en recrutant, elles s'approprient une partie de ce capital humain qui, de fait, ne sera plus à la disposition des autres organisations, ce qui peut faire obstacle à leur développement. C'est le principe de la « guerre des talents ».
- Les salariés de l'entreprise perçoivent des revenus qui alimentent les marchés locaux, les commerces de proximité. La précarisation des salariés peut conduire à déstabiliser économiquement des territoires.
- Les entreprises, par leurs politiques de localisation en matière d'activité et de recrutement, sont l'un des rouages des mécanismes d'inclusion sociale : les effets des pratiques discriminatoires se ressentent sur les conditions de vie des personnes discriminées et contribuent à la stratification sociale des sociétés.

Prendre en compte ces parties prenantes dans les politiques de l'entreprise, alors même que rien ne l'y oblige ni d'un point de vue économique ni d'un point de vue légal, peut paradoxalement être considéré comme un impératif. L'enjeu pour l'entreprise est en effet de prendre ses responsabilités, mais également de faciliter ses relations avec les parties prenantes dont elle dépend pour l'obtention de ressources.

b) Le salarié comme destinataire de la valeur créée

Certaines organisations font le choix de faire de la rentabilité une question de moyen et non pas une finalité. On peut voir derrière ces pratiques une altération des « droits de propriété » qui voudraient que l'actionnaire, propriétaire de l'entreprise, soit le légitime destinataire de la valeur créée. Toutefois, l'actionnaire peut librement en disposer autrement : propriétaire de la valeur, il peut la redistribuer comme il le souhaite. Le projet social de l'entreprise peut ainsi être vu comme relevant d'initiatives discrétionnaires à vocation philanthropique.

Au-delà, il contribue également à **donner du sens à la participation des salariés à l'entreprise**, ce qui constitue un enjeu de bien-être au travail et probablement de performance. On peut *a minima* faire l'hypothèse que ces initiatives jouent un rôle dans la régulation sociale et la réduction de la conflictualité.

Par ailleurs, toutes les organisations ne sont pas structurées autour d'un projet de création de valeur pour l'actionnaire. Certaines, comme les organisations publiques ou les associations, se dévouent à une cause qu'il s'agit de servir. D'autres se donnent explicitement pour objectif de mettre le projet économique de l'entreprise au service des salariés. Deux exemples d'organisations sont à ce titre intéressants :

- Les **entreprises d'insertion** et les **établissements et services d'aide par le travail** (ESAT) sont des structures dont la finalité est de proposer à des fins d'inclusion sociale, des emplois à des personnes trop éloignées du marché du travail pour être employables dans des entreprises classiques (travailleurs handicapés, personnes marginalisées…). Ces entreprises ont pour vocation première de créer des emplois et de distribuer des revenus. L'équilibre économique est vu comme une condition, mais non pas comme une finalité de l'activité de ces entreprises. La GRH y est particulière, puisqu'elle consiste essentiellement à investir dans le développement de compétences de salariés qu'on souhaite voir s'autonomiser et partir, ce qui constitue un contresens du point de vue de la rationalité économique mise en œuvre dans les entreprises plus classiques.
- Les Scop, **sociétés coopératives de production**, sont des entreprises dont les salariés sont actionnaires majoritaires. Tous les salariés ne sont pas forcément associés, mais tous ont vocation à le devenir. Le dirigeant est donc élu par les salariés. La gouvernance démocratique de ces organisations permet de poursuivre un objectif de bien-être des salariés et de s'engager dans des projets d'entreprise dont la finalité n'est pas exclusivement financière, même si, en bons actionnaires, les salariés sont aussi intéressés à la performance économique de l'entreprise (voir Application 1.1).

Application 1.1 : Up, une Scop compétitive

Une Scop, c'est une société pas comme les autres. Le pouvoir est partagé, ainsi que les richesses produites. Les salariés en sont sociétaires, quel que soit leur niveau hiérarchique, et possèdent le même nombre de parts sociales. Sur le

principe d'« une personne, une voix », ils élisent en leur sein le conseil d'administration qui choisit son président [...].
« *Quand on travaille dans une entreprise classique, on se contente de faire ce pour quoi on est payé*, explique Laurine. *Là, on se transforme en quasi-gestionnaire. On est actif, il y a une liberté de parole. Au quotidien, on a toujours cette casquette de sociétaire.* » Une responsabilisation qui dope aussi la motivation. « *J'aurais beaucoup de mal à aller vers un autre univers, on construit sur le long terme ici, le modèle est pérenne* » [...].
Georges Rino voulait créer une entreprise humaine et soucieuse des autres. Un pour cent du chiffre d'affaires réalisé finance ainsi tous les ans la Fondation Up, placée sous l'égide de la Fondation de France. À l'origine dédiée à la lutte contre l'illettrisme, elle soutient aujourd'hui près de 70 projets par an en direction des populations vulnérables, la citoyenneté, la culture et l'éducation [...].

Source : d'après Emmanuelle Soufi, « Catherine Coupet cultive l'esprit coopératif chez Up », *Liaisons Sociales Magazine*, 5 décembre 2016.

Questions : Quelles sont les conditions de réussite d'un projet d'organisation de l'entreprise sur le modèle d'une Scop ? Les initiatives relevées dans le texte seraient-elles envisageables dans une entreprise classique ?

c) La résurgence de la question éthique et la responsabilité sociale des entreprises

Au-delà de la recherche légitime du profit et du respect du droit du travail, les politiques RH doivent intégrer des contraintes de nature éthique (voir Zoom 1.2).

L'enjeu de l'éthique est d'autant plus important que les régulations légales et conventionnelles traditionnelles tendent à perdre du terrain du fait de plusieurs mutations lourdes de l'environnement des entreprises : l'échelle nationale n'est plus adaptée pour encadrer les processus de décisions d'entreprises de plus en plus internationales. Les contraintes légales sont de plus en plus présentées comme des éléments jouant défavorablement dans la compétition opposant les nations pour la conservation ou l'attraction d'activités économiques. Ce qui amène les États à alléger les contraintes. Par ailleurs, les entreprises sont de moins en moins intégrées. À mesure qu'elles sollicitent des réseaux de sous-traitants et de travailleurs indépendants, elles échappent aux contraintes prévues par le droit du travail.

Parallèlement à ce recul du périmètre régulé par le droit du travail, un rapport de force s'amplifie avec la société civile qui, par l'intermédiaire de l'action d'organisations non gouvernementales, fait pression sur les entreprises pour qu'elles adoptent « volontairement » des comportements plus vertueux. **Cette attente de responsabilité sociale devient un enjeu dès lors que les parties prenantes y portent un intérêt et tiennent compte des comportements observés dans leurs décisions à l'égard des organisations et des entreprises.** La réputation des entreprises devient un enjeu pour séduire les consommateurs ou les clients institutionnels, ainsi que les « talents » sur le marché du travail, et même les investisseurs financiers font parfois preuve d'éthique dans leurs choix d'investissement.

Zoom 1.2 : Archie Carroll et la responsabilité sociale de l'entreprise

Archie B. Carroll propose une définition de la responsabilité sociale de l'entreprise qui articule trois sphères : le domaine économique, le domaine légal et le domaine éthique. Une décision ou une pratique est considérée comme socialement responsable si elle parvient à concilier ces trois dimensions.

Figure 4. La responsabilité sociale de l'entreprise : le modèle de Schwartz et Carroll.

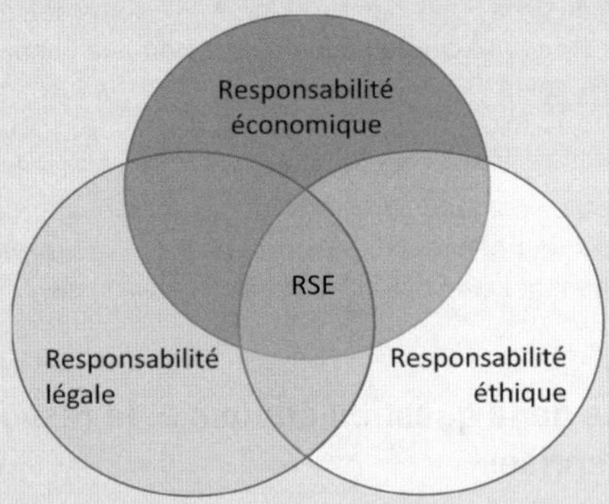

La **responsabilité économique** consiste à agir en cherchant intentionnellement à maximiser les profits (ou à minimiser les pertes).

La **responsabilité légale** peut prendre plusieurs formes, plus ou moins passives : les pratiques des entreprises peuvent se contenter de se conformer au cadre légal de façon passive. Elles peuvent aussi utiliser les cadres juridiques de façon opportuniste, en cherchant par exemple les vides juridiques permettant de rester dans la légalité. Elles peuvent enfin se montrer proactives à l'égard des évolutions réglementaires, en cherchant à les anticiper, voire à les façonner par des actions de lobbying.

La **responsabilité éthique** prend elle aussi plusieurs formes. Faire preuve d'éthique se traduit de plusieurs manières :

- L'éthique peut en effet se définir en **référence à des conventions**, comme des codes de conduites, délimitant ce qui est éthique et ce qui ne l'est pas.
- On peut également explorer la question de l'éthique en s'attachant aux conséquences des comportements et en adoptant les **conduites qui maximisent les gains pour le plus grand nombre**. On recherche ainsi l'intérêt général.
- L'éthique peut enfin s'appréhender en termes de **déontologie par l'examen des droits et obligations que chacun se reconnaît ou pas**. On est ici dans le domaine du respect des contrats, de la parole donnée ou d'autres « impératifs catégoriques », au sens de Kant, comme l'exigence de justice ou le respect d'impératifs religieux avec lesquels on ne peut transiger, quelles qu'en soient les conséquences.

L'intérêt de l'approche de Carroll réside aussi dans le fait qu'elle n'exclut pas l'idée qu'un comportement ou une pratique de gestion puisse relever de plusieurs catégories à la fois : on peut chercher à s'enrichir en toute légalité, parce qu'on estime qu'on en a le devoir.

Source : d'après Schwartz, M. S. et Carroll, A. B., « Corporate social responsibility: A three-domain approach », *Business Ethics Quarterly*, 13(04), 2003, pp. 503-530.

2.2. Les référentiels d'une GRH éthique

Dès lors qu'on souhaite orienter les pratiques de GRH dans un sens plus éthique, se pose la question des référentiels à appliquer, notamment lorsque les dirigeants n'ont pas une conception claire ou suffisamment partagée de la direction à prendre. En cela, **les référentiels formalisés viennent se substituer ou compléter d'autres références, souvent plus tacites**, qui seraient issues des convictions politiques ou religieuses des dirigeants.

D'une manière plus générale, une ligne à suivre pourrait être celle d'une éthique fondée sur la clarification et le respect du contrat établi entre l'entreprise et ses salariés.

a) Le paternalisme : un cadre de référence désuet ?

Le paternalisme constitue un premier cadre de référence pour penser une première forme de responsabilité de l'employeur à l'égard des salariés. Conceptualisé au cours du XIXe siècle en rupture avec les pratiques coercitives et parfois violentes caractérisant les premières formes de salariat, le paternalisme se présente comme une doctrine de management dans laquelle **le patron doit agir comme un père en se montrant responsable de ses « gens », qui lui doivent en retour respect, loyauté et obéissance**.

Le paternalisme consiste tout d'abord à **intégrer la vie professionnelle et la vie privée** des salariés. L'entreprise fournit ainsi les ressources nécessaires aux salariés et à leur famille pour vivre : logement, santé, éducation des enfants. L'employeur entend également « élever les esprits » en se préoccupant d'hygiène mentale, de religion, des bonnes mœurs. Un deuxième enjeu est de **développer un rapport affectif entre le patron et le salarié** et, plus largement, de développer l'identification de ce dernier à la communauté, la famille, que constitue l'entreprise. Ces pratiques, souvent présentées comme désuètes, voire condamnables, continuent d'inspirer des pratiques managériales, notamment dans des secteurs d'activités qui emploient de la main-d'œuvre peu qualifiée (voir Illustration 1.5).

Illustration 1.5 : Le paternalisme chez Pizzorno Environnement

[...] Quand, en 1974, Francis Pizzorno, négociant et distributeur de farine, se reconvertit dans la collecte des déchets, il s'agit d'éradiquer les décharges sauvages et de bâtir une filière industrielle quasi inexistante. [...] De cette PME varoise, le septuagénaire et sa garde rapprochée ont patiemment fait une société de taille intermédiaire présente en France, en Afrique du Nord et en Mauritanie.

Coté en Bourse depuis 2005, le groupe est resté familial et cultive un management de proximité qui fleure bon le paternalisme d'antan. Figure omniprésente, Francis Pizzorno voue un véritable culte à la propreté et au respect des règles. Dans l'entreprise, on raconte volontiers qu'il a arrêté l'un de ses camions-bennes sur l'autoroute pour signifier aux salariés un excès de vitesse [...].

« *Notre activité se prête bien à la réinsertion professionnelle des publics éloignés de l'emploi.* » [...] Cette particularité oblige l'entreprise à soigner l'intégration des nouveaux venus. « *Nous cherchons à leur transmettre le plus vite possible la culture de proximité de l'entreprise* », souligne Laurence Gouin, la DRH [...]. « *Pour casser les habitudes, on mélange des salariés issus de secteurs géographiques différents,* précise Laurence Gouin. *Lorsque nous reprenons le personnel d'un concurrent, nous lui présentons collectivement puis individuellement l'entreprise. Et, généralement, nous plaçons dans les nouvelles agences des responsables d'exploitation qui connaissent parfaitement le groupe.* »

Pizzorno Environnement a également décidé de mettre l'accent sur la formation des agents de maîtrise, qui incarnent cette proximité chère à l'entreprise. « *Ils doivent être reconnus comme des managers par les équipes. Nous avons revu les programmes de formation en insistant sur leur capacité à communiquer, à motiver et à affirmer leur autorité* » [...].

« *Un salarié bien dans sa peau, c'est un salarié qui travaille bien !* » Comme une ritournelle, Frédéric Devalle insiste sur l'importance pour l'entreprise de prendre soin de ses équipes. « *Nous avons un rôle d'accompagnement social de plus en plus important pour aider nos salariés dans leurs démarches administratives, pour régler un problème familial et faire en sorte qu'ils arrivent au travail l'esprit libre* », explique-t-il. Une mission généralement confiée aux responsables RH des différents établissements. D'autant plus que nombre de salariés, issus de l'immigration, ne parlent pas toujours bien français et ne maîtrisent pas totalement les savoirs de base.

Source : d'après Anne-Cécile Geoffroy, « Frédéric Devalle valorise la mutation de Pizzorno Environnement », *Liaisons Sociales Magazine*, juin 2014.

Les **arrière-pensées instrumentales** sont évidemment très présentes derrière le paternalisme : les affects, l'inculcation de valeurs et l'identification à l'entreprise contribuent à tempérer les ardeurs revendicatives, et les avantages reçus permettent de stabiliser et de contrôler la main-d'œuvre : peut-on prendre le risque de démissionner ou d'être licencié lorsqu'on habite avec sa famille chez son employeur ? Toutefois, ces pratiques sont également directement inspirées par des convictions politiques et religieuses. Le paternalisme est aussi une voie pour promouvoir le progrès social et l'éradication de la misère, ainsi que l'amélioration des rapports sociaux.

Toutefois, le paternalisme ne contribue probablement pas à l'émancipation des salariés et c'est là le principal reproche qui lui est fait : maintenir des rapports infantilisants et faire le « bien » des salariés malgré eux constitue une entorse directe aux principes du libéralisme. La relation de dépendance entretenue par le paternalisme est souvent dénoncée et on lui préfère des relations plus contractualisées ou fondées sur des principes mieux formalisés qui échappent à la seule volonté de l'employeur.

b) Les labels RH

Certains organismes privés se proposent également de labelliser les entreprises sur le critère de la qualité des conditions de travail ou le respect de standards. Les labels sont nombreux et utilisés par les entreprises dans une perspective de communication interne ou externe, et notamment pour travailler leur **marque employeur** et attirer des talents. Ils peuvent porter sur l'ensemble des dimensions de la GRH (voir Outil 1.3) ou sur un point particulier (label diversité, égalité professionnelle...).

Outil 1.3 : Les labels RH, les exemples de l'Institut Great Place to Work et du label Investor in People

L'institut Great Place to Work labellise et établit des classements d'entreprises dans lesquelles « il fait bon travailler ». Voici comment son fondateur Robert Levering définit la démarche : « Nous pensons que toute entreprise a les moyens de devenir une entreprise où il fait bon travailler. C'est l'essence même de l'Institut Great Place to Work. Nous avons le plus grand respect envers les organisations considérées par leurs salariés comme étant un environnement où il fait bon travailler. Les dirigeants de ces entreprises sont nos héros, et nous sommes admiratifs de ce que représentent ces organisations ; quelques lueurs d'espoir dans ce qui constitue trop souvent un océan de médiocrité. »

La démarche modélisée par l'Institut est synthétisée dans la figure 5(a). Elle insiste sur le respect et la confiance qui doivent présider aux relations entre les collaborateurs et le management.

Le label Investor in People propose une démarche similaire, dont le standard est repris dans la figure 5(b).

Figure 5. Les labels RH :
(a) le standard Great Place To Work.

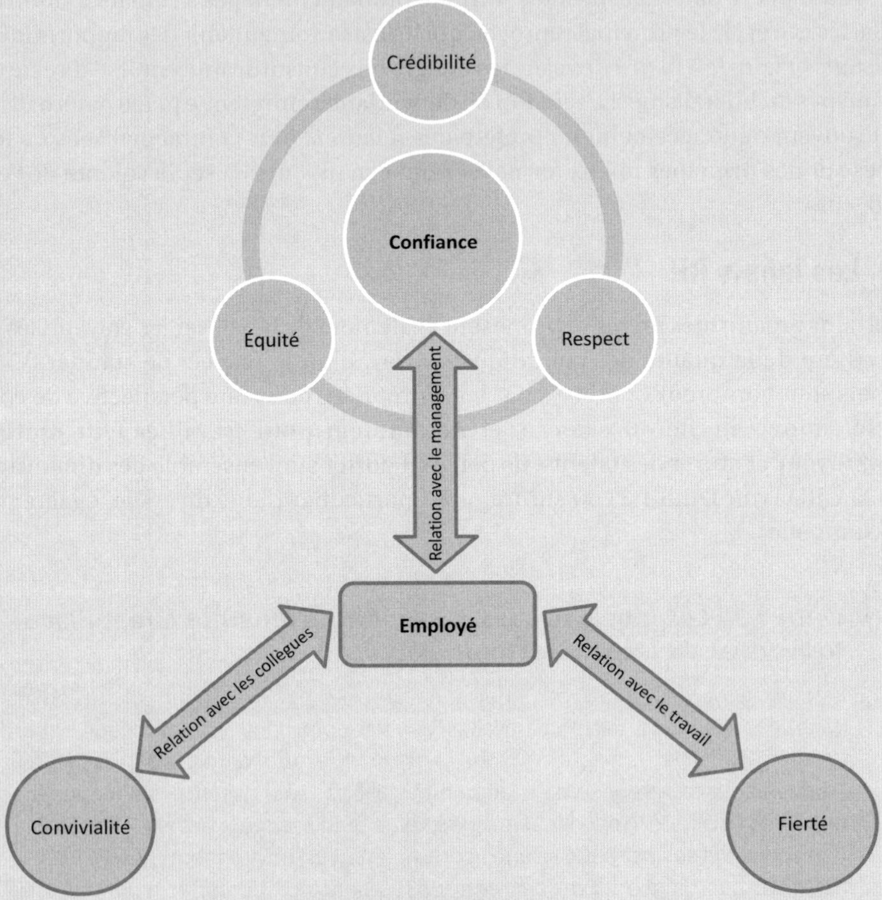

(b) le label Investor in People.

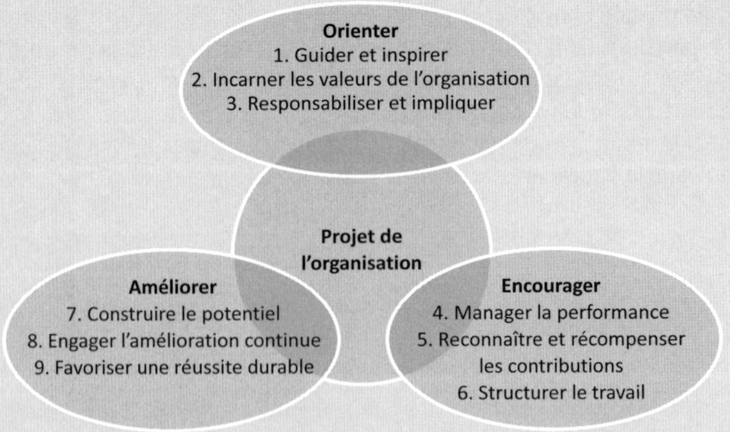

Sources : d'après http://www.greatplacetowork.fr ; https://www.investorsinpeople.com.

c) Les démarches de responsabilité sociale applicables à la GRH

Au-delà du droit du travail, il existe peu de normes internationales directement applicables à la gestion des ressources humaines. Celles qui existent semblent souvent dérisoires lorsqu'on les compare avec ce qui est prévu par le cadre légal dans des pays comme la France. C'est par exemple le cas de la norme SA8000, qui reprend les standards de l'Organisation internationale du travail (OIT) et propose des certifications. Les points de vigilance portent sur des droits fondamentaux tels que la reconnaissance du fait syndical, la limitation de la durée du travail, l'interdiction du travail forcé ou du travail des enfants... Pour triviales qu'elles apparaissent du point de vue d'un DRH d'une entreprise occidentale, ces normes ont le mérite de pousser à l'amélioration des conditions de travail et des pratiques de GRH, notamment dans les entreprises sous-traitantes dans les pays où la législation offre des droits et protections inférieures aux préconisations de l'OIT.

Plus récemment, la norme ISO26000 a entrepris de conceptualiser des « lignes directrices relatives à la responsabilité sociétale ». Il ne s'agit pas à proprement parler d'une norme qui porterait sur un ensemble de pratiques à respecter, mais plutôt d'une liste de thèmes, au rang desquels figurent les droits de l'Homme, ainsi que les relations et conditions de travail, et d'une méthode à suivre pour identifier les parties prenantes concernées et dialoguer avec elles. Un des enjeux est notamment de **doter les organisations et leurs parties prenantes d'un vocabulaire commun pour rendre le dialogue possible**. La logique portée par la norme consiste à reconnaître l'impact de l'organisation sur son environnement pour pouvoir contractualiser avec ses parties prenantes sur une base volontaire, dans le respect d'un esprit constructif et en toute transparence (voir Outil 1.4).

Outil 1.4 : La norme ISO26000

En sept articles, la norme ISO26000 indique la marche à suivre pour exercer une responsabilité sociétale. Elle précise que la responsabilité sociétale concerne toutes les organisations et qu'elle ne peut s'exercer que si on se dote des concepts et du vocabulaire pertinents. L'idée ensuite est d'adopter une série de postures éthiques dans les relations qu'on établit avec les parties prenantes autour de questions jugées centrales pour construire un dialogue qui doit conduire à des initiatives irriguant tout le fonctionnement de l'organisation.

— Voir Figure 6 page suivante. —

L'idée de ces normes n'est pas tant de contraindre l'entreprise que de la guider vers des comportements vertueux qu'elle doit elle-même inventer avec ses parties prenantes. Les promoteurs de ces dispositifs mettent en avant le rôle des normes comme élément moteur dans des démarches de transformation des systèmes de management. En formalisant des intentions et en donnant les moyens de mesurer les améliorations, **les normes permettent de progresser et d'inscrire la préoccupation éthique comme élément fédérateur de l'organisation**.

Figure 6. Le contenu de la norme ISO26000.

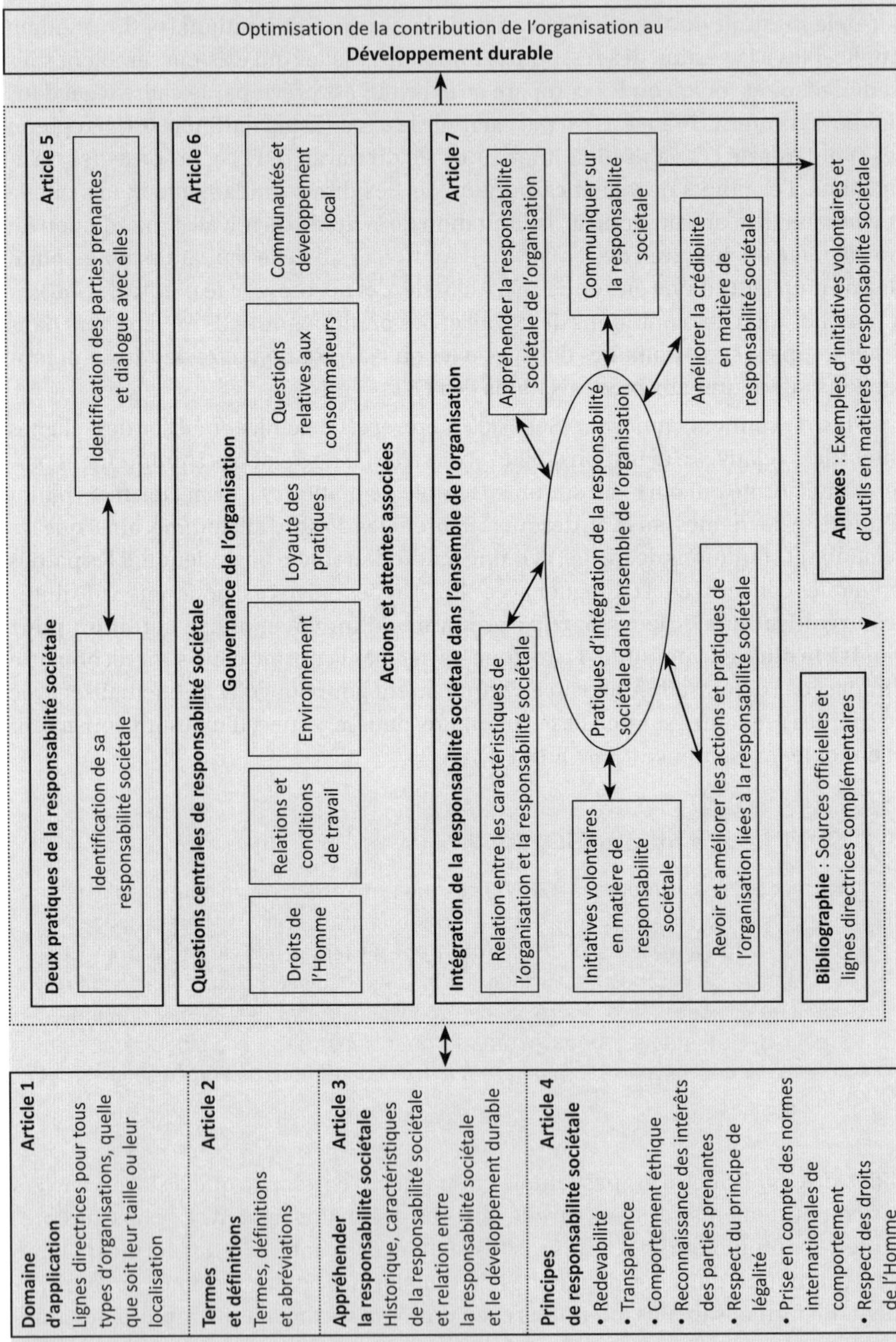

Source : d'après Organisation internationale de normalisation (ISO), www.iso.org.

Finalement, c'est une façon d'interagir avec les parties prenantes qui est mise en avant. Dans le domaine de la GRH, l'éthique se concrétise dans le contrat psychologique que l'entreprise cherche à construire avec ses salariés.

d) Le respect du contrat psychologique : une forme de relativisme éthique ?

La référence à des valeurs fondatrices de l'entreprise, à une communauté, ou l'inscription dans des démarches volontaristes visant à affirmer et encadrer des pratiques responsables contribuent à **forger les termes d'un « contrat » entre l'employeur et le salarié, qui peuvent aller bien au-delà du contenu du contrat de travail au sens juridique**. On parle alors de contrat psychologique pour désigner ce jeu de promesses réciproques plus ou moins ambiguës, mais qui engagent les parties (voir Zoom 1.3).

Une façon de concevoir des pratiques RH éthiques ou responsables peut consister à prendre acte de ce contrat, à en clarifier les termes et à le respecter. Comme tout contrat, sa validité repose sur le consentement et la capacité des parties, et notamment des salariés, à contracter. Ces principes renvoient à un idéal d'émancipation des travailleurs qui librement pourraient choisir de s'engager ou non dans une relation avec un employeur, en toute connaissance de cause, et en ayant une bonne visibilité du contenu du contrat. Ce contenu importe peu, pourvu que chacun en ait connaissance et en accepte les termes.

Certaines pratiques de GRH sont très minimalistes, mais restent éthiques, puisque la transparence préside à l'échange. À titre d'exemple, des travailleurs saisonniers rémunérés au Smic ne sont pas fondés à dénoncer la précarité de leur situation ou la faiblesse de leurs revenus, si rien d'autre ne leur a été promis et si les circonstances sont telles qu'ils avaient la possibilité de ne pas s'engager.

D'autres pratiques de GRH peuvent se révéler beaucoup plus généreuses, mais entrer en contradiction avec les termes d'un contrat élargi à ses dimensions implicites et coutumières. Des salariés d'une compagnie d'assurances française pourraient, par exemple, trouver inacceptable d'être licenciés pour motif économique tant la promesse d'un emploi pérenne et de perspectives de carrière ascendante est forte dans ce secteur. Dans d'autres activités, à l'inverse, ce n'est pas l'insécurité de l'emploi qui est en jeu, mais le maintien de l'employabilité. La promesse peut porter davantage sur un travail formateur et des occasions d'apprendre que sur la protection offerte par un statut.

Au final, il apparaît délicat de vouloir décrire ce que seraient de bonnes pratiques de GRH tenant compte de « l'humain ». Entre paternalisme aussi protecteur qu'envahissant et conception libérale d'un travailleur libre, tout semble valable pourvu que les termes du contrat psychologique soient clairement établis.

Zoom 1.3 : Denise Rousseau et le contrat psychologique

Denise Rousseau propose un cadre théorique permettant de penser la variété des formes de relations que l'entreprise et ses membres entretiennent. L'organisation est conçue comme un ensemble de contrats passés entre l'organisation et les salariés, mais également entre les salariés entre eux, les salariés et leurs superviseurs... **Ces contrats n'ont pas besoin d'être formalisés pour engager les contractants**. Ces derniers peuvent d'ailleurs préférer rester dans l'implicite, ce qui permet de personnaliser les échanges.

Le contrat psychologique se présente donc comme un **ensemble de promesses réciproques entre l'organisation et ses membres**, mais le « vrai » contrat dépasse largement le contrat de travail réduit à sa seule expression juridique : promesse de promotion, de protection, de reconnaissance, de rétribution, en échange d'une promesse de loyauté, d'obéissance, d'implication, d'acceptation des changements...

L'intérêt de l'approche est double :

- Elle permet de penser la possibilité de « **dissonances contractuelles** », c'est-à-dire de divergences d'appréciation sur les termes du contrat qui peuvent générer un sentiment d'injustice. Les parties à l'échange ont intérêt à respecter le contrat psychologique, car toute violation perçue pourrait conduire le partenaire à restreindre les obligations qu'il se reconnaît aux obligations explicitement prévues dans le contrat formalisé.
- L'approche permet également de **penser plusieurs façons de gérer les ressources humaines**, toutes valables pourvu que le contrat soit marqué par le consentement des contractants. Le contrat peut différer selon deux dimensions : le degré de spécification des engagements et l'horizon temporel plus ou moins long dans lequel les contractants imaginent leur collaboration. À partir de ces deux dimensions, on peut repérer quatre formes de contrats psychologiques (voir Tableau 1).

Tableau 1. Les différentes formes de contrats psychologiques.

		Spécification des engagements	
		Forte	**Faible**
Horizon temporel	**Court terme**	**Contrat transactionnel** Salariés embauchés pour une mission précise. Peu d'ambiguïté, sortie facile, faible intégration, références aux termes explicites du contrat	**Contrat transitionnel** Période d'instabilité, de réorganisation L'incertitude domine au sujet des promesses réciproques, fort turnover
	Long terme	**Contrat équilibré** Salariés embauchés pour participer à une mission commune. La performance attendue est bien spécifiée, les membres sont engagés dans un collectif, entraide et coopération	**Contrat relationnel** Salariés embauchés pour faire partie d'une communauté, d'une famille. Fort engagement et identification, forte stabilité, rôle important des affects, la loyauté est plus importante que la performance

Source : d'après Rousseau, D., *Psychological contracts in organizations: Understanding written and unwritten agreements,* Sage Publications, 1995.

2.3. La GRH, une « affaire de société »

On le voit, comme toute activité de gestion, la GRH tire sa légitimité de sa contribution à l'efficacité de l'entreprise et à la création de valeur. Elle se doit donc d'être associée à la performance économique, au *business.* Pour autant, la GRH a ceci de particulier qu'elle touche à des relations humaines et à des implications sociétales fortes. Elle est fréquemment convoquée dans les débats médiatiques et se voit assigner des objectifs de lutte contre les fléaux de la société : résorption du chômage, lutte contre la précarité, correction des inégalités, temps de travail et accès aux loisirs, santé, entretien du capital humain... Tant que le travail occupera cette place centrale, l'entreprise et la GRH resteront, pour reprendre le mot du sociologue Renaud Sainsaulieu, une « affaire de société »[1].

La GRH est donc socialement encastrée. Elle n'échappe pas à des questionnements fondamentaux sur les relations souhaitables entre les hommes et le fonctionnement harmonieux du social. Elle relève de questions politiques, de préférences culturelles et s'inscrit dans l'histoire des institutions et des normes. Les jugements de valeur et les débats éthiques à son sujet sont donc inévitables et, sans aucun doute, souhaitables.

Il serait vain, néanmoins, d'opposer une conception instrumentale et une conception humaniste de la GRH. La quête d'efficacité peut être conçue comme un impératif éthique pour les entreprises. Inversement, instaurer des relations d'emploi marquées par l'éthique est un gage de performance économique. Il en va de l'entretien de la motivation des salariés et des conditions de leur engagement, mais aussi de la prévention des risques de délitement ou d'explosion du lien social, sans lequel les organisations ne peuvent fonctionner (voir Application 1.2).

Application 1.2 : L'économique au service du social... et vice versa

[...] À tous les stades de la chaîne de production, des machines suppriment les efforts physiques des ouvriers. [...] Car la modernisation régulière des installations n'empêche pas les salariés d'être encore bien présents sur les lignes de production de jambons et rôtis de porc du leader du marché français de la salaison. La qualité des produits est toujours vérifiée par d'anciens bouchers qui, couteau en main, retirent les morceaux de gras en trop. [...]
Depuis cinquante ans, la ligne directrice de cette entreprise de taille intermédiaire (ETI) qui dame le pion aux géants de l'agroalimentaire n'a pas changé. « *Il s'agit de concilier performance économique et progrès social.* » [...]

Concilier performance économique et sociale
« *La stratégie que j'applique n'a qu'un seul objectif, d'ailleurs imposé par le conseil d'administration. C'est d'assurer la pérennité des emplois et de l'entreprise* », poursuit le DG. Et d'expliquer que, pour y arriver, il faut innover sans

1. Renaud, S., *L'entreprise, une affaire de société*, Paris, Presses de Sciences Po, 1990.

cesse, chercher les résultats économiques et tenir bon la barre par gros temps. Pas toujours facile face aux centrales d'achat des Carrefour, Leclerc et autres Système U. [...] « *Je ne suis pas sous le joug du compte d'exploitation. Une mauvaise année ne remet pas en cause notre stratégie à long terme, mais le futur de l'entreprise passe par des résultats corrects* », rappelle Régis Lebrun. Une règle rendue impérative du fait des engagements sociaux de la direction. Comme cet accord qui limite la précarité à 10 % des effectifs salariés. [...] Pour faire face aux aléas de la demande, les partenaires sociaux ont signé un accord de modulation du temps de travail : il permet d'organiser des semaines de 21 à 42 heures selon les besoins, en annualisant le calcul du temps de travail. [...] Sans nier les bons côtés de la gestion RH de son entreprise, le cégétiste Franck Crépeau estime quant à lui que [...] la recherche systématique de productivité met une pression importante sur les épaules des ouvriers comme sur celles des cadres. [...]

Maintenir un dialogue social intense

Les représentants syndicaux et les élus du personnel sont respectés chez Fleury Michon. [...] Le DRH est bien placé pour le savoir puisqu'il a lui-même été représentant syndical. [...] Les quatre organisations représentatives présentes dans l'entreprise [...] disposent d'un représentant au conseil d'administration. Et les élus du comité d'entreprise bénéficient de séances de formation à l'économie. [...] Mais la CGT dénonce le manque de documents préalables aux négociations et les délais très courts entre deux réunions qui ne permettent pas à ses représentants non détachés de travailler suffisamment sur leurs revendications. [...]. Dès 1994, l'entreprise soutient le congé parental. [...] Elle fut également pionnière sur la réduction du temps de travail, avec la signature d'un accord « de Robien » en décembre 1997. [...] Le cédétiste admet que « *les salariés embauchés ces dernières années ne comprennent pas toujours la logique de l'accord de 1997* ». [...] « *Nous réfléchissons à donner plus de liberté d'initiative à nos salariés sur les lignes de production*, dévoile Gérard Chambet. *Les jeunes générations ont d'autres aspirations et la capacité à acquérir des connaissances grâce aux nouvelles technologies.* »

Faciliter l'évolution professionnelle

Pas question, en revanche, de revoir les outils de gestion RH mis en place depuis longtemps. Comme le compte épargne-temps (CET), qui peut enregistrer jusqu'à 1 600 heures (et donc l'équivalent d'un an de salaire) et facilite les départs progressifs à la retraite malgré l'absence d'accord formel sur le sujet. [...] La direction continue également à intéresser ses salariés aux résultats économiques de l'entreprise [...]. Enfin, il y a l'investissement dans la formation : l'entreprise y a consacré 4,4 % de sa masse salariale en 2015. Une majorité des managers sont issus de la promotion interne grâce à leur passage au sein de l'académie interne. [...] « *L'accord signé sur la gestion prévisionnelle des emplois et des compétences facilite les évolutions professionnelles des volontaires* » [...].

Reste que, confronté à une guerre des prix intense, Fleury Michon semble avoir de plus en plus de difficultés à concilier performance économique et sociale. Fait inhabituel chez le fabricant de jambon, l'année 2016 a été le théâtre de plusieurs conflits sociaux autour de la faiblesse des augmentations salariales. [...]

Source : extraits de Éric Béal, « Régis Lebrun prend soin de la culture sociale de Fleury Michon », *Liaisons Sociales Magazine*, n° 180, mars 2017.

Question : Comment Régis Lebrun pourrait-il se défendre face aux critiques qui lui reprocheraient de faire passer les intérêts des salariés devant ceux de l'entreprise, alors même que les salariés semblent ne pas y être particulièrement sensibles si on en juge par les récents conflits sociaux ?

À retenir

- ✓ **La GRH est une discipline de gestion, qui doit démontrer sa contribution à la création de valeur de l'organisation pour être légitime.**
- ✓ **La mesure de la contribution de la GRH à la création de valeur de l'organisation ne va pas de soi.**
- ✓ **Il faut la rendre visible en formalisant les liens entre actions RH et performance, dans chaque contexte particulier.**
- ✓ **Pour la GRH, la poursuite des seuls objectifs économiques, indépendamment de la nature sociale et psychologique du travail, est contre-productive.**
- ✓ **L'entreprise peut choisir d'intégrer les multiples parties prenantes de l'entreprise impactées par son action RH et notamment ses propres collaborateurs.**
- ✓ **Les labels et référentiels de responsabilité sociale aident à concevoir un projet de GRH articulant performance économique et performance sociale.**
- ✓ **La notion de contrat psychologique permet d'enrichir la perception des engagements réciproques de l'employeur et des salariés.**

Chapitre 2

Aligner la GRH avec l'organisation du travail

Objectifs du chapitre :

- ✓ **Connaître les principales formes d'organisation du travail.**
- ✓ **Comprendre les formes d'organisation mécanistes et organiques.**
- ✓ **Comprendre le lien entre formes d'organisation et pratiques de GRH.**
- ✓ **Savoir déceler les incohérences dans les pratiques de GRH.**
- ✓ **Comprendre que la GRH est au carrefour d'enjeux de pouvoir entre les différents acteurs de l'organisation.**

L'observation des pratiques de gestion des ressources humaines laisse apparaître une variété qui peut se révéler *a priori* déconcertante. Certaines organisations reposent sur des statuts clairement délimités et appliquent des règles impersonnelles à leurs membres, tandis que d'autres semblent s'adonner à l'art consommé du sur-mesure en offrant à chacun des conditions individualisées. Dans certains cas, le DRH occupe une place centrale en tant que garant de la capacité de production de l'organisation, et dans d'autres, le DRH et la GRH semblent marginalisés : on leur reproche d'être ignorants du travail réel ou de se perdre dans un formalisme de mauvais aloi.

Faut-il déduire de cette variété que certaines entreprises auraient des politiques inadaptées ou devenues obsolètes, quand d'autres auraient découvert les « bonnes pratiques » ? Faut-il au contraire conclure au relativisme et à l'absence de règles universelles en matière de GRH ? La réponse à ces questions est déterminante pour appréhender la GRH.

Face à la diversité des pratiques, une première approche, de nature normative, pourrait consister à identifier un modèle préférable aux autres. Ce modèle serait supposé conduire à des performances plus élevées, notamment du point de vue de l'employeur et donc s'imposer à tous.

Une seconde approche, de nature plus compréhensive, pourrait au contraire prendre acte de l'existence des différentes modalités de GRH observées. Il s'agit alors d'expliquer pourquoi et comment elles émergent dans des contextes différents. Le parti pris est moins celui de leur performance que celui de leur meilleure adaptation à un jeu de contraintes multiples.

Ce chapitre est organisé de façon à rendre compte de ces différentes approches. Il s'agira dans un premier temps de revenir sur les tentatives historiques de définition d'un « meilleur » modèle de GRH ayant vocation à s'imposer de façon universelle. Ces modèles se sont largement diffusés et sont à la base de nombreuses politiques RH. Toutefois, ils demeurent implicitement ancrés dans des contextes particuliers qui doivent être précisés pour relativiser leur portée universelle (section 1). En s'attachant à identifier les variables de contextes pertinentes, il sera alors possible de viser une explication générale de la variété des modèles de GRH (section 2). Cela conduira à identifier des configurations de GRH différentes, toutes potentiellement pertinentes (section 3).

1. À la recherche d'un « one best way » en matière de GRH ?

Deux écoles de pensée ont tenté de dresser les contours des pratiques de GRH ayant vocation à s'imposer de façon universelle : le courant de l'organisation scientifique du travail, emmené par Frederick Taylor, puis le courant des High Performance Work Systems. Chacune s'inscrit à un moment précis de l'histoire des modèles productifs et repose sur une conception particulière des rapports sociaux. Toutefois, toutes deux voient dans leurs propositions un moyen d'améliorer l'efficacité du travail.

1.1. GRH et organisation scientifique du travail

Pour l'ingénieur de la fin du XIXe siècle qu'est Frederick Taylor, la science doit permettre de guider l'action managériale dans la voie d'une plus grande efficience productive ; cette efficience, en augmentant la richesse produite, doit plus largement contribuer au bien-être social.

Les pratiques de GRH inspirées du taylorisme reposent sur les principes et étapes suivants :

- Tous les travailleurs n'ont pas la même productivité au travail. Il faut s'attacher à observer le travail des salariés les plus efficaces pour identifier et expliciter leurs savoir-faire souvent tacites.
- Les spécialistes de la production, ingénieurs ou ergonomes, ont pour mission de codifier ces gestes et procédés pour imposer leur adoption par tous. Ce faisant, ils cherchent à les améliorer en proposant des solutions techniques innovantes (action sur l'outillage, par exemple) ou des innovations organisationnelles. Parmi

ces dernières, la parcellisation du travail, c'est-à-dire la spécialisation des salariés sur un ensemble très limité de tâches, est vue comme le gage d'une plus grande productivité individuelle.
- Le travail ainsi organisé est moins satisfaisant. Les travailleurs perdent en effet en autonomie, leur activité est plus répétitive et leurs compétences sont exploitées sur un spectre plus étroit. La motivation doit alors être recherchée par des formules incitatives fondées sur le rendement (salaire à la pièce). Les salariés qui jouent le jeu se voient financièrement récompensés.

Le taylorisme est souvent associé à un ensemble de pratiques dépassées et largement condamnables. On lui prête, en effet, des effets pervers nombreux : aliénation, souffrance au travail, usure physique et mentale, outil politique de domination des masses populaires... On peut toutefois lui reconnaître des avantages certains, comme les gains de productivité et la hausse des rémunérations associées, tout comme la possibilité de recourir à une main-d'œuvre non qualifiée qui serait restée en dehors du marché du travail sans ces méthodes d'organisation du travail.

Il demeure que de nombreuses pratiques de gestion des ressources humaines restent empreintes de ces principes (voir Outil 2.1).

Outil 2.1 : L'héritage taylorien dans les pratiques de gestion des ressources humaines

En matière de gestion des ressources humaines, le taylorisme a inspiré de nombreuses pratiques de gestion des ressources humaines, dont certaines restent bien établies aujourd'hui encore. Certaines ont trait à l'organisation du travail, d'autres aux politiques de rémunération.

Taylorisme et organisation du travail

Le taylorisme est à la base de nombreuses pratiques visant à clarifier les responsabilités des individus et à normaliser les comportements. Ce faisant, ce n'est pas l'individu qui est mis au centre de la gestion, mais plutôt le poste qu'il occupe :
- organigrammes et fiches de postes pour clarifier la prise de responsabilités et la chaîne de contrôle du travail ;
- recueils de procédures, plan de montage, scripts pour cadrer des interactions sociales avec les clients ;
- formations techniques de type « adaptation au poste de travail » ;
- travail structuré par l'outil de production (ex : progiciels de gestion, chaînes de montage) ;
- définition de standards de production à atteindre (quantité journalière, cadencement de la production...) ;
- recrutement sur la base de qualifications précises pour des postes précis (ex : un diplômé d'un BTS « Assistant de direction » affecté à un poste d'assistant de direction).

Taylorisme et pratiques de rémunération

Les pratiques de rémunération inspirées du taylorisme visent à construire une acceptabilité sociale des méthodes scientifiques d'organisation en asseyant la rémunération sur la productivité du travail :

- rémunération à la tâche ou au rendement ;
- formes de commissionnement ;
- intéressement collectif assis sur des variables de productivité.

Bien que présentées comme ayant un caractère scientifique, donc universel, ces pratiques émergent et se développent à la fin du XIXe siècle dans le contexte bien précis de l'apparition de la grande entreprise industrielle intégrée. Le contexte intellectuel est par ailleurs marqué par le développement des sciences et la croyance au progrès social qu'elles rendent possible. La rationalité et le calcul sont perçus comme porteurs de promesses de dépassement de la tradition et de l'immobilisme.

Ces pratiques de gestion des hommes offrent une réponse technique à l'organisation du travail dans les grandes structures notamment industrielles. Il s'agit de prendre acte du dépassement du modèle de production artisanal et de l'émergence de grandes organisations structurées par les infrastructures industrielles et dédiées à la production en grande série.

Ces pratiques offrent également une réponse politique à la mutation engendrée par l'apparition, autour de ces industries, d'une classe ouvrière potentiellement subversive. Le partage des gains de productivité et la stabilisation de la main-d'œuvre sont l'un des aspects de cette solution. La division du travail et la déqualification apparente des travailleurs en sont une autre, dans la mesure où ce type d'organisation les rend dépendants de leur employeur pour garantir leurs moyens de subsistance.

Bien qu'il soit ancien, le modèle garde toute son actualité. D'abord parce que la grande entreprise industrielle intégrée produisant en série n'a pas disparu. Lorsqu'elle migre hors des pays à coûts salariaux élevés, le modèle de GRH migre avec elle. Ensuite, on peut voir des secteurs d'activités, encore récemment organisés sur un mode artisanal, se structurer autour de modes d'organisation visant à améliorer à la fois les rendements et la productivité, mais aussi la fiabilité de la production. Ainsi, les démarches de certification qualité sont un puissant vecteur de diffusion du taylorisme. Il en est de même de la généralisation de solutions techniques standards pour traiter des problèmes relevant jusqu'à maintenant de la compétence individuelle et du « tour de main » relationnel (voir Illustration 2.1).

Illustration 2.1 : Le taylorisme gagne les services

[...] L'arrivée des technologies de l'information dans les bureaux est un peu de même nature que la mécanisation initiale dans les usines : on a taylorisé le travail administratif, la machine – ici le système d'information – étant au cœur et les hommes à son service. L'exemple le plus criant est celui des centres d'appel : le système choisit vers qui envoyer l'appel, le système propose en temps réel

un script que l'agent doit suivre dans sa discussion avec l'appelant, le système surveille tous les paramètres et établit automatiquement rapport et alertes...
Dans *Les Temps modernes*, c'était le corps de Charlot qui était mis à mal : soumis au rythme inexorable des machines, il pouvait penser à autre chose, car le système ne lui demandait pas de penser, mais juste de suivre mécaniquement ce que lui imposait la machine. Dans les bureaux d'aujourd'hui, on ne peut plus penser à autre chose, car c'est l'activité cérébrale qui est prise dans l'étau de cette taylorisation intellectuelle.
[...] « Heureusement », cette mécanisation administrative montre ses limites, même par rapport à son objectif initial : plus elle se développe, plus la relation client devient mécanique et de moindre qualité [...].

Source : d'après Hubert Branche, « La taylorisation est passée des usines aux bureaux », Agoravox, janvier 2010.

1.2. Les High Performance Work Systems

Plus récemment, un modèle concurrent de gestion des ressources humaines est venu s'imposer au rang des bonnes pratiques. Là où Taylor et ses disciples assument une certaine méfiance à l'égard des hommes qui justifient des pratiques orientées vers le contrôle et la prescription des comportements pour du personnel peu qualifié, Jeffrey Pfeffer et l'école des « High Performance Work Systems » (HPWS) tentent de caractériser des systèmes de GRH cohérents qui reposent sur l'investissement en capital humain et une certaine autonomisation des salariés (voir Zoom 2.1).

Le contexte dans lequel ce modèle apparaît est très largement différent. Dans les années 1990, dans les économies occidentales, l'enjeu n'est plus tant la productivité que la réactivité ou la capacité à innover. Il faut savoir organiser le travail afin de gagner en souplesse, et la notion de « projet » en vient à supplanter celle de « production ». Par ailleurs, le niveau des qualifications s'est élevé et la « lutte des classes » n'est plus la référence idéologique naturelle quand on évoque les relations entre entreprises et travailleurs, ce qui amène à penser la possibilité de relations de coopération.

Dans ce contexte, la GRH ne doit pas produire de la discipline comportementale, mais de l'engagement et de l'implication. L'idée est de mettre l'accent sur l'individu et de justifier des décisions d'affectation ou de rémunération sur la base de profils de compétences, plutôt qu'en référence à des fiches de postes ou à des statuts impersonnels (voir Illustration 2.2).

Zoom 2.1 : Jeffrey Pfeffer et les « High Performance Work Systems »

Jeffrey Pfeffer (et bien d'autres) tente de modéliser des systèmes de pratiques de GRH conduisant à des performances élevées. Il insiste sur le fait qu'aucune de ces pratiques prises isolément n'est efficace en soi. En revanche, la combinaison systématique de ces pratiques conduit à une performance accrue. Sept pratiques se dégagent dans un ensemble cohérent (voir Figure 1).

Figure 1. Les composantes des High Performance Work Systems.

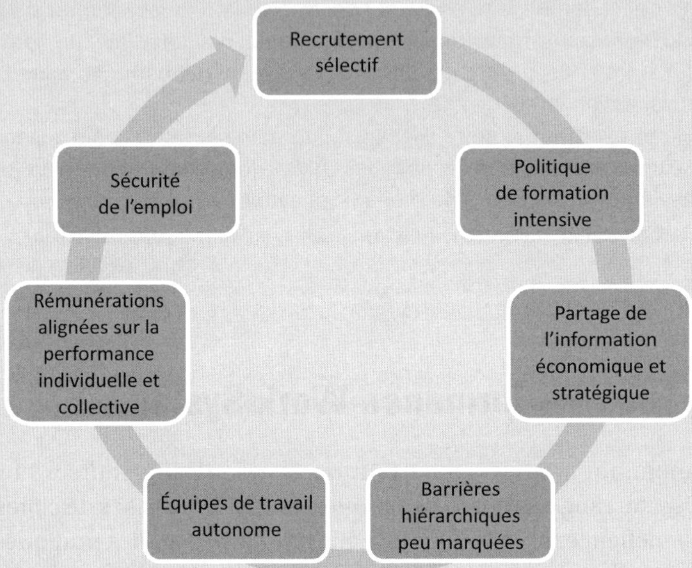

Source : d'après Pfeffer, J., *The human equation: Building profits by putting people first*, Harvard Business Press, 1998.

Illustration 2.2 : L'individualisation de la GRH

Qu'est-ce qui différencie aujourd'hui la gestion des cadres de celle des non-cadres dans les entreprises ? [...]

En matière de rétribution, en dehors des stock-options qui restent le privilège des cadres, les éléments périphériques se sont progressivement étendus. Bonus sur objectifs individuels et distribution d'actions concernent ainsi de plus en plus fréquemment ouvriers et employés. Idem pour les augmentations à la tête du client, qui ne sont plus réservées aux managers, écartés des revalorisations collectives. [...] Le mouvement se nourrit de la généralisation des entretiens d'évaluation. [...] « *Gérer les salariés de façon collective, c'est nier la valeur intrinsèque de la personne*, souligne Antoine Belot, DRH de Philips Lighting. *Sur le terrain, nos agents de maîtrise expriment aussi une vraie demande d'individualisation. Ils veulent savoir comment leur travail est évalué* ». Même diagnostic chez Électro Dépôt : « *Les jeunes générations ont envie d'être considérées à titre individuel et non pas noyées dans la masse* », assure Stéphane Wilmotte, le DRH. [...]

Chez Aéroports de Paris, l'individualisation des politiques RH avance tout doucement. Un héritage du statut d'établissement public. Mais l'entreprise est en train de rénover tout son dispositif d'évaluation pour le rendre plus agile. Elle expérimente ainsi les *people reviews* pour la population des non-cadres afin d'identifier les salariés à potentiel. [...] « *L'idée est de proposer, après un examen de fond, des entretiens d'appréciation, des évolutions horizontales ou verticales à nos collaborateurs* », explique Catherine Benet, la DRH.

Source : d'après Anne-Cécile Geoffroy, « GRH individualisée pour tous », *Liaisons Sociales Magazine*, 4 juin 2015.

Derrière les pratiques de management scientifique tayloriennes et les HPWS, se dessinent des modèles concurrents de GRH aspirant à l'universalité. Pour autant, on peut relever que ces modèles prennent leur sens dans des contextes et pour des projets précis.

Plutôt que d'opposer ces modèles, la section suivante tentera d'explorer les facteurs de contingence qui expliquent l'adoption de l'un ou de l'autre en fonction du contexte. En particulier, l'accent sera mis sur l'idée que **le modèle de GRH pertinent dépend de la façon dont le travail est organisé**.

2. Les contingences de la GRH

Les deux modèles de GRH précédemment évoqués sont caractéristiques d'organisations elles-mêmes très différentes : les organisations mécanistes et les organisations organiques. Après en avoir spécifié les caractéristiques, cette section expliquera les contextes qui rendent préférable l'une ou l'autre de ces formes organisationnelles.

2.1. Organisations mécanistes et organiques

Organiser le travail, c'est se doter de mécanismes permettant à des individus qui ne partagent pas forcément les mêmes intérêts de coopérer pour atteindre des objectifs communs. Toute organisation repose sur un ensemble de règles et de repères qui rendent possible l'action collective. Ces mécanismes d'organisation peuvent être selon les cas plus ou moins formalisés et plus ou moins stables, mais on repère systématiquement trois dimensions principales (voir Figure 2).

Figure 2. Les dimensions principales de l'organisation

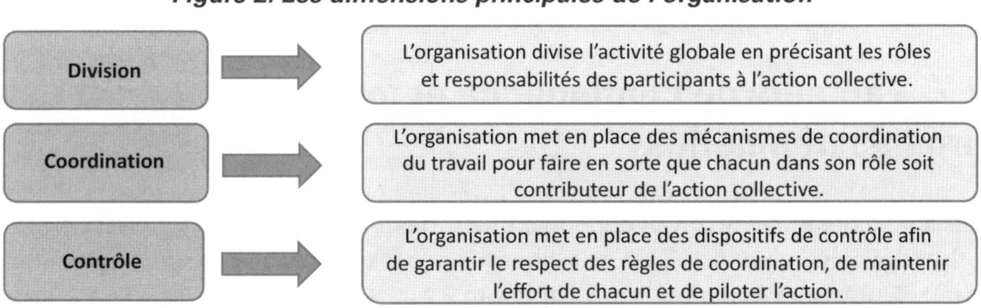

Les premières réflexions constitutives d'une théorie de l'organisation ont cherché à définir et à formaliser des règles visant à l'efficacité dans la poursuite de l'objectif commun. Le taylorisme en est la forme la plus emblématique, mais l'organisation des armées romaines ou des monastères bénédictins offre des exemples précurseurs de même nature. On qualifie de **mécanistes** ces organisations qui reposent sur des règles formelles définissant les rôles de façon précise et stable, à l'image des rouages d'une machine.

Mais dès qu'on s'intéresse de près au fonctionnement réel des organisations, on voit bien que les rôles sont moins clairement délimités, que la coordination ne passe pas par les organes et les instances prévus... Il existe donc toujours une part d'informel et d'initiative personnelle. Ces fonctionnements non formalisés sont parfois même revendiqués et recherchés. On parle d'organisations **organiques** pour désigner ces formes d'action collective.

Ces deux formes d'organisation sont clairement différentes, mais possèdent toutes deux leur cohérence interne. Les pratiques de management y sont de nature très différente (voir Outil 2.2).

Outil 2.2 : Les pratiques d'organisation du travail d'inspiration mécaniste et organique

	Organisations mécanistes	Organisations organiques
Division du travail	Spécialisation poussée. Structure pyramidale. Systèmes de qualification des postes.	Définition large des fonctions. Hiérarchie peu marquée. Rôles perpétuellement redéfinis en fonction des missions.
Coordination du travail	Les droits et obligations sont formalisés et liés au poste. L'information et les directives passent par la hiérarchie. Peu d'effort de mise en perspective des rôles dans le fonctionnement global de l'organisation.	Les droits et obligations sont négociés. L'information est transversale et circule dans tous les sens. La compréhension du fonctionnement global de l'organisation est un enjeu fort.
Contrôle du travail	Contrôle par la hiérarchie en référence à des standards prédéfinis. On recherche l'obéissance et le respect des normes.	Contrôle par les pairs organisés dans les réseaux internes. On évalue la contribution, l'implication et l'engagement.

2.2. Facteurs de contingence et formes organisationnelles

La façon d'organiser le travail dépend d'une série de paramètres auxquels les entreprises doivent s'adapter. L'école de la contingence rassemble les penseurs qui se sont attelés à préciser ces paramètres (voir Zoom 2.2).

Zoom 2.2 : L'école de la contingence

L'école de la contingence désigne un ensemble d'auteurs qui se sont donné pour objectif d'expliquer la variété des organisations par la variété des environnements dans lesquels elles évoluent. Ce faisant, ils prennent le contre-pied de l'école taylorienne pour laquelle il existerait un « *one best way* » en la matière. Le tableau 1 dresse une chronologie des « découvertes » effectuées par ces auteurs.

Tableau 1 : Les étapes clés du développement de l'école de la contingence

Date	Théoriciens	Découvertes
1961	Burns et Stalker	Ils mettent en évidence le rôle de la complexité et de la variabilité de l'environnement sur le choix d'une organisation mécaniste ou organique : plus l'environnement est imprévisible et changeant, plus l'organisation doit être organique.
1965	Woodward	Il montre l'incidence de la technologie et invite à établir une distinction entre mode de production unitaire, en masse et en continu.
1970	Perrow	Il introduit l'idée que certaines activités ne peuvent donner lieu à une formalisation.
1977	Chandler	Il met en évidence l'influence de l'âge, de la taille et de la stratégie de l'entreprise sur l'organisation, qui est de ce fait plus ou moins formalisée et décentralisée.
1977	Lawrence et Lorsch	Ils montrent que les organisations se scindent en sous-unités pour pouvoir faire face à leurs environnements multiples. Chaque unité doit avoir suffisamment d'autonomie pour s'adapter à son environnement propre (différenciation). L'organisation doit mettre en place des mécanismes pour assurer la cohésion de l'ensemble (intégration).
1981	Mintzberg	Il identifie plusieurs configurations organisationnelles correspondant à différentes formes de coordination du travail et d'exercice du pouvoir.

a) Âge et taille de l'organisation

Une première famille de facteurs de contingence relève de l'âge et de la taille de l'organisation. Plus une organisation est de grande taille, plus la formalisation de ses modes de fonctionnement sera nécessaire. Autant on peut concevoir des formes d'auto-organisation dans des équipes réduites, autant il est nécessaire de structurer les rôles, les façons de faire et les mécanismes de contrôle lorsqu'on est nombreux.

L'âge de l'organisation est également un paramètre important. Les organisations les plus anciennes ont tendance à stabiliser leurs modes de fonctionnement autour de règles et d'usages qui ont fait leurs preuves. Même si on ne trouve pas toujours des traces formelles de ces règles, elles sont souvent portées par la culture de l'entreprise et par des éléments structurants, tels que la façon dont sont organisés les espaces de travail qui rapproche ou éloigne certaines activités et témoigne de choix passés.

On pourrait ainsi affirmer que les grandes organisations ayant une longue histoire ont tendance à être structurées de façon mécaniste. Mais on nuancera immédiatement, en soulignant qu'il existe des organisations caractérisées par une longue histoire d'adaptation perpétuelle et d'opportunités saisies. De même, certaines organisations, bien que de grande taille, peuvent se structurer en petites unités dotées d'une grande autonomie.

b) Stabilité de l'environnement

On n'organise pas le travail de la même manière selon que l'environnement est stable et certain, ou au contraire marqué par l'incertitude. Plus précisément, lorsque la demande est instable et que les clients ont des attentes très fluctuantes aussi bien sur un plan qualitatif que quantitatif, la capacité d'adaptation de l'entreprise devient un enjeu de survie et les formes d'organisation organiques sont à préférer. Aujourd'hui par exemple, l'acronyme VUCA (*Volatility, Uncertainty, Complexity, Ambiguity*) s'est développé pour désigner ces situations instables et leurs implications managériales.

À l'opposé, une entreprise confrontée à un environnement stable ou capable de le structurer en imposant ses produits et ses volumes peut plus facilement opter pour des formes d'organisation mécanistes. On trouve ici une explication à la rigidité de certains modes d'organisation qu'on rencontre dans les organisations dominant leurs marchés ou fournissant des biens ou des services stables en volume et en qualité.

c) Les déterminismes technologiques

Les technologies employées structurent également l'organisation du travail. En s'inspirant des travaux de Woodward[1], on peut distinguer trois modèles de technologie :

- Les technologies de **production unitaire** se caractérisent par des petites séries adaptées à des cahiers des charges sans cesse renouvelés. Ce type de production exige des **formes d'organisation organiques**, car la performance passe davantage par la capacité d'adaptation et la créativité que par la capacité à réduire les coûts de production.
- À l'opposé, la **production en grande série** de biens ou de services homogènes invite à opter pour des **formes d'organisation mécanistes**. La répétitivité des opérations y conduit d'ailleurs naturellement : une fois identifiée une façon satisfaisante de produire, tout invite à stabiliser et à reproduire les procédés.
- Certaines industries, enfin, sont caractérisées par un **processus de production continu**. Ce sont les installations physiques qui produisent, et l'action humaine consiste essentiellement à contrôler le processus et à régler les problèmes (production de gaz, infrastructures de réseaux de télécommunication). Le travail humain exerce une activité de régulation ; il est peu répétitif et les **formes d'organisation** plus **organiques** permettent de s'ajuster aux problèmes à résoudre.

1. Woodward, J., *Industrial relations, theory and practice*, Oxford University Press, 1965.

Tableau 2 : Les relations entre technologie, organisation et travail

Technologie	Logique organisationnelle	Attentes vis-à-vis du travail
Production unitaire	Organique	Savoir-faire, adaptabilité et autonomie
Production en grande série	Mécaniste	Activité d'exécution, répétitivité et rapidité
Production en continu	Plutôt organique	Activité de régulation des installations

Certaines activités sont ainsi plus ou moins prévisibles et variables. Mais la mise en place d'organisations mécanistes suppose aussi que les **activités soient formalisables**. Or, ce n'est pas toujours le cas, notamment lorsque le travail est complexe, relationnel et à fort contenu intellectuel. Dans ces cas, on gagne à préserver une place importante à l'implication du personnel, qui doit pouvoir mobiliser à bon escient son savoir-faire et son sens de l'initiative. Il y a d'ailleurs derrière cette question un problème politique : les salariés soucieux de préserver leur autonomie peuvent chercher à s'opposer à la formalisation de leurs gestes et compétences.

On voit ainsi le lien qu'on peut établir entre la nature des qualifications et les formes d'organisation du travail : plus les qualifications sont faibles, plus il est nécessaire de centraliser la prise de décision et de formaliser les gestes attendus. Au contraire, lorsque les qualifications sont élevées, la formalisation est non seulement moins nécessaire, mais elle est également plus combattue par les salariés auxquels elle doit s'appliquer.

d) Facteurs institutionnels : législations nationales et cultures

Enfin, les formes d'organisation sont assujetties à des éléments de nature institutionnelle qui peuvent favoriser l'adaptation des entreprises aux facteurs de contingence précédemment évoqués ou, au contraire, contrarier cette adaptation et handicaper l'organisation.

Le droit du travail et la présence syndicale peuvent conduire à des modes d'organisation plus ou moins formalisés. Ces deux paramètres ont, en effet, une incidence sur la capacité de l'organisation à individualiser la gestion des ressources humaines. Le droit du travail français et le système de représentation, par exemple, favoriseraient des modes de fonctionnement plus rigides et reposant sur des sous-ensembles de salariés auxquels sont appliquées les mêmes règles, tant en ce qui concerne la gestion des ressources humaines que la façon d'organiser le travail.

La culture nationale explique aussi pour une bonne part la façon dont les organisations fonctionnent, indépendamment de déterminismes technologiques. La France serait ainsi marquée à la fois par son appétence pour l'appartenance des individus à des catégories sociales clairement identifiées, mais aussi par des spécificités culturelles invitant à des fonctionnements formalisés (voir Zoom 2.3).

Zoom 2.3 : Geert Hofstede, cultures nationales et formes de management

Le Néerlandais Geert Hofstede mène depuis les années 1970 des études sur les différences culturelles entre pays et l'incidence qu'elles peuvent avoir sur les modes de management. Sur la base de questionnaires administrés de façon massive à des salariés tout autour du globe, il en vient à isoler six dimensions pour caractériser les cultures nationales :

- La **distance hiérarchique** : la façon dont les gens supportent que la répartition du pouvoir ne soit pas égalitaire.
- L'**individualisme** : le sentiment d'exister pour soi en non pas de faire partie d'une collectivité dont on ne serait qu'un élément.
- La **masculinité** : la place qu'occupent la compétition et la valorisation du succès et de la réussite dans une société.
- L'**aversion à l'incertitude** : la tolérance à l'instabilité de l'environnement et à l'incomplétude de l'information ou encore à la prise de risque.
- L'**orientation vers le long terme** : la façon dont une société perçoit le futur dans la continuité du passé.
- Le **niveau d'indulgence** : la façon dont une société invite les individus à contrôler leurs sentiments et leurs pulsions.

Figure 3. Les six dimensions d'une culture nationale selon G. Hofstede.

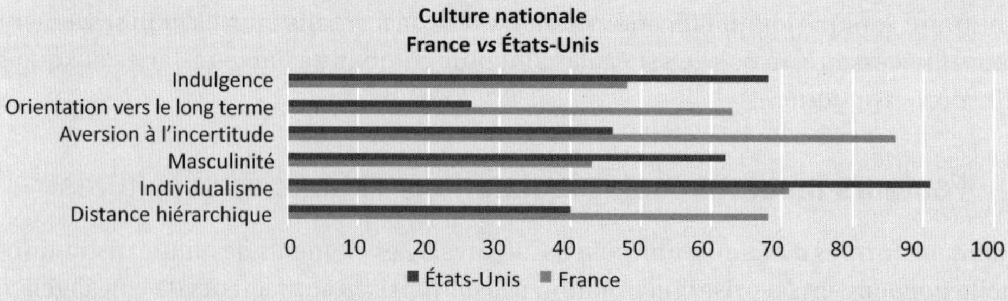

Selon Geert Hofstede, la France se caractérise notamment par une forte aversion à l'incertitude et une grande distance hiérarchique, ce qui peut expliquer, entre autres, une inclinaison à choisir des modes d'organisation du travail plutôt mécanistes.

2.3. Les jeux politiques internes

Les facteurs de contingence évoqués précédemment influencent la forme prise par les organisations. Ils opèrent sur un mode évolutionniste : compte tenu des caractéristiques de leur environnement, les entreprises s'adaptent ou disparaissent. Toutefois, la forme prise par les organisations relève également de décisions prises par les acteurs en fonction de leurs intérêts. Se pose alors la question de la répartition du pouvoir au sein de l'organisation.

a) Organisation du travail et enjeux de pouvoir

La façon d'organiser le travail n'est, en effet, pas neutre au regard de la façon dont s'exerce le pouvoir dans l'organisation, et on peut voir l'organisation comme le résultat à un moment donné de rapports de force.

Vues sous cet angle, les pratiques de GRH n'ont pas tant pour but de conduire à l'efficacité du travail humain que de renforcer le pouvoir des acteurs dominants dans l'organisation, ou de maintenir un équilibre viable entre les différents acteurs. Précisons toutefois que l'efficacité reste souvent l'objectif recherché par les acteurs les plus puissants. Pouvoir et efficacité productive ne sont donc pas incompatibles. Notamment, la quête d'efficacité et l'invocation des facteurs de contingence nourrissent les argumentaires des partisans de telle ou telle forme d'organisation (voir Application 2.1).

Application 2.1 : Jeux de pouvoir dans une organisation et utilisation des facteurs de contingence comme éléments rhétoriques

Le groupe Humanis est le fruit d'une douzaine de fusions de caisses de retraite et institutions de prévoyance locales. Jean-Pierre Menanteau, qui en a pris la direction en 2012, navigue dans un jeu de contraintes : il lui faut « industrialiser les métiers » pour construire une « usine à retraites », ce qui passe par la mise en place d'éléments technologiques structurants tels que l'uniformisation des solutions informatiques et l'automatisation des processus et massification de la gestion.

Cela nourrit les plus grandes craintes chez les « liquidateurs », ces juristes chargés de retracer les carrières des assurés, qui vivent l'automatisation comme une attaque directe à leur professionnalisme. Les managers de proximité s'inquiètent quant à eux du rythme de travail imposé par l'outil : « *L'outil d'affectation des dossiers alimente en permanence les corbeilles de travail et nous donne le sentiment qu'on n'en verra jamais la fin* ».

Ces professionnels et managers de proximité invoquent ainsi la montée des exigences des clients qui souhaiteraient bénéficier d'un accueil personnalisé, d'autant qu'ils entrent généralement en contact avec leur caisse de retraite lorsque leur situation devient compliquée et nécessite qu'on « sorte du cadre ».

Le projet « attitude client » a été mis en place pour créer de la transversalité et permettre aux « téléconseillers » de collaborer avec les « conseillers retraite » et les « liquidateurs » : « *Notre ambition, c'est que le client ne se rende pas compte s'il est "en* front*" avec la Relation Client ou "en* back*" avec la gestion administrative !* ».

Le contexte est à la réduction des coûts et aux économies d'échelle, mais cela doit se faire en respectant la « culture mutualiste », c'est-à-dire sans licenciements. La négociation entre partenaires sociaux a conduit à choisir de geler les salaires. Pour maintenir la motivation sans marges financières, l'accent a été mis sur la qualité de vie au travail : télétravail et horaires flexibles. Là encore, cela détermine l'organisation du travail...

Source : d'après Sabine Germain, « Jean-Pierre Menanteau unifie Humanis », *Liaisons Sociales Magazine*, 2 janvier 2017.

Question : Montrez quels sont les enjeux mis en avant par les différentes catégories d'acteurs évoqués dans ce texte et comment ils sollicitent le contexte pour trouver des arguments pour faire avancer leurs intérêts.

b) Les acteurs en présence

Une organisation est composée de plusieurs acteurs qui tous sont porteurs de logiques et d'intérêts propres. Cinq catégories d'acteurs se dégagent d'après Mintzberg[1] :

- Le **centre opérationnel** rassemble les employés qui produisent eux-mêmes les biens et services de l'organisation (ouvriers de l'usine, médecins de l'hôpital, etc.). Outre la recherche d'avantages matériels liés à leur activité (revenus, conditions de travail, etc.), les opérateurs sont susceptibles de rechercher le plus d'autonomie et de décentralisation possible et peuvent influencer les autres membres de l'organisation en mobilisant leur expertise sur la production.
- Le **sommet stratégique** comprend les cadres dirigeants et leurs conseillers. Ces cadres sont généralement à la recherche d'une plus grande centralisation du pouvoir qui leur permet de contrôler les décisions.
- Entre ces deux ensembles, se situe la **ligne hiérarchique** composée des cadres qui font l'intermédiaire entre le sommet et la base. Les cadres intermédiaires cherchent eux aussi davantage d'autonomie et à faire descendre le pouvoir pour le concentrer dans les unités qu'ils contrôlent.
- La **technostructure** est composée des « analystes » dont le rôle est de concevoir le travail et de maintenir la structure. Ce sont les ingénieurs, les planificateurs, les contrôleurs de gestion... Les spécialistes de la technostructure tirent leur influence de leur capacité à formaliser et à standardiser le travail et la production.
- Enfin, le **support logistique** rassemble les membres de l'organisation qui assurent un soutien indirect à l'ensemble sans participer à l'activité économique (restauration, entretien, service de paie). Ces employés n'ont pas intérêt à l'autonomie. Au contraire, c'est lorsqu'on fait appel à leur collaboration dans des projets transverses ou lors d'opérations de changement qu'ils peuvent exercer du pouvoir. À titre d'exemple, c'est lors d'un déménagement que les « services généraux » gagnent en influence.

Bien entendu, ces catégories d'acteurs sont schématiques et il serait abusif de les considérer comme des ensembles homogènes. Il serait possible d'identifier des sous-groupes porteurs d'intérêts convergents ou divergents. On retiendra surtout ici

1. Mintzberg, H., *Structures et dynamique des organisations*, Paris, Éditions d'Organisation, 1982.

que les organisations, en tant que groupe humain, sont traversées par des jeux de pouvoir (voir Zoom 2.4).

Zoom 2.4 : Crozier et Friedberg, le pouvoir dans les organisations

Dans leur ouvrage intitulé *L'acteur et le système*, Michel Crozier et Erhard Friedberg proposent une analyse des organisations selon laquelle les organisations n'ont pas d'objectifs propres. Les buts poursuivis sont en fait le **résultat des jeux de pouvoir en interne**. Il s'agit d'une représentation de l'organisation mettant en avant l'individualisme et la rationalité dont font preuve les acteurs dans la poursuite de leurs objectifs personnels.

Bien qu'individualistes, ces acteurs sont interdépendants et doivent s'influencer mutuellement. Pour ce faire, ils vont chercher à maintenir de l'incertitude sur leurs objectifs et sur les ressources à leur disposition. Ces ressources peuvent être utilisées comme « monnaie » d'échange. Elles sont de plusieurs ordres :

- La **maîtrise des règles**, c'est-à-dire leur connaissance, la capacité à les faire appliquer et éventuellement à en créer de nouvelles. Il s'agit là de la ressource la plus évidente, mais elle ne suffit pas toujours à contraindre les acteurs parce que d'une part les règles ne couvrent pas tous les domaines et restent souvent très imprécises, et d'autre part la complexité des systèmes de règles fait qu'il est fréquent que les règles soient concurrentes entre elles.
- L'**expertise**, c'est-à-dire la capacité à se rendre indispensable pour régler tel ou tel problème, voire la liberté de pouvoir déclarer tel ou tel problème soluble ou insoluble.
- L'**information**, qu'on peut décider de partager ou pas, permet d'exercer une influence déterminante sur les acteurs qui en sont tributaires pour poursuivre leurs propres objectifs.
- Les **réseaux**, et la capacité de mettre en relation ou pas les acteurs de l'organisation, expliquent aussi une bonne part de l'influence qu'on peut exercer.

Ce cadre théorique est très utile pour analyser les organisations, et plus particulièrement les résistances au changement. Il est souvent abusif de les attribuer à une mauvaise compréhension des enjeux de l'entreprise ou à des attitudes favorisant la routine et l'immobilisme. Quand on en vient à penser que les gens résistent parce qu'« ils n'ont pas compris » et qu'« il va falloir faire preuve de pédagogie », on peut se demander s'ils n'ont pas au contraire très bien compris et s'inquiètent des effets du changement sur la valeur d'échange de leurs informations, de leurs réseaux, de leur expertise ou de leur latitude décisionnelle dans l'application des règles.

Source : d'après Crozier, M. et Friedberg, E., *L'acteur et le système*, 1977.

3. Modes de coordination et variété des pratiques de GRH

Les développements précédents montrent la complexité des paramètres de contexte qui déterminent les formes d'organisation. Si on estime - et c'est le cas ici - que la gestion des ressources humaines a pour objectif de soutenir l'organisation pour la rendre plus efficace, on doit comprendre qu'**il y a autant de façons de gérer les ressources humaines qu'il y a de façons d'organiser le travail**.

Cette section a pour objectif de raffiner l'opposition entre organisations mécanistes et organiques en faisant état des variantes observées autour de ces deux modèles. Cela conduira à préciser les univers multiples dans lesquels se situe la GRH et à identifier des configurations cohérentes de pratiques RH (voir Zoom 2.5).

Cette démarche permet d'**identifier des idéaux-types d'organisations** et de pratiques RH. Comme tout idéal-type, ces formes ne se rencontrent jamais à l'état pur dans la réalité, mais il s'agit d'un outil très intéressant pour penser la cohérence des pratiques RH et plus encore pour identifier des éléments incongrus ou en décalage par rapport au système.

Zoom 2.5 : Henry Mintzberg, François Pichault et Jean Nizet, coordination du travail et pratiques de GRH

Dans la continuité des travaux de l'école de la contingence, **Henry Mintzberg** propose une typologie des organisations. Chaque configuration est adaptée à son contexte et repose sur une façon particulière de coordonner le travail, qui elle-même organise les relations de pouvoir entre les acteurs de l'organisation :

- supervision directe ;
- ajustement mutuel ;
- standardisation des processus de travail ;
- standardisation des qualifications ;
- standardisation de la production ;
- standardisation des valeurs et socialisation.

François Pichault et **Jean Nizet** prolongent l'analyse et montrent que chaque configuration organisationnelle correspond à un modèle de gestion des ressources humaines particulier. Ce faisant, ils tirent définitivement un trait sur l'idée qu'il existerait des « bonnes pratiques universelles » en matière de GRH. Ces configurations de pratiques RH se différencient selon plusieurs dimensions :

- la verticalité des décisions : prises au sommet ou déléguées au niveau local ;
- la spécificité des règles : impersonnelles ou négociables selon les cas individuels ;
- la formalisation des règles : explicites ou implicites.

Figure 4. Les déterminants d'une politique de GRH selon Pichault et Nizet.

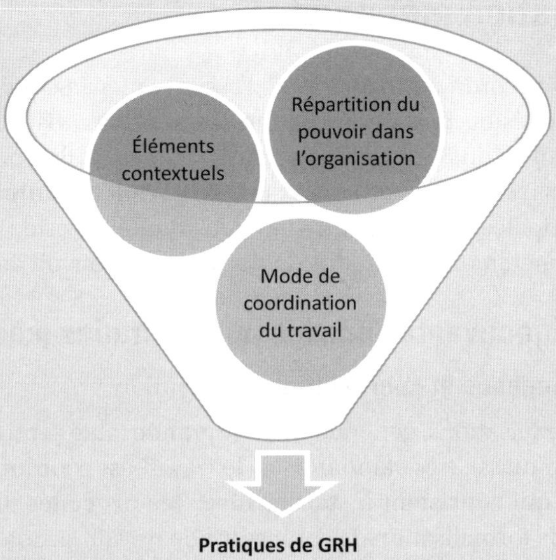

Sources : d'après Mintzberg, H., *Structures et dynamique des organisations*, Paris, Éditions d'Organisation, 1982 ; Pichault, F. et Nizet, J., *Les pratiques de gestion des ressources humaines. Conventions, contextes et jeux d'acteurs*, Seuil, 2013.

La maîtrise de ces idéaux-types permet en outre de mieux penser la gestion du changement et de mieux comprendre les phénomènes d'inertie en matière de politiques RH. **Changer une pratique isolément perturbe souvent la cohérence du système**. Il faut alors changer soit tout le système, soit s'attendre à ce que la pratique en question soit rejetée ou détournée de son usage pour être remise en cohérence avec l'ensemble (voir Illustration 2.3).

Illustration 2.3 : L'évaluation individuelle dans la fonction publique

Comme dans toutes les organisations, l'administration publique pratique les entretiens individuels périodiques entre agents et chefs de service. Au-delà de l'aspect qualitatif de l'échange, l'entretien débouche sur une note attribuée à l'agent censée mesurer son mérite ou sa « façon de servir ». Cette pratique est introduite dans un contexte dans lequel il y a très peu de marges de manœuvre pour individualiser les décisions RH : les rémunérations sont calculées par grade et ancienneté, les promotions sont rares et se font sur concours, la culture qui met en avant le « service public » se prête mal à la reconnaissance d'intérêts et de stratégies individuelles… Bref, la note obtenue n'a pas beaucoup d'effet au-delà du symbole. Il n'est pas rare de constater que tout le monde a, peu ou prou, la même excellente note. Pourquoi, en effet, se fâcher puisque cela ne sert à rien de toute façon ? Mais il y a là un cercle vicieux : dès lors que tout le monde à la même note, de fait, la note ne peut servir à rien.

3.1. Deux variations autour du thème de l'organisation mécaniste

Les mécanismes de coordination du travail d'essence mécaniste, comme la standardisation des procédés ou la standardisation des résultats, visent à procurer de la stabilité aux organisations et à fiabiliser leurs processus. Ils donnent lieu à deux façons de gérer les ressources humaines : une **GRH objectivante** et une **GRH délibérative**. La principale différence entre ces deux modèles réside dans le niveau de qualification des opérateurs qui modifie les rapports de pouvoir dans l'organisation.

a) Une GRH objectivante dans les bureaucraties mécanistes

Facteurs de contingence et coordination du travail

Dans certaines organisations, généralement de grande taille et produisant des biens ou des services en masse très standardisés, le travail est coordonné selon les préceptes tayloriens qui consistent **à standardiser les procédés**. Ces organisations investissent dans la formalisation des processus de travail, se dotent de procédures guidant les opérations et encadrent strictement l'activité des opérateurs. L'enjeu est d'améliorer la productivité, mais aussi la qualité si on définit cette dernière en termes de régularité et de fiabilité dans la production. Ces techniques d'organisation permettent, en outre, de faire travailler des opérateurs peu qualifiés qui ne seraient pas en mesure d'atteindre ce qu'on attend d'eux sans ces outils.

Lorsque la main-d'œuvre est plus qualifiée et donc plus autonome, il est possible de desserrer la contrainte sur la façon d'exécuter le travail pour se focaliser plutôt sur la **standardisation des résultats**. L'organisation ne précise plus comment le travail doit être effectué, mais à quoi il doit aboutir, libre au salarié de définir la façon dont il va le réaliser.

Dans un cas comme dans l'autre, l'organisation porte un regard dépersonnalisé sur le travail : on s'occupe peu des caractéristiques individuelles des salariés, qui sont de fait appréhendés de façon objective par fonction, poste et rôle. Cela s'explique d'ailleurs par la méfiance qu'on peut avoir à l'égard des passions, envies, émotions dont sont capables les personnes au travail et qui pourraient nuire à la régularité du processus de production visée par la structuration de l'organisation sous forme de bureaucratie mécaniste (voir Outil 2.3).

Outil 2.3 : Les outils de la formalisation des procédés et des résultats

Dans les bureaucraties mécanistes, trois formes d'outils concourent à stabiliser les comportements au travail et à donner une plus grande régularité au processus de production. Ils visent à :

– **Clarifier les responsabilités**. Les organigrammes et les fiches de postes sont l'élément clé du dispositif : ils délimitent les responsabilités, les rôles et la chaîne de commandement afin qu'il y ait le moins d'ambiguïté possible sur « qui doit faire quoi ». C'est également sur ces bases qu'on peut contrôler la bonne exécution du travail. Il s'agit également d'outils indispensables pour recruter.

- **Formaliser les procédés**. Les bureaucraties mécanistes sont également en pointe dans la formalisation de procédures écrites, de plans de montage... mais la formalisation passe également par la formation et plus précisément par la formation qui relève de l'adaptation au poste de travail. La formalisation des procédés est enfin souvent inscrite implicitement dans l'outillage, notamment informatique, mis à la disposition des salariés, qui laisse peu de place à l'initiative et ne permet pas de commettre d'erreurs. Les démarches qualité, lorsqu'elles visent à assurer la conformité de la production à des standards, sont également un puissant levier de formalisation des procédés.
- **Formaliser les résultats**. Les bureaucraties mécanistes associent souvent à la formalisation des gestes, des standards de production à atteindre. Il s'agit ici d'encadrer la rapidité d'exécution : plans de charge, cadences, quantités journalières ou mensuelles à respecter...

Répartition du pouvoir

Ces formes d'organisation amènent à concentrer le pouvoir sur les « analystes », experts, ingénieurs, contrôleurs de gestion, qui participent à concevoir la façon dont la production doit être réalisée. À l'opposé, les opérateurs, ouvriers, agents administratifs sont dépossédés de tout pouvoir à l'égard de leur activité, même s'ils peuvent tenter de s'aménager des marges de manœuvre en jouant avec les normes. Leurs représentants, en revanche, peuvent peser sur les choix faits par les analystes en participant à des choix structurants, comme la définition des postes ou encore des cadences.

La ligne managériale, quant à elle, se trouve ramenée à un rôle de contrôle de la bonne exécution du travail, mais n'a pas pour fonction d'orienter le travail de ses subordonnés. C'est donc un contrôle de conformité qui lui est demandé. En cela, les normes édictées par la technostructure peuvent s'avérer protectrices des salariés puisqu'elles limitent l'arbitraire managérial.

Les caractéristiques du modèle de GRH objectivant

La gestion des ressources humaines peut soutenir ce type d'organisation. Le modèle associé est qualifié par Pichault et Nizet de modèle objectivant. Il repose sur l'idée que, puisque le travail est normé sur la base des postes et fonctions, la GRH appliquée aux hommes doit elle aussi être fondée davantage sur les fonctions et moins sur les caractéristiques des individus. On est globalement dans le registre d'une GRH basée sur les postes occupés; les individus sont appréhendés par leurs diplômes ou leurs grades et on gère des cohortes plus que des individus (voir Outil 2.4).

Outil 2.4 : La GRH objectivante

Entrées / recrutement	Planification quantitative, concours, critères impersonnels
Départs	Licenciement collectif, préretraite
Intégration & culture	Soumission à l'autorité formelle et aux règles
Formation	Institutionnalisée, transmission de savoir-faire, à court terme
Évaluation	Basée sur la description de poste, critères standards (échelle de notation, etc.)
Mobilité	Basée sur l'ancienneté ou des concours, classifications
Rémunération	Échelle de salaires, basée sur l'ancienneté ou la description de poste
Communication	*Top-down* (notes, rapports, réunions)
Management participatif	Procédures d'information/consultation
Temps de travail	Uniforme, claire différenciation travail/hors-travail
Relations sociales / syndicats	Principe de la délégation, négociation et accords collectifs

Source : d'après Pichault, F. et Nizet, J., *Pratiques de gestion des ressources humaines. Conventions, contextes et jeux d'acteurs*, Points, Seuil, 2013.

b) Une GRH délibérative dans les bureaucraties professionnelles

Facteurs de contingence et coordination du travail

Toujours dans le même registre des organisations mécanistes qui tendent à fiabiliser et à stabiliser les comportements, on trouve **des organisations qui reposent sur la qualification de leurs opérateurs**. Il s'agit également d'organisations de grande taille, dans lesquelles la production est assez répétitive, mais elle exige des qualifications très élevées.

Il n'est pas nécessaire de formaliser ce qu'on attend de ces professionnels, car ils le savent déjà et l'ont intériorisé lors de la formation qu'ils ont reçue. C'est donc la **standardisation des qualifications** qui assure la prévisibilité et la fiabilité de leurs comportements. La différence fondamentale avec le cas précédent est qu'il est beaucoup plus compliqué de modifier les schémas de comportement, puisque ceux-ci sont acquis lors de la formation initiale et que l'expertise accumulée par ces individus leur confère un pouvoir important leur permettant de s'autonomiser à l'égard de l'organisation (voir Outil 2.5). Lorsque de tels mécanismes de coordination sont dominants, les organisations sont qualifiées de **bureaucraties professionnelles**.

Outil 2.5 : Les pratiques de standardisation des qualifications

La standardisation des qualifications mobilise essentiellement la formation qui conduit à constituer des groupes de professionnels soudés par les apprentissages reçus et qui se reconnaissent comme faisant partie d'une même commu-

nauté : on forme des gens dotés de connaissances, méthodes et réflexes standardisés, qui pourront ensuite « exercer leur art » auprès d'employeurs.
La **formation** qui conduit à la professionnalisation se fait souvent **à l'extérieur des organisations**, et ses **contenus et modalités sont définis par la profession** elle-même. L'exemple de la formation des experts-comptables est à ce titre éloquent. Elle est très structurée par le conseil de l'ordre, mais il en est également ainsi de la formation des médecins, des professions paramédicales, des juristes, des ingénieurs... C'est donc en se rapprochant de ces écoles qu'il est possible à la fois de sécuriser l'accès à ces professionnels, mais aussi d'infléchir les contenus. On est là dans le domaine des relations écoles qui se manifestent par des actions de financement de formation *via* la taxe d'apprentissage ou le mécénat, ou encore de la participation à la gouvernance.
Certaines organisations ou groupements d'organisations, souvent de grande taille, développent également leurs **centres de formation en interne** ou leurs **universités d'entreprise** et produisent leurs professionnels. C'est le cas, par exemple, de la SNCF qui forme en interne ses conducteurs de train. C'est également le cas des grandes administrations publiques qui, pour la plupart, ont leur école (École nationale d'administration, Écoles normales, École nationale des douanes, École de guerre, École de la magistrature, etc.).

Répartition du pouvoir

L'expertise et la construction d'un esprit de corps lors de la formation donnent un pouvoir considérable aux professionnels. Ce pouvoir est souvent utilisé pour échapper aux velléités de contrôle de la part des organisations qui les emploient, et les opérateurs qualifiés peuvent gagner en autonomie et définir eux-mêmes collectivement les règles qui leur seront applicables.

Reprendre le pouvoir sur ces « corporations » passe par une captation des savoir-faire et une réorganisation du travail telle que l'expertise n'est plus nécessaire. D'une certaine manière, c'est là toute l'essence du projet taylorien évoqué plus haut que de tenter de reprendre la main en « déqualifiant » le travail.

Les caractéristiques du modèle de GRH délibératif

La GRH est évidemment présente dans les **bureaucraties professionnelles**, mais elle est peu prise en charge par les équipes RH. Pichault et Nizet qualifient, en effet, de **GRH délibérative** ces pratiques qui consistent à laisser les professionnels délibérer sur les règles qui doivent leur être appliquées. On est dans le registre des comités de pairs pour ce qui relève du recrutement ou des promotions, des centres de formation organisés par la profession.

Outil 2.6 : La GRH délibérative

Entrées / recrutement	Professions réglementées, validation collégiale
Départs	Exclusion par les pairs ou départs volontaires, radiations
Intégration & culture	Faible attachement institutionnel, corporatisme
Formation	Entièrement sous la maîtrise des professionnels eux-mêmes, colloques…
Évaluation	Critères définis par les pairs, influence directe sur la promotion
Mobilité	Basée sur l'élection par les pairs, mandats à durée déterminée
Rémunération	Équilibre entre salaire fixe, mérites et revenus externes
Communication	À la fois latérale et collégiale, orientée vers l'extérieur
Management participatif	Codécision, y compris au niveau stratégique
Temps de travail	Totalement hors contrôle institutionnel
Relations sociales / syndicats	Associations professionnelles et lobbies

Source : d'après Pichault, F. et Nizet, J., *Pratiques de gestion des ressources humaines. Conventions, contextes et jeux d'acteurs*, Points, Seuil, 2013.

3.2. Trois variations autour du thème de l'organisation organique

Les organisations organiques sont conçues pour permettre l'adaptation permanente et faciliter la résolution de problèmes. Là encore, il est possible de se faire plus précis et d'identifier des variantes qui expliquent des formes de GRH différentes : **GRH discrétionnaire, GRH individualisante et GRH valorielle**.

a) Une GRH discrétionnaire dans les structures simples

Facteurs de contingence et coordination du travail

Les structures simples, ou structures entrepreneuriales, sont des organisations de petite taille, dans lesquelles la coordination du travail passe par la **supervision directe** exercée par un manager, qui décide au coup par coup des tâches à effectuer. Il s'agit d'un mode d'organisation particulièrement adapté lorsque l'environnement est peu complexe, mais suffisamment turbulent pour qu'il y ait en permanence des choses à décider, et que le personnel n'est pas suffisamment qualifié pour être laissé en autonomie. C'est typiquement le cas de petites PME sur des métiers traditionnels ou de petits commerces.

Outil 2.7 : Les pratiques de la supervision directe

Les structures simples se caractérisent par des pratiques visant à favoriser, tout d'abord, la proximité entre salariés et management. Le travail est organisé en petites équipes placées sous la responsabilité de managers dans une chaîne hiérarchique clairement précisée. De même, la proximité géographique est favorisée.

Le rôle clé du management dans ces organisations invite également à travailler sur les compétences managériales de l'encadrement. Les formations comportementales visant à développer le leadership, permettre la résolution de conflits, développer son assertivité sont très développées dans ces contextes, pour peu que l'entreprise en ait les moyens.

Enfin, il faut donner au management la possibilité de décider des sanctions et des récompenses, afin de renforcer son autorité et son pouvoir.

Répartition du pouvoir

Par nature, les structures simples et la supervision directe supposent que le pouvoir soit concentré entre les mains du management, dans une logique de délégation. Le contrôle sur l'exécution est permanent et c'est **finalement l'obéissance aux ordres qui prime**. Cette dernière peut être obtenue par des méthodes autoritaires, mais la figure du chef charismatique qu'on aime et qu'on suit relève également de ces formes d'organisation. Dans tous les cas, c'est la relation interpersonnelle entre les managers et les salariés qui compte.

Dans ces structures simples, les salariés peuvent reconquérir des marges de manœuvre s'ils parviennent à gagner la confiance de leur management sur la base de la démonstration de leur loyauté plus que de leur compétence.

Les caractéristiques du modèle de GRH discrétionnaire

La GRH qu'on retrouve dans ces organisations simples doit soutenir l'autorité et le pouvoir du management. La faible formalisation des règles permet d'augmenter la latitude des superviseurs, et c'est la raison pour laquelle Pichault et Nizet parlent d'une **GRH discrétionnaire**. Tout doit passer par les superviseurs, ce sont eux qui recrutent, qui promeuvent, qui récompensent et si possible sans avoir à rendre de comptes ou à se justifier par rapport à des règles formalisées qui viendraient entraver leur latitude décisionnelle (voir Outil 2.8).

b) Une GRH individualisante dans les adhocraties

Facteurs de contingence et coordination du travail

Lorsqu'une organisation est soumise à un environnement turbulent et complexe, les décisions sont à la fois fréquentes et difficiles à prendre. Il faut alors faire participer de nombreux salariés qualifiés en mode « résolution de problèmes ». On parle d'**adhocratie** pour désigner ces organisations dans lesquelles l'organisation fluctue de façon *ad hoc*, au cas par cas, en fonction des problèmes qui se présentent.

Outil 2.8 : La GRH discrétionnaire

Entrées / recrutement	Non planifiées, importance du réseau
Départs	Congédiements sur-le-champ, conflictuels
Intégration & culture	Loyalisme, esprit maison
Formation	Sur le tas, à court terme, informelle
Évaluation	Informelle, interventions dans la vie privée
Mobilité	Informelle ou absente
Rémunération	Salaire au temps aléatoire, inégalités injustifiées
Communication	Informelle, contacts directs
Management participatif	Faible (exécution d'instructions)
Temps de travail	Heures supplémentaires, arrangements informels
Relations sociales / syndicats	Absentes

Source : d'après Pichault, F. et Nizet, J., *Pratiques de gestion des ressources humaines. Conventions, contextes et jeux d'acteurs*, Points, Seuil, 2013.

Dans ces organisations, le travail est coordonné par **ajustement mutuel**. Les rôles ne sont pas figés, mais dictés par les circonstances et définis d'un commun accord avec les autres membres de l'équipe (voir Outil 2.9). Dans le même esprit, la rapidité avec laquelle se reconfigure l'organisation empêche toute formalisation des modes opératoires. On est typiquement dans l'univers des petites organisations qui fonctionnent en mode projet, ou des cellules dédiées à l'innovation (start-up innovantes, cabinets de conseil...).

Outil 2.9 : Les pratiques d'ajustement mutuel

L'ajustement mutuel ne se décrète pas, il se construit. Plusieurs pratiques favorisent la coopération entre salariés qualifiés. La **proximité géographique** et les occasions de se rencontrer pour aborder de façon formelle ou informelle les problèmes sont nécessaires. Même si les **outils collaboratifs** et le numérique permettent de s'affranchir de la distance, l'aménagement d'espaces de travail collaboratif est souvent incontournable, au moins dans les phases initiales des projets.

Les techniques de **gestion de projet**, les communautés de pratiques, mais aussi les **démarches participatives** notamment inspirées des principes du management de la qualité (*lean management*, groupes autonomes...) sont également très fréquentes dans ces organisations.

On peut chercher également à développer des formes de complicité entre les membres de l'organisation facilitant les processus de tâtonnement itératif dans la recherche de solutions. La **culture d'entreprise** et le sens de la mission à accomplir sont donc à travailler soigneusement. Afin de ne pas développer des comportements compétitifs destructeurs, on préférera également mettre l'équipe en avant dans l'affichage des performances et recruter des « collaborateurs ».

Répartition du pouvoir

Ces organisations sont très décentralisées et les experts y détiennent un pouvoir important. Mais, à l'inverse des bureaucraties professionnelles, les profils de compétence sont peu homogènes de telle sorte que la structuration en corporation est peu probable. Le pouvoir est donc très individualisé et découle de la capacité de chacun à se rendre indispensable soit par son profil de compétences, soit par ses qualités de collaborateur.

L'encadrement intermédiaire dans ces organisations exerce plus un rôle d'animation qu'un rôle de commandement et la technostructure, ayant peu de chose à formaliser, ne peut que s'effacer. De même, les organisations syndicales voient souvent d'un œil méfiant ces organisations dans lesquelles les individus ont plus de pouvoirs seuls qu'organisés collectivement.

Les caractéristiques du modèle de GRH individualisant

La gestion des ressources humaines dans ces organisations doit viser à favoriser l'implication des individus dans la collaboration, et c'est la raison pour laquelle Pichault et Nizet parlent du modèle de GRH individualisant. Les individus sont porteurs de compétences qui vont devoir être sollicitées ou pas selon les problèmes à résoudre. Il faut donc savoir détecter ces compétences et les reconnaître. Pour autant, contrairement à la GRH discrétionnaire, cette reconnaissance fait l'objet d'une formalisation, mais dans le cadre de contrats individualisés, négociés entre l'organisation et les salariés. Le manager de proximité joue un rôle clé dans l'animation de ce contrat et constitue un rouage clé de la détection et de la validation des compétences. On est ici dans le registre des entretiens annuels de performance et de compétence, des augmentations et primes individualisées, et des plans de formation et de carrière sur mesure (voir Outil 2.10).

Outil 2.10 : La GRH individualisante

Entrées / recrutement	Gestion prévisionnelle des compétences, sélection forte, simulations
Départs	Exit interviews, soutien à l'employabilité, *outplacement*
Intégration & culture	Culture d'entreprise et culture-projet
Formation	Institutionnalisée, coûts importants, long terme, sur-mesure
Évaluation	Basée sur des critères (re)négociés en fonction des compétences, sur objectifs
Mobilité	Basée sur le mérite, plans de carrière personnalisés
Rémunération	Salaire variable, lié au mérite, nombreux *incentives*
Communication	À la fois latérale, ascendante et informelle, usage du numérique
Management participatif	Codécision
Temps de travail	Négocié et flexible
Relations sociales / syndicats	Principe de l'expression directe

Source : d'après Pichault, F. et Nizet, J., *Pratiques de gestion des ressources humaines. Conventions, contextes et jeux d'acteurs*, Points, Seuil, 2013.

c) Une GRH valorielle dans les organisations missionnaires

Facteurs de contingence et coordination du travail

Un dernier cas de figure concerne les organisations qui sont structurées autour d'un but, d'une mission à remplir. Dans ces **organisations dites missionnaires**, aux apparences désorganisées, la coordination du travail repose sur la **standardisation des valeurs**. On n'y trouve pas de règles formalisées; la ligne hiérarchique est souvent peu clarifiée, mais le fonctionnement collectif est possible, car tous les membres de l'organisation adhèrent à une même conception de ce que sont les buts de l'organisation. On reconnaît le mode de fonctionnement de certaines organisations du champ associatif ou humanitaire, par exemple (voir Outil 2.11). Ces organisations sont suffisamment plastiques pour permettre de sortir des routines et de faire face à des imprévus, mais elles restent très rigides si on souhaite, par exemple, faire évoluer leurs missions et leurs stratégies.

Outil 2.11 : La standardisation des valeurs

Dans les organisations missionnaires, un soin tout particulier est mis sur le recrutement des membres, dont il faut pouvoir vérifier l'adhésion aux valeurs avant de leur confier des responsabilités. Cela peut donner lieu à des processus initiatiques plus ou moins longs, comme l'exercice d'une activité bénévole avant d'espérer obtenir un poste rémunéré dans l'organisation.

Ces valeurs font souvent l'objet d'une formalisation sous la forme de chartes ou de projets d'entreprise. Afin de renforcer la cohésion du groupe, ces valeurs font l'objet de cérémonies donnant l'occasion de les célébrer et le cas échéant, de les adapter.

Ces pratiques sont clairement visibles dans certaines organisations qui reposent sur l'endoctrinement idéologique de leurs membres. En entreprise, la standardisation des valeurs prend des formes plus euphémisées, mais on les retrouve néanmoins derrière les pratiques de communication interne, de *team building*, de sponsoring ou encore d'organisation d'évènements fédérateurs. Toutes ces pratiques tendent à renforcer les valeurs internes à l'entreprise.

Répartition du pouvoir

Les personnes les plus influentes dans les organisations missionnaires sont celles qui ont la possibilité d'édicter les valeurs ou de décréter ce qui est en ligne ou non avec elles : les gourous et les gardiens du temple. Ces fonctions restent souvent mal définies de sorte que le pouvoir est très diffus. Les organisations missionnaires, comme les associations, sont d'ailleurs des lieux où les conflits sont fréquents et durables, faute d'avoir des mécanismes clairs pour trancher les litiges.

L'une des difficultés que rencontrent ces organisations réside dans la cohabitation entre les « croyants » et les experts ou les professionnels qui tiennent leur légitimité de leur savoir-faire bien plus que de leur adhésion aux valeurs.

Les caractéristiques du modèle de GRH valoriel

Les GRH valorielles qu'on retrouve dans les organisations missionnaires mettent l'accent sur l'adhésion aux valeurs comme principe fédérateur. Les règles y sont généralement peu formalisées et les individus peu reconnus sur la base de leurs compétences. La négociation collective ou individuelle est peu présente, du fait que toute négociation peut être interprétée comme une tentative de faire passer des intérêts particuliers devant ceux de la cause (voir Outil 2.12).

Outil 2.12 : La GRH valorielle

Entrées / recrutement	Processus de sélection basé sur l'adhésion aux valeurs et à la mission
Départs	Exclusions dues au manque de conformité aux valeurs
Intégration & culture	Culte du don de soi, abandon à la mission
Formation	Faiblement institutionnalisée
Évaluation	Basée sur l'adhésion personnelle à la doctrine
Mobilité	Question illégitime, basée sur la conformité aux valeurs
Rémunération	Question illégitime : la motivation est liée à la mission même
Communication	Rappel constant des valeurs
Management participatif	Consultation sur les orientations doctrinales
Temps de travail	Pas de différenciation vie privée/professionnelle
Relations sociales / syndicats	Absentes

Source : d'après Pichault, F. et Nizet, J., *Pratiques de gestion des ressources humaines. Conventions, contextes et jeux d'acteurs*, Points, Seuil, 2013.

3.3. Les hybridations de la GRH

Il n'existe pas une seule bonne façon de gérer les ressources humaines. La GRH doit s'adapter à son environnement interne et externe pour proposer des solutions qui soutiennent au mieux l'organisation. En cela, les formes de GRH identifiées précédemment constituent des idéaux-types. À ce titre, on les rencontre rarement à l'état pur dans la « vie réelle », mais on voit bien que les pratiques concrètes observées dans les organisations se rapprochent souvent d'une forme ou d'une autre (voir Figure 5).

Par ailleurs, le recours à ces idéaux-types permet de penser les difficultés rencontrées par les équipes RH dans le déploiement de leurs politiques. On voit, en effet, comment certaines propositions viennent heurter les pratiques en place et donnent lieu à **des formes de GRH hybrides** forcément instables (voir Application 2.2).

Figure 5. Configurations organisationnelles et modèles de GRH.

Organisations à tendance mécaniste

Configuration organisationnelle :
Bureaucratie mécaniste
Type de GRH :
Modèle objectivant
Principe directeur :
GRH très formalisée, fondée sur les fonctions et les postes plutôt que sur les caractéristiques individuelles.

Configuration organisationnelle :
Bureaucratie professionnelle
Type de GRH :
Modèle délibératif
Principe directeur :
Créer les conditions et les outils qui permettront de déléguer, en tout ou partie, les grandes décisions RH aux « professionnels » qualifiés.

Organisations à tendance organique

Configuration organisationnelle :
Structure simple
Type de GRH :
Modèle discrétionnaire
Principe directeur :
Peu de formalisation pour laisser aux dirigeants ou aux managers un haut niveau de latitude décisionnelle.

Configuration organisationnelle :
Adhocratie
Type de GRH :
Modèle individualisant
Principe directeur :
Favoriser l'implication des individus, en reconnaissant les compétences et les contributions individuelles.

Configuration organisationnelle :
Missionnaire
Type de GRH :
Modèle valoriel
Principe directeur :
Développer tous les moyens qui permettent de renforcer la cohérence interne par l'adhésion aux « valeurs » de l'organisation.

Application 2.2 : Les hybridations de la GRH

Plusieurs pratiques peinent à se mettre en place parce qu'elles ne sont pas alignées avec le « modèle de GRH » de référence dans l'organisation. Cela donne lieu à des défis intéressants pour le DRH :

- mettre en place un système de rémunération individualisée pour récompenser le mérite individuel dans une entreprise dont le système RH repose sur des critères objectifs traduits en grades, échelons, classes ;
- communiquer largement auprès des salariés sur les valeurs de l'entreprise pour développer l'autonomie, alors que la culture en place prône l'obéissance au N+1 ;

- tenter de développer un plan de formation pour développer les compétences de salariés-experts qui n'ont de cesse de faire comprendre qu'eux seuls savent les compétences qui leur sont nécessaires ;
- formaliser et structurer les processus de travail d'équipes qui estiment devoir disposer de la plus grande autonomie possible pour résoudre des problèmes imprévisibles.

Question : Pouvez-vous trouver un exemple réel pour chacune des situations présentées ?

Ces hybridations peuvent s'expliquer par plusieurs phénomènes. Tout d'abord, les formes de GRH et les formes organisationnelles associées dépendent de facteurs de contingence. L'environnement et le contexte façonnent ou sélectionnent les pratiques les plus adaptées. Toutefois, il est fréquent que le contexte soit lui-même porteur de contradictions qui se retrouvent ensuite dans les organisations : une entreprise peut être de petite taille, mais avoir quand même un processus de production très routinier ; une entreprise très innovante peut quand même être contrainte par un droit du travail imposant des critères de gestion objectifs ; on peut avoir des salariés très soudés autour de valeurs communes et un sens très clair de la mission qu'ils doivent poursuivre, mais pour autant trop peu qualifiés pour pouvoir la mener à bien sans être placés sous la direction de superviseurs omniprésents... Ces contradictions peuvent servir de point d'appui à des jeux politiques d'acteurs qui voient dans les pratiques RH un levier pour gagner en influence, entretenant ainsi des déséquilibres.

Ensuite, une organisation est rarement un ensemble homogène et les entités diffèrent au regard des facteurs de contingence qui les concernent : certaines ont du personnel qualifié, d'autre pas ; certaines doivent dérouler des processus fiables et continus, d'autres doivent s'adapter à des projets temporaires ; certaines réunissent des groupes de salariés disposant de qualifications similaires et faisant peu ou prou le même travail, alors que d'autres sont constituées de salariés tous différents et contribuant en fonction de leurs caractéristiques individuelles propres... Cette diversité des populations et des contextes se prête mal à la généralisation de pratiques de GRH à l'ensemble.

Une façon de faire face à ces contradictions consiste à les assumer et en prendre acte. Une autre façon consiste à **segmenter la GRH** pour tenter de proposer systématiquement la GRH la mieux adaptée au contexte et aux populations de salariés concernées. La segmentation prend plusieurs formes :

- La plupart des organisations distinguent des **statuts** différents au sein de leurs populations salariées auxquelles des modalités de GRH particulières sont appliquées : la distinction cadre/non-cadre est très fréquente dans les entreprises, on trouve également des segmentations de type personnel médical/personnel administratif à l'hôpital...
- La fonction RH désigne souvent des interlocuteurs, des « **responsables RH dédiés** » qui seront en charge d'une population bien déterminée, de façon à permettre une adaptation des pratiques aux spécificités de cette population.

- Les organisations procèdent également à des **découpages en filiales, établissements, *business units*...** ce qui facilite, notamment d'un point de vue juridique, la mise en place de règles de GRH différentes et adaptées, pourvu qu'on retrouve un peu plus d'homogénéité à l'intérieur des unités qu'entre unités.

À retenir

✓ **Il existe des approches « normatives » de la GRH, c'est-à-dire des approches qui proposent d'identifier des principes universels pour la mise en œuvre de la GRH. L'organisation scientifique du travail et les High Performance Work Systems en sont deux exemples très opposés.**

✓ **Une autre voie consiste à considérer que la façon de concevoir la GRH d'une entreprise dépend d'un ensemble de facteurs, et en particulier de ses caractéristiques organisationnelles.**

✓ **En particulier, la distinction entre organisations mécanistes et organisations organiques induit deux directions différentes pour penser la GRH. Les premières sont plutôt marquées par la spécialisation, la formalisation et la hiérarchie. Les secondes sont plutôt marquées par des définitions de fonction plus larges, par l'importance des liens transversaux et par des mécanismes de coordination plus informels.**

✓ **La GRH dépend aussi d'autres contingences, comme l'âge et la taille de l'organisation, la stabilité de l'environnement, la technologie mise en œuvre et les facteurs culturels.**

✓ **La GRH dépend enfin de jeux politiques internes et de rapports de pouvoir entre les différents types d'acteurs qui composent l'organisation.**

✓ **En tenant compte de l'ensemble des contingences citées, il est possible de concevoir une typologie d'idéaux-types de la GRH (modèles objectivant, délibératif, discrétionnaire, individualisant et valoriel).**

✓ **Ces idéaux-types de pratiques de GRH ne sont pas des recettes, mais des repères qui aident les praticiens à analyser la cohérence interne et externe de leurs pratiques de GRH, et à mieux penser les transitions d'un modèle vers un autre.**

Chapitre 3

Organiser les flexibilités du travail

Objectifs du chapitre :

- ✓ **Replacer la GRH dans le cadre plus général de la gestion des flux de main-d'œuvre utilisée par les organisations.**
- ✓ **Comprendre la distinction entre marché interne et marché externe du travail.**
- ✓ **Identifier les déterminants de l'internalisation ou de l'externalisation du travail.**
- ✓ **Comprendre les différentes formes de flexibilité du travail.**

Pourquoi ne sommes-nous pas tous autoentrepreneurs, libres de valoriser nos savoir-faire et compétences dans les contextes qui nous semblent les plus favorables ? Quelle est la raison d'être de ces organisations hiérarchiques dans lesquelles les salariés évoluent, qui dictent leurs comportements et encadrent les vies professionnelles, les rémunérations, les perspectives de développement dans des ensembles de règles contraignantes ?

Les organisations font travailler des individus qui ne sont pas tous directement leurs employés. Les processus de production de biens ou de services font appel à des salariés, certes, mais aussi à des travailleurs temporaires, des prestataires de service ; certaines composantes sont elles-mêmes achetées sur des marchés à des fournisseurs plus ou moins connus... Toutes ces personnes ne sont pas gérées par l'organisation et lorsqu'elles le sont, elles ne le sont pas de la même manière. Bien plus, on pourrait affirmer que la « gestion » est un phénomène nouveau dans les modes d'utilisation du travail humain, concomitant de la fin des rapports féodaux et de l'émergence des grandes organisations industrielles au XIXe siècle. Pendant longtemps, à l'époque pré-salariale, les travailleurs, lorsqu'ils étaient libres de le faire, se plaçaient auprès d'employeurs au gré des opportunités et des besoins (voir Illustration 3.1).

Illustration 3.1 : Maçons et tailleurs de pierre au Moyen Âge

« Les chantiers médiévaux regroupent un grand nombre d'artisans aux compétences diverses. Ainsi en 1253, sur le site de la cathédrale de Westminster, on dénombre 39 tailleurs de pierre, 15 marbriers, 26 maçons poseurs, 32 charpentiers, 2 peintres, 13 polisseurs de marbre, 19 forgerons, 14 verriers, 4 plombiers, soit en tout 167 artisans auxquels s'ajoutent plus de 200 manœuvres. En effet, les ouvriers spécialisés, les professionnels s'attachent un certain nombre de manœuvres pour les aider dans leur tâche ; on les appelle aides, serviteurs, compagnons, ou valets. Par exemple, les manœuvres secondent les tailleurs de pierre en leur apportant des pierres et aident les maçons en leur préparant le mortier.

Les ouvriers œuvrent davantage en été qu'en hiver. La journée de travail s'adapte au rythme solaire, plus longue et mieux payée en été, plus courte en hiver. Le 11 novembre, la Saint-Martin marque la fin des chantiers d'été et le début d'une longue période de chômage pour de nombreux compagnons. Les travaux exécutés par les artisans de la construction sont rétribués sous quatre formes différentes : à la journée, à l'unité pour certaines fournitures de matériaux (en particulier la pierre de taille), au prix fait ou forfait pour de petits travaux. [...]

Le maçon ne travaille pas l'hiver, car la pose des pierres est arrêtée à cause du risque de la neige et du gel. Avant d'abandonner le chantier, les maçons prennent soin de recouvrir le sommet des murs de paille ou de fumier pour protéger les pierres et les joints des infiltrations d'eau de pluie. Il n'est pas rare que les maçons les plus habiles dans la taille de la pierre soient alors engagés pour préparer les blocs qui serviront à la reprise du chantier, à moins qu'ils ne prennent la route en quête de travail, ou encore travaillent dans l'exploitation agricole familiale qui, le reste de l'année, est conduite par leur femme. »

Source : d'après « Les maçons au Moyen Âge », Bibliothèque Nationale de France, http://passerelles.bnf.fr/dossier/macon_05.php

Inversement, les constats faits par les salariés à l'égard de la GRH sont souvent décevants. Elle est parfois jugée trop rigide, trop peu portée sur la reconnaissance des individus et incapable de favoriser leurs projets personnels. Parfois au contraire, on estime que les organisations sont trop peu soucieuses de protéger et de sécuriser les salariés qu'elles emploient, et que les efforts d'accompagnement sont insuffisants, laissant les salariés livrés à leur sort. On le voit, « être géré » suppose sa part de privation de liberté, mais la liberté à son prix, notamment en termes de prise de risque.

Une première clé de compréhension de la GRH consiste donc à s'interroger sur ce périmètre : qui gère-t-on ? Pourquoi ? De quelle manière ? Qui au contraire sera laissé en dehors du périmètre de l'organisation ?

Il s'agit de **comprendre la forme de la relation d'emploi**. Cette dernière peut être définie comme la relation qui s'établit entre un fournisseur et un utilisateur de travail. Cette relation peut prendre des formes plus ou moins denses, s'inscrire plus ou moins dans la durée et être couverte par des statuts juridiques plus ou moins structurés.

À l'extrémité d'un *continuum*, on pourrait trouver des relations d'emploi très marchandes dans lesquelles le travail est mis en œuvre sur le mode de la prestation de service commerciale éphémère. **À l'autre extrémité, on trouverait des formes de relations d'emploi très ancrées dans l'entreprise**, dans lesquelles les parties prenantes s'engagent sur la durée comme cela est prévu en France dans le cadre des contrats à durée indéterminée ou dans les statuts des agents titulaires de la fonction publique. Il y a bien sûr une part d'**idéologie** derrière ces choix :

- Le premier modèle met l'accent sur la liberté et la prise de responsabilité individuelle.
- Le second insiste davantage sur le caractère asymétrique des relations entre employeur et salarié, et prend acte de cette relation de domination pour justifier le transfert de responsabilité sur l'employeur.

Mais au-delà de ces postures, ces délimitations relèvent de choix de gestion et de stratégie d'entreprise. Ce chapitre sera organisé de façon à explorer ces choix et leurs conséquences. Il tentera de clarifier dans un premier temps les contours de ce qu'on appelle le marché interne et le marché externe du travail (section 1). Il s'agira ensuite de mieux comprendre les raisons pour lesquelles les organisations opèrent ces segmentations (section 2). Enfin, la complémentarité entre ces différents modes de gestion de la main-d'œuvre sera évoquée, afin de rendre compte des stratégies de flexibilité des entreprises (section 3).

1. Marché interne et marché externe : deux univers de GRH différents

S'attacher à la nature de la relation d'emploi est fondamental pour comprendre les pratiques de GRH et leur diversité. À cet égard, la distinction entre marché interne et marché externe du travail est un levier incontournable pour la réflexion.

1.1. Marché interne et marché externe : de quoi parle-t-on ?

Cette distinction oppose des formes de relation d'emploi externe à l'entreprise dans lesquelles l'entreprise se contente d'acheter le travail, sans gérer ni prendre en charge les personnes, à des formes de relation d'emploi dans lesquelles les personnes sont intégrées et gérées par l'organisation *via* des procédures de recrutement, de formation et de mobilité interne, pour être utilisées de façon aussi efficiente que possible (voir Zoom 3.1).

Zoom 3.1 : Michael Piore et Peter Doeringer, le dualisme du marché du travail

Les deux économistes américains Michael Piore et Peter Doeringer ont observé et théorisé au cours des années 1960 deux mécanismes de gestion de la main-d'œuvre, notamment dans les entreprises industrielles.

Sur le **marché externe du travail**, les effectifs, les affectations des salariés sur les différentes activités et les salaires sont déterminés par des variables économiques telles que **l'offre et la demande de travail** qui influent à la fois sur les quantités de travail utilisées et sur les prix. Les décisions de formation et d'acquisition de qualification, par exemple, restent le fait des travailleurs eux-mêmes qui doivent effectuer ce type de choix pour mieux « se vendre » s'ils y trouvent un intérêt. C'est le cas pour les travailleurs journaliers, les salariés licenciables *ad nutum*, ou encore certaines professions qui s'exercent généralement de façon indépendante. Toutes ces catégories de salariés restent de fait à l'extérieur des entreprises et il est possible d'analyser ces formes d'emplois avec les outils traditionnels de la science économique classique : ils ne sont pas constitutifs de l'entreprise, ils sont un facteur de production dont l'entreprise rémunère les services en fonction de ses besoins.

À l'opposé, sur le **marché interne du travail**, l'affectation sur les tâches, les salaires, les politiques de formation sont décidés par **des règles de gestion** largement découplées du marché du travail externe. Ce sont les organigrammes, les systèmes de classification des postes et de qualification ou les budgets internes qui expliquent la façon dont sont traités les salariés. On est alors dans un univers de gestion du personnel bien plus que d'ajustements rationnels au sens de la théorie économique.

Pour Piore et Doeringer, **les marchés internes offrent des garanties et des conditions de travail bien plus favorables aux travailleurs que les marchés externes**. Les travailleurs des marchés externes devraient donc aspirer à rejoindre les marchés internes. L'interface entre ces deux marchés se situe sur des postes particuliers, les « ports d'entrée » qui sont les postes auxquels les entreprises recrutent en externe, alors que les autres postes sont plus généralement pourvus par la voie de la mobilité interne.

Source : d'après Doeringer, P. et Piore, M. J., *Internal labor markets and manpower adjustment*, New York, DC Heath and Company, 1971.

Lorsqu'une entreprise choisit de se positionner plutôt sur le marché externe du travail, la gestion des ressources humaines consiste essentiellement à sécuriser l'accès aux travailleurs en s'implantant, par exemple, à proximité de grands centres urbains ou dans des zones géographiques où la main-d'œuvre est peu chère et abondante, ou encore en s'assurant d'une bonne « marque employeur » permettant d'attirer les candidatures.

Dans le cas des marchés internes, la compétence du DRH s'étoffe : la gestion des « flux » de main-d'œuvre (recrutement-licenciement) n'est plus forcément l'activité principale ; **le DRH doit également gérer et valoriser le potentiel humain de l'entreprise qui devient, en l'espèce, une ressource**. Cela suppose d'intégrer des préoccupations de régulation sociale, de négociation interne, d'organisation de parcours et de mobilités, de développement des compétences...

1.2. Le dualisme du marché du travail : un phénomène universel ?

Cette distinction entre marchés internes et externes questionne les références qu'on adopte implicitement lorsqu'on pense à la GRH. Plus précisément, la référence française, imposée et véhiculée par le droit du travail est celle du contrat à durée indéterminée et des spécificités gestionnaires qui lui sont associées, notamment en matière de sécurisation de la relation d'emploi et de l'obligation d'entretien des compétences (voir Outil 3.1).

Outil 3.1 : Le contrat de travail à durée indéterminée

Le droit du travail met le contrat à durée indéterminée (CDI) au cœur des pratiques de GRH. Les formes alternatives de mobilisation de la main-d'œuvre, emploi temporaire ou externalisation sous forme de prestation de service, restent largement illégitimes si l'on en juge par les dénominations qu'on leur donne usuellement : emplois précaires, contrats atypiques...

De durée indéterminée, le CDI se caractérise par une forte sécurité de l'emploi accordée au salarié. Le contrat peut certes être rompu à tout instant, mais uniquement pour une cause « réelle et sérieuse », ce qui limite fortement la latitude de l'employeur. Le contrat s'accompagne dès lors de dispositions permettant de s'inscrire dans la durée :

- La flexibilité, gage de pérennité, passe par la reconnaissance de l'autorité de l'employeur dans la **définition des tâches** : « *Pour que je puisse te protéger des aléas, il faut que tu m'obéisses.* »
- L'employeur est responsabilisé à l'égard de l'employabilité interne et externe du salarié et de sa trajectoire, notamment par l'**obligation de formation** : « *Puisque tu m'obéis, je suis responsable de ton devenir.* »
- Enfin, le CDI se traduit classiquement par des **formes de rémunération basées sur le temps de travail** : « *Puisque tu ne fais que m'obéir, tu ne peux être tenu ni responsable ni destinataire de la valeur que tu crées.* »

Si le CDI constitue une référence en Europe continentale, il ne l'est pas dans le monde anglo-saxon et plus largement dans les pays où la relation d'emploi est moins régulée. Au Canada, par exemple, le droit du travail applicable universellement se résume à quelques règles fondamentales (santé, sécurité, salaire minimum et règles minimales d'encadrement des licenciements). Mais il précise surtout les conditions dans lesquelles les salariés peuvent tenter de se syndiquer pour négocier des accords d'entreprise dans lesquels les règles de GRH seront précisées. Ainsi, **ce qui semble banal et universel aux yeux d'un travailleur français consti-**

tue souvent une exception pour les travailleurs canadiens et dépend de leur pouvoir de négociation individuel ou collectif. Selon l'OCDE, environ 30 % des travailleurs canadiens seulement sont couverts par des conventions collectives. Pour les autres, c'est plus ou moins la « loi du marché » qui leur est appliquée (voir Illustration 3.2).

Illustration 3.2 : Le contrat de travail au Canada

« Au Canada, les contrats de travail de type CDI (contrat à durée indéterminée) et CDD (contrat à durée déterminée) n'existent pas.

Les salariés dépendent généralement de contrats de travail collectifs propres à chaque entreprise et régis par les syndicats. Le contrat de travail doit respecter la législation provinciale ou territoriale et indiquer clairement les modalités et les conditions d'emploi.

Lors de missions professionnelles de courte durée ou temporaires de type *casual*, aucun contrat de travail n'est établi dès lors que l'entente mutuelle est verbale. Il est préférable de recourir à un contrat écrit sur lequel seront précisés les éléments suivants : le nom de l'entreprise et de l'employé, le lieu de travail, les principales fonctions et responsabilités, les heures supplémentaires, l'examen médical, les cours de formation continue, les clauses de non-concurrence, le préavis de cessation d'emploi ou de démission, la nature du contrat (à durée déterminée ou indéterminée), la durée de la période d'essai, le temps de travail, la rémunération brute et les avantages (primes...), la durée des congés payés, les avantages sociaux (mutuelle, indemnité de déménagement, régime de retraite, etc.), la législation applicable et le tribunal compétent en cas de différend, la signature des parties.

Dans d'autres cas, à défaut de contrat de travail, une lettre d'accord (*letter of agreement*) est rédigée afin d'officialiser l'accord entre les deux parties dans le cadre, par exemple, d'un mandat professionnel. Semblable à un contrat de travail, bien que plus synthétique, la lettre d'accord précise les conditions générales d'emploi.

Au Canada, l'établissement d'un climat de confiance et de respect est essentiel pour permettre la négociation et le dialogue. »

Source : d'après ministère des Affaires étrangères. Le lecteur intéressé par le socle de droits universels prévus par le droit canadien, ou par les autres droits nationaux, pourra consulter la rubrique « préparer son expatriation » du ministère des Affaires étrangères français (www.diplomatie.gouv.fr).

Mais si on regarde un peu plus attentivement la situation française, on voit également que cette référence implicite au CDI ne concerne finalement que la population active qui en bénéficie. Or, d'une part, ce type de contrat n'est pas universel et bien d'autres formes de contrats existent (contrats à durée déterminée, intérim, prestation de service, travail indépendant, travail dissimulé...). D'autre part, les garanties offertes par le CDI sont souvent subordonnées à la taille de l'entreprise et ne couvrent pas la grande majorité des salariés des petites entreprises.

1.3. L'articulation des marchés internes et externes au sein d'une même entreprise

Les marchés du travail de toutes les économies sont plus ou moins segmentés entre deux pôles :

- le **marché primaire** qui affecte les salariés aux qualifications souvent rares sur les postes gérés en interne et offrant des conditions de travail favorables ;
- le **marché secondaire** sur lequel la main-d'œuvre peu différenciée « rencontre » les postes les moins enviables.

Toutefois, depuis les travaux de Piore et Doeringer, on note une tendance à la constitution d'un troisième pôle qui fonctionne sur le modèle du marché externe (la loi de l'offre et la demande), sur lequel se présentent des travailleurs hautement qualifiés et largement identifiés sur le marché du travail qui font le choix de carrières externes aux organisations. Leurs motivations consistent à accumuler des compétences par la succession des expériences professionnelles vécues, et à se placer sur les missions les plus attrayantes, soit en termes de rémunérations, soit en termes de plaisir au travail. Là encore, le choix des mots pour désigner ces catégories de travailleurs est porteur de connotations idéologiques et de jugements de valeur : on parle ainsi de « nomades », de « mercenaires » ou de « talents ». Le phénomène reste le même, mais la connotation diffère selon qu'on souhaite marquer la réprobation sociale attachée au fait de s'affranchir de liens et obligations sociaux ou affectifs, ou au contraire souligner l'admiration et la reconnaissance sociale pour ces travailleurs aussi incontournables que difficiles à attirer et à fidéliser.

Cette distinction qui s'opère sur les marchés du travail se retrouve également à l'intérieur des entreprises et des organisations. Certains salariés constitutifs du cœur de métier sont stabilisés quand d'autres, précaires ou talents, ne sont mobilisés que pour des projets plus ou moins stables dans le temps. Cela conduit les entreprises à opérer des segmentations dans la gestion des ressources humaines et à articuler différentes formes de gestion de la main-d'œuvre (voir Figure 1).

La question est maintenant de tenter d'expliquer pourquoi on retrouve de façon systématique ces deux formes de relations d'emploi, et sur quelles bases s'établit le choix d'une entreprise d'offrir ces postes sur l'un ou l'autre de ces marchés.

Figure 1. L'articulation entre formes de gestion de la main-d'œuvre.

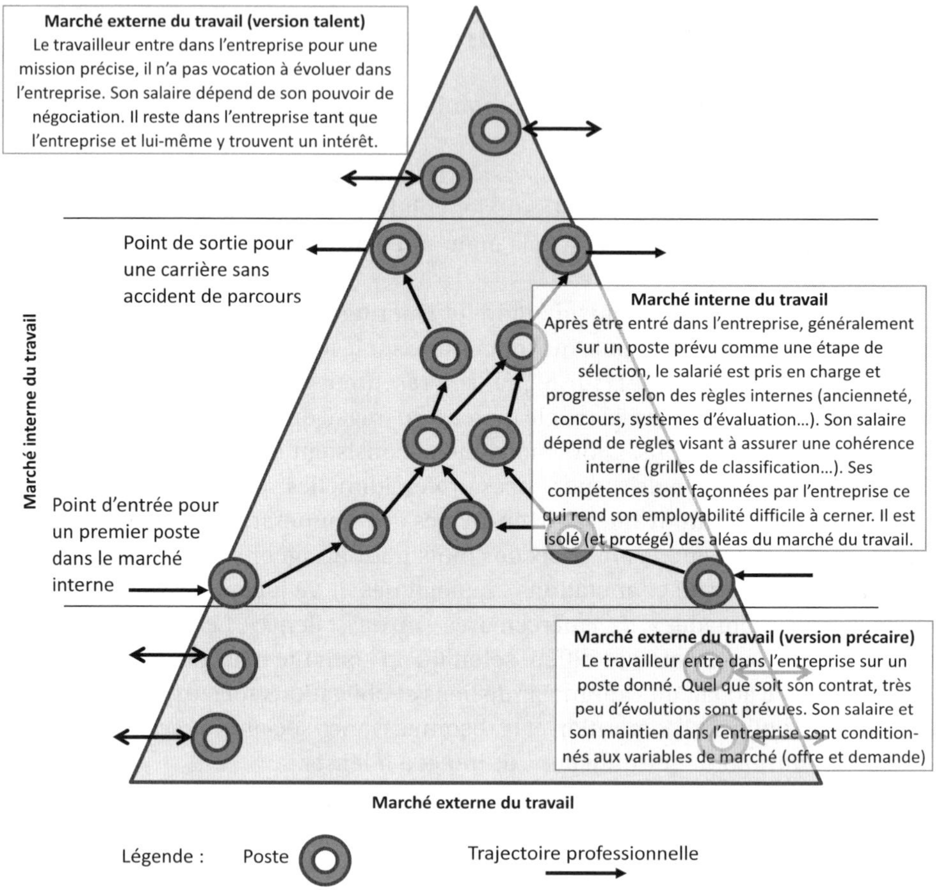

2. Les causes de la segmentation du marché du travail et de la GRH

La segmentation du marché du travail peut se comprendre d'au moins deux façons. Elle peut résulter des caractéristiques du travail qu'on mobilise et des imperfections du marché du travail. La segmentation peut aussi être expliquée comme la résultante de rapports de force et des luttes sociales qui ont conduit à améliorer les garanties offertes aux salariés.

2.1. Les imperfections du marché du travail

Si les organisations ont structuré des marchés, c'est en partie en raison des imperfections du marché du travail : les transactions y sont coûteuses et on peut préférer les éviter en internalisant la gestion de la main-d'œuvre. L'amélioration du fonctionnement du marché contribue dès lors à un rétrécissement des marchés internes et du périmètre de la gestion des ressources humaines.

a) La notion de coût de transaction

L'explication principale apportée au phénomène de la construction des marchés internes réside dans les imperfections du marché du travail. Sur un marché parfait, il est facile de détecter les candidats potentiels pour un poste, de s'assurer de leurs capacités et compétences, de savoir quels sont les niveaux de salaires à adopter.

Inversement, les travailleurs, sur un tel marché, connaissent les postes libres, les conditions de travail et de rémunération qui sont proposées par tous les employeurs, et leurs choix sont facilités. Par ailleurs, sur un marché du travail parfait, passer d'un emploi à un autre se fait sans coût pour les travailleurs, et les entreprises peuvent faire appel à des travailleurs interchangeables sans que cela ne soit compliqué ni coûteux de remplacer un travailleur par un autre.

Enfin, une fois au travail, l'hypothèse doit être faite que la production de chacun est directement observable (encore une fois, à moindres frais), de telle sorte que les coûts de surveillance et les dépenses liées à l'entretien de la motivation restent faibles.

Les théories économiques de la firme s'appuient sur le concept de coût de transaction pour mesurer ces coûts liés à la mise en œuvre du travail d'autrui (voir Zoom 3.2).

Zoom 3.2 : Oliver E. Williamson et l'économie des coûts de transaction

Le prix Nobel d'économie 2009, Oliver E. Williamson a consacré ses travaux à la question des frontières de l'entreprise – Comment définir ce qui est dans la firme et ce qui est en dehors ? – et des contrats que celle-ci noue en interne et en externe avec ses parties prenantes.

Il part de l'idée déjà établie par Ronald Coase dans les années 1930 que le recours au marché est parfois coûteux :

- Il faut **obtenir et traiter de l'information** sur les caractéristiques et la « valeur » des offreurs, **négocier des contrats**, ou se lancer dans des **opérations de contrôle et de surveillance** pour limiter le risque d'être victime de l'opportunisme de son partenaire dans l'échange.
- Il faut ensuite souvent réaliser des investissements spécifiques pour rendre l'échange marchand possible : **adapter l'offre ou la demande aux spécifications du partenaire**. Ces investissements sont souvent irrécupérables en cas de rupture de l'échange.

Ces coûts, appelés coûts de transaction, sont souvent tels qu'on préfère s'en affranchir en internalisant les transactions. Il s'agit finalement d'**arbitrer entre coûts d'organisation et coûts de transaction** pour définir si on doit s'inscrire dans le marché interne ou dans le marché externe.

Coase et Williamson ne centrent pas spécifiquement leur analyse sur des phénomènes liés à la GRH, mais on voit bien comment illustrer leur cheminement théorique dans ce domaine : recruter coûte souvent cher, d'autant plus cher que les compétences recherchées sont difficiles à détecter avec certitude. Pour rendre le travail possible, il faut souvent investir : former les collaborateurs à des compétences spécifiques qui n'ont pas d'équivalent à l'extérieur. Inversement, le collaborateur doit lui aussi souvent investir (par exemple, se former ou encore déménager pour se rapprocher de son lieu de travail). Il s'avère souvent moins coûteux d'embaucher des collaborateurs pour des périodes longues, de les former et de les fidéliser, et de les affecter ensuite sur des postes en vertu de règles de gestion, que de recruter au coup par coup la bonne personne pour le bon poste au salaire de marché pour des durées plus courtes.

Sources : d'après Williamson, O. E., *The economic institutions of capitalism*, Simon and Schuster, 1985 ; Coase, R. H., *The nature of the firm*, Economica, 4(16), 1937, pp. 386-405.

Or, les marchés ne sont pas parfaits. Les marchés du travail sont largement opaques : on connaît mal les compétences des candidats, qui eux-mêmes ne savent pas quelles sont les caractéristiques réelles des postes qu'on leur propose d'occuper. Par ailleurs, les mobilités sont coûteuses ; il faut à chaque fois former les collaborateurs et supporter une première période pendant laquelle la productivité est faible. Changer d'employeur est également coûteux pour le salarié : prise de risque, efforts supplémentaires pour se hisser à la performance attendue rapidement…

C'est pour ces raisons que les entreprises jugent parfois nécessaire de constituer des marchés internes et d'organiser des carrières : il s'agit là d'un puissant levier pour **entretenir des compétences** sur lesquelles bâtir un avantage compétitif, ainsi que d'un mécanisme très efficace pour **« discipliner » les collaborateurs** et **maintenir un niveau élevé de motivation** (voir parties 3 et 4).

b) La baisse tendancielle des coûts de transaction sur le marché du travail

Deux évolutions sur la période récente peuvent être évoquées pour rendre compte de l'évolution des coûts de transaction susceptible d'expliquer la **dynamique de rétrécissement des marchés internes dans les entreprises occidentales**. D'une part, les entreprises se resserrent sur leur cœur de métier et externalisent leurs activités périphériques. D'autre part, elles mettent en œuvre des pratiques de GRH plus flexibles, et qui reposent moins qu'auparavant sur la fidélisation, la formation et la construction de parcours de carrière et davantage sur la sollicitation des compétences déjà détenues par les collaborateurs qu'on fait venir dans l'entreprise le temps d'une mission particulière (développement des contrats courts, fin de la promesse réciproque d'une collaboration « à vie », carrières nomades, etc.).

Ce double mouvement s'explique par une plus grande fluidité observée sur le marché du travail :

- **Le marché du travail est plus transparent.** L'information est moins coûteuse à obtenir sur les postes et sur les candidats. Cela est attribuable, d'une part, au développement des formes d'intermédiation sur le marché du travail : les agences d'intérim se sont développées et ont complété leur offre par des solutions d'aide au recrutement; elles diminuent ainsi les « asymétries d'information » sur le marché du travail. D'autre part, les technologies de l'information se sont développées de sorte que l'information sur les entreprises comme sur les travailleurs est maintenant disponible facilement. LinkedIn ou les autres réseaux équivalents constituent à ce titre une révolution (voir Application 3.1).

Application 3.1 : L'avenir de la fonction RH selon Laurent Choain, DRH de Mazars

« La fonction de DRH comme on la connaît, comme je la pratique, comme on la fait tous, c'est une fonction interne à l'entreprise. C'est-à-dire qu'elle est interne à des entités organisationnelles. Et nous cherchons à retenir des gens, à capter des talents, à les développer pour l'entreprise. Mais je pense que demain ce n'est plus du tout ça le métier. Je pense que demain, il y aura une plus grande volatilité des compétences, des gens beaucoup plus libres dans leur mode d'association. Après, avec des besoins. Des entreprises plus petites aussi et plus assembleuses de compétences, horticultrices de talents internes. Donc ce ne seront plus des grandes serres dans lesquelles les plantes poussent mais ce seront plutôt des sortes de grandes surfaces dans lesquelles on ira acheter des compétences. Et qui, elles, après, développeront un vrai savoir d'assemblage de ces compétences. **Du coup, le DRH qui serait un DRH interne, en cherchant à contrôler une ressource interne, pour moi n'a pas d'avenir**. Parce que je pense plutôt que ce qui a un avenir ce sont des gens capables de connecter des mondes de compétences.
LinkedIn préfigure ça d'une certaine façon. Pour moi, **LinkedIn c'est moins le CV qui importe que le système de références qu'ils viennent d'inventer**. Ça, c'est une vraie rupture ! C'est-à-dire qu'on commence à avoir des communautés de compétences qui peuvent s'organiser de manière très ouverte et très mobile, et je pense que les DRH dans 10 ou 15 ans seront plus des gens qui seront au cœur de ces communautés, qui auront une respectabilité, qui auront, en fait, un minimum de savoir mettre ensemble tous ces gens-là. »

Source : d'après Laurent Brouat, entretien avec Laurent Choain, « les DRH ne sont pas prêts pour les défis de demain ! », rmsnews.com.

Questions : Comment le DRH de demain décrit dans cet entretien pourra-t-il se prémunir des risques d'opportunisme ? Comment pourra-t-il s'assurer de la disponibilité des compétences dont l'entreprise a besoin ?

- **Les qualifications s'élèvent et les compétences sont de plus en plus normalisées**. D'une certaine manière, les façons de travailler s'homogénéisent d'une entreprise à une autre, de telle sorte qu'une partie des compétences spécifiques d'hier sont désormais génériques. Cela contribue à l'interchangeabilité des personnes sur le marché du travail et donc à leur mobilité. Leur mobilité en retour contribue à l'homogénéisation des pratiques. Certaines compétences rares et développées en interne qui relevaient du « génie » ou du « tour de main » individuel feront désormais davantage l'objet de formations assurées dans le cadre de la formation initiale, de certifications officielles et de normes qualité (voir Illustration 3.3).

Illustration 3.3 : Extrait du catalogue de l'AFNOR

Dans le catalogue de l'Association française de normalisation, on trouve des bonnes pratiques normalisées pour des processus dont on peut, de prime abord, penser qu'ils ne sont justement pas normalisables. On y trouve également une offre de certification des personnes sur des compétences qui pourraient relever de la formation et du développement interne tant elles peuvent paraître spécifiques :

- Norme FD X50-2740, juin 2014 : Management de l'innovation – management de la créativité. Le présent document délivre des lignes directrices générales visant à organiser les processus créatifs dans les organisations de tout type en amont d'un processus d'innovation plus large.
- AFNOR Certification RFB-002 : Référent bientraitance dans un établissement social ou médico-social ou sanitaire. La certification « Référent bientraitance » s'adresse aux intervenants du secteur social, médico-social et sanitaire qui souhaitent s'impliquer dans une démarche participative d'optimisation des bonnes pratiques professionnelles. [...] Vos compétences dans le domaine de l'animation et du déploiement de la culture de la bientraitance sont reconnues par un organisme de certification tierce partie de référence. Vous valorisez vos compétences auprès de votre entreprise. [...] Vous bénéficiez d'avantages exclusifs : le droit de communiquer sur votre marque de certification AFNOR Certification de personnes, votre référencement dans l'annuaire des certifiés sur le site du Groupe AFNOR, une carte de certifié personnelle, délivrée tous les 3 ans.

Source : d'après http://www.afnor.org.

2.2. Le marché interne comme résultat de rapports de force favorables aux salariés

En complément ou en substitut des explications par les imperfections du marché du travail et des choix rationnels d'internalisation ou d'externalisation de la main-d'œuvre opérés par les organisations, on peut interpréter la coexistence des marchés internes et externes comme le résultat de rapports de force et de prises de position politiques.

a) La relation d'emploi : un enjeu politique

La question de la forme que doit prendre la relation d'emploi suscite de vifs débats, en France comme ailleurs. Emblème des relations entre « capital » et « travail », la relation d'emploi est un enjeu politique.

On voit classiquement **deux grandes options caricaturales** s'opposer. Pour certains, il conviendrait de favoriser l'autonomisation des salariés, les responsabiliser à l'égard de leur propre trajectoire professionnelle. La figure du salarié attaché indéfiniment à son employeur, le contrat à durée indéterminée, les carrières longues et statiques, l'immobilisme et la routine sont posés en repoussoir, et la figure de l'autoentrepreneur « non subordonné » présentée comme un modèle positif de fluidité libérale.

Pour d'autres, au contraire, la relation d'emploi doit viser à sécuriser le salarié dans la relation de domination asymétrique qu'il entretient avec l'employeur. L'idéal mis en avant est celui de la durée, de la loyauté réciproque et des investissements conjoints en capital humain. Il sera question d'effort de formation, d'acceptation et d'accompagnement du changement, de la possibilité de se projeter de façon durable dans un collectif de travail...

Ces deux conceptions de la relation d'emploi témoignent de positionnements idéologiques qu'on voit notamment ressurgir de façon épidermique dès qu'on cherche à assouplir ou renforcer le droit du travail, et notamment le droit du licenciement (voir Illustration 3.4).

Illustration 3.4 : Prises de position sur la question des licenciements

Laurence Parisot, présidente du Medef, janvier 2010 :
« *La vie, la santé, l'amour sont précaires, pourquoi le travail échapperait-il à cette loi ?* »
Jean-Luc Mélenchon, au sujet des licenciements chez Air France, octobre 2015 :
« *La violence, ce sont les licenciements.* [...] *La violence sans limite de la mort sociale à laquelle sont condamnées les victimes des plans de licenciements ne tire ni une larme ni un reportage : suicides, dépressions, divorces, rien de tout cela n'empêchera les belles personnes de se sentir tout le temps dans leur bon droit ni leurs griots médiatiques de hurler en meute* ».

De fait, on peut penser que les salariés sont en recherche d'appartenance à des marchés internes. Ces derniers offrent en effet un statut protecteur, une sécurisation du revenu, une capacité de se projeter sur le long terme et des conditions de travail plus confortables.

Au-delà des explications fondées sur le calcul économique, **l'organisation des marchés internes serait ainsi le résultat de mouvements sociaux**, de la pression populaire collective et de la réaction des milieux patronaux souhaitant éviter la « révolution ». Le salariat peut ainsi être vu comme une institution politique récente qui émerge et s'impose avec la fin des systèmes féodaux et l'émergence du capitalisme industriel et de la grande firme intégrée au cours du XIXe siècle.

Cette explication prend le contre-pied de la première : les marchés internes ne sont plus vus comme une **réponse rationnelle et efficiente de la part des employeurs**, mais comme un **jeu de concessions face à la pression populaire** (voir Application 3.2). Toutefois, on peut également voir une forme de complémentarité entre ces mécanismes : à mesure que le salarié intègre un marché interne, il s'isole du marché externe et augmente sa dépendance à l'égard de son employeur, ce qui justifie qu'on améliore l'expression individuelle et collective dans l'entreprise (reconnaissance de l'implantation syndicale) et qu'on protège les salariés contre des licenciements abusifs. Inversement, si les institutions imposent des relations durables et des salaires orientés à la hausse, les entreprises ne peuvent faire face qu'en proposant des parcours internes et en améliorant la productivité en organisant la montée en compétences des salariés.

Application 3.2 : Mouvements sociaux, gauche au pouvoir et évolution du droit du travail, quelques dates clés

1919	Immédiat après-guerre : journée de 8 heures.
1936	Victoire électorale du Front populaire, manifestations et grève générale : congés payés et semaine de 40 heures.
1950	Après-guerre, rationnement, reconstruction : instauration d'un salaire minimum garanti.
1968	Évènements de mai, accords de Grenelle : augmentation du Smic, reconnaissance des sections syndicales dans l'entreprise.
1973	Crise pétrolière, montée du chômage : obligation pour l'employeur de justifier d'une cause réelle et sérieuse pour pouvoir licencier.
1982	François Mitterrand élu Président de la République avec le soutien des communistes : loi Auroux améliorant la participation en entreprise, 5e semaine de congés payés, semaine de 39 heures, retraite à 60 ans.
1989	Retour de la gauche au pouvoir, loi Aubry : nécessité d'instaurer un plan social en cas de licenciements collectifs.

Question : En quoi cette évolution sociale et réglementaire a-t-elle pu influencer l'émergence et le rôle de la fonction RH au sein des entreprises ?

b) Le travailleur indépendant : un retour triomphant ?

Ce débat public est traversé sur la période récente par un retour de la figure du travailleur indépendant sur le devant de la scène, alors qu'il avait tendanciellement décliné tout au long du XXe siècle : travailler sous l'autorité d'un employeur qui assure un revenu stable en prenant à sa charge le risque des aléas économiques ne relève plus de l'évidence.

Le travail non salarié, qui concernait encore près d'un tiers de la population active française dans les années 1950, a diminué progressivement jusqu'à 9 % au début des années 2000, avant de remonter progressivement à 10,5 % en 2018. Parallèlement, au sein de la catégorie des salariés, les formes d'emploi atypiques (CDD, apprentis et intérim) ont doublé depuis trente ans et concernent près de 15 % de la population active et plus de la moitié des moins de 25 ans[1].

Bien évidemment, la montée des formes atypiques d'emploi est le résultat de la crise économique qui, depuis la fin des années 2000, entraîne une destruction d'emplois stables et de bonne qualité, non compensée par des créations d'emplois de même nature. Mais la précarité n'est pas toujours connotée négativement. On peut également en parler sous l'angle de la flexibilité ou de l'indépendance pour en vanter les mérites. Pour l'employeur, les formes d'emplois flexibles répondent à un double enjeu de flexibilité :

- Sur le plan **quantitatif**, l'intensification de la concurrence et le caractère instable de la conjoncture économique rendent nécessaire la constitution d'un volant de flexibilité qu'il est possible de solliciter **pour absorber les variations d'activité**.
- Sur le plan **qualitatif**, le travail en **mode projet** et l'intensification de l'activité d'**innovation** rendent nécessaire le développement de formes d'accès rapide et ponctuel à des compétences qu'on n'a pas le temps de développer en interne, ce qui suppose que soit organisé un marché pour ces compétences.

Pour l'État, la flexibilité est vue comme un **moyen de fluidifier le marché du travail et d'aborder différemment la question lancinante du chômage**. La lutte contre la destruction des emplois stables a fait long feu. L'idée est de favoriser la constitution d'une main-d'œuvre employable susceptible de se mouvoir d'un emploi à un autre au gré de la conjoncture. Dans cette optique, l'enjeu, à la fois social et culturel, porte sur la mise en œuvre de dispositifs qui permettent de sécuriser les transitions et les parcours professionnels.

Pour une partie des salariés au moins, probablement parmi les mieux formés et ceux ayant peu de contraintes, **la précarité peut être conçue sous l'angle de l'indépendance** à l'égard de la subordination patronale. Être précaire, c'est d'une certaine manière être son propre patron, c'est pouvoir s'enfuir dès que le travail devient déplaisant. Cette appétence pour la liberté entre en résonance avec une idéologie montante qui prône l'individualisme et la réalisation de soi comme objectif ultime et invite à la saisie des opportunités qui se présentent loin d'un idéal de prise en charge des individus par le collectif. La fameuse génération Y serait emblématique de cette conception renouvelée du rapport à l'entreprise et au collectif.

Ce mouvement est, en outre, rendu possible par le développement de modèles d'affaires qui reposent davantage sur la mobilisation de capital intellectuel que sur la mobilisation de moyens matériels qui supposerait la constitution de collectifs de travail placés sous l'autorité de celui qui détient les « moyens de production ».

Le développement du marché externe, des formes d'emplois atypiques dans un tissu de petites entreprises plus ou moins éphémères renvoie ainsi à un idéal de flexibilité rendant possible l'innovation, l'adaptation et la réalisation de soi (voir Illustration 3.5).

1. Données Insee, enquête Emploi, Chiffres clés, février et avril 2020.

Illustration 3.5 : Postuler dans une start-up

À l'inverse des grandes entreprises, aux processus de recrutement standardisés et aux profils bien identifiés, postuler dans une start-up sous-entend flexibilité, polyvalence, ainsi qu'un fort investissement personnel.

Challenge, autonomie, nouvelles technologies... L'univers des start-up attire de plus en plus de candidats. [...] Les grands groupes et PME d'une certaine taille ciblent les profils à intégrer pour compléter leurs équipes et proposent par conséquent des intitulés de fonction précis. À l'opposé, même s'il existe une fiche de poste, « **la start-up souhaite avant tout recruter une personne autonome et pluridisciplinaire** pouvant faire preuve d'agilité. » [...] Vouloir embrasser une carrière au sein d'une start-up signifie aussi **savoir mettre en avant ses compétences entrepreneuriales. « Qu'est-ce qui fait que vous êtes un touche-à-tout ? »** [...] « Les fondateurs ont travaillé longtemps sur leur projet, dépensé de l'énergie, de l'argent. Quand ils recrutent, ils vont s'attendre au même investissement. »

Source : d'après Benjamin Dusaussoy, « Jeunes diplômés : postuler dans une start-up, ça change quoi ? », cadreemploi.fr, 01/03/2016.

On le voit, **la segmentation du marché du travail et des pratiques de gestion des ressources humaines** relève de phénomènes économiques et sociopolitiques évolutifs. Les marchés internes et externes répondraient à des configurations différentes sur le marché du travail et à des rapports de force locaux : marché interne pour la main-d'œuvre qualifiée et collectivement organisée, marché externe pour les autres.

Pourtant, il est possible de compléter l'analyse en montrant que l'articulation entre ces marchés est nécessaire pour permettre à l'entreprise de répondre à des exigences de flexibilité. Les entreprises n'ont pas le choix entre organiser leurs politiques de GRH sur un mode interne ou externe, elles doivent penser la complémentarité entre les deux.

3. Flexibilité et articulation des marchés internes et externes

Les entreprises sont soumises à des aléas conjoncturels qui font varier leur niveau d'activité. Pour se développer et répondre aux exigences de leurs marchés, elles sont amenées à redéfinir leurs modes d'organisation, leurs produits et les technologies qu'elles utilisent. **Plus leur environnement est turbulent, plus l'injonction d'adaptation et de flexibilité est grande.** Cette section revient sur les formes de flexibilité de la main-d'œuvre et tente de montrer comment l'articulation entre les marchés du travail permet de les activer de façon complémentaire.

3.1. Les formes de flexibilité

Être flexible consiste à se donner la capacité de réaliser les ajustements nécessaires. Pour les entreprises, l'enjeu est stratégique à deux titres : il s'agit de minimiser leurs coûts de production et leurs charges de personnel en optimisant l'utilisation de la main-d'œuvre ; il s'agit également d'être en mesure de modifier la nature de la production en fonction des attentes des clients ou des besoins en interne, qui peuvent eux aussi se révéler évolutifs. Les ajustements peuvent porter sur deux dimensions différentes du travail :

- La première dimension porte sur la nature du travail. On parle alors de **flexibilité qualitative**.
- La seconde porte sur la quantité de travail à effectuer. On parle, dans ce cas, de **flexibilité quantitative**.

La flexibilité peut, en outre, porter sur le **long terme**, si les adaptations sont plutôt de nature structurelle ou au contraire sur le **court terme** lorsqu'il s'agit de répondre à des contraintes conjoncturelles. Les outils de la GRH ne sont pas les mêmes selon les cas de figure (voir Outil 3.2).

On voit ainsi se dessiner quatre catégories de pratiques de flexibilité : à court terme, on peut faire évoluer la quantité de travail mobilisée en jouant sur les contrats courts ou les modulations horaires (voir Illustration 3.6). La polyvalence peut être utilisée pour ajuster qualitativement le travail, puisqu'elle permet de changer très rapidement la nature des tâches demandées.

À long terme, on retrouve les mêmes enjeux de flexibilité, mais l'outillage est différent : on adaptera le volume de travail en jouant sur les recrutements ou les licenciements. La nature qualitative du travail pourra être ajustée par la formation ou les mobilités internes.

Outil 3.2 : Les outils de la flexibilité du travail

	Flexibilité quantitative	Flexibilité qualitative
Court terme	Heures supplémentaires Recours aux CDD ou à l'intérim Sous-traitance de capacité Chômage partiel RTT	Polyvalence Organisation flexible Sous-traitance de spécialité
Long terme	Recrutement – licenciement – ruptures conventionnelles Gestion de l'emploi	Formation – mobilité Gestion des compétences

Illustration 3.6 : La crise sanitaire et le chômage partiel

« L'activité partielle est un outil au service de la politique publique de prévention des licenciements économiques qui permet à l'employeur en difficulté de faire prendre en charge tout ou partie du coût de la rémunération de ses salariés. Face à l'ampleur de la crise sanitaire liée au Covid-19, le Gouvernement a décidé de transformer structurellement le dispositif d'activité partielle, pour doter la France du système le plus protecteur d'Europe. »

L'emploi stable n'est pas systématiquement synonyme de rigidité, pas plus que la précarité n'est synonyme de meilleure capacité d'adaptation. L'exemple de l'activité partielle illustre parfaitement bien comment les dispositifs de politique publique peuvent proposer un cadre réglementaire permettant une flexibilité quantitative du travail particulièrement importante. Simultanément, des efforts ont également été entrepris en matière de formation (dispositif FNE-Formation, validation des acquis de l'expérience, projets de transition professionnelle), afin de soutenir les démarches en faveur du développement des compétences, en particulier pour les salariés placés en situation d'activité partielle. En l'occurrence, ces dispositifs mis en place pendant la crise sanitaire de 2020-2021 ont permis de conjuguer emplois stables et adaptation à la crise, là où dans d'autres pays l'adaptation des entreprises à la crise s'est davantage traduite par le recours à des licenciements.

Source : travail-emploi.gouv.fr

Le propos sera ici concentré sur la flexibilité à court terme. En effet, la flexibilité du travail à long terme suppose des opérations de recrutement ou de licenciement, de formation et de gestion des mobilités qu'on peut regrouper dans la catégorie des pratiques de GRH relevant de la gestion des emplois et des compétences, et qui font l'objet d'une partie spécifique de cet ouvrage (voir partie 3).

Le marché interne comme le marché externe du travail offrent des solutions permettant de répondre aux exigences de flexibilité. Pour autant, **le marché externe reste l'espace privilégié de la flexibilité quantitative** et **le marché interne, celui de la flexibilité qualitative**.

3.2. La flexibilité quantitative

Les enjeux de flexibilité quantitative sont souvent réglés par les entreprises en recourant au marché externe du travail. Toutefois, les deux marchés sont complémentaires : pour stabiliser les « insiders » du marché interne, il faut flexibiliser les « outsiders ». Les formes de flexibilité quantitative les plus court-termistes restent probablement plus faciles à gérer dans les marchés externes.

a) La complémentarité entre marchés internes et externes

Les entreprises ne sont pas égales à l'égard de l'exigence de flexibilité face à la conjoncture économique. Historiquement, les marchés internes sont le fait de grandes organisations qui dominent leur marché et peuvent stabiliser leur niveau d'activité ou faire face à des fluctuations d'activité sans pour autant se mettre en péril. Elles ont, en effet, accès au socle de part de marché qui n'est pas sujet aux variations conjoncturelles. Elles se gardent, en outre, de développer leur capacité de production au-delà de ce socle de base. Cela leur permet de garantir la stabilité de l'emploi à leurs salariés, tant que ce niveau de demande est maintenu.

Cette stratégie n'est envisageable toutefois que si d'autres entreprises, souvent plus petites, sont en mesure d'essuyer les aléas conjoncturels. Cela peut se faire de deux manières :

- Elles peuvent « servir le marché » en période de haute conjoncture, et ralentir ou stopper leur production en période de basse conjoncture. Un exemple parlant est celui des restaurants dans une station balnéaire : pour que les gros restaurants bien établis puissent fonctionner de façon stable à l'année, il faut que d'autres acceptent de n'ouvrir qu'en saison.
- Elles peuvent mettre à la disposition des grandes entreprises dominantes des capacités de production supplémentaires lorsqu'elles en ont besoin. C'est le rôle des entreprises faisant de la sous-traitance « de capacité » ou des entreprises de travail temporaire qui mettent de la main-d'œuvre à disposition avec des coûts de transaction faibles. Le marché reste servi par les entreprises connues du marché qui, en coulisse, font travailler (ou non) des entreprises et de la main-d'œuvre instable.

Cette stratégie permet de réaliser des investissements lourds qui ne sont envisageables qu'à la condition d'utiliser de façon intensive les moyens de production. Cela permet également de procéder à des investissements en capital humain sur la durée et de bénéficier à terme d'une main-d'œuvre bien formée et bien organisée. Au final, la production dans ces entreprises dominantes est plutôt rentable. Elle l'est d'autant plus que les facteurs de pertes (sous-investissement ou main-d'œuvre peu formée) sont déplacés dans les entreprises satellites. On le voit, la flexibilité des uns est le gage de la stabilité des autres (voir Illustration 3.7).

Illustration 3.7 : Les sous-traitants et les CDD comme variable d'ajustement

Le déclin des ventes de véhicules diesel, passées de 70 à 52 % en cinq ans en France, va s'accélérer. Les sites industriels qui fabriquent des pièces pour le moteur Diesel se sentent sur la sellette.

À Onet-le-Château (Aveyron), les 1 600 salariés de l'usine Bosch qui fabriquent des injecteurs et des buses de moteurs Diesel pour Renault et PSA, ne cachent plus leur inquiétude. Le groupe allemand a retardé d'un an sa décision d'investir 17 millions d'euros dans une ligne d'injecteurs de nouvelle génération qui devait être installée cette année. [...]

Avec le recul des ventes de diesel, l'usine a réduit l'équipe du week-end et diminué le nombre d'intérimaires de 300 à 30 en un an. Les élus montent au créneau. La présidente du Conseil régional Carole Delga (PS) et la direction de Bosch France ont été reçues le 21 février par le secrétaire d'État à l'Industrie. [...]

Source : d'après Laurent Marcaillou et Marion Kindermans, « Les mesures anti-diesel plongent les équipementiers dans l'incertitude », *Les Échos*, 21 février 2017.

On notera que les emplois dans ces entreprises satellites sont précaires si on se place du point de vue de l'entreprise utilisatrice. Mais si on se place du point de vue des entreprises qui les mettent à disposition, il peut en être autrement. **La fidélisation du personnel et l'entretien des compétences peuvent se révéler être des enjeux cruciaux pour certains sous-traitants.** Il en va de leur capacité à obtenir des marchés. De même, sur certains emplois en tension, les entreprises d'intérim tentent de fidéliser leurs intérimaires. La création récente du statut de CDI intérimaire ouvre, à cet égard, des perspectives intéressantes, puisqu'il permet aux agences de travail temporaire de sécuriser l'accès à ces travailleurs recherchés. Le marché interne des uns est le marché externe des autres.

Par ailleurs, les postes de travail mis sur le marché externe sont souvent utilisés par les salariés et les employeurs comme **un tremplin vers l'accession aux marchés internes**. Bien que cela reste douteux sur le plan juridique, les stages, missions d'intérim et CDD sont parfois utilisés à titre de période d'essai par les employeurs. Les salariés les occupent également avec en tête l'idée de pouvoir y faire leurs preuves et d'être à terme embauchés de façon définitive.

b) Les formes d'ajustement hyper-flexibles : retour au marché interne

Lorsque l'activité est difficilement prévisible, le recours à des emplois externes peut se révéler long et coûteux : contacter une agence de travail temporaire ou recruter en CDD prend toujours du temps.

Une première solution consiste à raccourcir les délais et à **minimiser les coûts d'accès au marché externe** en le ramenant dans la proximité du marché interne. On se trouve en présence de formes hybrides, dont deux illustrations peuvent être apportées, qui toutes deux consistent à resserrer les réseaux de l'entreprise pour réduire les coûts de transaction (voir Illustration 3.8).

Illustration 3.8 : Les réseaux, interface entre marchés internes et externes

Les agences de travail temporaire implantées dans les usines

« [...] De nouveaux modèles participent en outre à interroger sur la définition du "bon positionnement". Des agences hébergées, c'est-à-dire des agences d'emploi qui occupent les locaux de l'entreprise cliente, apparaissent en effet. Cette organisation, généralement dans le cadre d'un accord-cadre comprenant une offre de services allant au-delà de l'intérim, permet une grande proximité avec le client, les intérimaires et une connaissance des postes de travail plus facile tout en réduisant les coûts fixes de l'agence. »

Les extras dans la restauration

« Le contrat d'extra est un contrat de travail à durée déterminée spécifique en usage uniquement dans les professions de l'hôtellerie-restauration. Il est généralement de courte ou très courte durée (quelques jours ou quelques heures).

Ce contrat a pour but de faciliter les démarches administratives des employeurs (les restaurateurs, hôteliers, patrons de café, etc.) lorsqu'ils ont affaire à des besoins de staff plus ou moins soudains. Lors d'évènements spécifiques, par exemple l'organisation de mariage, Saint-Valentin, réception, cocktail... »
Les extras se trouvent par l'intermédiaire d'agences spécialisées, mais aussi et surtout par connaissance. On note également le développement de solutions dédiées sur les réseaux sociaux et notamment sur Facebook.

Sources : d'après Observatoire des métiers et de l'emploi, « Étude des métiers des permanents des agences d'emploi », septembre 2015 ; « Qu'est-ce que le contrat d'extra », alloextra.com.

Une deuxième solution consiste à inscrire dans le contrat de travail des formules permettant la **souplesse du temps de travail**. Les accords d'aménagement du temps de travail permettent d'« activer » ou de « désactiver » du travail presque instantanément, selon les délais de prévenance prévus dans les accords. Les heures supplémentaires sont généralement payées à un taux plus élevé, mais ce surcoût est compensé par la souplesse du dispositif et par le fait que les heures effectuées le sont par des salariés dont on connaît les compétences.

L'aménagement du temps de travail peut offrir une flexibilité quantitative très importante aux entreprises qui parviennent à négocier des accords avec les salariés. Dans ce cas, c'est l'appartenance du salarié au marché interne qui autorise cette souplesse découlant de l'exercice du rapport de subordination (voir Outil 3.3).

Outil 3.3 : Les heures supplémentaires et l'aménagement du temps de travail

La décision de demander au salarié d'effectuer des heures supplémentaires est une prérogative de l'employeur dans le cadre de ce qu'on appelle son **pouvoir de direction**, c'est-à-dire de son pouvoir d'organiser comme il l'entend l'activité de son entreprise. Le salarié est donc **en principe obligé** d'effectuer ces heures supplémentaires.
Il existe un **seuil annuel d'heures supplémentaires**, nommé **contingent** annuel, fixé par la loi à **220 heures** supplémentaires par an ou à un seuil inférieur par la convention ou l'accord collectif. S'il compte **dépasser** ce contingent, l'employeur doit recueillir l'**avis du comité d'entreprise** ou des délégués du personnel, s'il en existe.
Depuis la loi Travail entrée en vigueur au 1er janvier 2017, la durée légale du travail reste de 35 heures par semaine, mais il est possible de passer à une durée hebdomadaire de 46 heures maximum sur 12 semaines, par accord d'entreprise.
Un accord d'entreprise peut fixer un taux de majoration qui ne peut être inférieur à 10 %.
Voici une illustration :
Quand il s'agit de parler productivité dans l'automobile, le mot Toyota arrive en général assez vite dans la conversation, tant le constructeur fait office de modèle pour les autres acteurs. À les entendre, il y a bien sûr la fameuse méthode de

production japonaise, mais aussi son art consommé de la flexibilité. En France, y compris... « *On est une référence en la matière à cause de notre "overtime"* », estime Fabrice Cambier, le délégué FO de l'usine Toyota d'Onnaing, près de Valenciennes (Nord).
Ce dispositif-là, qui permet d'ajuster en temps réel ou presque le temps de travail à l'objectif de production, on en rêve chez la concurrence... De fait, dans le Hainaut, les opérateurs ne savent pas combien de temps ils travailleront la journée en arrivant à leur poste. « *On nous dit aux trois quarts de la séance si on a de l'overtime à faire à cause d'une panne ou d'un retard,* détaille Thomas Mercier, le délégué CFDT des lieux. *C'est valable tous les jours, et c'est payé en heures supp'* ». La rallonge, rémunérée par une majoration de 50 % du salaire, peut s'avérer de 5, 10 ou 35 minutes. « *Sur une courte période, c'est plutôt satisfaisant. Mais quand on les cumule, avec les samedis, cela peut donner des semaines à 42 heures. Des grosses journées* », pointe Fabrice Cambier.

Source : d'après Julien Dupont-Calbot, « Toyota Valenciennes, l'école de la flexibilité », lesechos.fr, 14 décembre 2016.

3.3. La flexibilité qualitative

La flexibilité qualitative consiste à **modifier la nature du travail demandé aux salariés**. La polyvalence et la capacité à faire évoluer les compétences des salariés sont des enjeux importants pour l'entreprise :

- La flexibilité qualitative permet d'adapter la production et l'activité aux besoins mouvants des clients.
- Elle rend possible des mouvements internes de main-d'œuvre de services en sous-activité vers des services en suractivité, ce qui limite le recours au marché externe du travail, ainsi que les effectifs.
- Du point de vue du salarié, elle peut contribuer à enrichir le travail et développer l'employabilité. Il y a un enjeu de sécurisation des parcours professionnels.

La flexibilité qualitative est le propre des marchés internes du travail. En effet, c'est dans l'espace du marché interne qu'il est le moins coûteux de modifier les caractéristiques du travail demandé.

a) Flexibilité qualitative et marché interne

Le marché interne offre un espace de mobilité qui assure la continuité de la relation d'emploi. Le travail peut évoluer sans que les termes de l'échange aient besoin d'être redéfinis, ce qui minimise les coûts de transaction. Cette minimisation passe par deux mécanismes principaux :

- Le contrat de travail prévoit la polyvalence. À l'intérieur d'un périmètre de qualification, l'employeur est fondé à faire évoluer la nature du travail demandé.
- Les capacités des salariés, observées dans la durée, sont mieux connues, ce qui rend moins hasardeuses les affectations ponctuelles sur des tâches peu récurrentes.

Lorsqu'on conçoit la flexibilité qualitative sur le long terme, les pratiques de GRH relèvent de la formation du personnel et de la mobilité interne, et entrent dans le périmètre de la gestion des emplois et des compétences. À court terme, en revanche, on est davantage dans le registre du pilotage quotidien de l'activité permis par la relation de subordination qui caractérise la relation d'emploi (voir Zoom 3.3).

Zoom 3.3 : Herbert Simon et la définition de la relation d'emploi

Dès 1951, Herbert Simon s'attelle à la définition et l'explication de la relation d'emploi. Selon lui, celle-ci diffère profondément d'une relation marchande dans laquelle les travailleurs vendraient le résultat de leur travail, à l'instar des ouvriers bâtisseurs de cathédrales (voir Illustration 3.1). La relation d'emploi est caractérisée par un échange dans lequel le travailleur vend son temps et son obéissance à un employeur qui, en contrepartie d'une rémunération « au temps », peut décider des tâches qui seront effectuées. Le temps qui passe étant une grandeur stable, la relation d'emploi repose également sur une stabilisation des revenus. La question centrale de Simon est d'expliquer pourquoi les travailleurs acceptent de se soumettre à l'autorité de l'employeur. L'hypothèse qu'il propose est la suivante : dans le cadre de la relation d'emploi, travailleurs et employeurs se mettent d'accord sur le périmètre d'une « zone d'indifférence » : un ensemble de tâches qui sont également pénibles, agréables ou coûteuses au travailleur. Ces tâches étant indifférentes, il n'y a pas de raison qu'elles aient des prix différents (par exemple, il est indifférent à la secrétaire de planifier des réunions ou de payer des factures). En revanche, ces tâches ne sont pas indifférentes aux yeux de l'employeur qui peut selon les moments avoir plus besoin de l'une que des autres. Il est avantageux pour les travailleurs d'accepter des zones d'indifférence larges : c'est la condition nécessaire pour que l'employeur puisse garantir leur maintien dans l'entreprise… et leur revenu.

Source : d'après Simon, H. A., « A formal theory of the employment relationship », *Econometrica: Journal of the Econometric Society*, 1951, pp. 293-305.

b) Les pratiques de mobilité qualitative

Développer la polyvalence du personnel ne va pas de soi. Elle entre en contradiction avec les logiques de spécialisation sur lesquelles reposent les organisations tayloriennes classiques. Il faut parfois accepter une baisse de la productivité pour gagner en adaptabilité. Elle peut se heurter aussi à la question des identités professionnelles et remettre en cause les cloisonnements entre corps de métiers. Certains salariés peuvent ainsi vivre comme un déclassement le fait d'être affectés à des tâches qu'ils jugent indignes de leur niveau. Inversement, certains pourraient vivre comme une forme d'ascension sociale le fait de se voir confier des tâches plus nobles ou plus qualifiées. Mais se pose alors le problème de la reconnaissance, notamment monétaire, de cette montée en qualification. Toutes les entreprises ne sont pas forcément très enclines à passer ce cap.

Il demeure que la polyvalence est souvent utile pour développer certaines activités venant en complément d'activités déclinantes ou passagèrement déprimées, ou pour répondre à des exigences plus larges des clients qui souhaiteraient que leurs fournisseurs élargissent leur gamme de prestations.

Les pratiques RH relèvent de trois domaines en interaction, qui touchent à l'organisation, au développement des compétences et enfin, à la rémunération (voir Outil 3.4).

Ces politiques de développement de la flexibilité qualitative prennent leur sens en articulation avec la stratégie de l'entreprise. L'Application 3.3 en donne des illustrations dans le secteur du BTP.

Outil 3.4 : Les démarches de développement de la polyvalence

Figure 2. Développer la polyvalence.

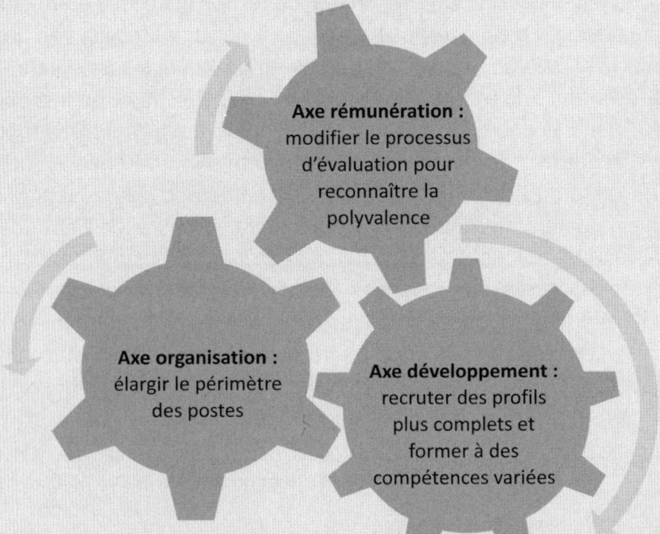

Application 3.3 : La flexibilité qualitative dans le BTP

Le secteur du BTP a connu un mouvement vers l'expertise au début des années 2000, compte tenu des innovations technologiques et de l'avènement de nouveaux matériaux, mais, aujourd'hui, la tendance est à la recherche de polyvalence. En cause notamment, la conjoncture économique qui conduit certaines entreprises à combler des creux d'activité et à attirer une nouvelle clientèle en répondant à des souhaits de prestation plus globale. Les entreprises ont besoin d'une main-d'œuvre capable de se positionner sur différents types de chantiers : un maçon apte à faire du coffrage, un peintre à même de travailler en plâtrerie ou en revêtement de sol…

Ces nouvelles stratégies passent par plusieurs pratiques :

- des **formations** destinées à acquérir la maîtrise de nouveaux gestes : les salariés ne seront pas pleinement autonomes, mais peuvent venir en renfort d'ouvriers qualifiés ;
- la mise en place de systèmes de **parrainage et de mentorat** ;
- le **recrutement de profils plus larges**, ouverts sur la maîtrise de plusieurs techniques, mais aussi sur différents univers du BTP et leurs contraintes (logement, tertiaire, infrastructures hospitalières…) ;
- le **recensement des compétences** détenues par les individus, ce qui suppose une traçabilité des différentes situations professionnelles dans lesquelles ils ont été impliqués ;
- la mise en place d'**outils d'évaluation intégrant des notions d'autres métiers**, par exemple en intégrant une dimension « couverture » dans le référentiel métier « maçonnerie ».

Ces dispositifs permettent de gagner en rapidité et de limiter le recours au chômage partiel. Par exemple, les couvreurs ne sont pas obligés d'attendre l'intervention des maçons s'ils ont repéré une fissure dans une cheminée. Enfin, un seul chantier peut donner du travail à une équipe plus réduite pendant une durée plus longue.

Source : d'après Caroline Guitton, « Des salariés plus polyvalents pour gagner en compétitivité », *Le Moniteur*, 31 mai 2013.

Question : En quoi ces dispositifs peuvent-ils impliquer le développement de la fonction RH au sein des entreprises du BTP ?

À retenir

✓ **La distinction entre marché interne et marché externe est un levier incontournable de la réflexion en GRH.**

✓ **Le marché interne correspond à des formes de relation d'emploi dans lesquelles l'entreprise gère la mobilité, la carrière et la formation des salariés dans la durée, en lien avec ses objectifs de moyen et de long terme.**

✓ **Le marché externe correspond à des formes de relation d'emploi dans lesquelles l'entreprise se contente d'acheter une capacité de travail, souvent de façon ponctuelle.**

✓ **L'existence de marchés internes du travail a une explication de nature économique. Ils sont issus du fait que les organisations gèrent plus efficacement que le marché l'engagement et le développement de compétences des salariés.**

✓ **L'existence de marchés internes du travail a aussi une explication de nature socio-politique. Ils sont alors imposés par les salariés lorsque ceux-ci sont**

dans un rapport de force favorable et cherchent à obtenir un modèle d'emploi plus sécurisant et avantageux.

- ✓ **En France, le modèle de marché du travail interne est celui porté implicitement par le droit du travail, notamment à travers la notion de contrat à durée indéterminée.**
- ✓ **Les entreprises ont recours à la fois au marché interne et au marché externe. La mission de la GRH consiste à penser et à organiser au mieux l'articulation entre ces deux formes de relation d'emploi.**
- ✓ **En permettant d'articuler le recours aux marchés internes et externes, la GRH contribue à la mise en œuvre de la flexibilité, que celle-ci soit de nature quantitative et porte sur des variations de quantité de travail, ou qu'elle soit de nature qualitative et porte sur des variations de contenu d'activité.**

Partie II

Les marges de manœuvre de la fonction RH : information, décision, mise en œuvre

La gestion des ressources humaines se situe à l'intersection de choix stratégiques, d'ambitions sociales et de contraintes organisationnelles. Pour autant, l'action RH ne se résume pas à l'optimisation des objectifs des décideurs sous contrainte du modèle économique retenu et des équilibres sociaux internes. En effet, les marges de manœuvre décisionnelles sont très étroitement encadrées et font intervenir une multitude d'acteurs internes et externes à l'organisation. Par ailleurs, de la décision à la mise en œuvre, les intentions se transforment au gré des négociations et résistances. Enfin, la décision et le pilotage des RH sont tributaires des informations souvent incomplètes qui remontent du terrain sur ces objets complexes que sont les hommes et leur travail.

Application II : Les marges de manœuvre du DRH

L'entreprise vient de remporter un nouveau marché. C'est une excellente nouvelle, parce que les commandes déclinaient et la pérennité de l'activité était loin d'être assurée. Seul problème : les services commerciaux se sont un peu emballés en promettant au client une livraison sous quatre mois. Or, cette production nécessite l'utilisation de technologies et de compétences que l'entreprise ne maîtrise pas.

La DRH se montre inquiète : « À chaque fois, on me fait le coup ! Des opérations comme ça, ça fait de la casse ! Beaucoup ne vont pas pouvoir suivre. C'est une machine à produire de l'exclusion et du stress, ce contrat. Et puis, ça va coûter un maximum, au final. Si seulement on avait deux ans devant nous pour organiser la formation ! »

Pour le responsable de la production, la situation est surmontable : « On laisse tomber nos vieux produits invendables, on commande les machines demain, on les reçoit dans 8 à 10 semaines, et avec les gars "qui en veulent", on se met au boulot nuit et jour s'il le faut. Au pire, on peut recruter des types qui maîtrisent. De toute façon, il n'y a pas à tergiverser, faut y aller ! Ceux qui ne veulent pas jouer le jeu n'ont pas leur place dans mon équipe ! »

Source : d'après D. Bouteiller « Un comité de direction mouvementé chez Plastech Inc. », Case Centre, HEC Montréal.

Questions : Précisez les risques juridiques, économiques et psychosociaux entrevus par la DRH. Quelle démarche de pilotage social cette dernière pourrait-elle mettre en œuvre à court terme ? Qu'est-ce que cela aurait changé si elle avait eu deux ans devant elle ?

Cette partie est organisée de façon à préciser les cadres et les contraintes qui pèsent sur la GRH et structurent ses marges de manœuvre. Bien que discipline de gestion à part entière, la gestion des ressources humaines n'est pas entièrement autonome, car l'objet de gestion dont il est question est le travail qui, humainement et socialement, relève de dynamiques qui lui sont propres. Ainsi, la gestion des ressources humaines s'insère, de fait, dans les cadres juridiques et institutionnels qui structurent la relation d'emploi, cadres avec lesquels elle entretient des rapports de contrainte et d'autonomie relative (chapitre 4). Son pilotage s'appuie sur la production de données sociales au sens large et s'inscrit dans des processus décisionnels spécifiques marqués par l'incertitude (chapitre 5). Enfin, la fonction ressources humaines est au cœur de la dynamique organisationnelle de production et de transformation des règles internes concernant le travail et l'emploi. Elle est donc le fruit de négociations entre l'organisation et ses salariés, mais aussi entre la fonction RH et les autres fonctions managériales (chapitre 6).

Chapitre 4

Composer avec les cadres juridiques et institutionnels

Objectifs du chapitre :

- ✓ **Comprendre le cadre juridique de la relation d'emploi.**
- ✓ **Savoir comment le droit social encadre et oriente les pratiques de GRH.**
- ✓ **Comprendre comment la qualification des salariés se construit au niveau des branches d'activité et du système éducatif.**
- ✓ **Comprendre comment la fonction RH s'insère dans ces cadres institutionnels et peut y construire des marges d'action.**

La fonction ressources humaines se différencie des autres disciplines de gestion en ce sens qu'elle s'adresse à un objet de gestion particulier, le travail. À ce titre, elle relève d'un positionnement complexe, caractérisé par un ensemble de règles et de processus sociaux qui forment un cadre contraignant, mais qui autorisent aussi des marges qu'il s'agit d'explorer et d'optimiser. Le droit du travail a notamment pour finalité de protéger les salariés contre d'éventuels abus commis par les employeurs. Ce faisant, il limite et précise certaines pratiques, et contribue très largement à définir, dans un pays comme la France, ce que doit être la GRH. Dans d'autres pays, cette fonction de régulation est davantage assurée par la négociation collective. Il faut donc à la fois **agir conformément à ces cadres** lorsque les normes sont de nature impérative, **agir au sein de ces cadres** lorsque ceux-ci délimitent des bornes à l'intérieur desquelles des espaces d'optimisation sont possibles, ou **agir sur ces cadres** lorsque les professionnels de la gestion des ressources humaines, souvent par l'intermédiaire d'actions collectives ou institutionnalisées, sont en mesure de les influencer. Ainsi, la compréhension des différents cadres qui structurent la relation d'emploi est indispensable à l'exercice de la fonction ressources humaines, pour en connaître les contraintes et en explorer les marges. Ces cadres relèvent de normes de nature juridique (section 1) et des institutions de la relation formation-emploi (section 2).

1. Le Code du travail, modèle implicite de gestion des ressources humaines

La France compte une population active d'environ 28 millions de personnes, parmi lesquelles un peu plus de 25 millions ont un emploi. Si on enlève à ce total environ 3 millions d'emplois non salariés et 3,8 millions de fonctionnaires des trois fonctions publiques, on obtient approximativement 18 millions d'emplois salariés relevant du droit privé, soit près des trois quarts du total des emplois[1]. L'énoncé de ces ordres de grandeur a pour objectif de souligner que **l'emploi salarié reste la norme en matière de statut professionnel**, et qu'à ce titre, le droit du travail est bien le cadre juridique de référence des professionnels de la gestion des ressources humaines.

Toutefois, le champ de la GRH ne se limite pas aux salariés de droit privé, **la fonction publique dans son ensemble s'ouvrant de plus en plus à ses principes et à ses outils** (voir Illustration 4.1).

Illustration 4.1 : Le développement de la GRH dans la fonction publique

Depuis le rapport Vallemont de 1999, l'introduction des pratiques et des outils de la gestion des ressources humaines dans l'administration est considérée comme un objectif explicite. De nombreuses lois et textes réglementaires sont apparus pendant la décennie 2000, couvrant les grands thèmes de la GRH, comme la mobilité, l'évaluation, le recrutement, la formation professionnelle ou encore le dialogue social. En 2015, Marylise Lebranchu, ministre de la Décentralisation et de la Fonction publique, a rappelé le rôle de la gestion des ressources humaines en tant que levier d'accompagnement de « la modernisation de l'organisation de l'État », et a identifié à cette occasion plusieurs priorités : pilotage renforcé des emplois et des compétences, renforcement de la formation initiale et continue des fonctionnaires, déconcentration de la gestion des ressources humaines, changement des modes de gestion de l'encadrement supérieur, et développement d'une culture managériale au sein de la fonction publique.

En 2019, la loi de transformation de la fonction publique a en outre contribué à rapprocher les règles de la GRH publique de celles de la GRH privée en renforçant le cadre du dialogue social, en augmentant les possibilités de recourir à des contrats de travail plus proches des contrats pratiqués dans le « privé », en améliorant les possibilités de mobilité entre les fonctions publiques, mais aussi vers le secteur privé, notamment en recourant à des ruptures conventionnelles. Cette nouvelle loi permet en outre de mieux valoriser l'engagement et les résultats individuels.

Source : Guide de présentation de la loi n° 2019-828 du 6 août 2019 de transformation de la fonction publique et de son calendrier de mise en œuvre, septembre 2019, www.fonction-publique.gouv

1. Ces ordres de grandeur sont établis d'après les chiffres de l'Insee (Insee Première, n° 1602, juin 2016) et du ministère de la Fonction publique (Fonction publique, Chiffres clés 2016, Direction générale de l'administration et de la fonction publique).

Qu'on se situe dans le secteur privé régi par le Code du travail ou dans le secteur public régi par le Code de la fonction publique, les règles de droit structurent les pratiques de GRH. Il est donc indispensable d'en connaître les fondamentaux et leurs conséquences sur les pratiques de GRH, d'accorder une importance particulière à la négociation collective qui participe directement, à différents niveaux, de l'élaboration et de la mise en œuvre de la GRH, et de s'interroger sur les contraintes et opportunités que représentent les règles de droit pour les responsables RH.

1.1. Le droit du travail comme cadre juridique de l'exercice de la GRH

Dans tous les pays du monde, le droit du travail est le résultat d'une construction historique, marquée par des luttes syndicales et politiques, et fondée sur le constat que le contrat de travail conclu entre l'employeur et le salarié est par nature inégal. En France plus particulièrement, **la protection du salarié** a donc constitué un motif essentiel dans l'établissement des règles du droit du travail.

La direction des ressources humaines, initialement sous sa forme plus ancienne de direction du personnel, s'est d'ailleurs en partie historiquement constituée dans le même mouvement que le développement du Code du travail, pour en mettre en œuvre les principales dispositions : temps de travail et congés payés, dialogue social et négociation collective, prévention et responsabilités de l'employeur en matière de santé et de conditions de travail, règles en matière de rémunérations et en particulier de salaire minimum, prise en compte de défis sociétaux comme la sauvegarde des emplois, puis le développement de l'employabilité, la lutte contre les inégalités, ou la protection de certaines catégories de travailleurs.

a) Le contrat de travail comme pierre angulaire

Le contrat de travail est défini comme une convention par laquelle une personne s'engage à fournir une prestation à une autre, sous la subordination de laquelle elle se place, moyennant une rémunération. La subordination est entendue comme un rapport de direction et de contrôle, et il en découle un devoir d'obéissance.

Le contrat à durée indéterminée

Le contrat à durée indéterminée (CDI) est considéré par le Code du travail comme **la forme normale et générale de la relation de travail**, et se caractérise par le fait que le terme de la relation de travail est indéfini. Indéfini ne signifie pas que la relation est *de facto* infinie, mais que la rupture, qu'elle soit à l'initiative du salarié ou de l'employeur, doit respecter les conditions fixées par la loi (voir Outil 4.1). Le contenu d'un CDI est libre (sauf mentions conventionnelles obligatoires), mais en pratique on y retrouve l'identité et l'adresse des parties, la fonction et la qualification professionnelle qui précisent le périmètre de ce qui peut être demandé au salarié, le lieu de travail, la durée du travail, la rémunération (salaire et primes), les congés payés, la durée de la période d'essai[1], les délais de préavis en cas de rupture du contrat et, éventuellement, une clause de non-concurrence.

Outil 4.1 : Les principales règles de rupture des CDI

Rupture par la volonté de l'une des parties. Le **licenciement** d'un salarié par l'employeur doit être justifié par un motif « réel et sérieux », qui peut être un motif personnel (insuffisance professionnelle, comportement, manquements délibérés, etc.) ou un motif économique (suppression ou transformation d'emploi liée à des difficultés économiques ou à des transformations importantes). Le **départ à la retraite** est un acte unilatéral du salarié qui manifeste sa volonté de mettre fin au contrat de travail lorsque les conditions sont remplies, alors que la mise à la retraite est proposée ou imposée par l'employeur selon l'âge du salarié. La **démission** est le fait du salarié, qui doit en manifester la volonté de manière claire et non équivoque.

Rupture par la volonté commune des parties. Il s'agit ici essentiellement de la possibilité de **rupture conventionnelle** qui permet à l'employeur et au salarié en contrat à durée indéterminée de convenir d'un commun accord des conditions de la rupture du contrat de travail qui les lie. Elle suppose, entre autres, la rédaction d'une convention de rupture et la validation par les DREETS (Directions régionales de l'économie, de l'emploi, du travail et des solidarités, voir Outil 4.9). Il existe également des possibilités de rupture amiable pour motif économique, possibles notamment à l'occasion de plans de sauvegarde de l'emploi (PSE, voir chapitre 7). Cet accord peut être négocié à l'échelle individuelle ou à l'échelle collective. Dans ce dernier cas, sous réserve de la conclusion d'un accord majoritaire avec les partenaires sociaux, les conditions de la séparation sont uniformisées et les critères d'accès précisés.

Rupture par des éléments extérieurs au contrat. Il s'agit des cas de force majeure, liés à des phénomènes naturels, à des décisions des États ou des administrations, imprévisibles lors de la conclusion du contrat, irrésistibles et rendant absolument impossible son exécution.

Les autres formes de contrats

D'autres types de contrats sont possibles en dehors du CDI. Le recours au contrat à durée déterminée (CDD) doit, en règle générale, contenir un terme fixé avec précision dès sa conclusion. Il n'est autorisé que dans certains cas, essentiellement pour le remplacement d'un salarié absent (maladie, maternité, etc.), un accroissement temporaire d'activité ou une activité saisonnière. Inversement, il existe des cas où le recours au CDD est proscrit, comme le remplacement d'un salarié gréviste ou la réalisation de travaux particulièrement dangereux. La rémunération d'un salarié en CDD ne peut être inférieure à celle que toucherait un salarié embauché en CDI sur le même poste. Pour compenser la précarité induite par la courte durée du contrat,

1. https://www.service-public.fr/particuliers/vosdroits/F1643.

l'employeur doit verser une indemnité de fin de contrat de 10 %, sauf si la convention collective prévoit un autre montant.

Le **travail temporaire** (intérim) repose simultanément sur **un contrat de mise à disposition** conclu entre l'employeur et l'utilisateur de la main-d'œuvre, et sur un **contrat de mission** qui lie l'entreprise de travail temporaire et le salarié et qui est un contrat de travail. C'est l'entreprise de travail temporaire qui prend en charge les formalités administratives liées à l'embauche de l'intérimaire (déclarations sociales, édition des bulletins de paie, etc.). Il est à noter que l'entreprise de travail temporaire facture sa prestation à l'entreprise utilisatrice. Le recours au travail temporaire est donc beaucoup plus souple et facile à mettre en œuvre que les contrats à durée déterminée, mais également beaucoup plus onéreux.

Enfin, la notion de **contrat de travail aidé** fait référence à l'ensemble des conventions tripartites (État, salarié, entreprise) à travers lesquelles les entreprises se voient accorder **des avantages en contrepartie de l'emploi créé**. Elles ont notamment comme objectifs de favoriser l'obtention d'une qualification professionnelle (contrats d'apprentissage) ou de répondre à une logique d'insertion (contrats uniques d'insertion).

En ordre de grandeur, les CDD représentent un peu plus de 9 % des emplois, le travail intérimaire environ 2,5 % et les contrats d'apprentissage 1,7 %[1]. Les emplois en CDI représentent donc la très grande majorité de l'emploi salarié, mais les autres formes d'emploi constituent bien souvent une part importante de l'activité des services RH : leurs échéances étant déterminées à l'avance et en moyenne plus courtes que les durées effectives des CDI, elles nécessitent des opérations récurrentes de recrutement et de contractualisation.

L'articulation des différentes formes de contrat

Il ressort de ce rapide panorama que l'une des activités de la fonction RH consiste à optimiser le recours aux différents types de contrats de travail. Le CDI est la forme considérée comme normale par le Code du travail, et les chiffres témoignent qu'il s'agit effectivement, et de loin, de la forme d'emploi majoritaire. La marge de manœuvre réside alors dans l'élaboration du contenu des contrats.

Le recours aux autres formes de contrat doit faire l'objet de choix résultant de paramètres stratégiques (stabilisation et transmission des compétences), économiques (coût du recours à une forme de contrat par rapport à une autre, visibilité de la santé financière), d'activité (besoins de flexibilité, plus ou moins structurels ou récurrents) et sociaux (gestion de l'emploi interne, engagements sociétaux).

b) Les contours de la relation d'emploi « dessinés » par le Code du travail

Au-delà de constituer le cadre de référence de la relation d'emploi, le Code du travail dessine aussi, à travers ses différentes dispositions, **les contours d'un certain modèle de gestion des ressources humaines**. Il édicte en effet des normes qui

1. Données pour 2019 de l'enquête Emploi de l'Insee.

concernent l'entrée, la sortie et, entre les deux, les différents évènements qui affectent la vie des salariés dans l'entreprise. Une politique de gestion des ressources humaines qui se contenterait d'appliquer le droit du travail français pourrait déjà être qualifiée de généreuse au regard des autres droits nationaux. La relation d'emploi qui se dessine ainsi consacre et régule la relation de subordination. Implicitement, le droit inscrit la relation d'emploi dans la durée et amène à responsabiliser les employeurs à l'égard du parcours professionnel des salariés. En effet, toutes les grandes fonctions impliquées par le fait de gérer les personnels en situation de travail dans les organisations sont non seulement cadrées, mais aussi partiellement définies par les grandes dispositions ou les grands chapitres du droit du travail : il en est ainsi du **recrutement** qui implique des principes de diversité et de transparence, des **licenciements** qui doivent répondre à des conditions et qui peuvent entraîner des obligations en termes d'accompagnement et de reclassement, des **comportements au travail** qui relèvent d'exigences et de garanties, de la **rémunération** et du **temps de travail** qui font l'objet de seuils, mais aussi de marges ouvertes aux négociations entre partenaires sociaux, et enfin de l'**employabilité**, prisme à travers lequel sont désormais conçues la formation et la gestion prévisionnelle des emplois et des compétences.

L'encadrement des recrutements : le principe de non-discrimination

Les procédures de recrutement sont ainsi tenues de respecter certaines règles, en matière d'emplois réservés, de discrimination à l'embauche et de formes d'évaluation. Les **emplois réservés** renvoient principalement à l'obligation d'embaucher certaines catégories de salariés : en particulier, tout employeur occupant au moins 20 salariés est tenu de réserver 6 % de son effectif à des travailleurs handicapés, et de prendre les mesures nécessaires à leur bonne intégration, sous peine de s'acquitter de cette obligation par une contribution financière. Le **principe de non-discrimination** renvoie à l'interdiction de mentionner dans une offre d'emploi différents mobiles jugés discriminatoires et limite les critères sur lesquels la sélection des candidats peut s'opérer (voir Outil 4.2). Enfin, **les techniques de recrutement** elles-mêmes doivent être directement liées au poste, de manière pertinente et transparente. Le salarié doit ainsi être informé, à sa demande, des techniques de recrutement utilisées par l'employeur, ainsi que de ses résultats.

Outil 4.2 : Les motifs considérés comme facteurs de discrimination à l'embauche

Il est interdit de fonder une décision de recrutement sur des critères tels que l'origine, les mœurs, l'orientation ou l'identité sexuelle, l'âge, la situation de famille, le lieu de résidence, les caractéristiques génétiques, la particulière vulnérabilité résultant de la situation économique, apparente ou connue de son auteur, l'appartenance ou la non-appartenance, vraie ou supposée à une ethnie, une nation, une race, les opinions politiques, l'appartenance et les activités syndicales ou mutualistes, les convictions religieuses, l'apparence physique, l'état de grossesse, de santé ou le handicap (art. L1142-1 1° du Code du travail).

L'encadrement des ruptures

Les départs liés à la **rupture des CDI** ont déjà été évoqués précédemment, et le seront à nouveau dans le chapitre 7 consacré à la gestion de l'emploi. Retenons ici que, lorsque la rupture est initiée pour des motifs économiques, la loi distingue les **licenciements individuels**, les **petits licenciements collectifs** (jusqu'à neuf salariés sur une période de 30 jours) et les **grands licenciements collectifs** (au-delà de neuf salariés sur une période de 30 jours). Dans ce dernier cas, les entreprises de plus de 50 salariés doivent ouvrir une négociation sur le plan de sauvegarde de l'emploi (PSE), qui comprend des éléments relatifs aux formes de consultation des salariés et de leurs représentants, et des modalités liées à la formation, à l'adaptation ou au reclassement des salariés.

En cas de **rupture pour des motifs personnels** (salarié ayant commis une faute), la loi prévoit une procédure stricte imposant à l'employeur de préciser ce qui est reproché au salarié et permettant au salarié de se défendre, notamment en se faisant assister d'un représentant du personnel. Il s'agit de **protéger les salariés de décisions arbitraires** de la part de l'employeur.

L'encadrement des comportements des salariés et du management

La loi aborde aussi la plupart des évènements qui peuvent se produire entre le recrutement et le départ, et encadre ainsi les grandes fonctions de la gestion des ressources humaines. Ainsi, les **comportements des salariés** sont soumis à un **règlement intérieur**, obligatoire dans les entreprises d'au moins 20 salariés. Il émane de la seule volonté de l'employeur et comprend des mesures en matière de santé et de sécurité, mais aussi des règles relatives à la discipline interne ; son non-respect expose le salarié à des sanctions. Toujours en termes de comportement, le salarié est tenu d'exécuter le contrat de travail « de bonne foi », ce qui implique d'adopter à l'égard des activités de l'entreprise et des collègues une attitude de **loyauté et de discrétion**.

Enfin, dans le même registre, un grand nombre de dispositions du Code du travail visent à lutter contre les comportements asociaux dans l'entreprise, tels que les agissements de **harcèlement moral ou de harcèlement sexuel** (voir Outil 4.3). La frontière entre pouvoir de direction et harcèlement moral peut être ténue, et certaines **méthodes de gestion ont été jugées constitutives de harcèlement moral**. La fonction RH se trouve ainsi en position d'être garante des conséquences sur les salariés des pratiques de gestion exercées dans l'entreprise, voire responsable de certaines formes managériales qu'elle initie et qui pourraient être interprétées comme du harcèlement.

Outil 4.3 : La prévention du harcèlement moral ou sexuel

Le **harcèlement moral** se manifeste par des agissements répétés qui ont pour objet ou pour effet une dégradation des conditions de travail susceptible de porter atteinte aux droits du salarié et à sa dignité, d'altérer sa santé physique ou mentale, de compromettre son avenir professionnel.

Le délit de **harcèlement sexuel** est défini par la loi du 6 août 2012 comme le fait d'imposer à une personne, de façon répétée, des propos ou comportements à connotation sexuelle qui portent atteinte à sa dignité en raison de leur caractère dégradant ou humiliant, ou qui créent à son encontre une situation intimidante, hostile ou offensante. Est également assimilé au harcèlement sexuel le fait, même non répété, d'user de toute forme de pression grave, dans le but réel ou apparent d'obtenir un acte de nature sexuelle, pour soi-même ou pour un tiers. Voici quelques exemples d'application du cadre juridique :

« Le management autoritaire à l'ancienne n'est plus à la mode, mais peut-il constituer une faute grave de la part d'un cadre ? Pas forcément, estime la Cour de cassation dans un arrêt du 22 octobre 2014. Un laboratoire pharmaceutique engage une animatrice des ventes. Après quelques années de carrière sans accroc, l'ambiance se gâte dans son équipe, l'intéressée ayant adopté une attitude qualifiée par ses équipes "d'autoritarisme et d'agressivité" ayant créé un "climat détestable". [...] Craignant d'être tenu pour responsable d'une situation de harcèlement moral alors que son devoir est de l'empêcher, l'employeur licencie l'animatrice pour faute grave. Celle-ci porte l'affaire devant les tribunaux. À la lecture des faits, on aurait parié pour la victoire de l'employeur, c'est l'inverse qui se produit. La Cour en profite pour donner un petit cours sur le harcèlement moral. D'abord, on ne harcèle pas une équipe. Le harcèlement moral suppose un acharnement contre "un salarié déterminé". Ensuite, la prévention du harcèlement moral ne passe pas forcément par un licenciement pour faute grave : un licenciement pour inadéquation au poste aurait été plus approprié. »

Source : d'après *Les Échos*, 17 novembre 2014.

En décembre 2019, la jurisprudence évolue et la dimension collective du harcèlement est reconnue. Le juge a en effet retenu la qualification de « harcèlement moral institutionnel » à l'égard de trois dirigeants de France Télécom (devenue Orange en 2013). Les anciens PDG, DRH et Directeur des opérations France ont été condamnés à un an de prison, dont huit mois avec sursis et 15 000 euros d'amende pour avoir délibérément outrepassé les limites du pouvoir de direction et instauré une dégradation des conditions de travail, afin de restructurer l'entreprise et pousser les salariés au départ. Le tribunal ne se contente ainsi pas de considérer les phénomènes comme le résultat d'agissements individuels de la part de managers incompétents. C'est la mise sous pression délibérée de l'ensemble de l'organisation qui est condamnée.

Source : d'après *Le Monde*, 21 décembre 2019.

L'encadrement des rémunérations

La **rémunération du travail** désigne les éléments versés au salarié en contrepartie du fait que celui-ci se tient à la disposition de l'employeur. En principe, la fixation du salaire obéit à la négociation entre partenaires sociaux, et la loi a institué à cet égard des **négociations obligatoires**, au niveau de la branche et au niveau de l'entreprise, qui aboutissent en cas d'accord à la fixation de minima conventionnels que l'employeur est tenu de respecter. En tout état de cause, les salaires versés doivent respecter le salaire minimum interprofessionnel de croissance (Smic). Dans ces cadres, la détermination des salaires par l'employeur est soumise à deux principes directeurs, qui sont l'égalité de traitement (« à travail égal, salaire égal ») et la non-discrimination. En plus de la rémunération de base, d'autres versements obligatoires ou facultatifs sont prévus par la loi, tels que la participation, l'intéressement, les plans d'épargne ou l'attribution d'actions gratuites.

L'encadrement de la durée du travail

La loi encadre également le temps de travail effectif au cours duquel le salarié se trouve à disposition de l'employeur, en déterminant une **durée légale** qui s'établit à 35 heures par semaine. Par principe, **toute activité salariée réalisée au-delà de cette durée constitue une exception**, reconnue la plupart du temps par le versement d'une rémunération majorée (heures supplémentaires). Cependant, des **aménagements** à ce principe sont possibles, aboutissant à moduler, par la voie de la négociation, le rythme et le volume des heures accomplies (voir Outil 4.4). La loi fixe aussi des **durées maximales de travail**, hebdomadaires, cumulées sur 12 semaines consécutives, ou quotidiennes.

Outil 4.4 : L'aménagement des horaires de travail du salarié

Si l'entreprise alterne périodes de haute et de basse activité, elle peut prévoir un aménagement du temps de travail, sur une période supérieure à la semaine et fixée au maximum à 3 ans. Durant cette période, le salarié peut être amené à travailler soit plus de 35 heures par semaine, soit moins, en fonction de l'activité de l'entreprise. Les conditions de mise en place de l'aménagement des horaires varient selon qu'il est prévu par un accord collectif, ou directement par l'employeur.

La loi relative au travail, à la modernisation du dialogue social et à la sécurisation des parcours professionnels, dite « **loi El Khomri** » ou « **loi Travail** », du 9 août 2016, contient des mesures relatives au temps de travail et de nouvelles possibilités de dérogation par accord conclu entre les partenaires sociaux, notamment en ce qui concerne le taux de majoration des heures supplémentaires, qui ne peut descendre en dessous de 10 %.

Source : d'après https://www.service-public.fr.

L'encadrement de la formation et l'entretien de l'employabilité

En ce qui concerne la **gestion de l'employabilité**, l'essentiel des dispositions prévues par la loi passe par la formation professionnelle et la gestion prévisionnelle des emplois et des compétences (GPEC). La nécessité de la formation professionnelle est reconnue, conformément au principe fondamental de formation tout au long de la vie promu par l'Union européenne. Ces aspects seront largement développés dans la partie 3 de cet ouvrage, mais il faut noter dès à présent qu'un **plan de développement des compétences** doit être établi chaque année, en collaboration avec le comité social et économique (CSE), en lien avec les évolutions des qualifications requises par les transformations des postes et des métiers, et en articulation étroite avec les orientations stratégiques de l'entreprise. Au niveau collectif, une négociation sur la gestion des emplois et des parcours professionnels est obligatoire tous les trois ans. Sur le plan du suivi individuel, les **entretiens professionnels** et le **compte personnel de formation** sont les principaux dispositifs prévus pour garantir le maintien ou le développement de la qualification du salarié, et donc sécuriser son employabilité et prévenir le risque de chômage en cas de départ de l'entreprise.

1.2. Le dialogue social producteur de règles applicables à la GRH

La section précédente a mis en évidence les principaux thèmes régis par le droit du travail. Mais ce dernier va plus loin en favorisant la négociation entre partenaires sociaux qui elle aussi conduit à la création de règles de droit, d'origine conventionnelle et de portée locale, qui s'imposent ensuite à la GRH. On notera d'ailleurs que dans de nombreux pays, les législations nationales encadrent très peu les pratiques de GRH elles-mêmes, mais précisent les conditions sous lesquelles la négociation collective peut s'organiser, à l'échelle des entreprises, des établissements, voire des unités de travail pour définir les termes de la relation salariale. Ainsi, en Amérique du Nord, le droit encadre la présence syndicale dans l'entreprise. Lorsque les syndicats ne sont pas implantés, les règles dépendent beaucoup de la bonne volonté de l'employeur (ou du pouvoir de négociation des individus). En Scandinavie, les règles générales existent, mais ont souvent un caractère supplétif : il est possible d'y déroger par accord d'entreprise. Ce principe vise à entretenir une dynamique de négociation collective. Les évolutions récentes du droit français tendent à s'inspirer de cette démarche en renvoyant de plus en plus fréquemment à la négociation pour préciser les conditions locales de mise en œuvre de textes nationaux.

Le préambule de la Constitution de 1946 (auquel fait référence la Constitution de 1958), fortement empreint des valeurs du Conseil national de la Résistance, pose des principes qui ont largement inspiré l'encadrement législatif de la relation d'emploi. En particulier, il stipule que tout homme peut défendre ses droits et ses intérêts par l'action syndicale et adhérer au syndicat de son choix, et que tout travailleur participe, par l'intermédiaire de ses délégués, à la détermination collective des conditions de travail, ainsi qu'à la gestion des entreprises (alinéas 6 et 8). Ces deux principes ont conduit d'une part à la nécessité d'identifier des interlocuteurs légitimes pour l'employeur, et d'autre part à prévoir des modalités de la participation des salariés à la conduite des entreprises, qui se réalise en grande partie par l'intermédiaire de la négociation collective.

Ces éléments constituent les bases du dialogue social. En pratique, c'est la direction des ressources humaines qui organise et anime ce dialogue en y représentant l'employeur. En identifier les interlocuteurs principaux et les bases réglementaires qui l'encadrent est donc une compétence essentielle des professionnels de la fonction RH. Ce rôle est d'autant plus important que sur la période récente, le droit du travail impose de plus en plus l'obligation de négocier sur certains thèmes et se fait moins précis sur les normes à appliquer. Il s'agit pour les pouvoirs publics de renvoyer à l'échelle de l'entreprise le soin de définir les règles applicables à la relation d'emploi.

a) Les partenaires de la DRH dans le dialogue social en France

La conception et la mise en œuvre de pratiques de gestion des ressources humaines concernent nécessairement les éléments centraux de la relation qui lie l'employeur et le salarié : leurs droits et obligations réciproques, les niveaux et les formes du salaire, le temps de travail et sa répartition, les conditions de travail proprement dites, ainsi que les questions de santé et de sécurité, ou encore l'articulation entre la vie professionnelle et la vie privée. Sur tous ces thèmes, la fonction RH, qu'elle soit exercée par des spécialistes de la fonction ou bien par des non-spécialistes qui en ont la charge, doit dialoguer avec des représentants du personnel. Plusieurs enjeux sont sous-jacents à ce dialogue :

- Tout d'abord, il y est question du respect de la loi et de la défense des droits. À ce titre, les représentants du personnel exercent un **rôle de veille du respect des droits des salariés** et **d'alerte** lorsqu'ils estiment que ces droits ne sont pas respectés.
- Ensuite, il y est question d'amélioration des conditions d'emploi et de travail. Que ce soit pour discuter des termes du partage de la valeur ajoutée ou de la répartition des efforts à consentir pour accompagner les changements continus de la vie d'une entreprise, les représentants des salariés exercent alors **un rôle de revendication**.
- Enfin, il y est question de compréhension des contraintes économiques, d'élaboration des stratégies et d'anticipation de leurs conséquences sur le personnel, en termes d'effectifs, de qualification ou de périmètres d'activité. Les représentants des salariés jouent alors un **rôle d'opposition**, lorsqu'ils refusent les diagnostics et les projets portés par l'employeur, ou **de partenaire** lorsqu'ils admettent (sans pour autant y adhérer nécessairement) les constats et les projets de l'employeur et qu'ils visent à en limiter les conséquences négatives ou à en optimiser les conséquences positives.

Pour jouer ces différents rôles, les salariés sont représentés soit par le comité social et économique, soit par des syndicats dont la présence dans l'entreprise est garantie par la loi.

Outil 4.5 : Le comité social et économique

Depuis 2017, le comité social et économique (CSE) est devenu l'unique **instance représentative du personnel**. Il réunit les fonctions anciennement assurées par les délégués du personnel (DP), le comité d'entreprise (CE) et le comité d'hygiène, de sécurité et des conditions de travail (CHSCT). Il doit être mis en place dans les entreprises de plus de 11 salariés. Il est composé de membres élus pour une durée maximale de quatre ans. Les élus bénéficient d'heures de délégation leur permettant de se dégager de leur activité professionnelle pour assurer ces fonctions de représentation.

Outre les représentants de l'employeur, le CSE est composé, selon la taille de l'entreprise, de 1 à 35 membres élus. Il a vocation à présenter à l'employeur les réclamations individuelles ou collectives en matière de salaires ou d'application du Code du travail, ou des conventions collectives et accords d'entreprise. Il a également pour charge de promouvoir la santé, la sécurité et l'amélioration des conditions de travail. Il peut à ce titre saisir l'Inspection du travail. Il assure l'expression collective des salariés de façon à permettre la prise en compte des intérêts des salariés dans les décisions stratégiques prises en compte par l'entreprise ou dans les choix d'organisation du travail. Pour cela, il doit être informé et consulté par la direction sur les questions relatives à l'organisation, la gestion et la marche générale de l'entreprise : évolution des effectifs, organisation juridique de l'entreprise, conditions d'emploi, de travail, formation professionnelle, introduction de nouvelles technologies. Dans les grandes entreprises, deux élus du CSE assistent avec voix consultatives au conseil d'administration et aux assemblées générales des actionnaires.

Enfin, le CSE peut se saisir de situations préoccupantes et exercer un droit d'alerte lui permettant de demander des précisions à l'employeur. Il peut également se faire assister d'experts en matière économique et financière, ou en matière d'analyse des conditions de travail.

La présence syndicale dans l'entreprise

Le **rôle du syndicat dans l'entreprise** est de défendre les intérêts du personnel, en revendiquant des améliorations des conditions de travail et en négociant des accords avec l'employeur. Le syndicat de salariés peut librement se constituer en **section syndicale** dans l'entreprise (voir Outil 4.6), mais tous les syndicats ne sont pas représentatifs. La **représentativité** est reconnue au syndicat lorsqu'il remplit différents critères, et confère en particulier le droit de désigner un **délégué syndical (DS)**, qui fait connaître à l'employeur ses réclamations, revendications ou propositions, et qui négocie les accords collectifs.

On retrouve généralement les délégués syndicaux ou des membres des syndicats au sein du CSE. Toutefois, le CSE peut fonctionner même si aucun syndicat n'est implanté dans l'entreprise. En revanche, la négociation et la signature d'accords collectifs sont la prérogative des délégués syndicaux.

Outil 4.6 : La présence syndicale dans l'entreprise française

Pour être considéré comme représentatif, le syndicat doit satisfaire à un ensemble de critères : le respect des valeurs républicaines, l'indépendance vis-à-vis de l'employeur, la transparence financière, une ancienneté d'au moins deux ans, une influence en termes d'activité et d'expérience, et de nombre d'adhérents. En plus de ces critères, le syndicat doit bénéficier d'une audience suffisante aux élections professionnelles. Au niveau de l'entreprise, la satisfaction de ce critère suppose de recueillir au moins 10 % des suffrages exprimés au premier tour des élections professionnelles. Il n'y a pas de vérification préalable de la représentativité, c'est en cas de contestation que le juge d'instance peut être amené à vérifier si tous les critères sont effectivement remplis.

Une **section syndicale** peut être constituée par un syndicat représentatif dans l'entreprise. Elle peut être aussi constituée par un syndicat affilié à une organisation reconnue représentative au niveau national et interprofessionnel qui dispose de plusieurs adhérents dans l'entreprise, ou par tout autre syndicat qui dispose de plusieurs adhérents dans l'entreprise et qui satisfait globalement aux critères de représentativité (voir ci-dessus) sans pour autant avoir obtenu 10 % des suffrages aux dernières élections professionnelles. La section syndicale dispose de plusieurs droits, comme le fait de pouvoir collecter les cotisations ou d'organiser une réunion syndicale mensuelle dans l'entreprise, la mise à disposition de panneaux d'affichage ou d'un local, la publication et la diffusion de tracts.

Pour les syndicats représentatifs, c'est la section syndicale qui désigne un **délégué syndical (DS)**. C'est par son intermédiaire que le syndicat **fait connaître à l'employeur ses réclamations, revendications ou propositions, et négocie les accords collectifs**. Pour accomplir sa mission, il bénéficie de moyens. Il peut cumuler différents mandats.

Si le syndicat n'est pas représentatif, la section syndicale peut désigner un **représentant de la section syndicale** (RSS). Le RSS bénéficie des mêmes prérogatives que le délégué syndical (liberté de déplacement, collecte de cotisations, diffusion de tracts, etc.), à l'exception cependant du pouvoir de négocier des accords collectifs (sauf dérogation).

b) Les différents niveaux de la négociation collective

Les syndicats de salariés et les employeurs ont la faculté de signer des accords collectifs et de créer ainsi des normes applicables aux entreprises et aux salariés. Les accords sont essentiellement signés à trois niveaux : au niveau interprofessionnel, au niveau des branches d'activité et au niveau des entreprises. Sur le plan international, ces trois niveaux se retrouvent fréquemment dans les différents pays, mais les systèmes nationaux se distinguent profondément selon le poids accordé à chacun d'eux.

Accords interprofessionnels

Le **niveau interprofessionnel** est celui où se négocient les normes à caractère général ou qui portent sur des **sujets transversaux**. Typiquement, les sujets relatifs aux qualifications et au fonctionnement du marché du travail entre entreprises relèvent de ce niveau de négociation. Par exemple, l'**accord national interprofessionnel** (ANI) du 14 décembre 2013 relatif à la formation professionnelle, en disposant que les salariés ne doivent plus perdre leurs droits à la formation quand ils changent d'emploi ou quand ils connaissent une période de chômage, implique une vision transversale aux différents secteurs d'activité. Depuis la loi Larcher de 2007, tout projet gouvernemental impliquant des réformes dans les domaines des relations du travail, de l'emploi ou de la formation professionnelle doit d'abord contenir une phase de concertation avec les partenaires sociaux. Les accords conclus au niveau interprofessionnel sont traduits dans des lois : ainsi l'ANI de 2013 sur la formation professionnelle a précédé la loi du 5 mars 2014.

Accords de branche

Le **niveau des branches** est celui où se négocient des règles propres à un secteur d'activité (voir Outil 4.7). Il est considéré comme le niveau où doivent se déterminer **les bases des garanties sociales des salariés**. En France, la négociation y est traditionnellement très développée : la liste des conventions collectives publiée et mise à jour mensuellement par les services de l'État compte près de 1 015 textes de cette nature, chacun repéré par un identifiant de convention collective (appelé code IDCC). C'est aussi un niveau auquel sont attachées les organisations syndicales, parce que les pratiques de négociation y ont acquis une certaine maturité, parce que les salariés n'y sont pas représentés en un face à face direct avec leur employeur comme c'est le cas dans les négociations d'entreprise, et enfin parce que c'est à ce niveau que peuvent être régulés les comportements concurrentiels qui conduisent à des logiques de dumping social : en négociant les garanties et protections à l'échelle des branches, on empêche les entreprises de se faire concurrence en dégradant les avantages acquis de leurs salariés.

Outil 4.7 : Les conventions ou accords collectifs de branche

En France, les conventions collectives sont introduites par une première loi du 25 mars 1919, et c'est à partir de 1936 qu'apparaît le principe de leur extension. La procédure d'extension consiste à rendre applicable une convention ou un accord collectif à tous les salariés et employeurs compris dans son champ d'application (professionnel ou territorial). Par exemple, il existe une convention collective de la couture et de la haute-couture de la région Rhône-Alpes. La convention ou l'accord étendu s'applique ainsi à toutes les entreprises du champ d'application, qu'elles soient ou non adhérentes à l'une des organisations signataires. L'extension, une fois qu'elle est décidée, doit faire l'objet d'un arrêté d'extension publié au journal officiel.

La convention collective définit les règles concernant les conditions d'emploi, de formation professionnelle, de travail et les garanties sociales. Les accords collectifs ne concernent qu'une partie de ces points.

Le principe de faveur stipule que, sauf exception, une convention collective ne peut contenir de clauses moins favorables au salarié que celles du Code du travail.

Accords d'entreprise

Au **niveau de l'entreprise**, la négociation a pour objet à la fois la mise en application des accords généraux et le **traitement des problématiques propres à l'entreprise**, issues de sa politique de gestion des ressources humaines. Les lois Auroux de 1982 ont été à l'origine de ce niveau de négociation, en obligeant à négocier dans l'entreprise sur les salaires, les effectifs et le temps de travail. Aujourd'hui, les **négociations obligatoires** ont un rythme au plus quadriennal (voir Outil 4.8), et les partenaires sociaux dans l'entreprise ont la possibilité dans le cadre de **négociations libres** de signer des accords qui, sous réserve du respect des règles de validation, peuvent conduire à la production de normes internes à l'entreprise sur des thèmes de leur choix. Entre les négociations obligatoires et les négociations libres, se glissent les dispositifs permettant d'**inciter à la négociation dans les entreprises**, qui se traduisent en général par le fait qu'une entreprise peut être exclue d'un avantage financier ou supporter un surcoût si elle ne parvient pas à la conclusion d'un accord ou à la définition d'un plan d'action sur un thème particulier (par exemple, pénalité à la charge de l'employeur, d'un montant de 1 % des rémunérations, en cas d'absence d'accord ou de plan d'action destiné à réduire la pénibilité au travail lorsque l'entreprise y est tenue).

Dans son ensemble, la négociation collective conduit à une importante activité de production de normes concernant le travail et l'emploi aux trois niveaux (interprofessionnel, branche, entreprise), ce qui traduit la tendance marquée à un renvoi important et fréquent du cadre légal au dialogue social.

Outil 4.8 : Les types de négociation en entreprise et les conditions de validité des accords

À défaut d'accord organisant autrement la périodicité et les thèmes de la négociation, l'employeur doit chaque année engager une négociation sur la **rémunération**, le **temps de travail** et le **partage de la valeur ajoutée** dans l'entreprise, ainsi qu'une négociation sur l'**égalité professionnelle entre les femmes et les hommes** et la **qualité de vie au travail**. Ce sont les négociations annuelles obligatoires (NAO). Tous les trois ans, dans les entreprises d'au moins trois cents salariés, l'employeur doit engager une négociation sur la **gestion des emplois et des parcours professionnels**. Le fait pour l'employeur de ne pas prendre l'initiative d'engager la négociation annuelle obligatoire constitue le **délit d'entrave au droit syndical**. Cependant, obligation de négocier ne signifie pas obligation de conclure et, si la négociation n'aboutit pas, un procès-verbal de désaccord doit être établi. En dehors de la négociation annuelle obligatoire, employeurs et syndicats ont toute liberté pour négocier sur des thèmes qu'ils choisissent (congés, etc.).

La convention ou l'accord d'entreprise ou d'établissement peut contenir des dispositions moins favorables qu'un accord plus large (accord de branche, par exemple), sauf si cela est explicitement interdit par l'accord en question, et en dehors d'un certain nombre de domaines tels que les salaires minima, les classifications, les garanties collectives complémentaires, la prévention de la pénibilité, l'égalité professionnelle entre les femmes et les hommes…

La validité d'un tel accord est subordonnée à sa signature, d'une part par l'employeur ou son représentant et, d'autre part, par une ou plusieurs organisations syndicales de salariés représentatives ayant recueilli plus de 50 % des suffrages exprimés lors des dernières élections professionnelles (CE, DUP, DP). Si les organisations syndicales signataires ne remplissent pas cette condition, mais qu'elles représentent quand même 30 % des suffrages, elles pourront demander que les salariés soient consultés par référendum pour valider cet accord. Le référendum est organisé à moins que les syndicats non signataires décident de se rallier à l'accord.

Les accords de plan de sauvegarde de l'emploi (PSE) continuent, quant à eux, d'être conclus par voie majoritaire, sans pouvoir être validés par une consultation des salariés si la condition de majorité n'est pas remplie.

Illustration 4.2 : Faire face à la crise, consultation, négociation et « accords de performance collective »

En période de crise, le dialogue social, la consultation des salariés et la négociation de dispositifs pérennes ou temporaires permettent à l'entreprise des adaptations rapides, pourvu qu'il soit possible de dépassionner les débats.

Ainsi, le printemps 2020, en contexte de confinement lié à l'épidémie de Covid-19, a vu se développer dans les entreprises une intense activité de consultation des CSE permettant d'organiser le recours au chômage partiel, l'aménagement du temps de travail, la généralisation du travail à domicile, des protocoles sanitaires à respecter en entreprise, etc. Des décisions radicales de ce genre ont d'autant plus de force que le dialogue permet de faire état d'un consensus social. Dans la continuité, la crise économique succédant à la crise sanitaire, le dialogue social et la négociation permettent d'organiser une refonte des conditions de travail : pérennisation du télétravail, mais aussi refonte des rémunérations, du temps de travail…

Les « accords de performance collective » prévus par les ordonnances Macron de 2017 constituent un outil intéressant. Ils peuvent être conclus afin de répondre aux nécessités liées au fonctionnement de l'entreprise, ou en vue de préserver ou de développer l'emploi. Ces accords peuvent comporter des stipulations visant à : aménager la durée du travail, ses modalités d'organisation et de répartition ; aménager la rémunération, dans le respect des salaires minima hiérarchiques définis par convention de branche ; déterminer les conditions de la mobilité professionnelle ou géographique interne à l'entreprise. La particularité de l'accord de performance collective réside dans son articulation avec le contrat de travail. Les clauses de l'accord se substituent aux clauses contraires et incompatibles du contrat de travail avec l'accord du salarié.

Si le salarié s'oppose à l'application de l'accord, il peut être licencié pour un motif *sui generis* (c'est-à-dire fondé sur le refus de l'accord) ; il bénéficie alors d'un abondement exceptionnel de son compte personnel de formation.

Certains y voient un odieux procédé consistant à organiser un chantage à l'emploi généralisé, d'autres une façon d'organiser la flexibilité dont les entreprises ont besoin pour faire face à des circonstances très exceptionnelles. La conclusion de cette controverse ne peut se faire que localement en observant l'information qui s'échange entre partenaires sociaux, les arguments qui se formulent et *in fine*, ce qui se décide entre négociateurs responsables et éclairés.

Source : ministère du Travail, http://travail-emploi.gouv.fr

1.3. Les rôles et les marges de la GRH dans le cadre du droit du travail

Le droit du travail et les accords collectifs contraignent la décision en matière de GRH. Inversement, on peut considérer ces normes comme étant le résultat cumulatif et sédimenté de décisions RH institutionnalisées dans des lois et accords. La période actuelle est marquée par de nombreux débats au sujet du droit du travail et la négociation tantôt perçue comme un carcan inhibiteur, tantôt comme un cadre ouvrant des opportunités. C'est un enjeu pour la fonction RH de comprendre ces évolutions et de s'y adapter en faisant évoluer son rôle.

a) Les défis adressés au modèle assis sur le droit du travail et la négociation collective

L'ensemble composé des normes directement issues du Code du travail et du processus de production de normes par les partenaires sociaux représente le cadre juridique dans lequel, et à partir duquel, s'exerce la fonction RH dans les entreprises. Ce cadre fait l'objet de nombreuses tensions et mutations auxquelles sont confrontés les directeurs des ressources humaines.

Une complexité génératrice d'insécurité juridique ?

En premier lieu, ce cadre est **complexe**, en raison du volume de textes qu'il représente et de l'encastrement de ses différents niveaux et mécanismes (voir Application 4.1). Cette lourdeur et cette complexité sont souvent dénoncées au titre qu'elles créeraient de nombreuses occasions de commettre involontairement des irrégularités et plongeraient les employeurs dans une « insécurité juridique » paralysante. En outre, le code et sa lourdeur s'accommoderaient mal des mutations économiques et technologiques rapides que nous connaissons et génèreraient trop d'inertie.

Application 4.1 : Les « 3 000 pages du Code du travail »

« François Bayrou s'était taillé un petit succès à l'automne 2014 sur le plateau de France 2 en plaçant côte à côte l'énorme Code du travail français et le mince Code du travail suisse. Il s'était fait rabrouer dans *Le Monde* par le juriste Alain

Supiot, professeur au Collège de France : " *Le pavé exhibé était le Code du travail annoté* [...], *recueil commenté et enrichi de la jurisprudence. On distinguait mal le fascicule que M. Bayrou a présenté, mais la vérité est que la Suisse n'a pas de Code du travail. Le droit du travail y est régi par des lois éparses*." Le Code du travail Dalloz 2016 [...] fait 3 809 pages et est en outre "commenté en ligne". À quoi il faut ajouter les conventions collectives. En Suisse, comme le faisait valoir François Bayrou, l'équivalent de notre Code du travail est beaucoup plus mince. Les dispositions législatives sont rassemblées au sein du Code des obligations, qui comprend aussi le Code du commerce. Total : 492 pages. Le Code du commerce français Dalloz fait 3 836 pages. On a donc près de 8 000 pages d'un côté de la frontière, 500 pages de l'autre. »

Source : extrait d'une chronique d'Olivier Postel-Vinay, « De l'épaisseur du Code du travail », liberation.fr, 15 mars 2016.

Question : Comment un service RH d'une entreprise peut-il s'organiser pour faire face à la complexité du Code du travail ?

Un droit du travail inadapté à la « nouvelle économie » ?

En second lieu, ce cadre s'appuie sur la vision d'une **entreprise dont les contours seraient clairement définis**, c'est-à-dire centrée sur un périmètre d'activité homogène et un centre de décision parfaitement identifié. Or, les frontières de l'entreprise telle qu'elle vient d'être décrite sont interrogées de multiples manières :

- par des recompositions des processus de production faisant intervenir pour une même activité, et parfois sur un même lieu, des travailleurs relevant de différents employeurs et de différents statuts professionnels : la **sous-traitance** sous ses formes traditionnelles, mais aussi sous des formes contemporaines plus complexes, des prestations d'entreprises de travail intérimaire plus spécialisées et mieux intégrées aux besoins des entreprises clientes, le télétravail, le portage salarial, le travail indépendant, le détachement national ou transnational de salariés, les contrats à durée indéterminée de chantier (CDIC) pour lesquels la fin du chantier peut être une cause réelle et sérieuse de licenciement, etc. ;
- par le fait que, dans un **contexte mondialisé**, un grand nombre de salariés travaillent pour des entreprises dont les sièges relèvent d'autres juridictions et d'autres cultures, et pour lesquelles le droit du travail français et sa tradition de négociation collective sont davantage ressentis comme des freins que comme des leviers de changement ;
- par le fait que des mouvements tels que le développement de l'**économie collaborative**, la révolution digitale et l'ubérisation, interrogent en profondeur le cadre traditionnel du travail subordonné.

Ces questionnements se concrétisent dans les débats publics et institutionnels, tant en ce qui concerne le droit du travail que la négociation collective. Sur ce dernier point, le faible taux de syndicalisation observé en France peut être considéré comme une difficulté supplémentaire dans un système qui s'appuie structurellement sur l'acteur syndical (voir Illustration 4.3).

Illustration 4.3 : Taux de syndicalisation (%) dans différents pays de l'OCDE

La figure 1 montre, pour une sélection de pays de l'OCDE, le niveau du taux de syndicalisation, c'est-à-dire du pourcentage de salariés membres d'un syndicat. Elle permet également de comparer l'évolution de ce taux de syndicalisation entre 1998, 2008 et 2018.

Figure 1. Niveau et évolution du taux de syndicalisation dans l'OCDE.

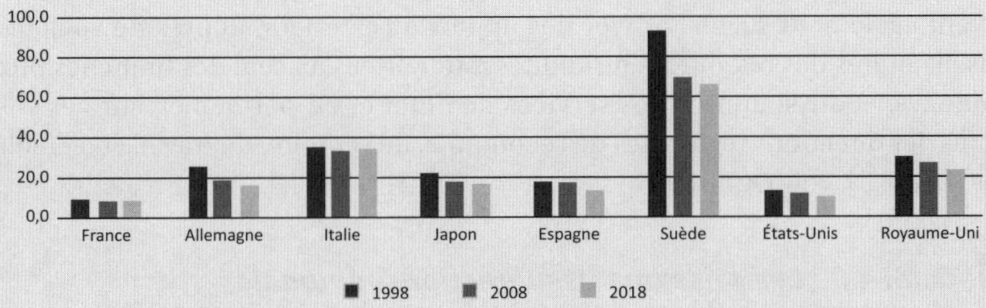

Taux de syndicalisation en pourcentage de la population active

Source : OCDE

Le fait que le droit du travail français soit particulièrement protecteur et que la négociation s'effectue beaucoup à l'échelle des branches et bénéficie à tous les salariés, qu'ils soient ou non syndiqués, pourrait expliquer la faiblesse du taux de syndicalisation en France. Si on mesure le fait syndical au taux d'adhésion, les syndicats français peuvent paraître très faibles, mais si on le mesure en fonction du nombre de salariés couverts par une convention collective, il est très important (environ 98 % en France, 89 % en Suède et 12 % aux États-Unis en 2013, selon le BIT).

b) Les enjeux de la fonction RH face à ces défis

Face à cette profusion de normes, les enjeux sont multiples pour la fonction RH. Elle doit se montrer capable de s'adapter aux évolutions juridiques, mais aussi d'instaurer un dialogue social permettant à l'entreprise de créer par la négociation les règles qui lui conviennent pour construire son avantage compétitif.

S'adapter aux évolutions juridiques

Le premier enjeu consiste à être capable de s'adapter aux évolutions. Cela signifie être capable :

- d'exercer une veille juridique et sociale permanente ;
- d'en tirer les conséquences opérationnelles ;
- de minimiser les temps de compréhension et d'appropriation des textes ;
- d'intégrer au mieux les nouvelles dispositions dans des systèmes internes parfois déjà très élaborés ou complexes ;

- de mettre en œuvre les solutions contractuelles les plus adaptées, conciliant d'un côté souplesse et flexibilité et d'un autre côté, sécurité, respect des droits et intégration des travailleurs ;
- ou encore de peser sur la décision du législateur ou des négociateurs pour tenter d'obtenir des règles de droit adaptées au besoin de l'entreprise. C'est le rôle des activités de *lobbying*.

Pour y parvenir, dans les grandes entreprises dotées de services centraux conséquents, les équipes RH doivent **intégrer des juristes du travail ou collaborer avec eux**. Dans les entreprises moyennes ou petites, les détenteurs des fonctions RH doivent également savoir trouver des appuis à l'extérieur, auprès de sociétés de conseil, auprès des ressources juridiques mutualisées au sein des branches professionnelles, et aussi auprès des services de l'État et en particulier, sur ces sujets, auprès des directions régionales de l'économie, de l'emploi, du travail et des solidarités (DREETS, voir Outil 4.9).

Outil 4.9 : Les missions des directions régionales de l'économie, de l'emploi, du travail et des solidarités (DREETS)

Interlocutrices des entreprises, les DREETS rassemblent à la fois des compétences de contrôle, d'animation et de conseil. Les compétences de contrôle concernent le respect des dispositions du Code du travail au moyen des services d'inspection du travail. Les compétences d'animation concernent le développement économique local, le soutien aux filières, le support aux pôles de compétitivité. Sur les sujets plus spécifiques du travail et de l'emploi, les DREETS exercent une mission d'animation des acteurs du service public de l'emploi (pôle emploi, missions locales, maisons de l'emploi), de coopération avec les collectivités territoriales et d'autres services de l'État sur des domaines tels que la formation, l'apprentissage, l'orientation. Les DREETS abritent également les services de l'Inspection du travail qui veille à la bonne application dans les entreprises de leurs obligations légales et conventionnelles.

Concernant ces services de l'État, le rapport Combrexelle[1] utilise une métaphore routière illustrant bien l'ambiguïté des rôles : ils seraient à la fois le « Bison futé » et les « gendarmes » de la négociation collective. Dans la première optique, ils contribuent directement ou indirectement à faciliter et à soutenir la négociation, dans la seconde ils participent au contrôle de l'application des règles en droit du travail.

Par exemple, dans une situation de plan de sauvegarde de l'emploi, en l'absence d'accord majoritaire au sein de l'entreprise, les mesures envisagées sont précisées dans un document élaboré par l'employeur qui entrera en vigueur après homologation par les DREETS.

Sources : d'après https://dreets.gouv.fr/ et https://www.service-public.fr.

1. *Ibid.*

Faire du dialogue social un levier de compétitivité

Le deuxième enjeu consiste à être capable de faire du dialogue social un levier de compétitivité. Plusieurs directions sont envisageables. Il s'agit, par exemple, d'explorer les possibilités de convertir les contraintes en opportunités :

- Négocier sur le temps de travail permet d'échanger des aménagements de durée du travail plus favorables aux salariés contre de la flexibilité au profit de l'employeur.
- Négocier sur les seniors permet d'améliorer les conditions de travail des plus âgés contre un meilleur transfert de compétences intergénérationnel.
- Négocier un accord d'intéressement permet de rechercher une plus grande implication des salariés en échange d'une distribution des résultats qui leur est plus favorable, etc.

Il peut s'agir également d'**explorer les possibilités offertes par le numérique pour redynamiser le dialogue social**, comme en témoigne l'exemple du Digilabsocial mis en œuvre à la SNCF (voir Illustration 4.4).

Illustration 4.4 : Dialogue social et technologies numériques, le cas du Digilabsocial à la SNCF

« *Le comité d'entreprise et les réunions des délégués du personnel sont vus comme des instances mystérieuses, obscures, où se transmettraient des secrets, alimentant les fantasmes. Démystifier leur fonctionnement* ***en se servant du numérique peut aider à renouveler le dialogue social*** », décrit Bénédicte Tilloy, la DRH qui vient d'abandonner ses fonctions chez SNCF Réseau. Cette initiative de désacralisation est l'un des fruits du Digilabsocial, cofondé en 2016 avec Jean-Paul Bouchet, alors secrétaire général de la CFDT Cadres.

Lancé il y a tout juste un an avec le concours de Sciences Po Paris, le Digilabsocial répond au besoin d'aborder les problématiques managériales rencontrées par les DRH, les managers et les représentants syndicaux en questionnant les opportunités du digital : « [...] *chacun des participants peut s'extraire des jeux de rôle attribués et des postures politiques et de rapprocher leurs points de vue* », témoigne Bénédicte Tilloy. À la SNCF, elle a elle-même convoqué cette méthode lors du rapprochement avec RFF en 2015. Rétrospectivement, elle l'assure, ce dialogue social, dit « de proximité » entre managers et représentants syndicaux, a facilité la négociation de l'accord d'intégration qui a donné naissance à SNCF Réseau : « *Sans le numérique, les équipes auraient doublé ou triplé le temps nécessaire à se rassembler et à échanger* ».

Source : d'après « Le Digilabsocial revitalise les relations sociales », business.lesechos.fr, 06/03/2017.

Globalement, faire du dialogue social un levier de compétitivité repose sur **la capacité à mettre en rapport la politique sociale et la stratégie de l'entreprise**. Le processus de négociation offre en effet l'opportunité :

- de **partager des informations** entre partenaires sociaux ;
- de faire émerger des **représentations négociées du modèle économique** ;

- d'aborder la question de la **répartition des efforts** ;
- d'aborder la question de la **répartition des résultats** ;
- de **définir les acteurs du dialogue social** et leur hiérarchie en fonction de leur positionnement et de leur influence.

Cet objectif d'articuler stratégie et dialogue social est particulièrement bien illustré par l'exemple de l'accord CAP 2020 signé dans l'entreprise Renault France (voir Application 4.2), dans lequel organisations syndicales et employeur énoncent un modèle économique, des engagements réciproques, et réaffirment la place du dialogue social comme levier du changement. Cet exemple illustre aussi la coexistence d'intérêts et d'analyses antagonistes qui sont, par définition, sous-jacents au dialogue social.

Application 4.2 : La négociation comme levier de compétitivité, l'exemple de l'accord Renault France – CAP 2020

Le 13 janvier 2017, le Président-Directeur Général du groupe Renault, Carlos Ghosn, et les représentants des organisations syndicales CFDT, CFE-CGC et FO, ont signé l'accord Renault France – CAP 2020. L'objectif de l'accord s'articule autour de trois priorités : la satisfaction de ses clients, la performance durable de ses opérations et la motivation de ses salariés. L'**objectif de productivité** est fixé en moyenne à 90 véhicules fabriqués par personne et par an, au lieu de 64 actuellement, grâce notamment à un investissement de 500 millions d'euros pour moderniser les usines et le matériel.

Le communiqué de presse de Renault souligne que, par cet accord, « [...] Renault s'engage à faire de ses usines françaises une référence pour l'ensemble du Groupe, avec des perspectives d'activité jusqu'à fin 2019 et au-delà, incluant un **engagement de volume annuel moyen de production**, avec l'affectation d'au moins un nouveau modèle ou plateforme par usine de carrosserie-montage entre 2017 et 2020 et des engagements en termes de production d'organes mécaniques et de châssis. [...] »

Cet engagement en termes de maintien d'activité s'accompagne d'**engagements volontaristes en termes d'emploi et de formation pour développer les compétences** dans un contexte de transformation digitale, **en termes d'organisation du temps de travail, de qualité de vie au travail** (politique de « zéro accident », cadre de travail rénové, un management responsabilisant et participatif) et en termes de **renforcement des dispositifs de reconnaissance**. [...] La place du dialogue social y est renforcée, et pour ce faire, **l'accord établit un cadre de dialogue permanent**, afin de conduire de façon concertée sa mise en œuvre aux niveaux local et central. En ce sens, l'accord « [...] **exprime la conviction de ses signataires qu'un dialogue social responsable constitue un des fondements de la performance durable d'une entreprise**. C'est la voie que Renault a choisie en France pour préparer l'automobile de demain ».

La CFDT relève dans son communiqué la présence de la **flexibilité** : « (elle) privilégie le **volontariat** (c'est écrit dans l'accord) qui est déjà mis en œuvre dans plusieurs établissements. Les **heures supplémentaires** restent rémunérées comme aujourd'hui. Les modalités de mise en place et la planification seront discutées dans le cadre d'un dialogue social renforcé localement. Les **jours de RTT**, qu'ils soient collectifs ou individuels, ne seront plus écrêtés dans la durée de l'accord, leur gestion devient triennale (c'est une possibilité ouverte par la loi Travail tant décriée par certains). Les jours de 2016 bénéficient également de cette règle ».

L'analyse des syndicats non signataires est fort différente. Ainsi, la CGT s'appuie sur un avis négatif porté sur le bilan de l'accord 2013, sur les conséquences possibles en termes d'**allongement de la durée du travail** à 40 heures, ou sur une **baisse des effectifs** qu'elle estime à 6 000 salariés ou intérimaires, pour annoncer qu'elle « [...] va continuer à jouer son rôle de syndicaliste pour et avec les salariés, **construire un rapport de force** leur permettant d'obtenir ce qui leur revient dans la part des richesses qu'ils créent. Et dans les faits, rendre inapplicable cet accord ! »

Sources : d'après le texte de l'accord, les communiqués de l'entreprise Renault, de la CFDT, de la CGT et l'analyse du Comité des constructeurs français d'automobiles (CCFA).

Questions : Identifiez les différents acteurs qui s'expriment dans ce cas et résumez leurs positions. Présentez les termes de l'échange contenu dans l'accord CAP 2020. En quoi cet accord accompagne-t-il la stratégie de Renault ?

2. Les systèmes de qualification : des institutions structurantes

Au-delà des cadres juridiques, réglementaires et conventionnels, la GRH se trouve également encastrée dans des institutions qui dépassent largement l'entreprise, qui s'imposent à elle et structurent la relation d'emploi. C'est notamment le cas des systèmes de qualification, de la définition de leurs niveaux, de leur structure et de leurs modes de reconnaissance. Ces systèmes résultent de cadres sociétaux dans lesquels se combinent l'histoire des systèmes productifs, les effets des systèmes éducatifs et une bonne part de cultures nationales.

Gérer les ressources humaines dans l'entreprise suppose de connaître les ressorts sociaux de la construction des qualifications et leurs relais institutionnels, liés soit au système productif par le biais des classifications, soit au système éducatif par le biais de la structuration des diplômes et des formations.

2.1. La qualification des salariés comme construction sociale

En plus des cadres juridiques qui viennent d'être présentés, la gestion du travail et de l'emploi dans les entreprises s'inscrit également dans les dynamiques sociales et institutionnelles qui conduisent à la **construction des qualifications**.

a) La notion de qualification

La notion de qualification est polysémique. Elle renvoie à la fois à la qualification des personnes, des postes et des emplois :

- Les **personnes** sont réputées qualifiées parce qu'elles détiennent tel ou tel diplôme, expérience ou qualités.
- Un **poste de travail** sera considéré comme qualifié parce qu'il se caractérise par tel ou tel niveau de complexité ou de responsabilité.
- Un **emploi** sera considéré comme qualifié du fait de ses attributs (reconnaissance, rémunération, position dans la hiérarchie des emplois).

Plusieurs points de vue peuvent être portés sur les qualifications. La tradition sociologique retient à la fois une définition substantialiste qui insiste sur la possibilité d'une hiérarchisation objective des qualifications, et une définition relativiste qui insiste sur le poids des rapports sociaux dans la détermination des niveaux de qualification (voir Zoom 4.1).

Historiquement, on assiste très tôt au **besoin de codifier socialement les relations entre les trois pôles de la qualification** (personne, poste et emploi), car cela revient à produire des normes qui stabilisent, même imparfaitement et temporairement, les intérêts aussi bien des employeurs que des salariés. Au XIXe siècle, par exemple, apparaissent des « tarifs » pour les métiers de la typographie qui fixent des salaires en fonction d'une hiérarchie sommaire des qualifications des individus (voir Application 4.3). À la place d'un marché du travail complètement libre, sur lequel chaque transaction (c'est-à-dire chaque embauche) devrait donner lieu à une détermination sans cesse répétée des qualités propres à chaque individu, des activités qu'il peut exercer et de la valeur de son travail, l'existence d'un système de qualification permet d'apporter des réponses stabilisées et standardisées à chacune de ces questions (voir Outil 4.10).

Zoom 4.1 : Georges Friedmann et Pierre Naville, deux conceptions de la qualification dans la sociologie française

De manière schématique, deux conceptions de la qualification coexistent. L'une, dans la tradition de Georges Friedmann (1902-1977), est dite « substantialiste ». Elle cherche à définir la qualification par son contenu, par l'analyse de l'activité, elle-même dépendant des caractéristiques du poste, du temps nécessaire à son apprentissage, de l'organisation du travail et de la technologie. Il y aurait alors la possibilité d'une mesure objective de la qualification. L'autre, dans la tradition de

Pierre Naville (1904-1993), insiste sur la dimension « relativiste » de la qualification : « Fondamentalement, c'est un rapport entre certaines opérations techniques et l'estimation de leur valeur sociale ». La qualification et la détermination de sa valeur deviennent le résultat de luttes et de jeux entre différentes forces sociales, et en particulier, évidemment, employeurs et salariés. La valeur d'une qualification n'est plus alors le résultat d'une pesée objective, mais celui d'un processus de négociation, fortement dépendant du poids relatif des acteurs impliqués.

Sources : d'après Georges Friedmann, *Le Travail en miettes : Spécialisation et loisirs*, Gallimard, 1956 ; Pierre Naville, *Essai sur la qualification du travail*, Paris, Marcel Rivière, 1956.

Outil 4.10 : Les dimensions d'un système de qualification

La qualification est une catégorie polysémique, car elle peut désigner soit les personnes, soit les postes, soit les emplois. Néanmoins, la figure 2 montre que ces trois dimensions sont reliées entre elles.

Figure 2. Les dimensions de la qualification.

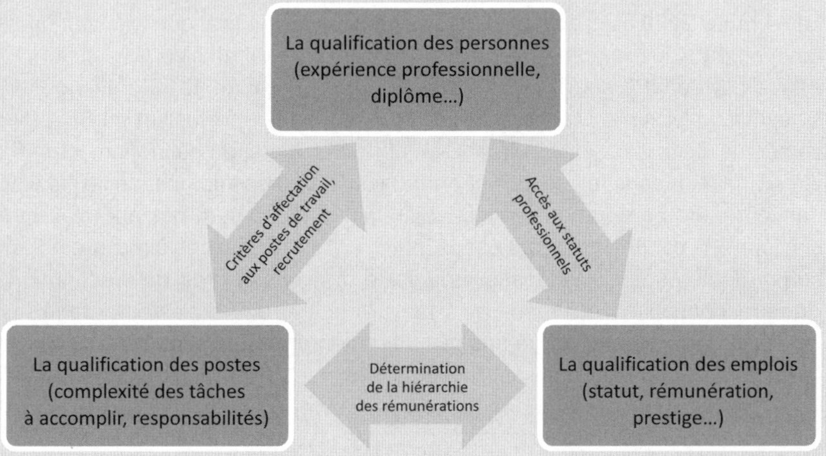

Source : d'après Groupe de recherche sur l'éducation et l'emploi, La construction sociale de frontières entre la qualification et la non-qualification, rapport de recherche pour la Direction de l'animation de la recherche, des études et des statistiques (DARES, ministère de l'Emploi et du Travail), 2003.

Réciproquement, cela permet d'apporter au salarié la garantie de voir son travail reconnu par un salaire déterminé dans un cadre collectif, plus protecteur que la relation de travail individuelle avec un employeur particulier. Ainsi, dans une branche d'activité donnée, un employeur sait qu'avec tel diplôme et telle ancienneté, un individu peut exécuter une famille d'activités identifiées, et il aura également une idée de la fourchette de rémunération correspondante.

Application 4.3 : Les tarifs dans le secteur de la typographie au XIXe siècle et la rémunération des infirmières en pratique avancée au XXIe siècle

Le **10 juillet 1843**, une Conférence mixte a adopté un tarif fixant et garantissant des salaires uniformes entre les entreprises de la **typographie** française. Ce tarif devait stabiliser la relation employeurs/employés : classification et hiérarchisation des emplois (apprenti, manœuvre, ouvrier qualifié), identification des contenus d'activité accessibles, et détermination des salaires correspondants. L'idée était de concilier les intérêts des maîtres et ceux des ouvriers, en fluidifiant et en fiabilisant le recours au marché du travail pour les uns, en apportant une garantie de rémunération collectivement validée pour les autres. Des procédures de recours étaient prévues en cas de litige. La production d'un tel tarif ne stoppe pas les luttes pour autant, car elle n'élimine pas le caractère contradictoire des intérêts des parties, et s'inscrit dans des jeux de contournement et d'interprétations, plus ou moins éclairés, plus ou moins loyaux : « *on batailla presque autant après qu'avant sa promulgation* », témoigne ainsi Joseph Mairet dans ses carnets.

Source : d'après *Les carnets de Joseph Mairet, ouvrier typographe : Histoire de la Société typographique parisienne et du Tarif, 1839-1851*, 1995.

Le **14 mars 2020**, la grille indiciaire des **infirmières** en pratique avancée dans la fonction publique hospitalière était publiée au Journal officiel. À l'échelon 1, le salaire net de l'IPA serait de 2 085 euros brut. Le décret entrera en vigueur le 1er avril. […] Maxime Mathy, infirmier en néphrologie et étudiant en M1 à l'université de Reims en pratique avancée, affiche une grande déception. Il est également investi dans le collectif néphrologie de l'Association nationale française des infirmières en pratique avancée (Anfipa). « Nous sommes sur un échelon similaire aux cadres infirmiers et aux infirmiers anesthésistes alors que nous ne sommes plus sous la délégation médicale et avons le droit de prescription. » Cette responsabilité légale est importante et doit être valorisée davantage selon le soignant, qui aurait préféré une rémunération plus proche de celle des sages-femmes ayant également le droit de prescription et une grande autonomie. « On aurait peut-être pu se calquer sur elles ou trouver un entre-deux entre le cadre infirmier et la sage-femme. »

Pour les organisations représentatives des infirmières en pratique avancée, la déception est donc grande. […] « On s'arrêtera de travailler à ce tarif-là », indique Julie Devictor. Selon elle, cela n'augure rien de bon : « Les universités qui dispensent la formation de pratique avancée vont être désertées. Quelle infirmière acceptera deux années de sacrifice pour gagner 50 euros de plus ? Un statut ne paie pas le loyer et ne remplira jamais un frigo », conclut-elle.

Source : Sandrine Lana, Espaceinfirmier.fr, 7 mars 2020.

Question : Mettez en évidence les similitudes entre ces deux situations de gestion.

b) La qualification : une construction sociale

La qualification se comprend ainsi comme une construction sociale, au sens par exemple où l'entendent les premiers institutionnalistes américains (voir Zoom 4.2). Elle est alors le résultat de dynamiques portées par des institutions, formelles et informelles, qui en définissent le contenu, la hiérarchisent et lui donnent sa valeur. Elle se construit sous l'influence des différents groupes sociaux et des tensions qui les traversent en ce qui concerne un sujet aussi sensible que la reconnaissance du travail et de son classement dans une hiérarchie de valeurs. Elle n'est pas pour autant exempte de l'influence de la situation sur le marché du travail, puisque la rareté ou au contraire, l'excès d'un type particulier de qualification aura tendance à la valoriser ou la dévaloriser.

Une illustration possible et emblématique de cette construction sociale de la qualification peut être donnée par le cas des instituteurs de la IIIe République. Les « hussards noirs » avaient reçu comme mission d'instruire la population française et en retiraient prestige et autorité, ainsi qu'une position élevée dans la hiérarchie des professions. Il n'est pas certain qu'il en soit encore ainsi des « professeurs des écoles ».

Par ailleurs, de nombreux groupes professionnels se structurent, s'auto-organisent, travaillent leur identité, s'adossent à des formations, tentent de se protéger de la concurrence par divers moyens, ou encore, codifient de manière spécifique les savoirs qu'ils mobilisent. Ainsi, la catégorie des « ouvriers » a pu, selon les périodes de l'histoire, donner l'apparence d'un groupe professionnel homogène et bien représenté socialement, ou au contraire apparaître comme un ensemble particulièrement dispersé dont on s'interroge sur l'identité.

Zoom 4.2 : Le rôle des institutions chez Thorstein Veblen

Thorstein Veblen (1857-1929) est parti d'une critique des piliers de l'économie néoclassique (des agents mus exclusivement par la maximisation de leur intérêt individuel d'une part, et la convergence naturelle vers un équilibre stable et optimal d'autre part) pour donner naissance à un courant de pensée qui mettra les institutions au cœur du raisonnement économique.

Dans ces approches institutionnalistes, les comportements des individus sont influencés ou déterminés par des comportements de groupe, des croyances, des coutumes et des routines, ainsi que par des lois, des règles et des normes. Ces institutions, formelles et informelles, sont le résultat de processus historiques, de confrontations entre groupes sociaux aux intérêts divergents, et elles se forment à travers des successions d'arbitrages politiques ou juridiques. Les institutions sont donc situées dans le temps et dans l'espace, ce qui permet de concevoir l'existence de différentes formes de capitalisme. D'un point de vue économique, ces institutions ont comme rôle essentiel d'introduire de la prévisibilité dans des contextes marqués par l'incertitude, et de réduire ainsi les coûts de transaction ; elles sont donc à ce titre source d'efficacité, plutôt que des entraves au libre fonctionnement des marchés.

Source : d'après Thorstein Veblen, « Why is Economics not an Evolutionary Science? », *Quarterly Journal of Economics*, volume 12, 1898.

Comme construction sociale, la qualification est donc le reflet de normes collectives qui définissent les contenus du travail, les qualités détenues par les salariés, et classent les emplois et les rémunérations. Cette construction relève du système professionnel à travers la production et l'usage des grilles de classification.

2.2. La construction de la qualification par les branches d'activité

Une part significative de l'activité de négociation à l'échelle des branches consiste, historiquement, à produire des classifications des emplois à l'échelle des branches, c'est-à-dire des systèmes de hiérarchisation, de classement, des emplois et des postes. Au fil du temps sont apparues des classifications normatives, listant et classant des emplois-repères censés s'approcher des situations rencontrées dans les entreprises, mais aussi des grilles de classification analytique, donnant plus de poids à la régulation en entreprise pour la spécification et le classement des emplois.

a) Le poids de l'histoire dans l'institutionnalisation des grilles de classification

Le système de classification de branche est en grande partie l'héritier de dispositifs mis en place, en France, depuis la fin de la Seconde Guerre mondiale, ce qui explique la force de son ancrage dans les représentations collectives :

- **Les arrêtés Parodi** (1945-1946) visaient prioritairement à éviter les risques d'inflation et établissaient, par branche et par catégorie professionnelle, un barème de salaire. Bien que s'appuyant la plupart du temps sur des accords préexistants, cette opération de classement a grandement contribué à installer durablement les distinctions entre manœuvres, ouvriers spécialisés et ouvriers professionnels, extrêmement prégnantes dans le secteur industriel, et correspondant parfaitement à l'organisation du travail taylorienne.
- **La loi du 11 février 1950** a marqué le retour à la liberté de négociation des salaires, tout en laissant la latitude au gouvernement de fixer, dans les conditions définies par le législateur, un salaire minimum obligatoire. Apparurent sous le nom de **grilles Parodi** des nomenclatures de classement faisant correspondre des savoir-faire requis, des types d'emploi et des niveaux de salaire minimum. Ces nomenclatures correspondent à des **systèmes normatifs de classification des emplois**.
- Par la suite, sous l'influence de nouvelles techniques de production, de nouvelles formes d'organisation du travail et de nouvelles formes de concurrence, les processus de production ont commencé à évoluer et à se différencier les uns des autres, **rompant ainsi la relative homogénéité interne** qui caractérisait jusque-là les branches d'activité. Sont apparues alors, à partir des années 1970, les **grilles négociées à critères classants** : dans les champs d'application concernés,

chaque entreprise pouvait alors analyser et hiérarchiser ses propres postes, avec une méthode de pesée et des critères négociés dans la branche. L'accord de branche prévoyait aussi la référence à une grille indiciaire préétablie pour définir les salaires minimums par catégorie. Ces grilles à critères classants correspondent à des **systèmes analytiques de classification des emplois**. À l'inverse des classifications normatives, on ne se met pas d'accord sur la hiérarchie des postes, mais sur la méthode conduisant à décider de cette hiérarchie.

b) Les grilles de classification normatives

Lorsque l'entreprise dépend d'une convention collective qui prévoit un système de classification, le salarié se voit attribuer lors de l'embauche un niveau dans cette classification qui correspond aux critères exigés par la tenue du poste.

L'exemple de la convention du champ du sport (voir Outil 4.11) montre à la fois la hiérarchie des postes, leurs contenus en termes d'activités et de qualités requises, les critères de différenciation entre les niveaux employé, technicien, cadre et cadre dirigeant, et les salaires minimums correspondant à chaque position.

Outil 4.11 : Grille de classification de la convention collective nationale du sport

Cette grille **classe les emplois** en huit groupes (deux de niveau employé, trois de niveau technicien, deux de niveau cadre et un de niveau cadre dirigeant). Pour chaque groupe, la grille de classification prévoit un **taux horaire minimum brut**, ou une rémunération minimale annuelle brute (emplois de niveau V).

Les emplois sont définis et répartis en trois filières : administration, entretien et sport. Ils sont classés par niveaux en fonction des **critères d'autonomie, de responsabilité et de technicité.** La classification sert aussi à **déterminer le statut** d'un salarié en fonction du poste qu'il occupe et son niveau de rémunération.

Le tableau 1 reprend les spécifications définies par la convention collective pour quatre de ces groupes et donne des illustrations d'emplois dans la filière administration.

Tableau 1 : Exemple de grille de classification normative

Groupe	Définition	Repères de compétences			Exemples de postes	Rémunération minimale
		Autonomie	Responsabilité	Technicité		
1. Employé	Exécution de tâches prescrites sans formation préalable	Travail sous le contrôle direct d'un responsable		Tâches simples et détaillées	Agent administratif	Salaire minimum conventionnel (SMC) majoré de 5,21 %

➤

Groupe	Définition	Repères de compétences			Exemples de postes	Rémunération minimale
		Autonomie	Responsabilité	Technicité		
...	...	...	...	...	...	
3. Technicien	Exécution d'un ensemble de tâches ou d'une fonction comportant une responsabilité technique	Le salarié effectue des tâches complexes avec l'initiative des conditions d'exécution	Le salarié peut exercer un rôle de conseil et/ou de coordination d'autres salariés	Le salarié peut être chargé d'exécuter un programme défini et/ou un budget prescrit	Assistant communication, comptable, infographiste	Salaire minimum conventionnel majoré de 17,57 %
...	...	...	...	...		
...	...	...	...	...		
6. Cadre	Personnels disposant d'une délégation. Ils participent à la définition des objectifs à la conduite	Le contrôle s'appuie sur une évaluation des écarts entre les objectifs et les résultats	Ils assument leurs responsabilités, une délégation partielle dans le cadre de la politique du personnel et de représentation auprès de partenaires extérieurs		Directeur d'une petite structure, responsable des services généraux	Salaire minimum conventionnel majoré de 74,31 %
...	...	...	...	...		
8. Cadre dirigeant						Rémunération annuelle supérieure à 28,86 fois le salaire minimum conventionnel

c) Les grilles de classification analytiques

Lorsque la branche met en place une **grille négociée à critères classants**, les entreprises concernées sont incitées à s'engager dans une pesée de postes. Le système de classification repose sur un accord sur la méthode de classement, et non sur une description de postes et fonctions et sur le classement lui-même.

Dans l'exemple de la branche librairie (voir Outil 4.12), la démarche consiste, pour l'entreprise, à **décrire ses emplois-repères** selon une structure-type imposée, à les inscrire dans une **cartographie** établissant les **mobilités possibles** entre emplois-repères, puis à **coter les emplois-repères** en suivant la méthodologie des critères classants précisée dans l'accord. Dans ces démarches, il est important de s'intéresser exclusivement à l'emploi occupé par l'individu dont on cherche à qualifier l'emploi, en ne considérant que les fonctions effectivement exercées de façon permanente, et non les aptitudes personnelles du salarié ou le diplôme qu'il détient.

Outil 4.12 : L'exemple d'une grille à critères classants dans les librairies

Dans l'accord de la branche professionnelle de la librairie (17 septembre 2009), les partenaires sociaux signataires ont mis en place une nouvelle grille assortie d'une **nouvelle méthode de classification**. Le contenu de chaque emploi est analysé à l'aide de **cinq critères classants** : connaissance, compétences techniques, autonomie, responsabilité et dimension relationnelle. Tous les critères sont précisément définis et, pour chacun d'eux, un tableau indique la manière la moins ambivalente possible de les évaluer sur **une échelle de 1 à 7 degrés**.

Pour chaque critère, le positionnement à un degré donné correspond à un nombre de points prédéfinis. Les points attribués sont **pondérés** et varient selon les critères évalués : le critère « technicité » est ainsi affecté de la pondération la plus forte et le critère « connaissance » de la pondération la plus faible. À l'issue de l'évaluation du poste, la somme des points obtenue est reportée dans un tableau qui permet d'**attribuer à l'emploi en question un niveau allant de I à XII**. Les **employés** correspondent aux niveaux de I à V, les **agents de maîtrise** aux niveaux de VI à VIII, et les **cadres** aux niveaux entre IX et XII.

Un **accord de salaires** est conclu concomitamment à la signature du présent accord, en correspondance avec la nouvelle grille de classification, attribuant à chaque niveau la **rémunération mensuelle brute garantie**.

d) Les grilles de classification et les marges de la fonction RH

L'existence des grilles de classification, quel que soit leur principe, **interpelle les pratiques de GRH** à la fois au niveau de la branche et au niveau de l'entreprise. Au **niveau de la branche professionnelle**, la fonction RH doit pouvoir peser dans le dialogue entre les partenaires sociaux, afin de faire entendre quelles sont, de son point de vue, les évolutions fondamentales des activités et de l'organisation du travail. Elle peut aussi apporter sa contribution à la réflexion sur les enjeux :

- stratégiques (évolution des qualifications et des cœurs de métier) ;
- économiques (impacts de l'évolution des coefficients sur la masse salariale, par exemple) ;
- sociaux (problématiques de promotion, de reconversion ou de déclassement, par exemple) qui sont liés au système de structuration et de reconnaissance des emplois.

Au **niveau de l'entreprise**, la convention collective dessine bien un **cadre** qui norme en partie la relation d'emploi, notamment par la référence à des emplois-repères, à des critères classants et à des niveaux de rémunération. Cependant, ce cadre laisse des **marges**. En premier lieu, il ne fixe que des niveaux minimums pour les rémunérations, et laisse la possibilité de concevoir des systèmes de reconnaissance plus valorisants si tel est le choix sous-jacent à la politique de rémunération. En second lieu, **la classification des emplois reste avant tout un outil de gestion RH**. En effet, si elle est guidée par le cadre conventionnel, elle peut aussi faire l'objet d'une large appropriation par le DRH de l'entreprise. Celui-ci peut alors, par exemple, concevoir une **cartographie complète** des emplois-repères existants et des **passerelles** possibles, en recherchant l'adéquation la plus juste avec la structure organisationnelle ; identifier les **évolutions** à venir et préparer les **mutations organisationnelles** en anticipant les recompositions d'emplois-repères ; **enrichir le dialogue social** et développer des formes de management participatif à l'occasion des opérations de pesée de postes ; ou encore, élaborer un **système de rémunération spécifique**, certes ancré dans les règles de la convention collective, mais tenant compte aussi de ses propres priorités.

Par ailleurs, les grilles à critères classants ouvrent la voie à des **possibilités de gestion par les compétences**. Les emplois peuvent en effet, au-delà du fait d'être « pesés » pour en évaluer la position dans une hiérarchie et le niveau de reconnaissance salariale, être décrits par des **systèmes très détaillés de compétences requises**. À une famille d'emplois correspond ainsi un ensemble de compétences considérées comme nécessaires et formalisées dans un référentiel ; une **évaluation des compétences détenues par les personnes**, sur la base de ce même référentiel, permet ensuite de les positionner sur un coefficient de la grille de classification. Cette optique qui s'est développée, sans se généraliser, à partir des années 1990, aboutit à l'**articulation des normes produites par la branche** (convention collective, classification, méthodes et sélection de critères classants) et **des normes produites par l'entreprise**, à l'articulation également entre les **cadres collectifs** issus de la négociation et des **caractéristiques individuelles des salariés**, singuliers dans la combinaison de compétences qu'ils détiennent, ainsi que du point de vue de la richesse du développement de ces compétences par l'expérience professionnelle. La gestion des compétences sera largement développée dans la partie 3 de cet ouvrage.

2.3. La construction de la qualification par la voie du système éducatif

Le deuxième pilier de la construction sociale des qualifications, du moins en ce qui concerne les voies institutionnelles, est le système éducatif. Celui-ci structure la relation d'emploi de plusieurs façons : en proposant une hiérarchisation normalisée des formations, des certifications et des diplômes, en influençant le niveau moyen de qualification d'une classe d'âge, et en s'ouvrant aux milieux professionnels. Comme pour les classifications, les éléments du système éducatif constituent un cadre pour la fonction RH, mais ils lui proposent aussi quelques défis et lui autorisent des marges qu'elle peut explorer et s'approprier en fonction de ses propres finalités.

a) Structure et grandes tendances

Le système éducatif propose une nomenclature des diplômes (voir Tableau 2) qui structure les réflexions sur les qualifications et sert de référence, y compris dans les pratiques professionnelles comme cela a été vu dans le cadre des classifications.

Globalement et sur une tendance longue, **le niveau moyen de qualification augmente**. En 2013, la part des diplômés de l'enseignement supérieur chez les 25-34 ans est de l'ordre de 45 %, alors qu'elle est à peine supérieure à 30 % pour la catégorie des 25-64 ans. Si l'on regarde le niveau de diplôme à la sortie du système éducatif (voir Tableau 3), on constate que 16 % des jeunes sortent non diplômés, 42 % sont diplômés du secondaire, et 42 % sont diplômés du supérieur. Par ailleurs, la même enquête montre que parmi les diplômés du secondaire, la part des CAP/BEP a tendance à diminuer (-3), celle des bacs professionnels et technologiques augmente (+4), plus que celle des bacs généraux (+1). Au niveau du supérieur court, les sorties en bac+2 ont tendance à diminuer de même que les sorties en bac+4, et la part des détenteurs d'une licence professionnelle augmente (de 1 à 4 %) pour arriver au niveau des détenteurs d'une licence générale (5 %).

Tableau 2 : La nomenclature des niveaux de certifications professionnelles

Niveau	Critères de gradation des compétences
1	Maîtrise des savoirs de base : – la communication en français ; – l'utilisation des règles de base de calcul et du raisonnement mathématique ; – l'utilisation des techniques usuelles de l'information et de la communication numérique ; – l'aptitude à travailler dans le cadre de règles définies d'un travail en équipe ; – l'aptitude à travailler en autonomie et à réaliser un objectif individuel ; – la capacité d'apprendre à apprendre tout au long de la vie ; – la maîtrise des gestes et postures et le respect des règles d'hygiène, de sécurité et environnementales élémentaires.
2	Capacité à effectuer des activités simples et résoudre des problèmes courants à l'aide de règles et d'outils simples en mobilisant des savoir-faire professionnels dans un contexte structuré. L'activité professionnelle associée s'exerce avec un niveau restreint d'autonomie.
3	Capacité à effectuer des activités et résoudre des problèmes en sélectionnant et appliquant des méthodes, des outils, des matériels et des informations de base, dans un contexte connu, ainsi que la capacité à adapter les moyens d'exécution et son comportement aux circonstances.

➤

Niveau	Critères de gradation des compétences
4	Capacité à effectuer des activités nécessitant de mobiliser un éventail large d'aptitudes, d'adapter des solutions existantes pour résoudre des problèmes précis, à organiser son travail de manière autonome dans des contextes généralement prévisibles, mais susceptibles de changer, ainsi qu'à participer à l'évaluation des activités. Le diplôme national du **baccalauréat** est classé à ce niveau du cadre national.
5	Capacité à maîtriser des savoir-faire dans un champ d'activité, à élaborer des solutions à des problèmes nouveaux, à analyser et interpréter des informations, en mobilisant des concepts, à transmettre le savoir-faire et des méthodes.
6	Capacité à analyser et résoudre des problèmes complexes imprévus dans un domaine spécifique, à formaliser des savoir-faire et des méthodes et à les capitaliser. Les diplômes conférant le **grade de licence** sont classés à ce niveau du cadre national.
7	Capacité à élaborer et mettre en œuvre des stratégies alternatives pour le développement de l'activité professionnelle dans des contextes professionnels complexes, ainsi qu'à évaluer les risques et les conséquences de son activité. Les diplômes conférant le grade de **master** sont classés à ce niveau du cadre national.
8	Capacité à identifier et résoudre des problèmes complexes et nouveaux impliquant une pluralité de domaines, en mobilisant les connaissances et les savoir-faire les plus avancés, à concevoir et piloter des projets et des processus de recherche et d'innovation. Le diplôme national de **doctorat** est classé à ce niveau du cadre national.

Tableau 3 : Niveau de diplôme des sortants de formation initiale

	Moyenne annuelle des années de sortie 2016, 2017 et 2018	
	en milliers	**en %**
Diplôme du supérieur	**342**	**46**
Master, doctorat	115	15
École d'ingénieurs, école de commerce	64	9
Licence	74	10
BTS, DUT ou équivalent	81	11
Paramédical ou social	7	1
CAP, BEP, baccalauréat	**309**	**41**
Baccalauréat	239	32
Baccalauréat général	*71*	*9*
Baccalauréat technologique	*43*	*6*
Baccalauréat professionnel ou assimilé	*125*	*17*
CAP, BEP ou équivalent	70	9
Aucun diplôme, brevet des collèges	**95**	**13**
Diplôme national du brevet seul	53	7
Aucun diplôme	42	6
Ensemble	**746**	**100**

Lecture : en moyenne sur 2016, 2017 et 2018, 46 % des sortants de formation initiale sont diplômés de l'enseignement supérieur.

Source : Insee, Bilan formation Emploi, https://www.insee.fr/fr/statistiques/2522723?sommaire=2526273.

Les systèmes éducatifs sont fortement marqués par les contextes culturels et institutionnels, et il en résulte des **différences nationales significatives** (voir Application 4.4). L'OCDE publie régulièrement des études sur les différents systèmes éducatifs, et l'Union européenne fixe des objectifs pour ses pays membres. Si cela constitue des facteurs de convergence, les systèmes éducatifs restent marqués par des différences dans les niveaux de développement de l'enseignement supérieur, ou par des spécificités significatives en termes de philosophie d'enseignement. Le rapport à la professionnalisation est ainsi un marqueur fort des stratégies nationales d'éducation, et l'Allemagne, pour ne citer qu'elle, se démarque par la place qu'elle accorde à l'apprentissage et par le développement de filières professionnelles post-secondaires. Ces systèmes éducatifs se distinguent aussi par leurs capacités à ouvrir l'accès aux études aux populations issues de familles non diplômées.

Application 4.4 : Les différences nationales en matière de systèmes d'éducation

Un système d'éducation est composé des différents éléments (les institutions formelles et informelles d'un pays, l'organisation du système scolaire, les dispositifs législatifs et réglementaires, les grandes orientations pédagogiques, etc.) qui concourent à pourvoir à l'éducation des enfants dans une société donnée. En France, ce système est fondé sur cinq grands principes (liberté d'enseignement, gratuité, neutralité, laïcité, obligation scolaire), organisé en trois niveaux successifs (primaire, secondaire et supérieur).

En Europe, on peut distinguer l'école unique des pays scandinaves, le type sélectif des pays anglo-saxons, le type différencié des pays germaniques, et le type latin des pays comme la France qui traditionnellement privilégient l'acquisition des savoirs et des connaissances (http://espe-rtd-reflexpro.u-ga.fr/docs/sciedu-general/fr/latest/euroeduc.html).

Ainsi, le système dual allemand est décrit de la manière suivante : « (...) Son organisation, stabilisée au début des années 70, se distingue grandement du système français. L'alternance y est une filière à part entière d'un système éducatif fortement segmenté et, la plupart du temps, la seule voie d'accès à certains métiers qualifiés. De plus, en l'absence d'un mécanisme de mutualisation des coûts, la quasi-totalité de la formation pratique y est à la charge des entreprises. Les partenaires sociaux sont fortement impliqués dans la régulation de la formation en entreprise » (https://dares.travail-emploi.gouv.fr/publications/le-modele-dual-allemand).

Question : En quoi les différences nationales en matière éducative peuvent-elles influer sur la gestion des ressources humaines dans les entreprises ?

Le diplôme reste un élément déterminant pour classer les emplois. Dans une étude publiée en 2015[1], le Céreq constate ainsi que, sur un échantillon de

1. Pascal Caillaud, Nathalie Quintero et Fred Séchaud, « La reconnaissance des diplômes dans les classifications de branches, des évolutions sans révolution », *Bref du Céreq* n° 339, octobre 2015.

160 branches professionnelles étudiées, seules 18 (soit un peu plus de 11 %) ne faisaient aucune référence à un diplôme, 22 (soit près de 14 %) faisaient référence aux niveaux de l'éducation nationale, et le reste (soit 75 %) faisait référence à un diplôme précis au moins. La référence au diplôme en elle-même est multiforme, celui-ci étant **parfois un critère de définition de l'emploi, parfois une condition d'accès**, ou servant d'autres fois de base pour déterminer des seuils d'accueil (niveau de classement minimum affecté à la détention d'un diplôme donné). Parallèlement, la référence aux diplômes professionnels dans les classifications a perdu de son exclusivité du fait de la création, par la loi de modernisation sociale de 2002, du répertoire national des certifications professionnelles (RNCP), qui permet de labelliser et de hiérarchiser dans une norme publique à la fois des diplômes à finalité professionnelle, des titres à finalité professionnelle et des certificats de qualification professionnelle (CQP) délivrés par les partenaires sociaux.

b) Le système éducatif et les marges de la fonction RH

Le premier point à prendre en compte pour l'exercice de la fonction RH consiste à analyser les évolutions du niveau moyen de qualification, et à les intégrer dans l'élaboration d'une politique RH. L'élévation du niveau moyen de la qualification des jeunes sortants du système éducatif peut, en première approche, être considérée **comme une opportunité**. Les entreprises peuvent s'appuyer sur un potentiel théoriquement plus élevé, des connaissances plus complètes, des capacités de raisonnement plus formalisées, des usages mieux maîtrisés des technologies de l'information, et des capacités peut-être supérieures en termes d'apprentissage et d'adaptation à des changements continus. En contrepoint, sont souvent évoqués les problèmes de **démotivation** liés à une potentielle **surqualification** ou à des phénomènes de **déclassement** des diplômes obtenus, ainsi qu'un reproche latent et permanent selon lequel les connaissances, parce que **trop théoriques** ou trop éloignées des contextes professionnels, auraient du mal à être converties en compétences opérationnelles.

Ces caractéristiques constituent les données d'un défi pour la fonction RH, car la plupart des propres paramètres sont interrogés, voire remis en question. Ainsi, l'**organisation du travail** proprement dite peut être repensée, en modifiant les périmètres des fonctions, les modes de coordination, les niveaux d'initiatives et de résolution de problème, et la palette de technologies mobilisables. La **gestion des carrières** doit à la fois permettre des possibilités d'évolution correspondant au niveau des recrutés, et simultanément des mécanismes d'avancement tenant compte d'une plus grande diversité de parcours. Enfin, le **recrutement** doit s'adapter à ce paradoxe qu'un niveau de qualification plus élevé ne se traduit pas immédiatement par des performances opérationnelles, mais renforce au contraire la nécessité de soigner les phases d'**intégration** et de proposer des **formations spécifiques d'adaptation** à l'entreprise et au poste.

Dans ces conditions, la fonction RH peut être le levier par lequel se noue une relation plus qualitative avec le système éducatif : par exemple, en investissant dans les multiples **possibilités de partenariats avec les écoles et les universités**, en accueillant des stagiaires, en s'ouvrant aux formations par alternance dans le cadre de l'apprentissage ou des contrats de professionnalisation. Certains diplômes comme les licences professionnelles ont été, dès leur création en 1999, conçus pour ouvrir leur contenu, leur pilotage et leurs enseignements au monde professionnel. Dans un grand nombre de branches professionnelles, le dialogue s'engage entre les entreprises et les représentants du monde de l'enseignement pour mutualiser des solutions et favoriser des synergies autour des besoins de formation. À une échelle plus macro, plus indirecte, mais néanmoins signifiante, les commissions professionnelles consultatives (CPC) du ministère de l'Éducation nationale sont des instances placées auprès du ministre de l'Éducation nationale où siègent employeurs, salariés, pouvoirs publics et personnalités qualifiées pour formuler des avis sur la création, l'actualisation ou la suppression des diplômes professionnels, du CAP au BTS.

S'il faut s'interroger sur la nouvelle donne que constitue le niveau moyen de qualification et sur des formes de professionnalisation des enseignements qui se développent tout en continuant à se chercher, il faut aussi tenir compte, à l'autre bout du spectre, de la persistance d'un « **noyau dur** » **de sortants sans diplôme ou qualification du système éducatif** : les difficultés d'insertion qu'ils rencontrent s'intensifient dans un contexte d'élévation du niveau général des formations. C'est aussi un enjeu pour les responsables RH des entreprises de savoir recruter, intégrer et mobiliser ces populations, à la fois dans le cadre de l'exercice d'une responsabilité sociétale, mais aussi dans un souci d'adaptation à toutes les formes de travail que peut nécessiter un processus de production.

Le système éducatif est donc un pilier essentiel de la production des qualifications, d'autant plus qu'il est étroitement articulé aux modalités de production de la qualification par la voie professionnelle par l'intermédiaire des classifications. Il constitue donc un cadre incontournable de l'exercice de la fonction RH. Il n'en constitue par pour autant une norme déterministe, car de nombreux leviers d'actions de la fonction RH, à la fois à l'intérieur de l'entreprise, mais aussi en lien avec son environnement, permettent de rechercher l'adaptation à une donne éducative qui évolue en permanence, voire de contribuer à l'obtention d'avantages comparatifs en optimisant les façons de mobiliser la qualification produite par le système éducatif.

À retenir

- ✓ **Le travail est un phénomène structurant des sociétés humaines contemporaines. La GRH qui a le travail en charge est à ce titre particulièrement contrainte par un ensemble d'institutions.**
- ✓ **Au-delà de leur caractère contraignant, ces institutions offrent également des solutions rendant possible le travail organisé.**
- ✓ **Le droit du travail, notamment en France, offre un ensemble de protections aux salariés permettant de rétablir l'équilibre des rapports de force (pro**

tection en matière de discrimination, rupture des contrats de travail, encadrement des comportements, rémunération, temps de travail, formation...).

- ✓ **Au-delà du droit du travail général, le cadre juridique et normatif applicable à la GRH provient également d'accords négociés à l'échelle interprofessionnelle, des branches ou de l'entreprise.**
- ✓ **La maîtrise des techniques de négociation et la connaissance du rôle et de la structuration des partenaires sociaux sont un impératif du métier de DRH.**
- ✓ **Les pratiques de GRH sont également contraintes par les systèmes de classification et de qualification qui s'imposent aux entreprises et qui fixent le contenu des postes de travail et précisent les niveaux de rémunération.**
- ✓ **Ces systèmes de classification et de qualification proviennent d'accords de branche et/ou s'appuient sur les systèmes de diplômes proposés par les systèmes éducatifs nationaux.**

Chapitre 5

Prendre en compte le coût du travail et produire l'information pertinente pour décider

Objectifs du chapitre :

- ✓ **Comprendre comment se définit et se mesure la masse salariale.**
- ✓ **Connaître les distinctions entre masse salariale et coût du travail.**
- ✓ **Comprendre la production de l'information sociale au sein des organisations.**
- ✓ **Comprendre les difficultés de la prise de décision organisationnelle en général et des décisions RH en particulier.**

En tant que discipline inscrite à part entière dans les sciences de gestion, la gestion des ressources humaines a vocation à contribuer à la conduite des organisations en recherchant pertinence, efficacité et efficience. Ses concepts et outils doivent mener à des prises de décision assises sur des systèmes d'information structurés. Or, la GRH est, plus que les autres fonctions managériales, confrontée à l'incertitude et au caractère lacunaire et complexe des informations disponibles.

Ce chapitre est consacré à la discussion de la production et de l'analyse de ces décisions. La contrainte économique sera tout d'abord abordée sous l'angle de la maîtrise de la masse salariale et de la prévision de ses évolutions (section 1). Mais les charges de personnel ne sont pas le seul enjeu de la décision RH. Cette dernière porte sur l'ensemble des domaines couverts par cette fonction (formation, régulation sociale, effectifs, santé et sécurité) qui se doit de produire et de partager de l'information afin d'ajuster en permanence son action (section 2). Enfin, la décision RH sera présentée dans sa dimension organisationnelle. En revenant sur les conditions concrètes de la prise de décision RH, il sera possible de relativiser la référence à des schémas de décision optimisateurs, linéaires et rationnels (section 3).

1. Décision et contrainte économique : le suivi de la masse salariale

L'appréciation de la masse salariale est une source d'enjeux multiples. Sous un angle plus technique, elle dépend en grande partie de l'identification des composantes de la rémunération, et se mesure de manière différente selon les approches qu'on retient. Son évolution est soumise à de multiples effets, internes ou externes, liés à des décisions ou relatifs à des effets purement mécaniques qu'il faut connaître pour maîtriser son évolution.

1.1. Les dépenses de personnel, expression de la contrainte économique pesant sur la fonction RH

Ni la politique de ressources humaines dans son ensemble ni la politique de rémunération en particulier ne peuvent se concevoir sans intégrer la contrainte économique, c'est-à-dire sans se poser la question du coût de la mise en œuvre. En matière de gestion des ressources humaines, la question des ressources engagées est en grande partie celle des dépenses liées au travail ; encore faut-il préciser qu'il s'agit à la fois des rémunérations que perçoivent les salariés, de ce que coûte globalement le fait de faire travailler des salariés, et des dépenses liées à la mobilisation et au développement des ressources humaines. L'appréciation de ces dépenses doit se faire en tenant compte des multiples enjeux qui leur sont liés, qu'on peut regrouper en quatre familles.

a) Les enjeux comptables et financiers

La première famille concerne les enjeux comptables et financiers pour l'entreprise. Les **dépenses de personnel constituent une part importante des charges des entreprises**, estimée couramment à un niveau compris entre 30 % et 80 % des charges de fonctionnement selon les secteurs d'activité, ce qui, même au niveau le plus bas, constitue l'un des premiers postes de dépense. Plus ce ratio est élevé, et plus les décisions en matière salariale auront des effets importants : par exemple, une augmentation générale, même minime, aura un impact sensible sur l'équilibre des comptes. Il s'agit d'une dépense qui affecte directement l'excédent brut d'exploitation, et donc le taux de rentabilité économique. Cela explique pourquoi cette variable est examinée de près par les décideurs et les propriétaires des entreprises, d'autant plus que ces coûts sont assez peu flexibles lorsque le recours au CDD ou au travail intérimaire est faible et qu'il est par conséquent difficile de jouer sur le nombre de salariés pour ajuster la masse salariale.

b) Les enjeux stratégiques

La deuxième famille concerne les enjeux stratégiques. Il est essentiel d'apprécier le **niveau des dépenses de personnel en fonction du type de stratégie** suivie par l'entreprise. Selon qu'il s'agit de la recherche d'une compétitivité-coût, dans laquelle les prix sont le premier facteur de concurrence, ou d'une compétitivité-hors coût, dans laquelle la concurrence se fait sur des critères de qualité, de notoriété ou de personnalisation de la relation commerciale, le poids des dépenses en personnel ne peut être considéré de la même manière. Dans le second cas, par exemple, un niveau élevé de dépenses de personnel peut être nécessaire pour atteindre le niveau de performance recherché : ces dépenses témoignent du niveau de qualification des salariés.

c) Les enjeux managériaux

La troisième famille concerne les enjeux managériaux. Les **modalités et le niveau des rémunérations** constituent, en effet, des **leviers classiques de la gestion des motivations** (voir partie 4) et de l'attractivité de l'entreprise en matière de recrutement. Les choix en la matière influent sur le sentiment de sécurité des salariés et sur le fait qu'ils se sentent associés ou non aux résultats de l'entreprise. Ils permettent aussi d'orienter les comportements, par exemple en termes de mobilité professionnelle ou de développement de compétences (voir partie 3).

d) Les enjeux sociaux

La quatrième famille concerne les enjeux sociaux. Plusieurs niveaux sont à distinguer. Le premier est celui de la prise en compte de l'**évolution du pouvoir d'achat**, et à ce titre, le niveau d'inflation, qu'il soit élevé ou faible, est un élément déterminant. Le deuxième niveau est celui du **sentiment d'équité externe** : les salariés ont-ils le sentiment, lorsqu'ils évaluent leur niveau d'effort et celui de rémunération, d'être traités aussi bien que chez d'autres employeurs qui pourraient potentiellement les recruter ? Enfin, le troisième niveau est celui du **partage de la richesse produite entre employeur et salarié**, avec, en toile de fond, le débat sur la répartition de cette richesse : le travail doit-il être traité comme un facteur de production, et alors rémunéré à sa productivité marginale ? Ou bien les salariés sont-ils des parties prenantes de l'entreprise pouvant, à ce titre, prétendre à un partage de la richesse créée ? Et dans ce cas, quel est le bon niveau de partition et quelles en sont les modalités ? Face à la croissance des inégalités, ces débats ressurgissent aujourd'hui avec une acuité nouvelle, pas uniquement au nom de la justice sociale, mais au nom de l'efficacité économique, comme le souligne Joseph Stiglitz (voir Illustration 5.1). Quoi qu'il en soit, le niveau des rémunérations est un paramètre important du climat social, et les salaires et les primes constituent le principal thème des négociations sociales.

Illustration 5.1 : Le point de vue de Joseph Stiglitz sur les enjeux sociaux et économiques du niveau des rémunérations

En ce dernier jour du Forum économique de Davos, Joseph Stiglitz, prix Nobel d'économie, lance un appel à la raison : les inégalités croissantes ne sont pas seulement immorales, elles sont aussi un très mauvais calcul financier. Il poursuit, en s'adressant aux dirigeants d'entreprises : [...] Assurez un traitement décent à vos salariés. Un salarié travaillant à plein temps ne devrait pas vivre dans la pauvreté.

Au Royaume-Uni, 31 % des ménages où un adulte travaille à temps plein restent en dessous du seuil de pauvreté. Les patrons des grandes entreprises américaines empochent désormais environ 300 fois le salaire médian de leur personnel. C'est beaucoup plus que dans tout autre pays ou qu'à toute autre époque, et un tel écart ne peut pas simplement s'expliquer par des différences de productivité. Souvent, le PDG d'une entreprise s'octroie un salaire net élevé pour la seule raison qu'il en a la possibilité, même s'il le fait non seulement aux dépens de son personnel, mais aussi de la croissance à long terme de l'entreprise.

Henry Ford avait compris l'intérêt de bien payer ses ouvriers, mais sa sagesse semble désormais manquer aux grands patrons d'aujourd'hui. [...] Investissez dans l'avenir de l'entreprise, dans votre personnel, votre technologie et dans le capital. Sans ces investissements, il n'y aura pas d'emplois dans le futur et les inégalités ne feront que se creuser davantage. Pourtant, actuellement, au lieu d'être réinvestis dans l'entreprise, les bénéfices sont plus que jamais accaparés par les actionnaires. Au Royaume-Uni, 10 % des bénéfices étaient distribués aux actionnaires en 1970, contre 70 % aujourd'hui [...].

Source : d'après entretien publié le 19 janvier 2017 dans *Libération*.

Ces différents enjeux conduisent à concevoir la politique de rémunération comme un ensemble d'équilibres interdépendants entre les aspects financiers, stratégiques, managériaux et sociaux. Ils supposent qu'on puisse s'appuyer sur une identification précise des dépenses de personnel et sur des techniques permettant d'en appréhender les évolutions.

1.2. De la masse salariale au coût du travail : de quoi parle-t-on ?

Comme la notion d'« effectif », la masse salariale fait partie de ces indicateurs souvent débattus ou évoqués, mais qui se révèlent finalement plus complexes que ce que la banalisation de leur usage pourrait laisser penser. La masse salariale désigne **la somme des rémunérations versées par un employeur au cours d'une année d'exercice**. Cette définition peut sembler simple, mais elle ne fait pas l'objet d'une méthode unique en termes de calcul.

Au sens de l'Insee, la masse salariale est le **cumul des rémunérations brutes des salariés de l'établissement**. Les rémunérations concernées correspondent aux salaires bruts, incluant donc les cotisations salariales, ainsi que les primes des salariés au cours de l'année d'exercice, et excluant les traitements en nature, ainsi que les cotisations patronales.

Du point de vue **comptable**, les charges de personnel peuvent être saisies à travers la partie du plan comptable qui leur est dédiée, mais il faut également se livrer à un effort de définition de périmètre de l'évaluation des dépenses de personnel, en fonction de ce qu'on cherche à calculer. Dans l'encadré suivant (voir Outil 5.1) sont précisées les différentes strates des dépenses de personnel allant de la masse salariale proprement dite à une estimation du coût total de l'usage du travail au sein d'une entreprise. D'un point de vue analytique, chaque étape intermédiaire correspond à une information spécifique qui a son utilité selon les perspectives adoptées.

Outil 5.1 : De la masse salariale au coût du travail pour l'entreprise

Du point de vue strictement **comptable**, les charges de personnel correspondent aux postes du plan comptable repris dans le tableau 1 :

Tableau 1 : Principales charges de personnel figurant au plan comptable

Rémunérations du personnel (641)	Salaires et appointements, congés payés, primes et gratifications, indemnités et avantages divers, supplément familial
Charges de sécurité sociale et de prévoyance (645)	Cotisations à l'Urssaf, cotisations aux mutuelles, cotisations aux caisses de retraite, cotisations aux Assedic, cotisations aux autres organismes sociaux
Autres charges sociales (647)	Prestations directes, versements aux comités d'entreprise et d'établissement, versements au comité d'hygiène et de sécurité, versements aux autres œuvres sociales, médecine du travail, pharmacie
Impôts, taxes et versements assimilés sur rémunération (631 et 633)	Taxe sur les salaires, taxe d'apprentissage, participation des employeurs à la formation professionnelle continue, cotisation pour défaut d'investissement obligatoire dans la construction

Du point de vue de la **gestion d'une entreprise**, la détermination du coût total du travail peut être décomposée à partir de différentes strates :

Somme des rémunérations perçues par les salariés → **masse salariale**

\+ Charges sociales et parafiscales → **masse salariale chargée**

\+ Avantages en nature, charges connexes directes (CE, formation), intéressement, intérim, sous-traitance (estimation) → **coût du personnel**

\+ Frais de fonctionnement de la gestion de personnel (notamment le fonctionnement du service RH) → **coût total du travail**

Source : d'après Bernard Martory, *Contrôle de gestion sociale*, 8e édition, Vuibert, 2015.

1.3. Les facteurs d'évolution de la masse salariale

Mesurer la masse salariale est une chose, prévoir ses évolutions en est une autre. La prévision des évolutions de la masse salariale nécessite la prise en compte de plusieurs mécanismes et suppose donc de prendre quelques précautions dans les calculs. Les **décisions prises par l'entreprise** constituent le premier facteur à examiner, dès lors qu'elles affectent le volume et la répartition des emplois ou bien les différents aspects de sa politique sociale (motivation, promotion, etc.).

Il faut également s'interroger sur l'évolution des **dispositions légales** qui modifient le cadre de la fixation des rémunérations, notamment les règles concernant le salaire minimum et leurs effets directs et indirects. De même, les **règles contenues dans les accords collectifs salariaux** affectent aussi bien le niveau que la structure des rémunérations versées, comme le montre l'exemple de l'accord signé par EuroDisney en 2021 (voir Application 5.1).

Application 5.1 : Extraits de l'accord salarial 2021 chez EuroDisney

« Dans le cadre de la Négociation Annuelle Obligatoire prévue aux Articles L.2242-1 et suivants du Code du Travail, la Direction et les Organisations Syndicales Représentatives dans l'Entreprise se sont réunies les 4, 11, 24 septembre et 12 octobre 2020.
Lors de la première réunion, la Direction [...] a présenté les données macroéconomiques et les tendances du secteur touristique. [...] La crise sanitaire a impacté lourdement les leaders du secteur avec des pertes financières substantielles liées à la fermeture pendant les périodes de confinement [...], aux jauges limitant la capacité ainsi qu'à une baisse des dépenses de la clientèle [...]. Les Organisations Syndicales ont, quant à elles, indiqué qu'elles souhaitaient que l'Entreprise reconnaisse à sa juste mesure l'engagement des salariés à travers la mise en œuvre de mesures salariales malgré le contexte difficile.
Au cours de la seconde réunion de négociation, la Direction a commenté les éléments [...] portant sur l'évolution des effectifs et des rémunérations. S'agissant de l'effectif, il est constaté une augmentation de l'effectif moyen de 2,53 % en 2020. Par contre, l'effectif au 31 juillet 2020 est en très légère baisse (–0,83 %). [...] La structure de l'emploi reste stable avec une majorité de non-cadres (57 % de l'effectif) et un léger glissement vers les cadres (+ 1 point). L'effectif CDI a progressé de près de 5 % (soit + 679 salariés), avec un total de 15 399 salariés, les CDI représentant 86 % de l'effectif [...]. L'effectif CDD a, pour sa part, diminué, de 25 % par rapport à 2019 [...]. S'agissant de la rémunération, l'évolution des salaires de base moyen mensuel est de 3,6 % et 3,8 % pour le salaire de base annuel avec le 13e mois et la prime d'ancienneté. [...] 71 % des salariés ont un salaire de base supérieur à 1 800 euros et près d'un sur deux un salaire de base supérieur à 2 100 euros, démontrant ainsi les effets des différentes mesures liées à la mise en œuvre de la politique salariale. Les augmentations pour les femmes sont plus importantes que pour les hommes et cela sur tous les statuts [...].

La troisième réunion a été consacrée à la révision de l'accord portant sur l'égalité professionnelle et salariale entre les femmes et les hommes [...]. Lors de la quatrième réunion, [...] la Direction a proposé aux Organisations Syndicales une seule mesure d'augmentation générale modérée afin de reconnaître l'engagement des salariés et leur pouvoir d'achat.

À l'issue de ces réunions, il a été convenu ce qui suit entre la Direction, d'une part, et les Organisations Syndicales, d'autre part :

Les salariés aux coefficients 150 à 520 inclus [...] bénéficieront d'un montant d'augmentation forfaitaire de 23 € brut par mois pour un salarié à temps plein. Ce montant sera proratisé pour les salariés à temps partiel.

L'ensemble des primes forfaitaires bénéficieront, au 1er juillet 2021, d'une revalorisation de 1,2 % ou en fonction de l'évolution de l'inflation enregistrée en mai 2021 si cette dernière est plus favorable et cela dans la limite de 4 % [...].

Source : Protocole d'accord portant sur la négociation annuelle obligatoire 2021 Eurodisney, https://cfdt-disney.fr/wp-content/uploads/Protocole-accord-NAO-2021.pdf

Question : Quels sont les éléments évoqués dans cet accord qui sont susceptibles d'affecter la masse salariale ?

La **situation sur le marché du travail** est un autre facteur d'évolution, les excès d'offre ou de demande de travail exerçant évidemment des pressions à la hausse ou à la baisse sur les salaires (voir Illustration 5.2).

Illustration 5.2 : Des profils très recherchés dans les domaines de la digitalisation

Quel que soit le secteur, les opportunités d'emploi sont portées par des projets de digitalisation. Que ce soit sur des profils très spécialisés, comme responsables de la digitalisation ou en accompagnement du changement, à l'image des directeurs *talent acquisition*. Sans oublier la cybersécurité. Ces profils sont très recherchés. Résultat, il y a une inflation salariale. Un *data scientist* expérimenté émarge à 85 000 euros par an. Et de nouvelles fonctions apparaissent : chef de projet *data*, *traffic manager*, *UX designer*, développeur *full stack*... 50 000 postes seraient ainsi vacants selon l'estimation de la ministre du Travail Myriam El Khomri, qui chiffre à 191 000 le nombre de postes « digitaux » à pourvoir d'ici à 2022.

Source : extrait d'un article paru dans *Sud-Ouest*, le 8 février 2017 et s'appuyant sur une étude du cabinet Robert Walters.

D'un point de vue plus technique, la mesure de la masse salariale et de ses évolutions demande également quelques réflexes et précautions. L'évolution de la masse salariale d'une période à une autre peut se mesurer soit en **niveau**, soit en **masse**. L'effet niveau désigne le pourcentage d'évolution de la rémunération entre deux dates données. L'effet masse mesure, quant à lui, le taux de variation entre la masse des salaires réellement versés au cours d'une année et la masse des salaires qui auraient été versés s'il n'y avait pas eu augmentation.

Outil 5.2 : Effet masse et effet niveau

Les deux effets mesurent différemment une augmentation de masse salariale sur une période donnée. L'effet masse consiste à établir un taux d'augmentation en tenant compte du moment auquel les augmentations ont été décidées dans la période de référence. Ainsi, si une augmentation (unique) de 5 % est accordée au 1er juillet de l'année N, l'augmentation en masse sera de 2,5 % sur l'année. L'augmentation en niveau, quant à elle, sera mesurée entre le 31/12 de l'année N – 1 et le 31/12 de l'année N, et sera de 5 %. Plus l'augmentation est tardive dans l'année, plus l'effet masse sera faible ; il détermine le coût réel à supporter par l'entreprise sur l'année.

Par ailleurs, pour mesurer et comprendre l'évolution de la masse salariale d'une année sur l'autre, il faut prendre en compte les différents effets résumés dans l'encadré Outil 5.3.

Outil 5.3 : Les effets impactant l'évolution de la masse salariale

Effet d'effectif	Cet effet est le plus immédiat à comprendre et l'un des tout premiers à analyser. Il traduit les évolutions de la masse salariale directement liées au nombre de salariés de l'entreprise. S'il augmente, la masse salariale augmente et inversement s'il baisse.
Effet de structure	Cet effet traduit les évolutions de la masse salariale liées à des changements de répartition entre catégories de salariés. Ainsi, la masse salariale augmentera d'une période à une autre, toutes choses égales par ailleurs, si la part des cadres dans l'effectif total augmente. Cet effet est très lié à la politique de recrutement (à quel niveau se font les recrutements ?) et à la politique de promotion.
Effet report	Cet effet mesure l'évolution de la masse salariale de l'année N, compte tenu des augmentations attribuées dans le courant de l'année N–1. Si une augmentation a lieu au 1er septembre de l'année N–1, cela augmentera la masse salariale de l'année N–1 (les 4 derniers mois de l'année majorés par l'augmentation). Mais la masse salariale de l'année N augmentera mécaniquement, sans nouvelle décision d'augmentation générale, du fait qu'il y aura 12 mois majorés au lieu de 4.
Effet de noria	Cet effet renvoie à l'image de la noria, appareil destiné à élever l'eau des puits, constitué de godets attachés sur une chaîne sans fin : les godets se chargent et se vident en permanence. En gestion sociale, cela traduit les mouvements récurrents de remplacement de salariés âgés par des salariés plus jeunes, ce qui affecte la structure de la masse salariale dans le sens où des salariés jeunes, moins rémunérés en général, se substituent à des salariés âgés, mieux rémunérés en général. Cela permet à l'entreprise de dépenser moins, toutes choses égales par ailleurs.
Effet GVT	L'acronyme GVT renvoie à trois termes : Vieillissement : ce sont les augmentations automatiques liées à l'ancienneté (prime d'ancienneté ou grille salariale prévoyant une augmentation en fonction de l'ancienneté). Technicité : ce sont les augmentations liées à des promotions ou à des changements de qualification dans la grille de classification. Glissement : ce sont les augmentations accordées individuellement, en fonction de la valorisation des compétences ou de la performance, sans qu'il y ait changement de qualification ni de promotion.

L'évolution de la masse salariale ne peut être approchée qu'après avoir estimé l'ensemble de ces effets. Si la masse salariale et les dépenses liées au personnel représentent des informations centrales pour la prise de décision RH, elles doivent cependant être intégrées dans un ensemble plus vaste de données sociales.

2. Décider sur la base d'informations sociales adaptées

Par informations sociales, on entend généralement l'ensemble des informations concernant le personnel, l'emploi et le travail dans une organisation. Une partie de la production de ces informations répond à une demande légale ; c'est par exemple le cas du bilan social. Une autre partie vise à répondre plus spécifiquement à des besoins de pilotage par l'entreprise, notamment sous la forme de tableaux de bord sociaux. Ces deux approches, quoique différentes, peuvent être complémentaires, car les données sociales obligatoires produisent un panorama général utile en tant que tel pour le pilotage social. Ce dernier peut mettre en relief des problématiques plus pointues et, en général, plus proches des processus décisionnels de gestion. Dans un cas comme dans l'autre, la généralisation des systèmes d'information des ressources humaines (SIRH) modifie considérablement la production et la gestion des données sociales, et ouvre un large pan de possibilités nouvelles, qui sont sources d'optimisation de la fonction RH, mais aussi d'interrogations sur son devenir.

2.1. Produire l'information pour les partenaires sociaux

a) Le bilan social, ancêtre de la production des données sociales

Le bilan social s'inscrit historiquement dans une logique d'obligation légale visant à mettre en œuvre un certain modèle de l'entreprise, basé sur le principe de participation des salariés à sa gestion. Selon les termes de la loi de 1977, le bilan social rassemble dans un document unique les principales données chiffrées permettant d'apprécier la situation de l'entreprise dans le domaine social. Il contient des informations sur l'emploi, les rémunérations, les conditions de santé et de sécurité, les autres conditions de travail, la formation, les relations professionnelles, ainsi que les conditions de vie des salariés et de leur famille. Ces différents thèmes constituent **la structure obligatoire du bilan social, qui comprend sept chapitres distincts**. Les entreprises de plus de 300 salariés sont tenues de produire annuellement un bilan social qui doit faire l'objet d'une présentation devant le comité social et économique. Aujourd'hui, la loi Rebsamen du 17 août 2015 prévoit que cette présentation intègre l'une des trois grandes consultations annuelles obligatoires du comité d'entreprise : en l'occurrence, la consultation sur la politique sociale, les conditions de travail et l'emploi.

Le bilan social trouve ses origines à la charnière des années 1960-1970, à une époque où le capitalisme est soumis à de nombreuses critiques dans les sociétés occidentales. Dans le même temps, certaines réflexions patronales commencent à porter sur les possibilités d'articuler performance économique et performance sociale, mais aussi sur les moyens d'anticiper les tensions et les conflits potentiels. Le bilan social peut également être considéré dans une logique plus politique, comme la mise en œuvre par la loi de l'idée gaulliste de **participation des salariés à la vie de l'entreprise**.

Le rapport Sudreau de 1975[1] a impulsé la loi sur le bilan social en se fondant sur l'idée d'une co-surveillance de l'entreprise par les actionnaires et les syndicats représentatifs. Il souligne l'**importance d'une information quantifiée dans le domaine social, par symétrie avec les données économiques et financières** : « Le moment est venu de donner une base chiffrée au dialogue entre les partenaires de l'entreprise, permettant de mesurer l'effort accompli en matière sociale et de mieux situer les objectifs ». Dans cet esprit, ses objectifs sont d'établir une meilleure visibilité des dimensions sociales internes à l'entreprise, d'alimenter le dialogue social, mais également de **promouvoir un certain modèle d'entreprise** à l'échelle du pays.

Quarante années après son apparition, le bilan social et son usage par les partenaires se sont éloignés des objectifs originels. Le bilan social s'est à la fois ritualisé et banalisé, sa réalisation est largement automatisée pour ses parties chiffrées, sa diffusion réelle est plutôt limitée, et il relève souvent de l'exercice obligé. Cependant, certaines entreprises ont opté pour une intégration forte de leur bilan dans leurs stratégies de communication (voir Illustration 5.3). Globalement, il reste critiqué pour sa lourdeur, son caractère statique (car il n'est produit qu'une fois par an) et son regard exclusivement rétrospectif.

Illustration 5.3 : Le bilan social de BNP-Paribas

BNP-Paribas fait partie des entreprises qui soignent la forme de leur bilan social et en assurent une large diffusion (il est librement accessible sur Internet). Tous les chapitres y sont clairement détaillés et fournis, et c'est l'occasion pour l'entreprise de **mettre en avant les pratiques qu'elle souhaite valoriser**, comme ses formules d'organisation du travail facilitant l'articulation de la vie familiale et de la vie professionnelle (temps partiel à 50, 60, 80 ou 90 %, horaires variables, temps à la carte, droit au congé pour enfant malade, etc.). Cela permet aussi de soutenir une interprétation avantageuse de la flexibilité du travail.

C'est aussi l'opportunité pour l'entreprise de **soigner son image d'employeur**. Par exemple, on y apprend que la participation comme l'intéressement ont fait un bond en 2015, que 9 620 salariés (sur un total de 39 625) ont bénéficié d'une augmentation individuelle de traitement, dont 6 741 cadres et 2 879 techniciens, 5 262 femmes et 4 358 hommes.

On y apprend aussi que le rapport entre la moyenne des 10 % des rémunérations les plus élevées et celle des 10 % les moins élevées est de 5,3, ou que le montant global des dix rémunérations les plus élevées pour l'année 2015 est de 16 982 510 €.

Source : d'après bilan social BNP-Paribas 2015.

1. Pierre Sudreau, *Rapport du Comité d'étude pour la réforme de l'entreprise*, La Documentation française, 1975.

b) La base de données économiques et sociales (BDES), ou l'espoir d'un usage plus dynamique des données sociales

La loi du 14 juin 2013 relative à la sécurisation de l'emploi a cherché à **renforcer l'information fournie sur la stratégie de l'entreprise** et à **rendre plus dynamique et permanent l'accès aux données sociales**. À cette fin, elle impose notamment à toutes les entreprises qui emploient plus de 50 salariés la création d'une base de données unique ou **base de données économiques et sociales** (BDES), consultable par les instances représentatives du personnel et les délégués syndicaux. Elle sert en particulier de support à la consultation annuelle du comité d'entreprise sur les orientations stratégiques de l'entreprise et sur leurs conséquences, au sens large, sur l'activité, les emplois, le travail, les métiers et les compétences. Elle doit contenir un ensemble d'informations concernant la situation financière et économique de l'entreprise, l'investissement social (en particulier, en matière de formation professionnelle et de conditions de travail et de sécurité), l'investissement matériel et immatériel, l'égalité professionnelle entre les femmes et les hommes, et les rémunérations des salariés, des dirigeants et des actionnaires. Toutes ces informations doivent porter sur les deux années précédentes, l'année en cours et les trois années suivantes, sous forme de perspectives. Depuis la loi Rebsamen de 2015, il est admis que la BDES peut dispenser l'entreprise de produire en tant que tel le bilan social et les autres rapports récurrents dès lors qu'elle contient toutes les informations correspondantes.

Application 5.2 : Point de vue de la CFDT sur la base de données unique

Selon la CFDT, la base de données permet aux représentants du personnel de comprendre la manière dont l'entreprise construit sa richesse et la répartit ensuite, entre les investissements nécessaires à son développement (matériel et immatériel, social et humain), ses salariés, dirigeants, fournisseurs, sous-traitants et actionnaires, ainsi que ses interactions avec ses filiales ou même les pouvoirs publics. En clair, elle permet de comprendre la réalité économique et sociale de l'entreprise afin d'influer sur les décisions plutôt que de les subir.

Le syndicat souligne que la BDES présente également le mérite de rassembler des informations jusqu'alors éparpillées dans une multitude de documents (bilan social, rapport de situation comparée, etc.). Elle doit alors être le point d'appui permanent pour les élus du comité d'entreprise, membres du CHSCT et délégués syndicaux au cours des différentes étapes du dialogue social dans l'entreprise.

Source : d'après « Base de données unique : un coup à jouer pour l'action syndicale », par Aurélie Seigne, 6 mai 2014, https://www.cfdt.fr.

Question : Quelles sont les conditions requises pour que la BDES redynamise effectivement l'usage des données sociales par les partenaires sociaux ?

c) Informer pour dialoguer, l'exemple de l'index de l'égalité professionnelle

D'une manière plus générale, l'information donnée aux partenaires sociaux permet de construire des constats et diagnostics partagés, et d'orienter la relation dans la voie de la résolution de problèmes plutôt que dans celle de la confrontation. Le législateur tente de plus en plus d'engager les relations sociales dans cette direction en imposant, non pas des normes à appliquer, mais l'obligation de négocier autour d'une information transparente et exploitable donnée aux représentants des salariés.

Un exemple récent est donné par la mise en place d'un index de l'égalité professionnelle. Il s'agit d'une mesure de l'égalité professionnelle dans l'entreprise que les entreprises de plus de 50 salariés sont obligées de publier. Cet indice peut intéresser les partenaires sociaux, mais aussi d'éventuels candidats ou toute personne interne ou externe s'intéressant aux pratiques de l'entreprise en la matière (voir Outil 5.4). L'idée sous-jacente est bien que la transparence doit conduire à l'action. Elle permet de nourrir la négociation, mais aussi de mettre en place des systèmes de sanctions ou d'incitations.

Outil 5.4 : L'index de l'égalité professionnelle

Chaque année avant le 1er mars, les entreprises d'au moins 50 salariés doivent calculer et publier sur leur site Internet leur index de l'égalité femmes-hommes. Elles doivent également le communiquer, avec le détail des différents indicateurs, à leur comité social et économique (CSE), ainsi qu'à l'Inspection du travail (DREETS).

L'index, sur **100 points**, se calcule à partir de **quatre à cinq indicateurs** selon que l'entreprise fait moins ou plus de 250 salariés :
- l'écart de rémunération femmes-hommes ;
- l'écart de répartition des augmentations individuelles ;
- l'écart de répartition des promotions (uniquement dans les entreprises de plus de 250 salariés) ;
- le nombre de salariées augmentées à leur retour de congé de maternité ;
- la parité parmi les dix plus hautes rémunérations.

La plupart des données à prendre en compte figurent dans la base de données économiques et sociales des entreprises (BDES).

En cas d'index inférieur à 75 points, l'entreprise doit mettre en place des **mesures correctives pour atteindre au moins 75 points** dans un délai de trois ans. Ces mesures annuelles ou pluriannuelles doivent être définies dans le cadre de la négociation obligatoire sur l'égalité professionnelle ou, à défaut d'accord, par décision unilatérale de l'employeur et après consultation du CSE.

En cas de non-publication de son index, de non-mise en œuvre de mesures correctives ou d'inefficience de celles-ci, l'entreprise s'expose à une **pénalité financière jusqu'à 1 % de sa masse salariale annuelle**.

Source : www.travail-emploi.gouv.fr.

2.2. Produire l'information à des fins de pilotage

Au-delà des obligations légales visant à renforcer le dialogue social, les entreprises peuvent se doter de tableaux de bord pour mieux piloter leurs démarches de gestion. Un tableau de bord social est une **construction spécifique** qui correspond à **une démarche volontaire** de l'entreprise. Il n'a aucune forme normalisée et doit au contraire être conçu en fonction de problématiques bien identifiées. Son objectif est de produire une information permettant de suivre de manière dynamique l'évolution de certains phénomènes sociaux, de comparer cette évolution à des intervalles de valeur souhaités, et d'anticiper ou de corriger des dérives indésirables. En ce sens, les tableaux de bord s'inscrivent pleinement dans **une logique de pilotage social** (voir Figure 1).

Figure 1. Un exemple de tableau de bord social.

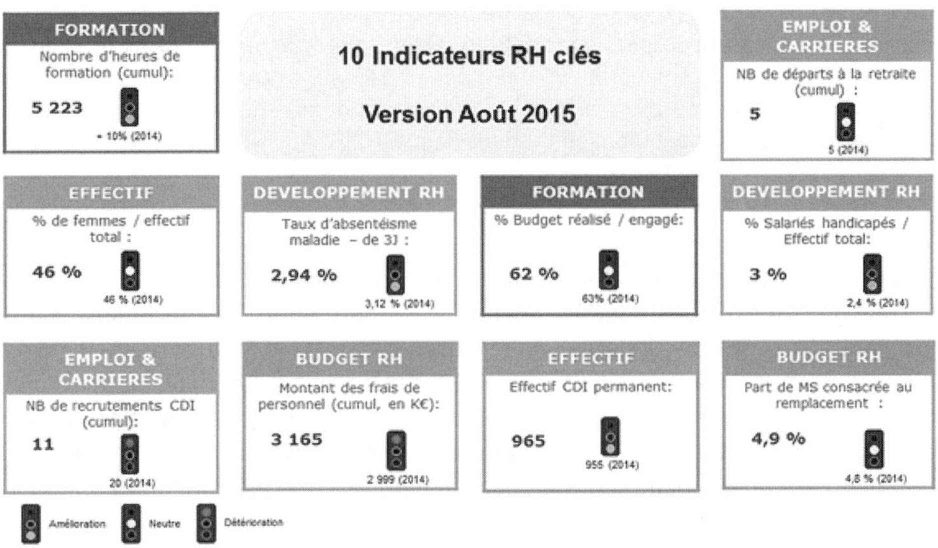

Source : d'après le cercle SIRH.com.

Suivant **une logique d'action**, leur réalisation doit répondre avant tout à des principes de pragmatisme : l'information contenue dans le tableau de bord doit être directement utile et donc très sélective. Elle doit aussi être **pensée en fonction de ses destinataires et de leurs contextes d'action**. Par exemple, un tableau de bord de suivi des actions de formation sera radicalement différent selon le niveau de responsabilité de l'utilisateur. Pour le responsable d'équipe, il s'agit essentiellement de savoir quelle formation a suivi tel ou tel collaborateur, et si tous les membres de l'équipe ont bien suivi les formations obligatoires ; pour le service RH, il s'agit de savoir si les budgets de formation ont été utilisés conformément aux objectifs initiaux et si les formations mises en œuvre s'articulent de manière cohérente avec les objectifs de la GPEC ; pour une direction de site ou de petit établissement, il s'agit d'évaluer les effets réels des dépenses de formation ; pour le comité de direction d'une grande entreprise, il est fort probable que la formation en tant que telle ne fasse pas partie des indicateurs suivis, mais qu'elle intègre une représentation plus synthétique de la performance sociale ou du climat social, qui combinera une sélection d'indicateurs relevant de plusieurs champs. Ce portrait du tableau de bord idéal dessine en creux le tableau de bord à éviter, soit une juxtaposition non hiérarchisée et non priorisée d'indicateurs non reliés explicitement à une problématique identifiée dans un contexte et avec des acteurs définis (voir Illustration 5.4).

Illustration 5.4 : Cibler les tableaux de bord sociaux selon leurs destinataires, témoignages de DRH

« Nous nous devons de communiquer ouvertement sur ces indicateurs sociaux **en ajustant leur type et niveau de détails à chaque audience**. Le comité de direction recevra tous les mois un tableau de bord RH contenant 4 indicateurs principaux (effectifs, masse salariale, absentéisme et turnover) lui permettant de piloter la politique générale de l'entreprise. Les partenaires sociaux quant à eux reçoivent beaucoup plus d'indicateurs mais à un rythme plus espacé (Bilan social, plan de formation…). Enfin, l'équipe RH suivra trimestriellement des indicateurs propres à son activité pour s'assurer du bon déroulement des processus RH (augmentations, entretiens annuels…). »

Source : d'après les témoignages de DRH recueillis pour un article sur les tableaux de bord sociaux déposé sur le site http://www.rhinfo.com en mai 2012.

Les principaux thèmes faisant l'objet de tableaux de bord concernent en général le suivi de la masse salariale, des effectifs, de la formation, de l'absentéisme, des accidents du travail, de l'état de l'égalité entre les femmes et les hommes, ou encore de l'évolution du climat social. Sur chacun des thèmes possibles, l'élaboration d'un tableau de bord nécessite d'une part un effort de **conceptualisation et de modélisation**, et d'autre part un effort de **production d'indicateurs**.

Aucun des phénomènes cités ne peut se réduire à une interprétation unique et naturelle. Par exemple, on reconnaît en général deux interprétations principales de l'absentéisme, l'une insistant sur les coûts qu'il génère (désorganisation, manques à gagner de production, coûts de remplacement, détérioration de l'ambiance de travail, etc.), l'autre insistant sur le statut de symptôme qu'il revêt (révélateur de dysfonctionnements organisationnels et managériaux). Les deux interprétations s'entendent, mais le tableau de bord sera conçu différemment dans les deux cas. Il est donc indispensable avant d'établir un tableau de bord de conceptualiser le phénomène étudié, ce qui suppose de **modéliser des relations entre des causes** (conditions de travail, par exemple), des **comportements** (la motivation au travail, par exemple) et les **effets** sur lesquels on cherche à agir (taux d'absentéisme, par exemple).

De même, la construction du tableau de bord repose sur la sélection et la production d'indicateurs, qui ne préexistent pas de manière « naturelle », mais qui procèdent d'une construction spécifique. Certains indicateurs s'imposent aux entreprises parce qu'ils sont **définis par le cadre réglementaire** ; à cet égard, les indicateurs obligatoires du bilan social font l'objet d'un arrêté, qui définit pour chacun de ses chapitres les informations obligatoires. Par exemple, la mesure de l'absentéisme est renvoyée à huit indicateurs distincts (voir Outil 5.5). Certains peuvent être réutilisés dans la perspective d'un tableau de bord social en fonction du problème abordé. Mais l'esprit du tableau de bord est plutôt de construire des **indicateurs *ad hoc***, souvent sous la forme de ratios. Pour poursuivre l'exemple de l'absentéisme, il est possible de calculer des ratios différents selon la nature du problème.

Outil 5.5 : Le pilotage de l'absentéisme

Indicateurs fixés par voie réglementaire à travers l'exemple de l'absentéisme

L'arrêté du 8 décembre 1977 fixe **la liste des indicateurs figurant dans le bilan social** d'entreprise (art. R2323-17). On y dénombre plus de 160 indicateurs, dont certains doivent être déclinés, par exemple, par catégories de salariés. Si l'on prend **le cas de la mesure de l'absentéisme**, on relève **huit indicateurs**, dont la plupart doivent être déclinés selon une **structure de qualification** détaillée, en trois ou quatre postes minimum : nombre de journées d'absence, nombre de journées théoriques travaillées, nombre de journées d'absence pour maladie, répartition des absences pour maladie selon leur durée, nombre de journées d'absence pour accidents du travail et de trajet ou maladies professionnelles, nombre de journées d'absence pour maternité, nombre de journées d'absence pour congés autorisés (évènements familiaux, congés spéciaux pour les femmes...), nombre de journées d'absence imputables à d'autres causes.

Exemples d'indicateurs de suivi *ad hoc*

- **Taux d'absentéisme** : nombre d'heures d'absence/nombre d'heures théoriques travaillées. Cet indicateur reste très général et vaut principalement dans une optique d'évolution dans le temps et de comparaison avec d'autres sites de l'entreprise ou d'autres entreprises, à supposer qu'elles aient retenu le même mode de calcul et la même définition de l'absentéisme.
- **Taux d'absentéisme par catégorie d'emploi ou par profil de salarié** (âge, ancienneté, niveau de formation, etc.) : nombre d'heures d'absence pour une catégorie donnée/nombre d'heures théoriques travaillées pour cette catégorie. Cet indicateur peut être utilisé pour voir si les comportements d'absentéisme diffèrent selon les catégories. Attention, les comparaisons inter-catégories ne peuvent être faites indépendamment d'une analyse des formes et des causes d'absentéisme.
- **Durée moyenne de l'absence** : nombre d'heures d'absence/nombre d'absences.
- **Importance des absences de courte durée** : nombre d'absences de moins de 3 jours/nombre total d'absences

Ces deux derniers indicateurs resserrent le problème sur la question des comportements et cherchent à savoir si l'absentéisme constaté reflète un « jeu avec les règles » (part importante des « petites » absences) ou bien des problèmes plus structurels.

Il peut être intéressant aussi de distinguer la part des **absences sur lesquelles l'entreprise ne peut pas agir** (dispenses syndicales, congés maladie, congés de maternité ou de paternité...) de celle des **absences sur lesquelles elle peut agir** (accidents de travail, maladie professionnelle, absences sans raison ou mal motivées, etc.), ce qui permet d'isoler **un taux d'absentéisme incompressible.** Tous ces indicateurs permettent de poser un diagnostic sur le problème initial, d'évaluer son ampleur et de faire des hypothèses sur les causes possibles. Il faut ensuite cibler le tableau de bord sur la cause considérée comme prioritaire et affiner son suivi et son analyse.

Comme le montre l'encadré Outil 5.5, la construction d'un tableau de bord consiste à faire **un choix parmi toutes les possibilités de représentation d'un problème sous forme d'indicateurs**. Quelle que soit la qualité de la construction retenue, la vision qui en ressort est nécessairement incomplète et imparfaite. Dans son champ d'application et utilisé avec discernement, un tableau de bord constitue un outil de **pilotage social** pertinent qui permet d'éclairer un problème et de se donner les moyens d'agir dans le sens voulu.

Le pilotage social est parfois associé au **contrôle de gestion sociale** et les deux approches peuvent se recouvrir partiellement. Le contrôle de gestion sociale est une spécialisation issue du contrôle de gestion général, qui s'est autonomisée en tant que discipline pour faire face aux besoins de quantification, de collecte et d'analyse des données sociales. Même si elle peut être portée par différentes philosophies du contrôle, la finalité reste globalement de maîtriser les dépenses sociales, les coûts financiers correspondants, et d'évaluer la performance de la gestion des ressources humaines au sein d'une entreprise. La prévision de masse salariale est en général au cœur de ses attentions. Dans les grandes organisations, la fonction peut être rattachée à la direction financière, à la direction du pilotage ou à la direction des ressources humaines. C'est une fonction qui analytiquement se distingue de la fonction RH, avec laquelle elle entretient des relations ambiguës : l'apport du contrôle de gestion sociale permet de produire une information quantifiée permettant d'évaluer les moyens et les effets de la fonction RH et ainsi d'en démontrer l'utilité, mais une approche excessivement quantifiée peut faire perdre de vue les dynamiques sociales, opérationnelles et cognitives qui font la particularité de la fonction RH.

2.3. Produire l'information dans un univers numérique : les systèmes d'information RH

a) Les SIRH et les données sociales de l'entreprise : nouvel outil, nouveaux concepts

La production massive de données autour de la masse salariale ou de l'ensemble des informations sociales pose la question de leur saisie, de leur mémorisation, de leur structuration, de leur extraction par requêtes ciblées, ou encore de leur analyse.

Le développement des possibilités de calcul et de stockage grâce aux technologies de l'information et aux technologies numériques et digitales a permis aux éditeurs de logiciels de proposer des solutions couvrant plusieurs des champs de la GRH, désignées aujourd'hui par l'acronyme SIRH (systèmes d'information des ressources humaines).

La gestion de la paie a été l'un des premiers domaines concernés, car offrant par nature un potentiel de gains de productivité substantiel grâce à l'automatisation des procédures. Les SIRH ont commencé ensuite par cibler, outre la paie, les tâches administratives et répétitives, comme l'administration du personnel (données de base), la gestion des temps et des activités (GTA), la gestion administrative de la formation, ou les recrutements (mise en ligne des postes à pourvoir, dépôt de CV, outils de sélection de CV). La gestion des carrières rentre aussi dans les possibilités des SIRH, notamment en ce qui concerne les règles de mobilité et de promotion, le recensement des compétences ou les revues de performance.

Si tous les grands groupes utilisent des SIRH aujourd'hui, les questions actuelles concernent :

- le niveau d'intégration entre les différentes « briques » d'un SIRH, au sein de la fonction RH elle-même, et entre la fonction RH et les autres composantes des systèmes d'information des organisations ;
- l'extension des SIRH à de nouveaux domaines RH, comme la gestion des « talents » ;
- la « démocratisation » des SIRH, c'est-à-dire leur diffusion aux entreprises de taille petite et moyenne ;
- la mise à distance, c'est-à-dire les SIRH en mode SaaS (*Software as a Service*) ; dans ce cas, des services plus ou moins standardisés sont proposés par un fournisseur extérieur et rendus accessibles par une connexion Internet.

b) L'évolution de la fonction RH de l'entreprise dans un monde numérique

Au-delà de ces tendances d'ordre technique, l'implantation des SIRH est synonyme d'enjeux importants pour la fonction RH, notamment parce qu'elle amène à repenser en partie la fonction et donne potentiellement un nouveau rôle aux salariés.

L'un des objectifs visés lorsqu'une entreprise recourt à un SIRH est la **recherche d'efficience pour la fonction RH**, c'est-à-dire la possibilité de traiter un nombre plus élevé de dossiers avec le même volume de personnel. Les SIRH permettent d'automatiser et de rationaliser les processus de base de la GRH, mais aussi de mutualiser les services RH au sein d'entreprises multi-établissements ou multi-sites, ou d'externaliser une partie de ces activités grâce au transfert de données. Ces facteurs sont de puissants **leviers de productivité** qui conduisent à interroger l'évolution de la fonction RH. En premier lieu, il s'agit d'anticiper et d'intégrer à la gestion des projets SIRH la question des **conséquences sociales** concernant des personnels qui risquent de se retrouver en surnombre par rapport à la situation antérieure. Il s'ensuit également un double mouvement concernant l'évolution de la fonction : d'une part l'**appari-**

tion de profils de techniciens RH, spécialisés sur des fonctions précises et rompus à l'usage des logiciels des SIRH, et d'autre part un **recentrage des services RH sur des activités requérant de l'expertise et vectrices de valeur ajoutée**, comme le dialogue social, les réorganisations ou le développement stratégique des compétences. Autrement dit, lorsque les SIRH ne conduisent pas à réduire les effectifs de la fonction RH, ils peuvent lui permettre de sortir de son rôle d'expert administratif et de renforcer ses rôles de champion des salariés, d'accompagnateur des changements ou de partenaire stratégique, et de se positionner davantage en « *Business Partner* » au sens d'Ulrich (voir chapitre 1).

Il ne faut pas occulter parmi les enjeux le rôle joué par les éditeurs de logiciels. Par le biais de solutions techniques, leur offre contient un **risque de normalisation des pratiques RH** des entreprises, en induisant une logique d'alignement des pratiques RH sur les outils proposés. Même si cela n'est pas la volonté au départ, les coûts et les lourdeurs supplémentaires liés au développement de solutions spécifiques sont vite dissuasifs. Pour le dire rapidement, l'informatisation s'accommode mieux de **process simplifiés et homogènes**, et les possibilités de paramétrages particuliers ne suffisent pas à éloigner le risque d'un appauvrissement des pratiques RH, ou plus simplement la **perte de marges de manœuvre** dans la conception et l'élaboration de la politique RH et de ses outils. Se pose, en outre, le problème de l'accès aux données et de leur confidentialité, que ce soit au niveau de la problématique de la **protection des données du personnel** ou de celle du risque de **diffusion de données confidentielles et stratégiques** concernant la politique RH d'une entreprise (sa politique de rémunération des hauts potentiels, pour ne citer qu'un exemple).

Enfin, au-delà des SIRH, la digitalisation de la fonction RH ouvre les voies d'une **redéfinition de la relation entre les services RH et les salariés**. L'automatisation des échanges et la possibilité d'un libre accès aux dossiers personnels (pour la mise à jour de données, par exemple) ou aux process RH (formation, mobilité, évaluation, bourses aux emplois internes, demande de congés, etc.) font émerger l'**idée d'un libre-service RH** à destination des salariés, accessible aussi bien sur le lieu de travail qu'à partir du domicile. Ces évolutions techniques s'accompagnent potentiellement d'une mutation profonde du rapport qu'entretiennent les salariés avec leur service RH : un rapport plus direct, plus autonome, **qui court-circuite potentiellement les relais traditionnels** comme les managers de proximité, les représentants du personnel ou les délégués syndicaux.

Cette optique est également à mettre en perspective avec les caractéristiques sociétales des générations qui arrivent depuis quelques années déjà sur le marché du travail : des niveaux de formation en moyenne plus élevés, des trajectoires moins uniformes, et des habitudes d'usage des technologies connectées. La digitalisation ouvre ainsi la possibilité d'un **salarié davantage « acteur »** et d'un **service RH concepteur d'un système d'outils** rendus accessibles par la technologie numérique. De l'existence de cette possibilité d'être davantage acteur de sa relation d'emploi, à l'avènement d'un salarié « client du service RH », dont on pourrait mesurer la « satisfaction » au regard de la façon dont on répond à ses « attentes », il n'y a qu'un pas qu'il faut se garder de franchir : dans le contrat de travail, le salarié reste avant tout rémunéré pour fournir une prestation pour laquelle l'entreprise lui demande des comptes (et non l'inverse).

Application 5.3 : La solution Sage People de l'éditeur Sage

Témoin de l'évolution de l'enrichissement de l'offre des fournisseurs de logiciels qui veulent sortir de leur image d'éditeur de fiches de paie et de concepteur de systèmes complexes utilisables seulement par les grands groupes, l'éditeur Sage communique sur un élargissement des possibilités de ses produits.

Sous l'impulsion de ses clients, qui souhaitaient avoir un outil plus complet pour piloter leur activité RH, l'éditeur a développé une solution destinée aux entreprises de plus de 200 collaborateurs entièrement dédiée à la gestion RH. Cette solution, Sage People, repose sur une plateforme PaaS (*platform as a service*) et promet de couvrir la majorité des processus RH des entreprises.

Sage People comprend trois modules : le core HR, le recrutement, la gestion des talents et de la performance. *« Le premier module regroupe les informations administratives des salariés, c'est-à-dire les dossiers du personnel, les données sociales, les rémunérations… Étant donné les informations qu'il contient, il peut évidemment être corrélé avec notre outil de paie ou celui d'un autre éditeur »*, précise Benoît Gruber. Le deuxième module est dédié au recrutement. Ses fonctionnalités sont, là aussi, classiques : description du besoin de l'entreprise ou du manager, rédaction d'une fiche de poste, publication, création d'une *short list*, planification des entretiens… Dans cette deuxième brique, un outil d'*onboarding* a également été intégré. Il permet aux nouvelles recrues d'être guidées dans les processus qu'elles doivent suivre lors de leur prise de poste. Le troisième module de Sage People, dédié à la gestion des talents et de la performance, comprend la fixation et la classification des objectifs, leur révision biannuelle, le suivi des formations, l'évolution des compétences, les plans de succession… « *Au sein de cette brique, nous permettons aux entreprises d'ajouter le* feedback *des collaborateurs, afin d'initier un processus de conversation continue* », indique-t-il.

Pour les trois modules de Sage People, les accès sont différenciés en fonction de chaque rôle : le RH, le manager et le salarié. Et c'est sur ce point que Sage compte se démarquer. Alors que le pilotage de cette activité est de plus en plus décentralisé, l'éditeur a souhaité associer toutes les parties prenantes, et pas uniquement les RH. « *Notre solution est très orientée collaborateur. Ces derniers peuvent mettre à jour leurs données, visualiser les rapports de leurs entretiens annuels, accéder à des informations sur un nouvel arrivant dans une équipe ou sur la politique en matière de rémunérations. Nous leur permettons également d'avoir une meilleure visibilité de leur parcours afin,* in fine, *de renforcer leur engagement vis-à-vis de leur entreprise* », explique Benoît Gruber. Le directeur marketing produit est confiant quant à l'avenir de cet outil. « *Le taux d'équipement des ETI en matière de pilotage RH n'est pas si élevé : beaucoup utilisent encore le papier ou des outils faits maison qui ne permettent pas de consolider un pilotage de manière globale* », conclut-il.

Source : d'après un article publié par Aurélie Tachot le mercredi 22 mars 2017, sur le site http://exclusiverh.com.

Questions : En quoi la solution logicielle proposée par Sage est-elle révélatrice de la façon dont les outils numériques peuvent transformer le rôle de la fonction RH ? Quelles limites peut-on imaginer à ces transformations ?

3. De l'information à la décision : la rationalité limitée

Il serait tentant de considérer qu'avec ses données sur les coûts de personnel, ses tableaux de bord sociaux et son système d'information optimisé, le DRH a les moyens de prendre des décisions optimisées au regard des objectifs qui lui sont fixés par sa direction générale, de concevoir des outils de gestion qui lui permettront de mettre en œuvre ces décisions et, idéalement, d'atteindre les résultats souhaités.

Ce fonctionnement rationnel et optimisateur doit immédiatement être relativisé, parce que l'examen des conditions d'exercice du métier de DRH montre que les processus de décision sont impactés par de multiples contraintes inhérentes à la fonction RH et que les décisions dans les organisations sont marquées par l'ambiguïté et les limites de la rationalité.

3.1. Les conditions concrètes des prises de décision RH

Décider, c'est choisir parmi toutes les actions possibles celle qui apparaît comme la plus pertinente pour atteindre le résultat souhaité en utilisant au mieux les ressources disponibles. Dans cette perspective, les données disponibles sur les dépenses de personnel, le coût et les résultats de l'activité RH proprement dite, et l'ampleur des phénomènes sociaux de différentes natures constituent des indicateurs précieux. Ils permettent à la fonction RH de s'inscrire dans une démarche de diagnostic, de choix et d'évaluation, et d'optimisation. Cependant, cette séquence optimisatrice mettant en scène un DRH rationnel et pilote de l'organisation humaine d'une entreprise depuis son « cockpit » de commande doit être relativisée.

Les décisions du DRH se prennent souvent dans des **contextes d'incertitude**, aussi bien en ce qui concerne l'évolution de l'activité de l'entreprise qu'en ce qui concerne les décisions stratégiques ou économiques susceptibles d'être prises par les propriétaires. Les reconfigurations et restructurations liées à des rachats ou fusions d'entreprises impactent ainsi considérablement l'activité de la fonction RH et illustrent par exemple cette difficulté à s'inscrire dans un horizon stabilisé.

Ses décisions se prennent aussi dans un contexte caractérisé par **le poids des interactions dans les dynamiques organisationnelles**, et en particulier celles concernant le système de gestion proprement dit et le système social. Les réactions des salariés, individuelles ou collectives, spontanées ou structurées, leur volonté de coopérer ou au contraire de s'inscrire dans des formes de résistance ou de conflictualité, que ce soit au niveau d'une entreprise dans son ensemble ou bien au niveau d'un atelier ou d'un service particulier, conditionnent le processus de décision et ses résultats. Ces interactions sont par nature imprévisibles, et génèrent des phénomènes émergents, qui représentent soit des contraintes nouvelles, soit au contraire des opportunités non envisagées initialement. Imaginer que les pratiques RH sont le résultat de décisions prises unilatéralement et mises en œuvre de façon linéaire est illusoire : toute la difficulté du management consiste à repérer les interactions sociales et à les intégrer dans la réflexion et le pilotage.

La difficulté d'optimisation des décisions RH provient également de son positionnement à l'**interface** de plusieurs acteurs, et donc **de plusieurs ensembles de valeurs, de priorités, de rationalité et d'objectifs**. Le DRH représente la direction, mais il est par définition au contact des salariés. Il peut considérer que l'intérêt même de l'entreprise et de ses dirigeants est d'aller vers une meilleure intégration des points de vue et attentes des salariés, et se trouver ainsi au centre d'une divergence de points de vue et d'intérêts à laquelle il doit trouver des issues. Il doit aussi se confronter aux attentes et logiques professionnelles des autres directions fonctionnelles : il doit ainsi convaincre sa direction générale que le dialogue social peut être créateur de valeur, le directeur administratif et financier que la dépense de formation est un investissement, le directeur de la production que la réalisation d'entretiens d'évaluation n'est pas une perte de temps précieux, ou le directeur de la qualité qu'une démarche compétence ne se limite pas à formaliser des procédures de travail. Par ailleurs, le DRH est lui-même un acteur, avec ses caractéristiques personnelles et son parcours professionnel, stratège de ses propres intérêts de carrière et d'évolution, ce qui ajoute à la variété des objectifs qui caractérisent les prises de décision dans le domaine RH.

Enfin, les décisions RH ne peuvent pas être abstraites des **contextes humains et sociaux, des tensions et des émotions qu'ils génèrent**. Que ce soit dans des perspectives satisfaisantes de développement personnel, d'action collective, de réalisation de projets individuels, ou dans des problématiques beaucoup plus lourdes de licenciements, de pression managériale ou de conflits, l'activité RH s'ouvre de fait au domaine des émotions. Dans ces situations, l'empathie est à la fois une force et une faiblesse, et il est peu probable que cela reste extérieur au processus de décision et n'affecte pas l'évaluation des différentes options possibles et leur classement sur une échelle de préférences.

3.2. La GRH confrontée à l'ambiguïté des décisions organisationnelles

Ces différents paramètres inscrivent pleinement les processus de décision RH dans le registre de la rationalité limitée, au sens où elle a été conceptualisée par Herbert Simon (voir Zoom 5.1).

Zoom 5.1 : Herbert Simon et la rationalité procédurale des décisions organisationnelles

Prix Nobel d'économie en 1978, Herbert Simon (1916-2001) est considéré comme l'un des fondateurs du principe de rationalité limitée. Ses travaux l'ont également conduit à étudier les procédures de décision et l'intelligence artificielle, ce pour quoi il a également été distingué par les plus hautes récompenses dans le domaine de l'informatique et des sciences de l'information. Le cœur de son travail sur la rationalité repose sur une **critique de l'hypothèse de rationalité parfaite** de la théorie économique néoclassique, caractérisée par la possibilité, face à une décision, de disposer de toutes les alternatives possibles, d'en évaluer les conséquences avec certitude, et de sélectionner parmi cet ensemble la solution qui maximise l'objectif initial. Le résultat d'un tel processus est optimal, ce qui conduit à parler de **rationalité substantive**. Simon a mis en évidence que cet optimum n'est pas atteignable pour les raisons suivantes : objectifs mal définis ; informations imparfaites ; capacités cognitives limitées des individus ; et situations réelles complexes, marquées par des interdépendances organisationnelles non maîtrisables *a priori*. Pour autant, rationalité limitée ne signifie pas irrationalité. À la rationalité substantive, Simon préfère une rationalité procédurale, qui se concentre sur la méthode mise en œuvre pour élaborer une solution et **qui permet d'aboutir à des solutions non pas optimales, mais satisfaisantes**. On peut concevoir l'ensemble des activités de gestion comme autant d'efforts consistant à mettre en place des procédures de décision (études de marché en marketing, règles comptables, systèmes d'évaluation du personnel). Les décisions ne sont jamais optimales, mais la procédure qui y conduit peut favoriser leur rationalité.

Source : d'après Simon, H. A, « Rational Decision Making in Business Organizations », *American Economic Review*, septembre 1979, pp. 493-513.

L'urgence et l'incertitude empêchent de rassembler toute l'information théoriquement nécessaire à l'analyse d'une situation. La multiplicité des acteurs impliqués et de leurs intérêts spécifiques écorne le mythe d'un objectif unique et fédérateur à l'aune duquel pourrait se juger la rationalité d'une décision. La complexité des phénomènes organisationnels et l'entrelacs des interactions qui les caractérisent compromettent la possibilité d'évaluer *ex ante* les conséquences des différentes options et donc de les classer dans un ordre préférentiel rationnel.

Le principe de rationalité limitée présenté au niveau individuel s'étend sous d'autres formes à l'échelle collective. En effet, des éléments comme l'impossibilité de définir un objectif unique et homogène, l'usage d'outils de gestion hétérogènes et non standardisés, ou encore le fait que plusieurs acteurs sont concernés à des moments divers des décisions RH, et peuvent entrer dans le processus ou en sortir en fonction de leurs intérêts du moment, rapproche les conditions de l'activité RH de ce que James March et Johan Olsen décrivent sous le terme d'**anarchie organisée** (voir Zoom 5.2).

Initialement observée dans le contexte des universités, cette situation se retrouve à chaque fois que les processus de décision suivent un chemin désordonné, entre ce qui relève des procédures d'un côté, et ce qui relève des alliances et des influences d'un autre côté. C'est bien le cas lorsqu'il faut décider quels seront les objets et les périmètres d'une négociation, la détermination d'un budget de formation, le déroulement concret des entretiens d'évaluation, etc. James March et Johan Olsen assimilent ces situations à un empilement aléatoire de problèmes, de solutions et d'acteurs, duquel sort, sans que cela soit prévisible, une configuration particulière, satisfaisante au moins pour un temps. La décision organisationnelle est alors profondément marquée par des négociations, des marchandages, une diffusion d'information plus ou moins complète et transparente, et des tentatives permanentes de persuasion. La rationalité limitée et l'ambiguïté créent une sorte de désordre au sein de l'organisation et dans la prise de décision RH. Elles ne mènent pas pour autant au chaos et attirent au contraire l'attention sur **des manières plus réalistes d'exercer les activités managériales en général, et les activités RH en particulier**.

Zoom 5.2 : Les aléas de la décision collective selon James March et Johan Olsen

James March (1928-) et Johan Olsen (1939-) assimilent dans certains cas les situations organisationnelles à des **anarchies organisées**. Ces situations apparaissent lorsque les décideurs ont des préférences floues et versatiles, lorsque la technologie, c'est-à-dire le moyen d'atteindre les objectifs, est mal définie et donc peu structurante, et lorsque la participation et l'implication des individus sont variables. Dans ces conditions, les univers organisationnels ne fonctionnent pas selon des procédures élaborées pour l'atteinte optimale de résultats identifiés et appliquées à la lettre par les individus ni selon des séquences problème-solution. Le processus décisionnel s'apparente plutôt à des jeux de négociations et de stratégies individuelles, à l'issue difficilement prévisible. Les auteurs parlent alors du **modèle de la poubelle** (« *garbage can* ») pour désigner la façon aléatoire dont se combinent les individus, les problèmes et les solutions. Dans ce fonctionnement, des problèmes restent sans solution, alors que des solutions servant les intérêts de tels ou tels acteurs seront proposées et éventuellement choisies lorsque la situation le permettra ou qu'un prétexte favorable surviendra. C'est alors la solution qui recherche un problème et non l'inverse.

Figure 2. Illustration du modèle de décision organisationnelle dit « de la poubelle ».

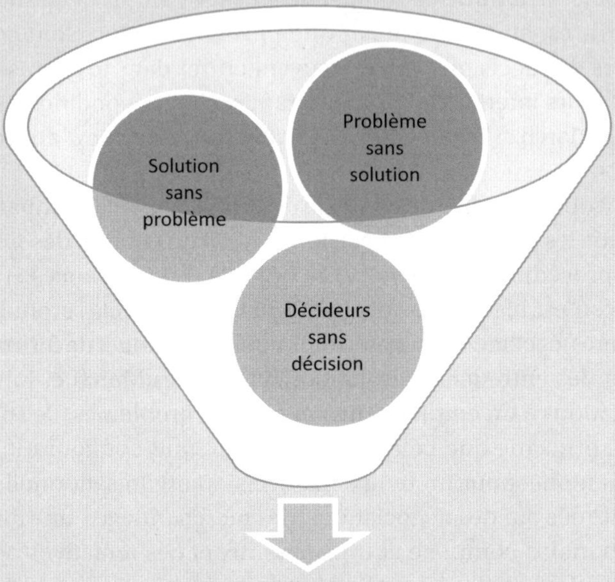

Source : d'après March J. et Olsen J., *Ambiguity and Choice in Organizations*, Bergen, Norvège, Universitetsforlaget, 1976.

Ce qui est en apparence désordonné est en réalité un fonctionnement normal de l'organisation, qu'il faut chercher à comprendre et à influencer, plutôt qu'à canaliser par la formalisation excessive de contrôles et de procédures qui, empilés de manière additive, finissent par ajouter à l'incohérence et à la perte de repères. La rationalité limitée et l'ambiguïté invitent à créer un contexte managérial attentif aux interactions et à la multitude d'actions ordinaires, à se préoccuper de la façon dont les décisions se forment plutôt qu'elles ne se prennent, et à se distancier du mythe du manager « héros », détenteur de la « raison » et porteur des grands changements (voir Application 5.4).

La prise de conscience des limites de la rationalité substantive met en évidence le fait que tout problème ne contient pas mécaniquement sa solution optimale et unique. En vertu du principe de rationalité procédurale, il est préférable d'être ouvert à la possibilité de plusieurs manières de faire satisfaisantes, et d'envisager des **processus d'élaboration progressive de solutions**, incluant des allers-retours et des validations partielles en cours de chemin.

Le modèle de la « poubelle » invite, quant à lui, à être attentif à la façon dont le flux de problèmes et de solutions se constitue, par qui et à quels moments il est alimenté. Il incite le manager en général, et le responsable RH en particulier, à se méfier d'une rationalité « stricte », à privilégier une intelligence de situation qui consiste à **saisir le moment où une pratique donnée peut satisfaire un nombre suffisant de personnes et constituer une avancée pertinente**. Par exemple, dans un atelier industriel exposé à un niveau de risque significatif, discuter des conditions de sécurité peut être un thème fédérateur qui permet éventuellement de traiter des questions d'organisation du travail qui n'auraient pu être abordées directement.

Enfin, ces approches soulignent la nécessité et la possibilité de stabiliser les comportements organisationnels par l'élaboration de règles, la pérennisation de routines, la constitution de repères symboliques ou factuels qui agissent comme des « programmes », économisant la dispersion d'énergies consacrées à surmonter les incohérences, et participant ainsi pleinement à la performance d'une organisation relativement à ses concurrentes.

Application 5.4 : Décisions et activités d'un DRH en pratique

Ce DRH, en fin de carrière, témoigne et fait le bilan. Il est passé par des secteurs très variés : de la banque à l'industrie, en passant par la prestation de services. Au fil des postes occupés, il a découvert les contextes de crise économique : réduction des effectifs, plans sociaux, fermeture de site, remise en cause des avantages ont alors fait partie de son quotidien. Il a essayé d'anticiper, d'accompagner toutes ces transformations pour éviter les casses, les drames, et aujourd'hui il estime qu'on gère encore les dommages collatéraux : mal-être au travail, méfiance du monde de l'entreprise, lourdeur juridique. « Faute d'avoir été accompagnateur du changement, nous sommes devenu accompagnateur du mal-être. »

Dès ses premières expériences, il a eu la conviction que la véritable force ou faiblesse des entreprises se situait dans leur capacité à organiser matériellement et humainement les forces du travail. Il ne savait pas encore qu'il allait devoir faire face aux désastres de différentes crises économiques, à la disparition de certaines industries, et que l'essentiel de son métier allait se dérouler dans une organisation permanente du changement et des transformations. La dimension humaine n'a pas été suffisamment prise en compte dans l'accompagnement du changement par les directions et son premier travail a souvent été de rappeler ces obligations humaines et de transformer des décisions purement financières en processus d'adaptation à l'homme.

Il s'est souvent épuisé à chercher des solutions pour sortir des conflits par le haut, a toujours essayé de traiter les problématiques locales au-delà des appareils en faisant confiance aux représentants locaux. Il se déplace, rencontre physiquement les personnes, car cela permet une communication directe. L'habitude de l'industrie fait qu'il commence ses journées tôt, lit ses mails et les extraits de la presse. Puis, quand les collaborateurs de la DRH commencent à arriver, il va les saluer, prendre un café, échanger sur les sujets d'actualité, transmettre les informations de la veille, discuter des actions en cours. Il lui arrive aussi d'improviser des réunions en urgence. En milieu de matinée, il a des réunions plus structurées sur des sujets qui concernent les autres directions, des problèmes individuels ou collectifs, des projets. Il profite du déjeuner pour rencontrer ses collaborateurs directs ou bien d'autres directeurs. Dans ces différents moments, c'est avant tout l'échange qu'il recherche. Le début d'après-midi est généralement consacré aux études juridiques, aux réunions de travail avec les IRP comme le CE ou le CHSCT. Ces réunions prennent beaucoup de temps et leur préparation doit être aussi rigoureuse que précise. Il peut également se rendre dans les agences ou dans d'autres directions pour faire des points d'actualité. Les fins d'après-midi sont souvent l'occasion de rencontrer les membres du directoire ou le président, afin de faire le point sur un certain nombre de sujets.

Questions : À travers ce récit librement inspiré d'un témoignage réel, mettez en évidence les facteurs qui expliquent pourquoi les décisions d'un DRH ne relèvent pas de processus de décision linéaires de type diagnostic-analyse-solution-application-évaluation. Ces processus sont-ils pour autant inutiles dans sa pratique professionnelle ?

À retenir

- ✓ **Que ce soit pour prendre des décisions d'ordre stratégique ou pour ajuster tactiquement la politique RH, l'information à disposition des décideurs est cruciale.**
- ✓ **Sur le plan économique, le suivi de la masse salariale est important, car les charges de personnel constituent souvent le poste principal de dépense pour les entreprises.**
- ✓ **La rémunération des salariés dépend de plusieurs éléments : le poste occupé, la façon de tenir le poste (performance), la performance collective (rentabilité de l'entreprise) et d'autres éléments comme les avantages sociaux. Tous ces éléments constituent la masse salariale.**
- ✓ **La masse salariale évolue en fonction des décisions d'augmentation individuelle ou collective, mais également de façon moins contrôlée en fonction de l'évolution des effectifs, des politiques de promotions, de la rotation du personnel...**
- ✓ **La production d'information sociale et son organisation dans des tableaux de bord sociaux sont des activités importantes pour les DRH. Cela sert de base à la négociation avec les partenaires sociaux, mais permet également d'orienter et d'ajuster les pratiques RH en prévenant les écarts.**
- ✓ **Les technologies liées au numérique constituent une révolution en matière de production de l'information RH, ce qui permet de recentrer les équipes RH vers des tâches à plus grande valeur ajoutée.**
- ✓ **Même lorsque l'information est bonne, la décision RH reste très marquée par l'incertitude et les interactions sociales. Les décisions sont le résultat de micro-interactions sociales et de la confrontation entre les intérêts souvent contradictoires poursuivis par les différentes fonctions de l'organisation.**
- ✓ **Les décisions RH sont marquées par une rationalité limitée. Il serait illusoire d'imaginer que des décisions optimales sont prises. Elles sont tout au plus satisfaisantes. En revanche, les pratiques de GRH peuvent veiller à ce que les décisions soient cadrées par des procédures et des outils de gestion. On parle alors de rationalité procédurale.**

Chapitre 6

Mettre en œuvre les politiques RH

Objectifs du chapitre :

- ✓ **Comprendre la GRH comme un processus qui implique une pluralité d'acteurs.**
- ✓ **Comprendre l'écart entre les effets attendus des outils de gestion RH et leurs effets réels.**
- ✓ **Comprendre pourquoi les conflits constituent un élément de la dynamique organisationnelle.**
- ✓ **Connaître les mécanismes endogènes de production et de transformation des règles organisationnelles.**

Dans cette partie relative aux marges de manœuvre de la fonction RH, deux questions ont déjà été traitées dans les chapitres précédents. Par la première - « Quels sont les cadres juridiques et institutionnels avec et dans lesquels la fonction RH doit s'exercer ? » –, il s'agissait de comprendre comment l'activité RH s'articulait avec des dynamiques très structurantes, mais pour l'essentiel extérieures à l'entreprise. Par la seconde - « Quelles sont les caractéristiques des processus décisionnels de la fonction RH ? » –, il s'agissait d'évoquer les données utilisées pour alimenter les processus décisionnels, définir les orientations des politiques RH et organiser leur pilotage.

Ainsi, après l'analyse et la compréhension de l'environnement, et après l'analyse et la compréhension des données sociales internes, il convient à présent de s'interroger sur la mise en œuvre de la gestion des ressources humaines et sur la façon dont elle s'opérationnalise au sein des organisations.

En effet, la mise en œuvre de la gestion des ressources humaines dans les organisations n'est pas le seul fait du DRH, ni même de son service. Elle résulte, au contraire, d'une répartition des rôles entre des acteurs à la fois internes et externes. Il est alors nécessaire d'identifier ces acteurs et leurs rôles, et aussi de tenir compte des dynamiques culturelles qui les caractérisent (section 1). La mise en œuvre de la GRH se fait par l'introduction d'outils de gestion dédiés. Si ces outils sont conçus pour agir plus efficacement, ils ont aussi un rôle dans l'émergence des représentations collectives (section 2). Enfin, l'organisation est traversée par des dynamiques sociales, de gestion et de régulation de conflits, dont la GRH doit tenir compte (section 3).

1. La pluralité des acteurs de la mise en œuvre de la GRH

Même lorsqu'il existe au sein des entreprises des services, des responsables ou des directeurs qui lui sont dédiés, la gestion des ressources humaines n'est pas un domaine réservé à ces seuls acteurs. En effet, les activités de GRH sont, par nature, **à l'interface des différentes fonctions de gestion**. Elles se situent au centre des problématiques :

- de financement (prise en charge de l'ensemble des dépenses de personnel) ;
- de production (intégration du travail dans les processus d'activité) ;
- de stratégie (recherche de cohérence entre les compétences stratégiques et les compétences du personnel) ;
- de qualité (développement de processus garantissant le niveau de qualité) ;
- de relation client (développement dans le travail quotidien de la capacité à comprendre, attirer et fidéliser les clients).

La gestion des ressources humaines est également mise en œuvre par des acteurs positionnés à différents niveaux de centralisation. Elle doit **articuler la gestion de l'emploi**, qui suppose une vision d'ensemble et centralisée pour gérer les rémunérations, les carrières, les mobilités et le dialogue social pour sa partie la plus formalisée, et **la gestion du travail**, qui suppose une connaissance fine des activités et des comportements et qui ne peut être pertinente qu'aux niveaux les plus décentralisés, au plus proche du terrain et des salariés.

La mise en œuvre de la gestion des ressources humaines est ainsi distribuée auprès de plusieurs acteurs internes. Elle se partage aussi avec des acteurs extérieurs à l'organisation, partenaires économiques ou institutionnels. À cette diversité d'acteurs internes et externes, s'ajoute la diversité potentielle des individus auxquels la gestion des ressources doit s'adresser, ce qui ouvre la perspective d'une approche pluriculturelle.

1.1. Une mise en œuvre impliquant plusieurs acteurs internes

La mise en œuvre de la GRH est un processus qui fait intervenir plusieurs acteurs internes. Plus **l'organisation est grande, et plus le nombre d'acteurs impliqués sera important** : la direction générale, la direction des ressources humaines, RH, les managers d'équipe ou responsables d'unités, les salariés, ainsi que leurs représentants. Dans le cas des PME, au contraire, les décisions RH relèvent du dirigeant, assisté éventuellement d'un responsable administratif.

La taille de l'organisation n'est pas le seul facteur explicatif. **Les choix managériaux concernant la place des ressources humaines dans l'organisation** sont également déterminants. Deux logiques existent, qui peuvent se combiner :

- La première consiste à répartir la fonction RH auprès de **spécialistes fonctionnels**. Au sein d'un service RH, placés sous la responsabilité d'un DRH, on trouvera ainsi des responsables RH et des assistants RH, qui interviennent chacun dans des champs spécifiques de la fonction : gestion administrative du personnel, gestion de la paie, recrutement, formation, mobilité et carrières, etc.
- La seconde consiste à confier des **missions RH auprès de personnels non spécialistes** de la fonction. Ainsi, un chef de service opérationnel pourra avoir la charge d'évaluer les besoins en formation de ses collaborateurs. Les raisons qui justifient une telle *décentralisation* de la fonction sont la proximité et la réactivité : le manager de proximité est censé avoir une bonne connaissance des personnels qui composent son équipe et, s'il est habilité à prendre certains types de décisions RH, le circuit d'information sera court et réactif.

L'**organigramme** est un bon indice de la place qu'occupe la fonction RH et du rôle qu'on lui accorde. En général, la fonction est séparée entre les missions d'administration et de gestion de la paie, celles relatives à la gestion des relations sociales, celles relatives à la gestion de l'emploi, et celles relatives au développement des compétences et à la formation. Mais il n'y a pas d'organisation type et chaque entreprise procède à sa façon. La consultation des organigrammes est toujours très instructive en ce qui concerne l'importance accordée à la GRH dans l'organisation, et la vision sous-jacente à sa mise en œuvre.

Les observations empiriques laissent penser que le partage de la fonction RH est un phénomène croissant. De fait, **la fonction RH s'enrichit et se complexifie** : la politique de rémunération par exemple, pour viser des objectifs de motivation ou de fidélisation, doit combiner des composantes variables et fixes, individuelles et collectives, récurrentes et ponctuelles. Concevoir et mettre en œuvre de telles règles de rémunération demande du temps et de l'expertise. La fonction RH doit également **s'élargir pour répondre à de nouvelles missions**, comme la mise en œuvre de la responsabilité sociale de l'entreprise, qui élargissent ses domaines d'intervention (voir chapitre 1). Par ailleurs, la fonction RH se « **technicise** » : de nouveaux outils de gestion RH apparaissent et se généralisent, comme les tableaux de bord sociaux, les logiciels dédiés, les systèmes d'information RH (voir chapitre 5)... Autant d'outils RH exigeants en termes de compétences. Enfin, la **fonction RH accompagne des évolutions organisationnelles** de plus en plus continues, et peut être à ce titre sollicitée pour contribuer à la mise en œuvre du changement au sein de l'organisation.

L'encadré Outil 6.1 présente les missions et les rôles qui peuvent être confiés aux différents acteurs des ressources humaines.

Outil 6.1 : Les principaux acteurs internes de la mise en œuvre de la gestion des ressources humaines

Acteurs	Principaux rôles
Direction générale	Définition de la politique sociale, en lien avec la stratégie de l'entreprise Organisation de la fonction RH Allocation des moyens à la fonction RH, évaluation de la fonction
Direction des ressources humaines	Conseiller la DG et soulever les « bonnes » questions Garantir la cohérence de la politique RH Représenter la DG dans le dialogue social Concevoir les dispositifs et les outils de la politique RH Transmettre ces outils auprès des managers et de l'ensemble des salariés
Managers	Assurer la responsabilité d'une équipe Faire remonter les informations de « terrain » auprès des responsables RH Mettre en pratique au sein des équipes les outils RH de l'entreprise (entretiens annuels d'évaluation, par exemple) Assurer la performance des équipes Assurer le développement des compétences des collaborateurs
Salariés	S'approprier les dispositifs RH qui les concernent Devenir « acteurs » de leur projet professionnel
Représentants des salariés	Veiller au respect de la réglementation sociale Peser sur et/ou contribuer à la définition de la politique sociale

Ce partage des rôles suppose un niveau élevé de **coordination** : les dispositifs doivent donc être conçus clairement et bien articulés entre eux. Ce rôle de conception et de formalisation, d'architecte, est dévolu à la direction des ressources humaines. On observe un besoin croissant de techniciens ou d'assistants RH. Sous l'autorité d'un responsable RH, ils mettent en œuvre les outils et les dispositifs RH.

La décentralisation de la fonction RH auprès de collaborateurs non spécialistes, comme les **managers** et chefs d'équipe, est croissante. Elle suppose des **actions de sensibilisation et de formation**. La gestion des absences, l'établissement des plannings de travail, l'évaluation, le recrutement, la gestion des objectifs et des primes sont des fonctions couramment décentralisées auprès des managers de proximité. Cette tendance transforme leur rôle en profondeur.

Le **salarié** lui-même est appelé à intervenir de plus en plus dans les processus RH. Il s'agit pour lui de comprendre et d'utiliser les dispositifs qui lui sont destinés, pour mieux appréhender sa situation professionnelle présente et pour se construire un projet. Par exemple, il peut à l'occasion des entretiens annuels faire valoir ses propres arguments sur l'évaluation de son travail, et formuler des vœux en matière de formation et d'évolution de carrière. Dans certains cas, les intranets sont utilisés pour fournir les informations nécessaires. C'est le cas, par exemple, des bourses d'emploi internes proposées par les grandes entreprises. Cette tendance est amplifiée par le développement des outils numériques (voir chapitre 5).

1.2. Une mise en œuvre impliquant des acteurs externes

a) Le rôle de conseil des acteurs externes, professionnels ou institutionnels

L'exercice de la fonction RH fait parfois appel à des partenaires extérieurs à l'entreprise, y compris des partenaires institutionnels, souvent dans un rôle de conseil ou de **co-construction de pratiques RH**.

Ainsi, pour l'élaboration et la mise en œuvre de son plan de développement des compétences, une entreprise peut faire appel à l'**opérateur de compétences (Opco)** de sa branche professionnelle. Celui-ci jouera alors un rôle de conseiller auprès de l'employeur et des salariés, et pourra permettre le financement des formations jugées nécessaires. D'autres acteurs peuvent aussi être sollicités, comme les **cabinets de conseil** (recrutement, reconversion professionnelle, etc.), les **auditeurs sociaux**, les **réseaux professionnels** (l'Association nationale des directeurs de ressources humaines, par exemple), les **organismes spécialisés** (l'Association nationale pour l'amélioration des conditions de travail, par exemple) ou encore l'**inspection du travail**. L'Illustration 6.1 examine la façon dont les organismes de branche contribuent à une gestion des ressources humaines qui dépasse les frontières d'une organisation particulière.

Illustration 6.1 : Le rôle des branches dans l'accompagnement de la gestion de l'emploi et du travail par les entreprises, le cas des industries chimiques

Le rôle des branches professionnelles tend aujourd'hui à s'élargir en passant d'une régulation normative traditionnelle au développement d'une fonction de services. Plusieurs configurations coexistent, dont l'une témoigne d'une dynamique d'anticipation en vue de mieux gérer les compétences et de faciliter l'organisation des mobilités intra et inter-branches. Lorsqu'ils sont ainsi impliqués dans des démarches de gestion prévisionnelle de compétences, les acteurs de branche facilitent leur mise en œuvre et leur diffusion dans les entreprises.

C'est la situation observée dans la branche des industries chimiques. Cette branche a été confrontée à une restructuration de son appareil productif depuis plusieurs décennies. Dans ce contexte, la formation professionnelle est perçue comme un levier déterminant de la compétitivité des entreprises, mais aussi de la sécurisation des parcours professionnels des salariés. L'investissement dans le champ de la formation professionnelle se matérialise notamment par une action volontariste sur l'offre de formation initiale : rénovation ou création de certifications (notamment des CQP), élaboration de passerelles entre les certifications de la branche et celles de branches connexes (industrie pharmaceutique par exemple). L'outillage en matière de formation est structuré et régulièrement révisé. Le moteur de cette démarche est la commission paritaire nationale de l'emploi et de la formation professionnelle (CPNEFP), qui exerce une fonction d'expertise technique et met des outils à disposition des entreprises et des salariés. Elle impulse une réflexion collective sur l'avenir de la branche et contribue à la construction d'une représentation commune. Elle mobilise pour ce faire l'observatoire des métiers, des qualifications et des compétences (OPMQC) dans une articulation entre outils de connaissances et politique emploi-formation (traduction opérationnelle). L'organisme paritaire collecteur agréé (Opca) reste quant à lui sur des fonctions de collecte et de gestion des fonds de la formation professionnelle. En matière d'accompagnement des entreprises, son rôle reste ainsi circonscrit aux dimensions gestionnaires et financières.

Source : adapté de « L'appui des branches professionnelles aux entreprises : trois logiques d'action », *Bref Céreq*, n° 338, septembre 2015.

b) Externalisation et mutualisation des services RH

L'entreprise peut choisir de confier, contre rétribution, une partie de ses activités RH à des prestataires de service extérieurs. C'est ce qu'on appelle l'**externalisation** de la fonction RH.

L'intérêt de cette démarche est de demander à des spécialistes de prendre en charge des segments de l'activité RH, pour lesquels elle n'a pas nécessairement les ressources ou les compétences. Par ce biais, l'organisation bénéficie de compétences pointues pour gérer les tâches quotidiennes de la fonction RH, ce qui est important dans des domaines très techniques et réglementés, comme la gestion de la paie. Cela permet à l'entreprise de se concentrer davantage sur les activités proches de son cœur de métier.

La paie, le recrutement et la formation sont des activités que les entreprises de taille petite ou moyenne ont tendance à externaliser, mais d'autres fonctions commencent à l'être, telles que la gestion du temps et des activités, l'élaboration des tableaux de bord, l'organisation des opérations de vote aux élections professionnelles, etc. L'externalisation permet aussi de transformer des dépenses fixes (rémunérer des emplois et développer une activité interne) en charges variables, ajustables selon la conjoncture. L'externalisation permet, par exemple, de ne pas rémunérer de spécialistes du recrutement lorsque la conjoncture économique est mauvaise et que l'entreprise ne recrute plus.

Outre les motivations internes qui poussent les entreprises à externaliser une partie de leur activité RH, des contingences externes accélèrent le mouvement : les possibilités offertes par les SIRH et le digital qui abolissent la distance physique, et le développement d'un marché sur lequel des prestataires extérieurs proposent une offre commerciale de plus en plus étoffée.

En contrepartie des avantages attendus, l'externalisation fait courir à l'entreprise le risque de perdre la maîtrise de processus clés, de voir se réduire ses marges de manœuvre, en termes d'adaptation à des contextes spécifiques ou de recherche de solution innovante, et de diffuser hors de son périmètre de contrôle des informations sensibles (voir chapitre 5).

Une autre tendance est celle des **centres de services partagés**. Ce sont des entités internes à une entreprise, qui centralisent une fonction, en l'occurrence les activités de gestion des ressources humaines, au service des autres entités de l'organisation. L'objectif est de mutualiser des moyens et d'aboutir, idéalement, à la fois à une réduction des coûts et à une montée en compétences par le biais de la spécialisation des équipes (voir Illustration 6.2).

Illustration 6.2 : Espoirs et réalisations des centres de services partagés en gestion des ressources humaines

Voilà une dizaine d'années que la plupart des grandes entreprises françaises et internationales ont choisi d'avoir recours à des centres de services partagés RH, symboles d'une nouvelle organisation RH basée sur l'efficience et la qualité de service. Le bilan est positif mais nuancé : « *Sur plusieurs aspects, les CSP ont répondu aux attentes, notamment en termes de productivité et de professionnalisation RH. La mise en œuvre de CSP RH a incontestablement permis des premiers gains de productivité et inscrit la filière administrative dans une logique de qualité plus affirmée. Mécaniquement la mutualisation de moyens permet des gains de productivité et induit une forme de capitalisation donc de professionnalisation* », note Yves Synold du cabinet Kurt Salmon. Les CSP RH ont aussi souvent permis une « mise à plat » des compétences et des emplois de la filière RH administrative. Le passage de petites équipes RH décentralisées vers des plateformes mutualisées de tailles significatives a permis une réelle gestion des compétences et des parcours professionnels, aussi bien sur les aspects techniques du métier que sur les dimensions managériales (gestion d'équipe, de projets de transformation, processus et pilotage). L'impact sur la motivation et le renforcement d'une identité professionnelle d'expert chez ces techniciens de l'administration du personnel est également favorable.

Cependant, l'efficience des CSP est fortement corrélée avec l'ambition qu'on leur a donnée, et les entreprises qui se sont limitées à centraliser leurs équipes RH sans déployer l'ensemble des leviers proposés ou exigés par la mutualisation constatent les limites d'une telle démarche. Certains groupes connaissent de réelles difficultés d'efficacité et de gestion de la relation avec les entités opérationnelles, difficultés liées à un manque d'harmonisation des processus et modes opératoires à une articulation entre les CSP, les RRH locaux et les clients peu structurée. On comprend mieux à quel point ces types d'organisations qui doivent répondre à de forts niveaux d'exigences sur de nombreux paramètres peuvent être difficiles à ajuster pour constituer un ensemble équilibré et efficient.

Source : d'après un article du 14 février 2014 sur https://business.lesechos.fr/directions-ressources-humaines.

1.3. La prise en compte de contextes multiculturels

S'interroger sur la mise en œuvre de la gestion des ressources humaines suppose aussi de s'intéresser à la variété des profils de ses acteurs, en particulier à la variété des profils culturels des collaborateurs.

Chaque **collaborateur d'une organisation est imprégné de ses propres valeurs, représentations et croyances**, issues de contextes nationaux ou de multiples influences familiales, communautaires, religieuses, politiques ou éducatives, pour n'en citer que quelques-unes. Qu'on parle de culture nationale ou de culture d'entreprise, ces valeurs et croyances sont à prendre en compte lors du déploiement d'une politique RH car elles déterminent la façon dont les initiatives sont perçues et reçues par les acteurs.

a) La culture organisationnelle

Une **culture organisationnelle** peut également se forger, de manière plus ou moins intentionnelle, notamment à travers l'existence de « mythes » (l'épopée revisitée de l'histoire de l'entreprise), de « héros » (des entrepreneurs fondateurs charismatiques), de « rites » (des cérémonies récurrentes et mises en scène pour accompagner les évènements symboliques) et de « tribus » (groupes se retrouvant dans une identité commune).

Comme le formule Edgar Schein en distinguant trois niveaux de culture organisationnelle (voir Zoom 6.1), il est **difficile d'agir sur la culture des organisations** et de leurs membres, car les composants les plus influents de la culture sont profondément ancrés chez les individus, échappant même à leur conscience. Dans ces conditions, il est plus efficace d'élaborer un **management qui tient compte des différences culturelles identifiées** que de tenter de transformer les cultures elles-mêmes.

Zoom 6.1 : Le modèle de la culture organisationnelle d'Edgar Schein

L'approche théorique de la culture organisationnelle chez Edgar Schein repose sur trois étages interdépendants : les croyances et hypothèses, les normes et les valeurs, les artefacts.

- Les croyances et les **hypothèses** forment le centre de la culture de l'organisation. Elles représentent ce que les membres de l'organisation croient profondément être la réalité, et sont inaccessibles consciemment.
- Les **valeurs** correspondent à ce dont les membres d'une organisation se soucient (loyauté, tradition, richesse, démocratie, etc.). Les membres d'une organisation sont davantage conscients des valeurs que des hypothèses fondamentales.
- Les **artefacts** sont les éléments visibles, tangibles et audibles de comportement, enracinés dans les hypothèses, les valeurs et les normes culturelles. Ils peuvent être des objets physiques, des manifestations verbales véhiculées par le langage écrit et parlé, des rituels, des cérémonies. Pour des personnes

extérieures, les artefacts sont les éléments les plus accessibles d'une culture organisationnelle, mais ils n'en sont que les signes et restent éloignés du véritable noyau culturel, composé des hypothèses et des valeurs.

Figure 1. Les étages de la culture organisationnelle selon Edgar Schein.

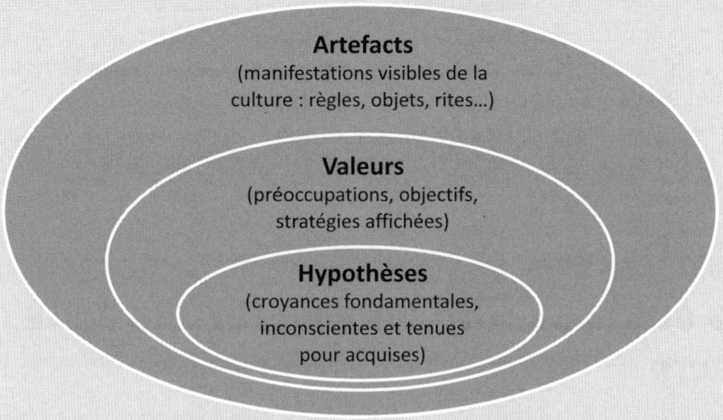

Source : d'après Edgar Schein, *Organizational Culture and Leadership*, San Francisco, Jossey-Bass, 1985.

b) Cultures et internationalisation des organisations

Le multiculturalisme des acteurs d'une organisation prend une dimension plus forte dans le cadre de l'**internationalisation des organisations**, que ce soit du fait des implantations géographiques ou bien de recrutements internationaux. La prise en compte de cette dimension est à l'origine de pratiques de **gestion internationale des ressources humaines** (GIRH). Celles-ci concernent différents domaines tels que la gestion de l'expatriation, la gestion des carrières et des rémunérations, les relations sociales, le management des équipes interculturelles ou encore les systèmes d'information RH. Traditionnellement, la GIRH s'est appuyée sur des grilles de lecture permettant de discerner plusieurs approches possibles, comme les différentes conceptions managériales de Perlmutter par exemple (voir Zoom 6.2).

Zoom 6.2 : Les différentes attitudes managériales possibles en matière d'internationalisation selon le modèle EPRG de Howard V. Perlmutter

Selon ce modèle, la gestion des cadres des entreprises multinationales est affectée par la culture des dirigeants et leur attitude vis-à-vis de la diversité internationale. Quatre types d'orientations sont identifiés :

- L'orientation **ethnocentrique** est celle dans laquelle le modèle appliqué aux filiales est celui de la société mère.

- L'orientation **polycentrique** est la plus décentralisée : chaque filiale est gérée comme une entité locale distincte.
- L'orientation **régiocentrique** se base sur l'identification de zones géographiques particulières à l'intérieur desquelles existe une relative autonomie de décision.
- Enfin, l'orientation **géocentrique** est celle qui consiste à intégrer les décisions de l'entreprise dans un système global de prise de décision et à ignorer la nationalité dans la gestion des cadres pour s'appuyer essentiellement sur les aptitudes et les compétences personnelles.

Source : d'après Howard V. Perlmutter, « The Tortuous Evolution of the Multinational Corporation », *Columbia Journal of World Business*, 4, 1969, pp. 9-18.

2. Les outils de GRH comme leviers de la mise en œuvre

Les outils de gestion figurent en bonne place parmi les leviers d'opérationnalisation de la gestion des ressources humaines. Dans le sens commun, un outil peut être défini comme un moyen au service d'une fin identifiée, qui permet, facilite ou améliore la réalisation d'une action. Dans le domaine de la gestion en général, les outils sont donc conçus pour aider à la conduite des organisations, et visent à améliorer les processus de prévision, de décision et de contrôle. Dans le domaine plus spécifique de la gestion des ressources humaines, un grand nombre d'outils sont ainsi élaborés, comme les bases de données sociales, les tableaux de bord sociaux, les entretiens d'évaluation, les grilles de classification, les fiches de poste, le règlement intérieur, le plan de formation, etc.

La définition commune d'un outil insiste également sur le fait qu'il s'agit d'un objet fabriqué destiné à agir sur la matière ou à réaliser un travail. L'outil n'a donc pas d'existence « naturelle »; **il est conçu et élaboré par certains et utilisé par d'autres**. Cette différence entre conception et utilisation est fondamentale pour comprendre que les outils de gestion ne permettent pas de parvenir systématiquement et automatiquement à une plus grande efficacité. Pour autant, ils permettent de faciliter la coopération entre acteurs ne partageant pas forcément les mêmes intérêts ni les mêmes représentations de la réalité.

2.1. Les outils comme constructions gestionnaires

Armand Hatchuel et Benoît Weil ont proposé une décomposition des outils de gestion en trois facettes distinctes qui mettent en lumière l'importance des choix des concepteurs des outils de gestion : le « substrat formel », la « philosophie gestionnaire » et la « représentation simplifiée de la réalité » (voir Zoom 6.3).

Zoom 6.3 : Les trois facettes d'un outil de gestion

Selon Armand Hatchuel et Benoît Weil (1992), les techniques managériales comptent simultanément trois dimensions. Ce sont d'abord des outils au sens premier, qui s'incarnent dans des formes concrètes ; les auteurs parlent alors de « **substrat formel** ». L'outil incorpore également la représentation que se fait son concepteur des buts recherchés, des moyens d'y parvenir efficacement, et des comportements attendus. Il y a donc une « **philosophie gestionnaire** » sous-jacente à toute élaboration d'outil de gestion. Enfin, l'outil est une « **représentation simplifiée du réel** », qui ne tient compte que d'une sélection de paramètres, d'acteurs et de relations.

Figure 2. Les outils de gestion comme réalités multiples.

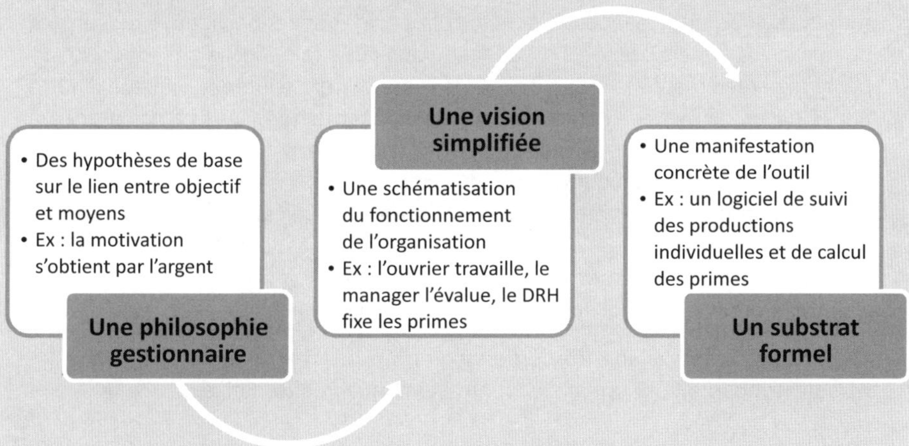

Source : d'après Armand Hatchuel et Benoît Weil, *L'expert et le système. Gestion des savoirs et métamorphose des acteurs dans l'entreprise industrielle*, Economica, 1992.

Le **substrat formel** est la **forme de l'outil**. Les outils se distinguent en fonction de nombreux critères qui peuvent donner lieu à de multiples arbitrages : l'outil peut être très complexe et détaillé, ou au contraire être un simple guide pour l'action, laissant une large marge de manœuvre à ses usagers. Il peut être destiné au plus grand nombre, ou à un petit cercle de destinataires ciblés. L'usage de cet outil peut être exclusivement individuel, ou bien servir l'animation collective. L'outil peut enfin prendre une apparence matérielle sous la forme de supports écrits, ou bien sous la forme d'un logiciel, ou encore sous celle d'un objet dédié comme un tableau de polyvalence affiché dans un atelier.

Par ailleurs, la **philosophie gestionnaire** renvoie aux **rationalités sous-jacentes à l'élaboration des outils de gestion**. Elle précise de façon implicite les objectifs à poursuivre et la façon d'y parvenir. En cela, il s'agit d'un jeu d'hypothèses sous-jacentes aux liens entre activités et performance individuelle ou collective (voir Application 6.1). Les outils de gestion donnent donc lieu à de nombreux débats. Par exemple, lorsqu'on débat de la question de savoir qui, dans un service ou un atelier, a accès à tel ou tel niveau de données dans le système d'information, l'issue de la réflexion dépendra du choix opéré entre le fait d'autoriser un large accès, et permettre ainsi d'améliorer la vision d'ensemble et de libérer les possibilités d'initiative, et le fait de garantir le contrôle de l'activité par un accès limité aux seuls responsables hiérarchiques. Ces choix ne sont pas fermés *a priori*, mais aboutissent à une construction contextualisée des outils de gestion très dépendante de la vision des concepteurs.

Application 6.1 : Les philosophies gestionnaires sous-jacentes au pilotage des centres d'appels

Lorsque dans certains centres d'appels téléphoniques, des écrans indiquent en temps réel la performance collective et la performance individuelle en termes de nombre d'appels passés, l'hypothèse sous-jacente est celle de l'efficacité du pilotage par les résultats d'une part et de la concurrence interindividuelle d'autre part. Cela signifie que le concepteur de l'outil estime que, dans ce cas précis, la performance individuelle est déterminante dans l'obtention de la performance collective. Mais dans un autre centre d'appels, le choix a été fait de plafonner la prise en compte du nombre d'appels : au-delà d'un certain nombre d'appels, la performance individuelle n'est plus valorisée car le responsable de site estime que cela se fait au détriment de la qualité de la relation client, ainsi qu'au détriment des dimensions collectives et de coopération dans l'activité.

Question : Imaginez une troisième façon de piloter l'activité des centres d'appels qui reposerait sur une philosophie gestionnaire alternative.

Enfin, les outils de gestion constituent une **représentation simplifiée de la réalité**, qui repose sur une modélisation volontairement sélective, donc réductrice du fonctionnement réel de l'organisation. Par exemple, des « boîtes à idées » installées dans un atelier sont destinées essentiellement à apporter des améliorations localisées à un segment du processus de production. Mais si on regarde le processus dans toute sa complexité, ce processus dépend lui-même d'autres services et d'autres acteurs, mais leur rôle est volontairement occulté dans le cadre de cet outil particulier.

Au même titre que dans les autres domaines de la gestion, les outils utilisés en gestion des ressources humaines ne sont pas donc **ni « naturels » ni « neutres »** ; ils cristallisent et reflètent les multiples choix, hypothèses et réductions qui ont conduit à leur élaboration. Ce sont des **constructions singulières et contextualisées**. En ce sens, les outils du taylorisme ne sont pas ceux du toyotisme, ni ceux de l'entreprise libérée :

- Le **taylorisme**, qui met en application les principes de l'organisation scientifique du travail, se traduit, même dans ses formes les plus contemporaines, par une **focalisation sur la prescription des tâches et le contrôle des temps**.
- Les outils du **toyotisme** gardent comme objectif la rationalisation des processus de production, mais insistent beaucoup plus sur **la fluidité des processus**. Cela

les conduit, par exemple, à introduire des outils de gestion de la polyvalence pour qu'un opérateur puisse s'adapter à des postes différents en fonction des flux de production, ou bien à introduire des dispositifs accélérant les changements d'outils dans les opérations d'usinage.

- Dans l'**entreprise libérée**, les outils sont **centrés sur l'homme et ses aspirations**, y compris en s'appuyant explicitement sur le rêve comme levier de motivation (voir Illustration 6.3).

Illustration 6.3 : La règle loto, outil de gestion dans l'entreprise libérée

« C'est le rêve qui entraîne les gens. La loterie est un jeu où tout le monde gagne peu, mais où tout le monde rêve ! Le succès du loto vient du fait que rares sont ceux qui gagnent mais ils gagnent très gros et donc tout le monde rêve de gagner gros. Fort de cette évidence, nous n'avons à FAVI que des "règles loto". Pendant des années, nous avions un trophée qualité interne dont le prix annuel était une voiture neuve de classe familiale moyenne.

Plus simplement pour récompenser le présentéisme, nous attribuons tous les 2 mois, par tirage au sort, parmi les gens de fabrication qui n'ont jamais été absents pendant cette période, 1 000 € à une seule personne et non pas 10 € à tout le monde. Notre trophée Kaizen est doté de prix de l'ordre de 10 000 €, etc. Cette règle est l'une des règles de base de notre système. »

Source : d'après le site Internet de l'entreprise FAVI, http://www.favi.com/management-favi.

Il est indispensable de mener une réflexion préalable à la conception d'un outil de gestion, de manière à en établir les **objectifs précis et les formes**, et de manière également à expliciter les **raisonnements qui justifient son efficacité** et qui sont censés le légitimer. Par ailleurs, l'élaboration d'un outil donne aussi l'**opportunité d'un apprentissage collectif** : établir des objectifs de performance, par exemple, suppose de s'interroger sur les formes de la performance, ses acteurs, ses critères observables, ou le niveau des cibles raisonnablement atteignables, autant de réflexions qui doivent mener à une meilleure connaissance de l'activité.

Il n'existe pas d'outils « tout faits », qu'il suffirait d'importer à partir d'un modèle mis en œuvre chez un concurrent.

2.2. L'appropriation des outils de gestion par leurs utilisateurs : une question de traduction

Comme tout outil, y compris pour les outils de bricolage dans le sens commun, l'outil de gestion correspond plus ou moins bien à une situation donnée, et son efficacité dépend en grande partie du savoir-faire de son utilisateur.

La compréhension d'un outil de gestion doit ainsi intégrer ses destinataires et ses usages. Le proverbe dit que « c'est à ses outils qu'on reconnaît le bon ouvrier » : les outils ne sont intrinsèquement ni efficaces ni inefficaces; **c'est dans l'interaction entre l'outil, son utilisateur et le contexte d'utilisation que réside la performance**. Le savoir-faire de l'utilisateur est déterminant, mais également sa volonté de coopération pour compenser les défauts de l'outil. De plus, les outils de gestion ont parfois des **usages détournés** (voir Application 6.2).

Application 6.2 : Les usages détournés des outils de gestion

Dans certains contextes, les managers de proximité appréhendent de faire passer des entretiens d'évaluation, notamment lorsqu'ils consistent à attribuer une note à leurs collaborateurs. Plusieurs explications peuvent être apportées :
- Ils savent que la performance de leur équipe est avant tout collective.
- Ils ne se sentent pas suffisamment légitimes pour se positionner comme évaluateurs.
- L'enveloppe financière qu'ils ont à leur disposition ne permet pas de récompenser significativement les efforts consentis.
- Les grilles d'évaluation dont ils disposent ne leur paraissent pas pertinentes au regard de la connaissance qu'ils ont de l'activité quotidienne.

Dans ces situations, il arrive que l'entretien soit transformé à leur initiative en un moment d'échanges approfondis avec les collaborateurs, dont l'évaluation et l'attribution d'une note proprement dite ne sont plus les enjeux principaux.

Question : Proposez une démarche alternative à l'entretien d'évaluation mené par le manager qui permettrait d'évaluer la performance individuelle dans un collectif.

Les outils de gestion des ressources humaines doivent donc être appréciés au regard de leur insertion dans un jeu d'interactions contextualisées. La sociologie de la traduction (voir Zoom 6.4) analyse ces situations comme des réseaux d'acteurs, et apporte une clé de lecture éclairante sur leur fonctionnement. Suivre ses propositions peut faciliter les processus de conception et d'introduction de nouveaux outils de gestion, en insistant notamment sur la nécessité :
- d'identifier le problème traité et d'en déduire qui sont les acteurs concernés;
- de préciser quels sont les intérêts respectifs de chacun des acteurs à « jouer le jeu »;
- de définir et d'attribuer à chaque acteur un rôle dans le fonctionnement du réseau;
- de s'appuyer sur des acteurs en particulier, des « porte-parole », pour défendre le projet et contribuer à sa diffusion.

Les outils de gestion représentent certes des leviers permettant d'opérationnaliser les décisions de gestion des ressources humaines, mais ils ne sont pas pour autant des instruments universels à l'efficacité garantie. Ce sont des constructions spécifiques, résultant des arbitrages réalisés par leurs concepteurs; leur efficacité dépend en grande partie des usages qui en sont faits par les différents salariés concernés par leur application, et des contextes dans lesquels ils sont implantés.

Zoom 6.4 : La sociologie de la traduction pour analyser l'introduction d'un outil de gestion

La sociologie de la traduction est également appelée théorie de l'acteur réseau. Elle a été conçue à partir des années 1980 par Michel Callon, Bruno Latour et Madeleine Akrich, initialement pour comprendre les conditions de production des idées scientifiques, mais ses propositions ont été largement reprises dans le champ de la gestion, en particulier sur les questions d'innovation.

L'idée essentielle est de considérer que **le monde doit être pensé en termes de réseaux** au sein desquels **des acteurs « humains » et « non humains » sont en interaction permanente**. Dès lors, l'introduction d'un nouvel outil de gestion s'analyse comme une série d'interactions successives entre les différents « acteurs » du réseau, c'est-à-dire l'outil lui-même mais aussi ses concepteurs, ses utilisateurs finaux ou les managers censés les diffuser. Ces acteurs n'ont aucune raison d'être spontanément en situation de se comprendre ou de vouloir agir de manière coopérative, et leurs relations vont opérer par une « **chaîne de traductions successives** ».

Dans un article célèbre portant sur la domestication des coquilles St-Jacques dans la baie de St-Brieuc, Michel Callon a montré que le processus de traduction, qui met en jeu des logiques de négociation, de rapport de force ou de persuasion, passe par quatre étapes :

- l'étape de **problématisation**, qui pose le problème initial et simultanément définit la composition du groupe d'acteurs concernés ;
- l'étape d'**intéressement**, qui correspond à l'élaboration d'une représentation de ce que sont et de ce que veulent les acteurs ;
- l'étape d'**enrôlement**, qui aboutit à la définition et à la coordination des « rôles », à la suite d'un processus tâtonnant, au cours duquel chaque acteur tente de rallier les autres acteurs à sa propre logique, par un large panel de moyens, allant de la menace aux transactions, en passant par la séduction, la négociation ou le consentement ;
- l'étape de la **mobilisation**, qui s'intéresse à la capacité des acteurs initialement concernés à être des « porte-parole », c'est-à-dire à élargir les résultats du processus de traduction au sein d'une communauté élargie.

Figure 3. Les étapes du processus de traduction.

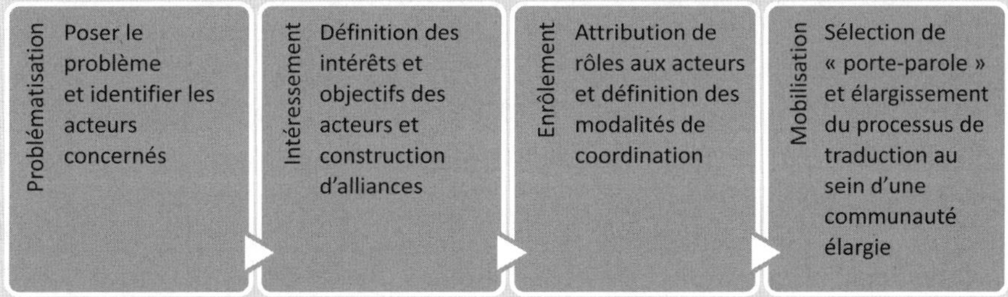

Source : d'après Michel Callon, « Éléments pour une sociologie de la traduction. La domestication des coquilles Saint-Jacques et des marins dans la baie de Saint-Brieuc », *L'année sociologique*, n° 36, 1986, pp. 170-208.

Comme le montre l'exemple de la pointeuse chez Airbus (voir Application 6.3), les acteurs de la gestion des ressources humaines ont tout à gagner à tenir compte de ces éléments lorsqu'ils élaborent de nouveaux outils et modifient les outils existants.

Application 6.3 : Le pointage comme outil de gestion à travers le cas Airbus

Le pointage en bleu de travail ne passe pas chez Airbus. De nouveaux débrayages sont prévus ce lundi sur le site Airbus de Nantes, alors que l'accord qui prévoit que des salariés pointent en bleu de travail et non plus en civil doit être examiné en CHSCT aujourd'hui. La direction de l'avionneur européen a confirmé la mise en place d'une nouvelle procédure de pointage sur ses chaînes pour « améliorer sa productivité » afin de faire face à la montée en cadence de sa production d'appareils. Un accord prévoit que le temps d'habillage et de déshabillage des ouvriers soit retiré du temps de travail. Dans les usines de Toulouse, Nantes, et Saint-Nazaire, les ouvriers se changeront désormais avant et après avoir passé les pointeuses, en échange d'une prime de 60 euros par mois en moyenne et trois jours de récupération en plus chaque année. Mais la CGT se mobilise depuis deux semaines contre cet accord. Environ 350 salariés ont débrayé mardi dernier.

Difficile de trouver un salarié bavard sur le sujet, « c'est tabou » souffle un employé de bureau. Cet ajusteur ne donnera pas son nom, mais pointer en bleu de travail en échange de 60 euros par mois et trois jours de congés par an, ce n'est pas un problème. « J'arrive en civil pour le moment, mais s'il faut arriver en bleu, j'arriverai en bleu. S'il y a une compensation correcte derrière et qu'on peut s'arranger comme ça tout va bien ». Julien sort de l'usine avec son bleu sous le bras, et pour lui, pas question de pointer en tenue, surtout quand il commence à 5 heures du matin. « Il faut que je parte dix minutes plus tôt de chez moi. Dix minutes de sommeil en moins, ça paraît ridicule, mais quand on est du matin, c'est énorme pour nous. C'est de la fatigue en plus, et le soir ça nous fait arriver plus tard. »

Ces positions exaspèrent le syndicat Force Ouvrière (FO). « Il y a des compensations, ça pourrait toujours être mieux mais qui a droit à ça dans ce pays ? On a signé un accord avec un temps d'habillage à vingt minutes, il ne faut pas se plaindre quand la soupe est grasse », explique le secrétaire FO du site de Nantes. « C'est une grève de riches », ajoute-t-il. La direction d'Airbus rappelle qu'ailleurs dans l'industrie, les compensations sont de 15 euros par mois en moyenne, quatre fois moins que chez l'avionneur. Le nouveau système de pointage sera mis en fonction dès le mois d'avril.

Source : d'après « Airbus : le pointage en bleu de travail ne passe pas », francetvinfo.fr, 22/02/2016.

Questions : Quels sont, dans le cas exposé, les éléments qui renvoient au « substrat formel », à la « philosophie gestionnaire » et à la « représentation simplifiée de la réalité » ? La théorie de la traduction permet-elle d'éclairer cette expérience de modification des règles d'usage de la pointeuse ?

3. La prise en compte des conflits et des régulations organisationnelles

Le travail et l'emploi dans l'organisation sont encadrés par diverses règles, qui permettent de stabiliser les rapports entre ses membres en fixant le contenu des activités, le partage des tâches, les formes de coordination, les modalités de contrôle et de reconnaissance. Cependant, compte tenu des intérêts propres à chaque membre de l'organisation, des désaccords surviennent inévitablement, ainsi que diverses stratégies consistant pour chacun à améliorer sa position. Les conflits sont donc, en ce sens, inhérents à l'organisation, et conduisent à des évolutions continues de ses règles. La transformation des règles peut résulter de processus de négociation ou bien de régulations qui s'opèrent directement à travers l'activité de production.

3.1. Les règles organisationnelles et la notion de régulation

Les règles qui encadrent le travail et l'emploi dans les organisations sont de natures multiples :

- Elles peuvent être **formelles**, comme des lois, des procédures, des accords, des règlements ou des outils de gestion.
- Elles peuvent aussi être **informelles**, contenues dans les routines, les coutumes ou la culture de l'organisation.
- Elles peuvent être portées par des **éléments physiques ou matériels**, lorsque des équipements ou des lieux structurent d'une façon ou d'une autre l'activité. Ainsi, des chaînes de montage dans l'industrie ou des *open spaces* dans les services sont des dispositifs qui incorporent, chacun à leur manière, des façons de diviser le travail et de le contrôler.
- Elles peuvent également résider dans des **normes ou labels** qui incarnent certaines représentations de la gestion de l'emploi (voir Illustration 6.4).

Illustration 6.4 : Les normes et les labels comme formes de règles organisationnelles

Le **label Diversité**, propriété de l'État, a été créé en 2008 pour prévenir les discriminations et promouvoir la diversité dans les secteurs public et privé. Il permet à la structure candidate ou labellisée d'évaluer ses processus de ressources humaines et de les modifier le cas échéant. Cette certification délivrée par AFNOR Certification reconnaît et fait connaître les bonnes pratiques de recrutement et d'évolution professionnelle valorisant la diversité dans la sphère du travail. Il cherche à lutter contre les mécanismes de discrimination, en examinant l'ensemble des critères définis par la loi : âge, handicap, origine, genre, orientation et identité sexuelle, opinions syndicales ou religieuses, etc.

Qu'elles soient formelles ou informelles, **ces règles ne déterminent pas strictement et définitivement le fonctionnement de l'organisation**. En ce qui concerne les règles formelles, la façon dont elles sont interprétées est prépondérante, de même que la façon dont cette interprétation est partagée. Une même règle peut ainsi prendre des sens différents selon les contextes et les acteurs impliqués. Par exemple, une règle qui indique à un vendeur comment se comporter avec un client ne produira pas systématiquement les mêmes effets selon les situations. De plus, ces règles formelles peuvent être révisées et réécrites en fonction de la redéfinition des objectifs ou bien suite à l'évolution des rapports d'influence entre les différents acteurs internes. Ce qui est vrai des règles formelles l'est encore plus des règles informelles : comme elles ne sont pas écrites, elles évoluent et se redéfinissent en permanence.

La **régulation** désigne ainsi le processus permanent de **production, d'évolution et de transformation des règles qui permet à l'organisation de conserver un fonctionnement suffisamment stabilisé** pour maintenir son activité, alors qu'elle est sujette à des variations permanentes de l'environnement et à des tensions internes.

3.2. Les conflits comme occasion d'apprentissage collectif

Les **conflits sont omniprésents dans les organisations**. Les intérêts sont hétérogènes et les enjeux sont importants. Le contrat de travail est un contrat de subordination, et une situation salariée est donc toujours une situation dans laquelle des individus se mettent à la disposition d'autres individus, dans un rapport hiérarchique, conformément à un cadre juridique établi qui précise le contenu de l'activité, le temps et le rythme du travail, ainsi que le niveau et les formes de rémunération.

Tous ces sujets sont des sujets sensibles car il y est question d'autonomie, de liberté et de reconnaissance et sur tous ces thèmes, les intérêts de l'employeur et du salarié s'opposent frontalement : l'intérêt immédiat de l'employeur est de disposer de plus de temps de travail, de manière plus flexible et à moindre coût, alors que celui du salarié est symétriquement inverse ; il en est de même pour l'ensemble des thèmes concernés.

Cependant, en dépit de cette opposition inhérente à la relation de travail, employeur et salarié ont un intérêt supérieur à ce que la relation perdure, car ils en tirent parti tous les deux. Une relation de travail est donc toujours marquée par cette **tension entre des intérêts naturellement divergents et la nécessité de faire durer la relation**, ce qui suppose une forme d'accord sur un modèle économique viable et pérenne.

Les conflits se présentent sous des formes diverses. Ils peuvent rester à l'état latent. Dans ce cas, les désaccords ne se manifestent pas de façon tangible, mais ils n'en sont pas moins présents et pèsent sur la qualité des relations. Les conflits peuvent aussi se manifester de manière très apparente. La grève en est une illustration (voir Outil 6.2), de même que les rassemblements, les manifestations, les pétitions, etc., qui sont des formes d'action moins contraignantes et pénalisantes que la grève, plus mobilisatrices au niveau des salariés ou de l'opinion publique.

Outil 6.2 : La grève

Cesser le travail pour défendre des revendications professionnelles est un droit reconnu à tout salarié. Tant qu'il est exercé dans des conditions normales (sans violence, séquestration, dégradations de matériel, entrave à la liberté du travail des autres salariés...), le droit de grève ne peut justifier ni sanction ni licenciement, mais il est en revanche susceptible d'entraîner une perte de salaire.
La grève est un arrêt complet du travail des salariés. Travailler au ralenti ou dans des conditions volontairement défectueuses, sans interruption véritable d'activité (« grève perlée »), ne constitue pas une grève véritable et peut être considéré comme une faute susceptible d'entraîner des sanctions disciplinaires. La grève a pour objectif de défendre des revendications professionnelles qui doivent être présentées à l'employeur (par les grévistes ou un syndicat) avant le déclenchement du mouvement. L'arrêt de travail d'un seul salarié n'est pas une grève, sauf si son action répond à un mot d'ordre national ou s'il est le seul salarié de l'entreprise.

Source : d'après http://travail-emploi.gouv.fr.

Les premiers théoriciens des organisations ont pensé que les conflits pouvaient être gommés par la référence commune à une norme de niveau supérieur, à savoir la science. Dans l'esprit de Taylor, l'organisation scientifique du travail est censée faire disparaître les conflits, puisque les conditions de travail, les rendements attendus et les formes de reconnaissance ne sont pas déterminés par un patron, mais par l'application de règles scientifiques objectives profitables à tous.

Très tôt cependant, à l'image de Mary Parker Follet (voir Zoom 6.5), la conflictualité est apparue comme inhérente au fonctionnement d'une l'organisation, en raison de la singularité des individus et des asymétries de position à l'intérieur des organisations. Ce qui pourrait alors apparaître comme une fatalité regrettable est au contraire présenté comme une opportunité : les **conflits** résultent de la coexistence de différents points de vue, de différents niveaux de connaissance du processus de production, et sont donc potentiellement **synonymes de richesse supplémentaire**. La capacité à reconnaître et à surmonter les conflits, à les réguler sans les nier et à en tirer un bénéfice devient alors une **compétence managériale essentielle**.

Zoom 6.5 : Mary Parker Follett, conflits, diversité et apprentissages collectifs

Mary Parker Follett (1868-1933) est une pionnière de la théorie des organisations. Elle a laissé une œuvre particulièrement novatrice en matière de compréhension des phénomènes de pouvoir, d'autorité et de conflit. Elle explique les conflits par des facteurs relatifs à la diversité humaine (chaque individu est unique) et aux asymétries de position et d'intérêt dans l'organisation. L'ouvrier n'a pas les connaissances ni les informations lui permettant de comprendre la stratégie suivie par sa direction, et, réciproquement, la direction est incapable de comprendre le déroulement d'une activité concrète de travail dont, au contraire,

l'ouvrier est le principal expert. Dès lors, un différend ne s'interprète pas en termes de « qui a raison » et « qui a tort », mais au regard de l'hétérogénéité des connaissances, des objectifs et des intérêts.
Cette hétérogénéité est une richesse, et l'imposition unilatérale d'un point de vue, que ce soit par un acte de pure autorité ou par un acte de communication (mieux « expliquer » des choses qui ne sont pas, au fond, remises en question), est un appauvrissement qui lèse le « perdant » tout aussi bien que le « gagnant ». Éliminer ou nier les conflits est donc une erreur pour Mary Parker Follett, car cela revient à éliminer la diversité. Dès lors il faut rechercher des voies « inventives », qui sans domination ni renoncement, permettent de faire évoluer la situation initiale vers une situation nouvelle qui intègre les différents points de vue et mobilise au mieux les différentes idées et connaissances.
L'intégration est présentée comme la meilleure des issues à un conflit, mais d'une part elle n'est pas toujours accessible (intérêts irréductibles) et, d'autre part, elle ne constitue qu'un apaisement transitoire. Le conflit n'est donc pas supprimé et reste inhérent à la vie des organisations. Pour leur plus grand intérêt, nous dit Mary Parker Follett !

Source : d'après Mary Parker Follett, « The Psychological Foundations: Constructive Conflict », *in* Metcalf (dir.), *Scientific Foundations of Business*, Baltimore, MD, The Williams & Wilkins Company, 1926.

3.3. La régulation par la négociation

Si les conflits sont inhérents à l'organisation et source d'apprentissage fécond, encore faut-il être capable de les canaliser pour éviter qu'ils ne dégénèrent en violence destructrice.

a) La recherche de l'expression des conflits

L'enjeu de l'expression des conflits est bien analysé à travers l'identification des réactions face au mécontentement, conceptualisée par Albert Hirschman (voir Zoom 6.6).

Les salariés ont trois options pour faire face à une insatisfaction :

- Le **retrait** présente peu de conflictualité, mais constitue une perte pour l'entreprise qui doit alors gérer un niveau de turnover important.
- Le **loyalisme** présente également un faible niveau de conflictualité, mais la relation s'appauvrit du fait que les points de vue ne sont pas exprimés, que les interlocuteurs potentiels ne sont pas identifiés, et que les détenteurs d'influence ne sont pas connus.
- La **prise de parole** est *a contrario* souhaitable pour ces mêmes raisons, mais elle présente le risque d'un niveau élevé de conflictualité.

Dans ces conditions, l'enjeu pour le DRH est de **créer les conditions d'un dialogue social régulé**, qui permettent de faire émerger des interlocuteurs pertinents, d'éviter les attitudes de retrait ou de résignation, et d'intégrer dans la dynamique organisationnelle les contributions des différents acteurs.

Zoom 6.6 : Les formes de réaction face au mécontentement selon Albert Hirschman

Albert Hirschman (1915-2012) est un économiste qui a mené des travaux pluridisciplinaires dans différents champs tels que l'économie du développement, la philosophie morale et politique, ou encore sur le lien entre motivations individuelles et action publique. Le triptyque *exit-voice-loyalty* est la contribution à laquelle il doit la plus grande part de sa notoriété. En se fondant essentiellement sur l'analyse du consommateur, Hirschman identifie trois grandes forces de réaction au mécontentement. La première est la défection (*exit*) : insatisfait, le consommateur achètera d'autres produits. La deuxième est la prise de parole (*voice*) : insatisfait, le consommateur se plaint auprès du service et fait connaître sa position. La troisième est le loyalisme (*loyalty*) : le consommateur reste fidèle à son produit, en ayant confiance dans le fait que l'entreprise fera évoluer son produit.

Si on les transpose aux situations salariées, la position *exit* correspond à une démission, la position *voice* correspond à un conflit exprimé sous une forme ou sous une autre, et la position *loyalty* correspond à une forme de fidélité et de confiance plus ou moins résignée dans la capacité de l'employeur à améliorer la situation.

Seule l'option *voice* est susceptible d'amener une information sur laquelle la situation peut s'améliorer. *Exit* et *loyalty* doivent donc être évitées.

Figure 4. Les réponses possibles à l'insatisfaction selon Albert Hirschman.

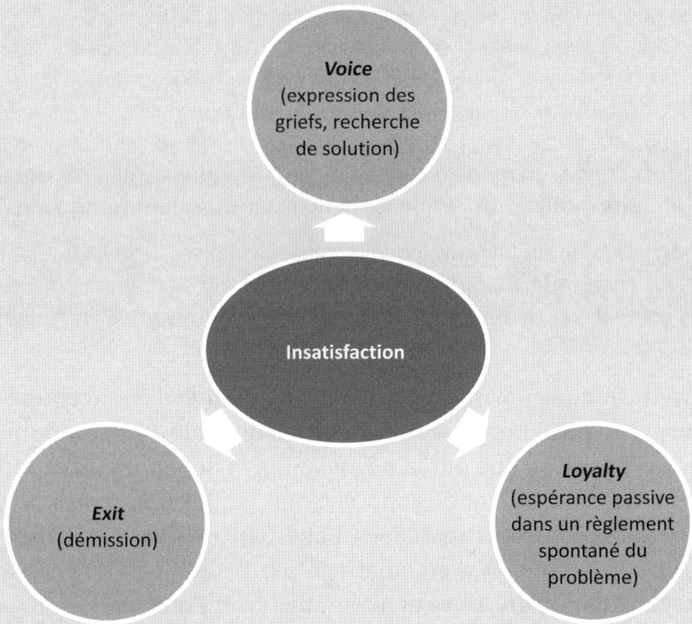

Source : d'après Albert Otto Hirschman, *Exit, Voice, and Loyalty: Responses to Decline in Firms, Organizations, and States*, Cambridge, MA, Harvard University Press, 1970.

b) La négociation créatrice de valeur

Face à des désaccords, plusieurs issues sont envisageables comme l'affrontement, l'acte autoritaire, le vote, le tirage au sort, la recherche de médiation, etc. La négociation est aussi une issue possible. Elle suppose que les acteurs en désaccord aient un intérêt à trouver une solution acceptable qui leur permette de continuer leur relation, et décident, volontairement, de rechercher les termes d'une telle solution.

Marquée par la tension entre des intérêts particuliers et un intérêt général, la négociation est une situation paradoxale dans la mesure où elle mixe des dynamiques conflictuelles et des dynamiques coopératives. L'intérêt de la coopération est de permettre d'améliorer globalement la situation, alors que la conflictualité se manifestera sur les questions du niveau des concessions et du partage du supplément de la valeur créée par la négociation.

Application 6.4 : La flexibilité comme terrain d'entente possible sur le temps de travail

Si un conflit oppose employeur et salariés sur la question du temps de travail, un terrain d'entente possible est la flexibilité. De nombreux accords contiennent ainsi des formes d'échange entre d'une part une durée de travail réduite ou contenue et, d'autre part, une flexibilité des horaires ou des jours travaillés en fonction des cycles d'activité. La **coopération** permet dans ce cas, d'une part, de maintenir le lien entre employeur et salariés et, d'autre part, de concevoir et mettre en œuvre un modèle économique plus performant. Mais ce même échange contient aussi **les germes d'une conflictualité**.

Du côté des salariés, il s'agit de savoir comment ne pas trop céder sur la flexibilité, en termes de mise à disposition et de prévisibilité du temps de travail. Du côté de l'employeur, il s'agit de savoir jusqu'où peut aller la concession en matière de temps de travail. Autre point, si cet échange permet effectivement de faire fonctionner un modèle économique plus performant, alors **qui en bénéficiera et dans quelle proportion de la richesse supplémentaire ainsi créée** ?

Question : En prenant comme modèle cette réflexion relative au temps de travail et à la flexibilité, quelle analyse pourrait-on faire du potentiel conflictuel et du type de solutions coopératives liés à la question du niveau des rémunérations ?

Bien souvent, aucune norme, aucun calcul ne permet d'énoncer une position de référence, un point d'équilibre, un arbitrage « raisonnable » ou « rationnel ». La solution ne peut se construire que par la négociation, et dépendra du rapport de force, de la philosophie de gestion et de l'appréciation par les différentes parties en présence de leurs gains et pertes respectives. L'alternance ou la coexistence des phases coopératives et conflictuelles a été analysée par Walton et McKersie à travers les formes de négociation distributive et intégrative (voir Zoom 6.7).

Zoom 6.7 : Négociation distributive et intégrative, selon Richard E. Walton et Robert B. McKersie

Les auteurs se sont appuyés sur la théorie des jeux pour analyser plusieurs modèles de négociation, dont les modèles de négociation distributive et intégrative :

- Les modèles distributifs sont des jeux à somme nulle, dans lesquels il y a donc de purs conflits d'intérêts. Ce que gagne une partie, l'autre partie le perd.
- Les modèles intégratifs sont des jeux à somme positive. Chaque partie tente d'augmenter le montant des gains communs indépendamment de la façon dont ils seront répartis.

Des modèles mixtes sont possibles, par exemple lorsqu'une phase intégrative ayant permis d'améliorer la situation globale et d'augmenter la valeur créée est suivie d'une phase distributive correspondant au partage, pas nécessairement équitable, des gains générés par l'amélioration de la situation.

S'engager dans une négociation intégrative suppose qu'un bon niveau de confiance préexiste entre les négociateurs, qu'ils aient une information partagée sur la situation et qu'ils puissent se mettre d'accord sur l'existence d'un bien qui leur serait commun et que la négociation pourrait valoriser.

Source : d'après Walton, R. E. et McKersie, R. B., *A Behavioral Theory of Labor Negotiations*, New York, McGraw-Hill, 1965.

La négociation est donc une possibilité de résoudre des conflits et d'améliorer le climat social. Ce premier aspect a déjà une valeur économique, puisque la baisse de conflictualité peut se traduire par une baisse de l'absentéisme, du turnover, des arrêts de travail ou, plus globalement, des comportements de retrait.

Mais la négociation est aussi une façon de faire évoluer les règles de travail et d'emploi en lien avec la redéfinition du modèle économique des entreprises. Elle est dans ce cas créatrice de valeur, parce qu'elle permet d'intégrer les différents points de vue et les différents intérêts dans les transformations des règles des organisations. La négociation devient alors un levier central de la conduite du changement, et **la compétence de négociation portée par la fonction RH peut prendre à ce titre le statut de compétence stratégique**.

3.4. La régulation dans l'activité de production

L'activité de négociation explicite n'est pas la seule voie de production et de transformation des règles de travail et d'emploi en vigueur dans l'organisation. Jean-Daniel Reynaud, à travers le concept de **régulation conjointe**, explique que l'activité courante de production est aussi une activité de transformation et de production de règles (voir Zoom 6.8).

Zoom 6.8 : Le travail comme activité de production et de transformation de règles, selon Jean-Daniel Reynaud

L'activité de production est structurée par des règles formelles, d'instructions élaborées par ceux qui ont, dans l'organisation, le pouvoir décisionnel. Jean-Daniel Reynaud leur donne le nom de **règles de contrôle**. Ces règles sont nécessairement **incomplètes**, car il est impossible de prévoir de manière exhaustive tous les évènements qui peuvent se produire dans l'activité d'exécution. De plus, les schémas ou représentations qui ont présidé à la conception des règles peuvent être erronés : les concepteurs des règles d'exécution ne connaissent pas le contexte de production de la même manière que ceux qui y exercent concrètement leur activité, et cela peut générer des **incohérences entre la règle et l'activité réelle**.

Dans ces conditions, pour que la production se fasse malgré les manques et les incohérences de la règle de contrôle, les « exécutants » doivent **faire preuve d'initiative** dans les situations non prévues, ou **contourner la règle lorsque celle-ci constitue un frein** ou un blocage. Ces initiatives, bricolages et contournements donnent lieu à l'émergence d'un ensemble de règles, informelles, que Jean-Daniel Reynaud désigne sous le terme de **règles autonomes**, qui tirent leur légitimité, y compris aux yeux des dirigeants, du fait que ce sont des règles efficaces, plus efficaces dans les conditions réelles que les règles de contrôle.

La coexistence de ces deux ensembles de règles donne lieu à une forme de négociation : les règles informelles produites par le groupe des « exécutants » leur permettent de revendiquer un certain niveau d'autonomie, que les encadrants tolèrent dans une certaine limite. Ce jeu entre contrôle et autonomie aboutit à une activité permanente de production et de transformation de règles qui constitue **la régulation conjointe**. Les règles ainsi produites portent aussi bien sur les **façons d'exécuter le travail** (procédures, cadences, répartition des activités, pauses et temps de travail, contrôles, etc.) que sur **sa reconnaissance** (modalités réelles d'évaluation, d'avancement, d'attribution de reconnaissances symboliques ou d'avantages divers qui constituent une monnaie d'échange).

Figure 5. Principe de la régulation conjointe de Jean-Daniel Reynaud.

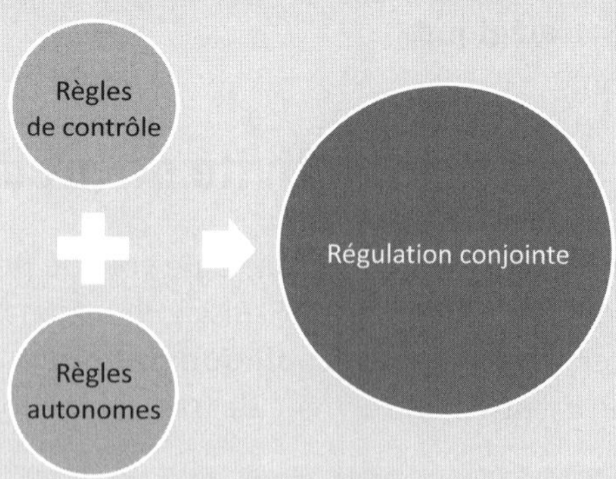

Source : d'après Jean-Daniel Reynaud, *Les règles du jeu. L'action collective et la régulation sociale*, Paris, A. Colin, coll. « U », 1997.

L'Illustration 6.5 permet d'observer comment le jeu des règles de contrôle et des règles autonomes engendre, dans le cours de l'activité, des modifications des conditions de travail ou d'emploi.

Illustration 6.5 : « Petits carnets » et régulation conjointe dans le cas AUTO

Dans une usine de production de moteurs d'un constructeur automobile, le choix a été fait de moderniser les ateliers d'usinage, en passant de machines-outils à commandes numériques classiques à des centres d'usinage à grande vitesse initialement utilisés dans des configurations de petites séries de pièces complexes.

Pour mettre en œuvre cette innovation, l'entreprise a décidé d'intégrer dans l'équipe projet des opérateurs d'usinage. Dispensés le temps du projet de leurs activités de production habituelles, ces derniers ont participé à la mise au point du nouvel atelier, avec les chefs d'atelier, les ingénieurs et le fournisseur des machines. Leur savoir-faire d'usinage a été indispensable pour passer d'une technologie à l'autre, en particulier pour analyser les défauts des pièces produites, en diagnostiquer les causes et concevoir les protocoles de réglages. Leur connaissance du métier dans les conditions concrètes de production a également été utile pour l'organisation globale de l'atelier, de son implantation et de ses flux. À cette occasion, il est apparu que chacun d'entre eux avait son propre « petit carnet », dans lequel il avait pris des notes sur les différents paramètres à mobiliser en fonction des commandes, des pièces à produire, des niveaux d'usure. Ces carnets étaient bien plus que des « pense-bêtes », et constituaient de véritables modes d'emploi personnalisés et contextualisés. Bien que tous les acteurs aient eu conscience de leur existence et que, régulièrement, les informations qu'ils contenaient aient fait l'objet d'échanges, ils sont restés essentiellement privés.

En termes de reconnaissance, la règle annoncée par l'entreprise était que la participation à l'équipe projet était en soi une reconnaissance et une motivation suffisante, et que cela ne donnerait pas lieu à une réévaluation des coefficients de classification. Dans les faits, tous les participants ont gagné au moins un coefficient.

La prise de conscience de l'existence de telles dynamiques influence la façon de concevoir le rôle de la gestion des ressources humaines. D'une part, en incitant à être attentif par rapport à ces régulations et à veiller, lorsqu'elles sont efficaces, à ne pas les détruire par l'imposition brutale de cadres normatifs exogènes, qu'ils concernent les façons de travailler ou les formes de reconnaissance. D'autre part, en intégrant dans sa propre façon de conduire le changement la possibilité de règles émergentes interagissant avec les règles de contrôle. Le changement ne doit pas seulement se planifier, il doit aussi s'accompagner.

À retenir

- ✓ **La mise en œuvre des décisions RH est rendue complexe par le fait qu'elle fait intervenir des acteurs multiples : managers des autres fonctions, lignes hiérarchiques, syndicalistes, salariés, acteurs externes à l'organisation...**
- ✓ **Ces acteurs sont animés par d'autres logiques que la logique RH. Ils ont leurs intérêts propres et sont portés par des cultures professionnelles, organisationnelles ou nationales qui constituent autant de facteurs d'incompréhension ou de résistance.**
- ✓ **La mise en œuvre des politiques RH suppose une étroite coopération entre ces acteurs.**
- ✓ **Les outils de gestion servent à piloter, coordonner, influencer le comportement des acteurs. Au-delà de leurs caractéristiques formelles, ces outils incorporent la philosophie gestionnaire de leurs concepteurs et véhiculent des représentations simplifiées de la réalité.**
- ✓ **La bonne mise en œuvre des politiques RH et le déploiement de ces outils supposent des efforts de « traduction » permettant de donner du sens à la politique RH auprès des différents acteurs et de susciter leur intérêt.**
- ✓ **Parallèlement, la mise en œuvre des politiques RH suppose que les acteurs soient susceptibles de transformer leurs conflits en occasions de coopération fécondes.**
- ✓ **Dépasser les conflits peut se faire par la négociation intégrative, de laquelle de nouvelles règles de gestion peuvent émerger.**
- ✓ **Mais les politiques et les règles de GRH émergent aussi des interactions de travail. La rencontre entre les règles officielles « de contrôle » et les règles « autonomes », plus officieuses, conduit à la création de règles faisant l'objet d'une tacite acceptation par les parties. Ce processus de création de règle est appelé « régulation conjointe ».**

Partie III
La gestion des emplois et des compétences

Littéralement, la GRH consiste à doter l'organisation des ressources humaines dont elle a besoin pour fonctionner de façon optimale. Il s'agit d'assurer le volume d'emploi permettant à l'entreprise de se développer et de répondre à ses marchés, sans peser excessivement sur ses comptes. Mais à cette logique quantitative s'ajoute immédiatement la dimension qualitative : ces hommes et ces femmes doivent également disposer des compétences nécessaires pour que le travail soit effectué convenablement.

Gérer les emplois et les compétences de l'entreprise s'inscrit donc dans une double logique de flux et d'entretien d'un stock : l'entreprise doit attirer les ressources dont elle a besoin et se défaire des ressources excédentaires, tout comme elle doit, en interne, se montrer capable d'affecter le personnel sur les activités qui se développent et réduire les effectifs de celles qui déclinent. C'est le rôle du recrutement et de la gestion des mobilités internes et externes. L'entreprise doit également développer et valoriser un « stock », et considérer que les salariés à titre individuel et collectif constituent un actif stratégique sur lequel peut reposer son avantage compétitif.

Application III : Mutations organisationnelles et gestion des mobilités à la Sanef

Prévoyant la disparition complète des barrières de péage à l'horizon des dix prochaines années, la Sanef a musclé son récent accord GEPP. Objectif : accélérer les mobilités volontaires pour éviter tout plan social.

Au cours de cette période, environ 180 personnes ont finalement changé de métier ou de site. Un bilan positif mais jugé insuffisant. Signé en avril dernier, le nouvel accord (2016-2019) prévoit des conditions de mobilité interne et externe plus incitatives. Pour définir des parcours, l'entreprise compte de plus en plus sur ses managers.

Objectif : accélérer la mutation de la Sanef sans casse sociale. Jusque-là, « *nous nous sommes beaucoup calés sur la démographie de l'entreprise* », explique Bertrand Gérard, directeur des ressources humaines de la Sanef depuis septembre 2011. Mais, actuellement, encore 600 personnes occupent des emplois « en décroissance ». À l'horizon des dix prochaines années, les péages sont voués à disparaître, avec les métiers qui y sont associés tels que les receveurs en cabine, les agents commerciaux, les techniciens de maintenance ou d'entretien. Pour permettre une sortie par le haut, la société autoroutière fait donc monter les enchères. Ainsi, entre 2013 et 2016, les partenaires sociaux ont plus que doublé la prime de mobilité fonctionnelle, qui passe de 1 700 à 2 500 euros brut. Pour les salariés occupant un emploi en décroissance, celle-ci s'élève même à 5 000 euros. Qu'ils concernent un changement de poste ou de site, ou l'accompagnement vers un emploi à l'extérieur, l'ensemble de ces coups de pouce financiers sont en hausse.

Reste à convaincre les salariés : un défi lorsque l'ancienneté moyenne atteint 18 ans. Prévoyant une « structuration du processus de l'entretien professionnel » dans l'accord GEPP, l'entreprise compte sur ses managers pour inciter des salariés à sauter le pas. Deux outils sont notamment à leur disposition. Le « passeport de compétences » doit permettre de faire le point sur ses acquis professionnels. La « fiche passerelle » fixe un plan d'action pour candidater à un nouveau poste. En interne, il est possible, par exemple, d'évoluer vers les fonctions support, les métiers d'entretien des autoroutes ou des centres de supervision qui gèrent à distance les péages. [...]

Fait encore « impensable » il y a quelques années, selon le DRH, la majorité des syndicats (CFDT, CFE-CGC, CGT, UNSA) a accepté d'accompagner cette transformation. « *L'entreprise a pris un engagement, celui de ne licencier personne* », relève Marc Bénier, délégué syndical central CFDT, second syndicat du groupe. L'accompagnement de fin de carrière mis en place par l'entreprise n'est pas étranger à l'adhésion des syndicats.

Source : d'après Catherine Abou El Khair, « Gestion des parcours : La Sanef dope les mobilités pour accélérer sa mutation », *Entreprises et Carrières*, 13 décembre 2016.

Question : Identifiez tous les chantiers qui s'ouvrent pour le DRH de la Sanef.

Deux hypothèses clés traverseront l'ensemble de cette partie :

- La première est que les ajustements de main-d'œuvre et l'évolution des compétences sont longs et coûteux. Une saine gestion devrait placer l'anticipation et le lissage des ajustements dans le temps au rang des priorités.
- La deuxième est que la « compétence » (capacités détenues par les salariés) est particulièrement difficile à définir, mesurer et observer. On ne sait jamais trop bien ce qu'on « achète » quand on recrute, ni d'ailleurs ce dont on a besoin. En revanche, on peut outiller la réflexion pour tenter de s'approcher finement du travail tel qu'il est effectivement réalisé. C'est l'intérêt des démarches compétences.

Sur ces questions, les enjeux sont énormes pour l'entreprise. Ils le sont également pour les salariés, dans la mesure où l'emploi est à la fois la garantie d'un revenu et le support d'un parcours de vie et de développement personnel. Les enjeux sont également importants pour la collectivité lorsque l'emploi et le développement territorial deviennent une priorité. Cette multiplicité des parties prenantes explique pourquoi ces activités font l'objet d'un encadrement juridique et institutionnel fort. Le chapitre 7 sera consacré à la gestion de ces flux de main-d'œuvre : recrutement et mobilités.

Mais les enjeux se situent également dans l'analyse fine et la gestion de l'activité de travail, au plus près des gestes, raisonnements et comportements adoptés par les salariés et les équipes, et qui soutiennent la performance d'ensemble de l'organisation. La notion de compétence fera l'objet du chapitre 8, dans lequel les méthodes de repérage et de mesure des compétences seront discutées.

Enfin, le chapitre 9 abordera la question du développement des compétences et des apprentissages individuels et collectifs qui fondent l'avantage compétitif humain de l'entreprise, et dont la GRH est responsable. Ce sera l'occasion d'aborder les questions de formation du personnel, mais également de repérer quelques pistes pour penser l'entreprise apprenante, c'est-à-dire l'entreprise qui par l'action s'améliore et s'adapte à son environnement.

Chapitre 7

Anticiper et organiser les flux de main-d'œuvre : recrutement et mobilités

Objectifs du chapitre :

- ✓ **Connaître l'enjeu de l'anticipation des mouvements de personnel et les principes de la gestion prévisionnelle des emplois et des compétences.**
- ✓ **Comprendre le recrutement comme décision engageante prise en situation d'incertitude.**
- ✓ **Identifier les liens entre gestion de l'emploi, gestion des carrières et gestion des mobilités.**
- ✓ **Comprendre les trajectoires individuelles et l'organisation des parcours professionnels.**

Les aléas conjoncturels font varier les besoins en main-d'œuvre. Parallèlement, les évolutions technologiques transforment le travail, détruisent des emplois et en créent de nouveau (voir Illustration 7.1). Une des missions principales de la GRH est de **maintenir l'ajustement au plus près entre les ressources humaines de l'entreprise et ses besoins** toujours évolutifs. Les enjeux sont économiques, mais aussi stratégiques : au-delà de l'impératif de maîtrise des charges de personnel, l'entretien des savoir-faire individuels et collectifs permet à l'entreprise de construire un avantage compétitif distinctif.

Ce chapitre reviendra sur les enjeux de cette adaptation. La gestion des emplois et des compétences est abordée classiquement comme la recherche dans la durée d'un équilibre entre les besoins et les ressources en travail. Il s'agit bien là de sa première finalité, et d'une mission essentielle de la fonction RH qui doit tenter d'anticiper les évolutions pour lisser les ajustements. C'est le principe de la gestion prévisionnelle des emplois et des compétences, dont un effet attendu est la prévention des licenciements (section 1). Les ajustements prévus pourront donner lieu à des recrutements (section 2) ou à des mobilités articulées autour des déroulements de carrière des salariés (section 3). Cette approche peut être enrichie en considérant que la gestion des emplois et des compétences a aussi comme finalité d'assurer la cohérence entre les ressources en travail et le type d'organisation mis en œuvre, et de contribuer à doter l'entreprise de capacités distinctives.

Illustration 7.1 : Peut-on prédire les effets du numérique sur l'emploi ?

Anticiper les mutations

Rien n'est écrit d'avance en matière de concurrence entre robots et travailleurs. D'un côté, les machines surpassent les hommes, même les meilleurs : le champion coréen de jeu de go Lee Sedol a perdu face au logiciel AlphaGo en mars 2016. De l'autre, elles créent des emplois : les métiers les plus recherchés en 2010 n'existaient pas en 2004 (*data miner*, *community manager*, etc.), comme le remarquait la start-up Wagepoint en 2013. France Stratégie prône une « concertation nationale » pour mieux organiser la « complémentarité » hommes/machines et « maîtriser les transitions ». D'ailleurs, même les études alarmistes appellent à anticiper les transformations de l'emploi.

Des prédictions contradictoires sur les destructions d'emploi

Une « grande incertitude » règne suite aux estimations des chercheurs sur les destructions d'emploi liées au numérique, estime *La Fabrique de l'industrie* en avril 2017. L'université d'Oxford a lancé un pavé dans la mare en 2013 : d'ici à vingt ans, 47 % des emplois dont les tâches sont répétitives pourraient être remplacés par des robots. Par la suite, des chercheurs ont relativisé ces prédictions, en analysant les évolutions potentielles des individus dans leur métier. Par cette méthode, au maximum 15 % des emplois seraient menacés sur le long terme.

Pistes d'adaptation existantes

Les moyens pour adapter les emplois aux mutations technologiques existent déjà. Reste à les développer.

La gestion prévisionnelle des emplois. Les entreprises qui emploient au moins 300 salariés sont concernées par l'obligation triennale de GPEC, conçue par le décret du 25 janvier 2017. Elle a pour objectif de mieux anticiper les effets sur l'emploi des mutations, notamment technologiques ou démographiques.

L'évolution des formations de gestion prévisionnelle des emplois. Elles mettent dorénavant l'accent sur les compétences numériques, techniques, sociales (travail en équipe, capacité d'écoute), cognitives (savoir résoudre des problèmes complexes, innover) ou personnelles (adaptabilité, esprit d'initiative, empathie).

La formation continue. L'évolution rapide des outils, des process et des métiers implique une adaptation des salariés en continu. Le compte personnel d'activité est l'un des moyens de suivre le rythme.

Source : d'après *Liaisons Sociales Magazine*, n° 182, 2 mai 2017.

1. Les principes de la gestion prévisionnelle des emplois et des compétences

L'objectif premier d'une gestion des emplois et des compétences est de faire en sorte qu'il y ait, dans la durée, un équilibre entre ressources en personnel et besoins liés à l'activité. Ce processus comporte une **dimension quantitative**, relative aux effectifs (de combien de personnels a-t-on besoin ?), et une **dimension qualitative** (quelles sont les qualités dont ces personnels doivent être dotés ?). Il comporte également une **dimension temporelle** : l'activité varie de manière continue dans le temps, en volume et en contenu, alors que l'évolution des ressources en travail s'inscrit dans des rythmes propres, de nature humaine, sociale et réglementaire, ou bien liés au temps nécessaire au développement des compétences. La gestion des emplois et des compétences s'inscrit donc nécessairement dans une **logique d'anticipation**, qui consiste à se projeter dans un avenir probable, puis à évaluer les écarts entre ressources et besoins en personnel à différentes échéances.

1.1. Anticiper l'évolution des ressources

L'analyse des ressources se fait en plusieurs temps :

- Il est nécessaire, tout d'abord, de prendre la mesure des **effets purement mécaniques** qui affectent le volume et la structure des effectifs. Un certain nombre de décisions passées auront un impact dans le futur, sans que de nouvelles décisions soient prises explicitement. Par exemple, des accords d'entreprise précisant des règles de promotion à l'ancienneté vont générer des passages de personnels d'une catégorie à une autre, affectant ainsi la répartition des effectifs par catégorie d'emploi.
- La prévision se complique lorsque les règles laissent des marges d'interprétation. Si les promotions sont liées aux résultats des entretiens d'évaluation, il est difficile d'anticiper sur le nombre exact de promus, et il faudra faire des **prévisions sur la base d'hypothèses** basses et d'hypothèses hautes.
- D'autres éléments de variation seront liés à des **choix individuels** difficilement maîtrisables, comme les départs volontaires, le moment où les salariés décident de faire valoir leur droit à la retraite, ou les stratégies personnelles d'évolution professionnelle. Dans ce cas, la prévision des ressources futures se fait sur la base de l'observation des comportements passés et sur une analyse actualisée des facteurs influençant ces comportements.

Pour anticiper ces mouvements, les services RH ont donc fréquemment recours à des **tableaux permettant de simuler les différents effets** qui affectent les effectifs (voir Outil 7.1). Les effets mécaniques prennent rapidement de l'importance. Cela signifie que l'activité RH de gestion anticipée des ressources en travail doit être exercée de manière continue, même en l'absence de phénomène nouveau susceptible d'en affecter l'évolution. Il est à noter que, historiquement, cette forme de gestion des effectifs est la première à apparaître, lorsqu'à partir des années 1950-1960, les grandes entreprises ou grandes administrations ont commencé à utiliser les calculateurs pour simuler les évolutions d'effectifs sur des volumes de plusieurs milliers de salariés.

Outil 7.1 : Exemple de simulation d'évolution des effectifs

Soit une entreprise dotée d'un effectif de 300 personnes, réparties en quatre catégories : cadres, techniciens et agents de maîtrise, employés et ouvriers qualifiés, et non qualifiés. Une observation de la pyramide des âges permet d'estimer les départs à la retraite probables à l'horizon de trois ans, et une analyse rétrospective permet d'estimer un taux moyen de départs par catégorie (démissions, licenciements). Par ailleurs, les accords et les usages internes permettent également d'apprécier l'ampleur des mouvements liés aux promotions.

Tableau 1 : Tableau de simulation d'effectifs

	Effectif constaté au 1er janvier de l'année N	**Nombre de mouvements anticipés à l'horizon de N+3**				**Effectif prévisible en N+3**
		Nombre de départs à la retraite	Nombre de départs (démissions + licenciements)	Nombre de promus issus de la catégorie inférieure	Nombre de promus vers la catégorie supérieure	
Cadres	31	8	0	4	0	27
Techniciens et agents de maîtrise	78	8	5	14	4	75
Employés et ouvriers qualifiés	122	12	10	9	14	95
Employés et ouvriers non qualifiés	69	15	9	0	9	36
Total	300	43	24	27	27	233

Dans cet exemple, les paramètres sont fictifs, mais pourraient correspondre de manière tout à fait plausible à des cas réels. Les données présentées montrent l'importance des effets mécaniques. Si aucune compensation n'est opérée, l'effectif de cette entreprise passera en 3 ans de 300 à 233 et, si certaines catégories sont peu affectées (techniciens et agents de maîtrise, par exemple), d'autres le sont considérablement (employés et ouvriers non qualifiés). Il convient de préciser que cette simulation ne se place que sur le plan des effectifs (approche quantitative) et non sur le plan des compétences ou des profils (approche qualitative).

1.2. Anticiper les écarts entre ressources et besoins

D'un point de vue opérationnel, la suite de la démarche revient à **imaginer les évolutions prévues en termes d'activité**, à déterminer les besoins en travail correspondant à ces scénarios, et à les comparer, période par période, aux ressources prévisibles. Ces comparaisons à différentes échéances permettent de procéder à des **diagnostics d'écarts** qui peuvent être de plusieurs natures : un excès ou un déficit d'effectifs, un excès ou un déficit de compétences, une inadaptation entre la structure des ressources (par site, par activité, par âge, etc.) et la structure des besoins.

Ces diagnostics d'écarts appellent des **régulations internes ou externes**. Dans les deux cas, les leviers de cette régulation sont multiples et peuvent être choisis parmi plusieurs domaines traditionnels de la GRH :

- Le **recrutement** permet d'intégrer de nouvelles compétences et de renforcer les effectifs.
- La **mobilité externe**, et donc la gestion des départs et des reconversions, permet d'ajuster les effectifs à la baisse.
- La **mobilité interne**, ascendante, fonctionnelle ou géographique, permet de faire face à des problèmes de déséquilibre structurel et d'agir sur la diffusion de compétences et de bonnes pratiques internes.
- La **formation** et les démarches de développement des compétences permettent d'ajuster dans la durée les compétences détenues aux compétences requises.
- La **politique de rémunération** peut être mobilisée, soit de manière restrictive, pour contrôler l'évolution de la masse salariale et desserrer la contrainte sur les effectifs, soit de manière expansive, pour constituer des contreparties incitatives visant à accompagner les efforts demandés en termes de mobilité ou de formation.
- Le **dialogue social** et la communication peuvent être mobilisés pour construire une interprétation de la situation, transmettre les principes qui guident la stratégie mise en œuvre et négocier les conditions des changements annoncés.

L'encadré Outil 7.2 représente ces principes généraux qui guident la conception d'une démarche de gestion des emplois et des compétences.

Outil 7.2 : Les principes d'une gestion prévisionnelle des emplois et des compétences

La figure 1 présente les étapes du raisonnement conduisant à la conception et à la mise en œuvre d'une GPEC.

Figure 1. Schéma général d'une GPEC.

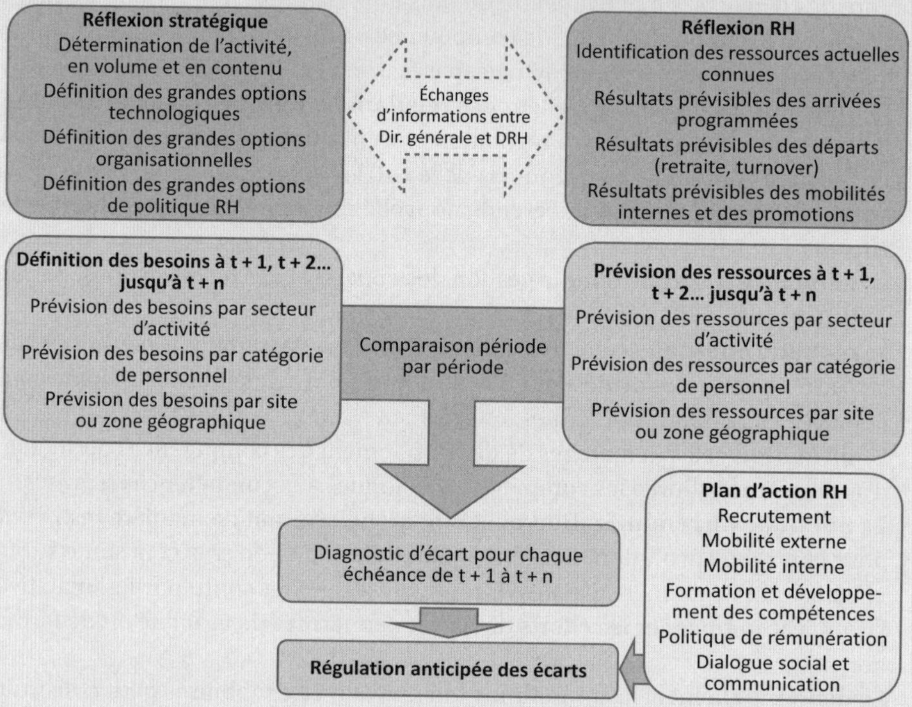

Si la démarche est bien balisée dans son principe, sa mise en œuvre est loin de correspondre à un déroulement mécanique et linéaire. Il s'agit au contraire d'un cheminement dans lequel plusieurs acteurs (actionnaires, dirigeants, salariés et représentants des salariés) interviennent directement ou indirectement. Ce processus d'élaboration comprend des **réflexions prospectives**, des normes de jugement, la **formulation d'hypothèses**, ou encore l'estimation des valeurs pour certains paramètres (niveau du turnover, par exemple). Depuis 2005, **la loi oblige les entreprises à organiser des négociations avec les partenaires sociaux** sur les orientations stratégiques et le processus de gestion prévisionnelle des emplois et des compétences (voir Outil 7.3).

Outil 7.3 : L'obligation de négocier sur la GPEC

Depuis la loi de cohésion sociale parue au Journal officiel le 19 janvier 2005, les entreprises de plus de 300 salariés ont une obligation triennale de négocier sur :
- la mise en place d'un dispositif de GPEC, ainsi que sur les mesures d'accompagnement susceptibles de lui être associées, en particulier en matière de formation, d'abondement du compte personnel de formation, de validation des acquis de l'expérience, de bilan de compétences et d'accompagnement de la mobilité professionnelle et géographique des salariés, autres que celles prévues dans le cadre d'un licenciement;
- les conditions de la mobilité professionnelle et géographique interne à l'entreprise;
- les grandes orientations à trois ans de la formation professionnelle dans l'entreprise et les objectifs du plan de formation;
- les perspectives de recours par l'employeur aux différents contrats de travail, au travail à temps partiel et aux stages;
- les conditions dans lesquelles les entreprises sous-traitantes sont informées des orientations stratégiques de l'entreprise ayant un effet sur leurs métiers, l'emploi et les compétences;
- le déroulement de carrière des salariés exerçant des responsabilités syndicales et l'exercice de leurs fonctions.

Dans ce processus, le rôle de la fonction RH se joue potentiellement de deux manières, non exclusives l'une de l'autre :

- Dans le premier cas, le rôle de **fonction support** consiste à évaluer les conséquences d'une orientation stratégique et de prévoir la mise en œuvre d'une politique RH alignée sur les nouveaux objectifs. Par exemple, si la stratégie conduit à utiliser de nouveaux équipements techniques ou à mettre en œuvre une nouvelle forme d'organisation du travail, alors il reviendra aux services RH d'identifier l'impact prévisible sur les effectifs et sur les compétences requises, notamment en concevant des scénarios pour préparer les décisions du comité de direction.
- Lorsque la DRH est impliquée en tant que **partenaire stratégique**, son rôle est d'identifier des moyens de valoriser plus efficacement le potentiel humain. La question est alors : « Comment créer une valeur supplémentaire en mobilisant mieux ou autrement les personnels de l'entreprise ? ». Par exemple, peut-on former le personnel du service après-vente et ainsi fidéliser les clients actuels ou en conquérir de nouveaux ? Peut-on utiliser les savoir-faire de production existants pour accélérer le rythme des innovations ? Existe-t-il des compétences détenues par les salariés mais non mobilisées, qui permettraient de monter en gamme ou de diversifier les marchés actuels ? Le service RH, par son activité courante, mais aussi par des actions intentionnelles d'évaluation des compétences et des projets individuels, est bien placé pour connaître le potentiel humain de l'organisation, et dans son dialogue avec la direction, il peut aider à identifier des opportunités stratégiques. La dimension stratégique de la GPEC sera rediscutée plus en détail dans les chapitres 8 et 9.

L'exemple de l'accord passé au sein du Groupe La Poste (voir Application 7.1) montre comment une transformation profonde de l'activité (dématérialisation des échanges et chute de l'activité courrier) impose à l'entreprise une réorientation stratégique impliquant une autre façon d'exercer la distribution du courrier et la recherche d'activités nouvelles. Il illustre particulièrement comment la dimension stratégique peut être articulée à la fonction RH, que ce soit à travers la négociation, la réflexion sur les métiers ou la conception des dispositifs de transformation et d'accompagnement.

Application 7.1 : Un accord de GPEC à La Poste

Dans un contexte de baisse de l'activité courrier liée à la dématérialisation des échanges, l'objectif du Groupe La Poste est de maîtriser ses effectifs et ses coûts, de maintenir un service de qualité, et de trouver de nouvelles sources de revenus. Les tournées des facteurs sont réorganisées, de nouveaux outils sont mis en œuvre. Par exemple, « Factéo » est un projet qui vise à doter les facteurs de smartphones leur permettant de collecter et de délivrer davantage d'informations et de multiplier les services proposés. Dans ce contexte, le Groupe La Poste a élaboré le plan stratégique « La Poste 2020 : conquérir l'avenir », qui « met le facteur humain et la confiance au cœur de la relation avec ses clients », en cherchant à optimiser la convergence entre les réseaux physiques et numériques.

Les métiers liés à la distribution de courrier seront considérablement impactés et c'est dans cette perspective qu'a été négocié l'accord « Un avenir pour chaque postier » (signé le 5 février 2015 par la direction et les organisations syndicales CFDT, FO, CFTC-CGC-UNSA), dans lequel La Poste s'engage à éviter tout dispositif collectif de départ contraint. Cet accord donne la priorité à la mobilité interne et au développement de parcours professionnels au sein des branches et entre les différentes branches ou filiales du Groupe. L'accord prévoit un accompagnement de la mobilité géographique et fonctionnelle (prime de mobilité, aide au changement de domicile) et différentes garanties (reprise d'ancienneté, minima de rémunération, absence de période d'essai, etc.). Il met également l'accent sur la formation, en fixant l'objectif de 80 % de postiers formés chaque année (100 % sur deux ans) et en programmant des parcours qualifiants, soit au sein du métier d'origine, soit vers un nouveau métier. La réflexion prospective se concrétise par la création d'un observatoire des métiers et des compétences. La Poste s'engage également dans cet accord à créer et à mettre à jour annuellement un référentiel commun à l'ensemble de ses activités, regroupant l'ensemble des fonctions au sein de filières et de familles professionnelles. La création d'une école RH interne est également prévue, dans le but notamment d'accompagner l'évolution des managers et des cadres.

Sources : d'après accord « Un avenir pour chaque postier » du 5 février 2015 ; rapport annuel public de la Cour des comptes de février 2016 ; communiqué de presse du Groupe La Poste du 5 février 2015.

Question : Si aucune des mesures prévues dans cet accord n'était mise en œuvre, quelles seraient les conséquences pour les postiers et pour La Poste ?

1.3. Prévenir les sureffectifs et les licenciements

Le raisonnement anticipé sur les besoins et les ressources futurs soulève le problème des sureffectifs, et si la profession RH a parfois mauvaise presse, c'est en grande partie lié au rôle exposé qu'elle joue dans la gestion des « plans sociaux » et des licenciements (voir Outil 7.4). Sureffectifs et gestion prévisionnelle des emplois et des compétences sont donc liés, cette dernière permettant à la fois l'anticipation et les régulations censées éviter le sureffectif. Il arrive aussi que la gestion prévisionnelle des emplois et des compétences (GPEC) soit dénoncée comme étant un moyen de déguiser un plan de sauvegarde de l'emploi (PSE), d'où l'acronyme ironique de « GPSE » parfois entendu.

Outil 7.4 : Gestion des licenciements

Un **licenciement pour motif économique** est effectué par l'employeur suite à la transformation/suppression d'un emploi ou suite à une modification, refusée par le salarié, d'un élément essentiel du contrat de travail, en raison de difficultés économiques (baisse significative des commandes, par exemple), de mutations technologiques (acquisition de nouvelles machines, par exemple), d'une réorganisation de l'entreprise nécessaire à la sauvegarde de sa compétitivité ou d'une cessation d'activité.

Toute entreprise d'au moins 50 salariés qui procède au licenciement pour motif économique d'au moins 10 salariés sur 30 jours doit élaborer un **plan de sauvegarde de l'emploi** (PSE), qui doit prévoir des mesures destinées à limiter le nombre de licenciements et à favoriser le reclassement des salariés dont le licenciement est inévitable. Il peut comprendre des mesures de reclassement interne, des créations d'activités nouvelles par l'entreprise ou le soutien à la création d'activités nouvelles par les salariés, des actions favorisant le reclassement externe à l'entreprise, des actions de formation ou de reconversion, des mesures de réduction ou d'aménagement du temps de travail ou de réduction du volume d'heures complémentaires.

Le contrat de travail peut, en cas de difficultés économiques, également être rompu sans licenciement par le moyen de **départs négociés**, dans le cadre d'un accord de gestion prévisionnelle des emplois et des compétences (GPEC), d'un plan de sauvegarde de l'emploi (PSE) ou d'un plan de départ volontaire (PDV). Pour que le départ négocié soit valable, le consentement du salarié doit être obtenu sans ambiguïté.

Enfin, sur un plan normalement différent, la **rupture conventionnelle** du contrat de travail à durée déterminée permet, depuis 2008, à l'employeur et au salarié de convenir en commun des conditions de la rupture du contrat de travail qui les lie. Les dispositions prévues pour la rupture conventionnelle ne sont pas applicables dans le cadre d'un accord de GPEC, d'un PSE ou d'un PDV. Les ordonnances Macron de 2017 ont consacré la possibilité de mettre en place des **ruptures conventionnelles collectives**. Le principe est le même que celui des ruptures conventionnelles individuelles, mais les modalités de départ font l'objet d'un accord majoritaire. Cet accord collectif du travail et de l'emploi détermine notamment le nombre maximal de départs envisagés, les conditions que doit remplir le salarié pour en bénéficier, les modalités de calcul des indemnités de rupture, ainsi que les mesures visant à faciliter l'accompagnement et le reclassement des salariés. Les ruptures conventionnelles collectives offrent un cadre très proche de celui du PSE. La différence principale réside dans le fait que la justification économique des suppressions d'emplois n'est pas obligatoire et que le volontariat doit être respecté.

Le sureffectif renvoie à l'idée d'une **main-d'œuvre excédentaire** par rapport aux volumes de production prévus. Toutefois, ce qui peut être vrai globalement n'interdit pas la coexistence de réalités contrastées au sein d'une même organisation :

- Ainsi, la perception d'un sureffectif global peut s'accompagner simultanément d'un sentiment ou d'un diagnostic de pénurie pour certains métiers, zones géographiques ou catégories d'âge. Des **mobilités internes** peuvent être envisagées pour redéployer les personnels des secteurs en surcapacité vers d'autres services ou activités.
- De plus, la perception d'un sureffectif résulte pour une part importante des prévisions sur les besoins en travail, et une telle anticipation peut être en tout ou partie compensée par la mise en œuvre des moyens permettant d'**ajuster le volume de l'activité** au niveau des ressources en personnel. La recherche de nouveaux contrats commerciaux, la conquête d'un nouveau marché, le lancement d'un nouveau produit sont autant d'efforts réalisables pour contrebalancer les effets de capacités de production excédentaires.

Par ailleurs, de nombreux leviers de **flexibilité interne ou externe** peuvent être activés avant d'évoquer des licenciements. Les CDD et les missions de travail intérimaires peuvent ne pas être renouvelés, et l'entreprise peut jouer sur des modulations de temps de travail (diminution des heures supplémentaires, chômage partiel, etc.).

Dans les faits, la GPEC ne permet pas toujours de prévenir les situations de sureffectif et les licenciements. Trois séries de raisons au moins peuvent l'expliquer :

- En premier lieu, l'activité peut atteindre un niveau tel que le **décalage trop important** entre ressources et besoins en travail ne soit plus gérable par des choix stratégiques alternatifs ni par les moyens de régulation internes et externes permettant d'éviter la situation de sureffectif.
- Ensuite, les régulations envisagées peuvent buter sur des **obstacles techniques** (outils de GRH insuffisamment efficaces) **ou sociaux** (impossibilité à partager le diagnostic entre les partenaires sociaux et à négocier des mesures de régulation mutuellement acceptées).
- Enfin, la baisse des effectifs peut tout simplement être un **choix des dirigeants**, soit qu'ils s'orientent délibérément vers une stratégie de *downsizing* (restructuration par réduction des effectifs), soit qu'ils s'y engagent sous la pression des actionnaires propriétaires et de leurs exigences de rentabilité. Comme les diminutions d'effectifs peuvent être menées relativement rapidement et la masse

salariale représente l'un des postes budgétaires les plus importants d'une entreprise, les variations d'emploi jouent souvent le rôle de variable d'ajustement permettant de restaurer ou de renforcer la rentabilité économique à court terme. Sur ce dernier point, la forte visibilité comptable du coût du travail génère des effets d'optique et peut conduire à sous-estimer le rôle des salariés dans le fonctionnement de l'organisation et la détention de compétences clés.

2. Le recrutement

Modalité principale d'ajustement des effectifs à la hausse, le recrutement peut être présenté comme le moyen par lequel une organisation attire, sélectionne et emploie de nouveaux membres. Avant d'en arriver à ce stade, il aura fallu que la décision de recruter ait été préférée aux solutions alternatives, internes ou externes : pourvoir un besoin de compétence par mobilité interne, augmenter les heures supplémentaires, jouer sur la flexibilité et l'annualisation du temps de travail si le besoin de main-d'œuvre est ponctuel ou saisonnier, recourir au travail intérimaire, recourir à un sous-traitant, etc.

Ce choix résulte de la **politique de recrutement** de l'entreprise, qui conduit d'une part à décider de recruter ou non, et d'autre part à orienter les grandes lignes du recrutement (type de contrat, niveau de qualification, choix en matière de diversité, stratégie de marque employeur, etc.).

L'essentiel de la problématique du recrutement repose sur le fait qu'il s'agit d'une décision engageante prise en situation d'incertitude. Pour maîtriser le risque inhérent à cette situation, la gestion du recrutement consiste à mettre en œuvre un processus de décision interne visant à diminuer l'incertitude, mais aussi à travailler en lien avec l'environnement de l'organisation, notamment sur le plan institutionnel.

2.1. Une décision qui engage l'organisation

Le recrutement est une situation qui engage l'organisation. Recruter est, en effet, une opération qui nécessite la **mise en œuvre de moyens financiers et humains**, et indépendamment des aspects réglementaires, se séparer d'un salarié une fois celui-ci recruté est coûteux, que ce soit d'un point de vue social, économique ou organisationnel. Par conséquent, il est important de maîtriser l'opération de recrutement. L'échec d'une décision de recrutement entraîne donc des coûts directs et indirects.

Il faut également prendre en considération l'**impact d'un recrutement sur la dynamique même de l'organisation**. La théorie des systèmes (voir Zoom 7.1) apporte ici un éclairage intéressant, car elle conduit à considérer le recrutement comme un moment d'échange entre l'organisation et son environnement, échange dont les influences internes s'exerceront durablement.

Zoom 7.1 : L'interprétation du recrutement sous l'angle de la théorie des systèmes

Jean-Louis Le Moigne est un spécialiste français de la systémique et l'auteur d'une œuvre ambitieuse à portée très générale, mais avec des applications dans les domaines de l'organisation, de l'information ou de la décision. De manière extrêmement simplifiée, il en ressort qu'un système est composé d'un ensemble d'éléments en **interrelation** les uns avec les autres, **ouvert** sur son environnement avec lequel il échange de manière **permanente**. À l'intérieur du système, des éléments de natures diverses, comme des individus, des outils de gestion, des équipements, des locaux, etc., sont reliés entre eux et s'influencent mutuellement à travers l'activité. Ces interrelations sont déterminantes pour comprendre la dynamique du système.

Les systèmes sont ouverts sur l'extérieur : ils importent des éléments présents dans leur environnement et, inversement, ils exportent dans l'environnement des éléments qui auront été façonnés en partie par leur passage dans le système. Ce double jeu d'interrelations (inter-éléments, et interne/externe) implique qu'une organisation ne peut être analysée indépendamment des échanges qu'elle entretient avec son environnement et qu'elle ne peut être saisie que dans une perspective dynamique.

Un recrutement, de ce point de vue, s'interprète comme une relation entre l'organisation et son environnement qui influencera durablement sa dynamique interne.

Source : d'après Le Moigne, J.-L., *La théorie du système général. Théorie de la modélisation*, Presses Universitaires de France, 1977.

Dans cette perspective, les personnes recrutées intègrent l'organisation avec leurs propres caractéristiques, liées à leurs origines sociales, leur classe d'âge, leur trajectoire dans le système éducatif et leurs expériences professionnelles antérieures. Une fois dans l'organisation, leurs caractéristiques individuelles se transforment à travers l'activité et les échanges professionnels. Réciproquement, leurs caractéristiques et leurs compétences spécifiques vont contribuer à faire évoluer les représentations, les façons de faire et les connaissances de l'organisation. Un recrutement revient donc sous cet angle à **importer dans l'organisation un élément doté de caractéristiques singulières exerçant des influences directes et indirectes sur son fonctionnement**. Ce phénomène peut être subi, dans le sens où les nouveaux recrutés incorporent de fait de nouvelles caractéristiques, mais l'employeur peut aussi choisir de l'utiliser comme un levier de transformation organisationnelle. Ainsi, l'évolution des concours de recrutement dans la fonction publique vise clairement à diffuser de nouveaux comportements et de nouveaux types de compétences en phase avec les objectifs déclarés de réforme de la fonction publique (voir Application 7.2).

Application 7.2 : L'évolution des concours de recrutement dans la fonction publique comme levier de transformation

Le recrutement par concours dans la fonction publique a évolué sensiblement dans les dernières années, les objectifs poursuivis étant de parvenir à une sélection moins académique des candidats, et moins centrée sur les connaissances et davantage sur les aptitudes, les compétences et la reconnaissance de l'expérience professionnelle. Pour y parvenir, plusieurs orientations sont prises, comme une meilleure communication sur les recrutements, de manière à atteindre davantage de candidats potentiels (création d'un portail de recrutement dédié au grand public, par exemple), une redéfinition des contenus des concours, des compositions de jury ouvertes à une plus grande variété de profils.
À titre d'exemple, la reconnaissance des acquis de l'expérience professionnelle (RAEP), apparue avec la loi du 2 février 2007, permet de remplacer une épreuve de concours par de nouvelles modalités de sélection permettant au candidat de faire valoir ses compétences et ses savoir-faire professionnels.

Question : Cette réforme des modalités de recrutement peut-elle avoir des conséquences sur le fonctionnement général de la fonction publique ?

2.2. Une décision en situation d'incertitude

Le recrutement est un acte qui engage l'organisation et pourtant, le recrutement d'une personne correspond à **une décision prise en situation d'incertitude**, plus exactement en situation d'**asymétrie d'information**. Il s'agit, en effet, d'une transaction qui porte sur un objet d'échange, le travail, dont le contenu est particulièrement difficile à spécifier : quels sont les domaines de compétence réels du candidat ? Quel est le niveau de ses compétences ? Quelles sont ses capacités d'adaptation ou son potentiel d'évolution ? Quelles sont ses perspectives de moyen et de long terme ? Quel est le niveau d'effort sur lequel il s'engage ? Ces questions, et bien d'autres, n'admettent pas de réponses certaines, d'une part parce que ces réponses ne sont tout simplement pas connues par les acteurs eux-mêmes et, d'autre part, parce qu'il n'est pas nécessairement de leur intérêt d'y répondre de manière transparente.

La théorie économique s'est intéressée à partir des années 1970 au problème des asymétries d'information (voir Zoom 7.2), notamment à travers les travaux d'Akerlof, en soulignant le risque de « **sélection adverse** » et l'inefficacité qui en résulte.

Zoom 7.2 : George Akerlof et le risque de sélection adverse

George Akerlof a obtenu le prix Nobel d'économie (avec M. Spence et J. Stiglitz) en 2001 pour ses travaux sur les marchés en situation d'asymétries d'information. Il est très tôt préoccupé par la question du caractère volontaire ou involontaire du chômage. Désirant proposer une alternative à la vision néoclassique qui qualifie le chômage de volontaire, car résultant du refus des personnes sans emploi d'accepter un salaire inférieur, il s'est penché sur la question des asymétries d'information.

Dans son article fondateur « The market for lemons » publié en 1970, Akerlof s'appuie sur l'exemple du marché des voitures d'occasion pour montrer que les marchés ne fonctionnent pas ou pas bien lorsqu'il y a des incertitudes pesant sur la qualité des biens échangés. En l'occurrence, parmi les vendeurs de voitures d'occasion, tous connaissent la qualité réelle du véhicule qu'ils proposent à la vente. À l'inverse, les acheteurs potentiels ne sauront pas faire la différence entre les « très bons produits » et les « moins bons » ou les « médiocres ». Ils n'accepteront donc pas de payer un prix élevé si le risque de tomber sur un véhicule « médiocre » est trop grand. Par conséquent, le prix s'établit à un niveau inférieur à celui qu'attendrait l'offreur détenteur d'un excellent véhicule d'occasion, ce qui incite les vendeurs de bons véhicules à les retirer du marché : les « mauvais produits chassent les bons ».

Source : d'après Akerlof, G., « The market for "lemons": quality uncertainty and the market mechanism », *The quarterly journal of economics*, Vol. 84, n° 3, 1970, pp. 488-500.

Transposé au marché du travail et à la problématique du recrutement, cela signifie que le demandeur (l'employeur qui cherche à recruter) aura tendance à ne pas proposer *a priori* le salaire correspondant à une personne réellement très compétente, car rien ne la distingue d'une personne moyennement compétente. Le niveau de salaire proposé risque donc de n'attirer que les « offreurs », les candidats moyennement compétents.

Pour sortir de cette situation d'asymétrie d'information, l'employeur peut jouer sur deux leviers complémentaires : le premier, interne, consiste à se doter d'un processus de décision qui limite au maximum l'incertitude inhérente au recrutement ; le second consiste à agir sur ou avec les institutions de son environnement pour sélectionner, trier et garantir les informations concernant les candidats aux emplois qu'il propose.

2.3. Un processus visant à réduire les risques

Il est devenu courant de présenter le recrutement comme un processus qui enchaîne un certain nombre d'étapes. Les représentations les plus courantes de ce processus détaillent jusqu'à huit étapes qui toutes peuvent être examinées de manière très précise. Dans la ligne des propos précédents présentant le recrutement comme un moment d'échange entre l'organisation et son environnement, c'est-à-dire ici le marché du travail, il est possible également de regrouper ces étapes en trois grandes phases :

- Une première phase est interne et consiste à définir le **besoin**, ainsi qu'à déterminer le **profil** du candidat.

- La deuxième phase correspond au moment de « contact » entre l'organisation et le marché du travail, et consiste à cerner les **sources de recrutement** pertinentes et à définir les formes de la **campagne de recrutement** proprement dite.
- La troisième phase est à nouveau une phase essentiellement interne, puisque c'est le moment où l'organisation **sélectionne** le candidat choisi et accompagne son **intégration**.

Figure 2. Les étapes du processus de recrutement.

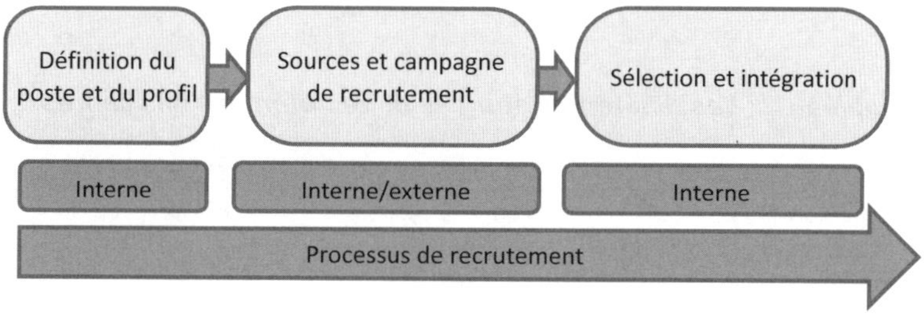

a) Définition du poste et du profil

La première étape, de **définition du poste**, doit aboutir à l'identification d'un besoin et à sa spécification. Il est important de souligner ici que cette spécification n'a rien de « naturel » ou de purement rationnel, dans la mesure où il existe plusieurs façons de répondre à un besoin identifié. Par exemple, faut-il privilégier un remplacement poste pour poste ou profiter d'un départ pour renouveler la définition des postes et réorganiser une partie du processus de production ? De plus, la définition du poste est le produit d'un jeu d'acteurs dont les intérêts ne sont pas identiques : les intérêts du manager de proximité (répondre à un besoin de production immédiat), du DRH (intégrer les nouveaux recrutés dans une politique d'emploi globale) et du directeur administratif et financier (maîtrise de la masse salariale) sont potentiellement contradictoires et conflictuels, et la décision finale en termes de définition du besoin est le résultat d'un processus partiellement politique.

Une fois le poste défini, la réflexion suivante concerne **le profil du candidat**, étant entendu qu'un même poste peut être occupé par différents types de profils, et que chacun représentera pour l'employeur des avantages et des inconvénients qu'il faudra peser. Envisager, par exemple, de recruter un jeune diplômé permettra probablement d'apporter des connaissances ou des méthodes actualisées mais peut, dans certaines situations, faire courir un risque de déstabilisation du collectif en termes de relations intergénérationnelles. Globalement, le risque associé à cette étape est de rédiger un profil de candidat qui ressemble à une « lettre au père Noël », cumulant les qualités, mais s'avérant peu réaliste au regard du marché du travail ou des ressources financières allouées à cette embauche, et faisant courir le risque de voir un grand nombre de candidats renoncer d'eux-mêmes à se présenter.

b) Sources et campagne de recrutement

Les **sources**, également appelées **canaux de recrutement**, renvoient aux différentes façons d'entrer en contact avec des candidats potentiels. Ces moyens sont multiples, comme le montre le tableau 2 qui porte uniquement sur les recrutements des cadres. La diffusion d'une offre et l'examen de candidatures spontanées restent les moyens les plus systématiquement utilisés, mais ce tableau nous renseigne essentiellement sur la variété des canaux. Ils ont chacun leur zone d'efficacité (en termes de tranche d'âge, type d'activité, zone géographique) et peuvent être utilisés de manière complémentaire.

Tableau 2 : Les différentes sources de recrutement des cadres

	2008	2018
Diffusion d'une offre	81 %	89 %
Examen de candidatures spontanées	52 %	58 %
Réseau de contacts du recruteur	48 %	55 %
Cooptation des salariés	31 %	43 %
Réseaux sociaux en ligne	12 %	53 %
Consultation de CVthèques	34 %	38 %
Chasse de candidat	21 %	32 %

Source : d'après APEC, Sourcing Cadres, édition 2019.

Il faut bien entendu relever la tendance à la hausse concernant le recours aux réseaux sociaux (de 12 à 53 %), qui rend compte de l'importance grandissante que prennent les technologies du numérique. Cette évolution est d'autant plus sensible que les formes traditionnelles transitent aussi en grande partie par Internet, que ce soit les offres d'emploi, les candidatures spontanées, les CVthèques... Le recrutement est donc entré de plain-pied dans l'ère du numérique, comme en témoignent les sites présentant des « *job boards* » (voir Outil 7.5).

Outil 7.5 : Les job boards *comme exemple de mutation des pratiques de recherche d'emploi*

Les *job boards* sont, littéralement, des tableaux d'emploi. Il s'agit de sites Internet qui originellement proposaient des listes d'offres d'emploi actualisées en temps réel. Aujourd'hui, leur offre de service s'est diversifiée, en proposant des CVthèques, des systèmes de veille et d'alerte, des fiches métiers, des fiches conseil (comment préparer un *assessment center*, par exemple), ou en se connectant avec d'autres moteurs de recherche. L'accès à ces services est gratuit ou payant selon les cas, et se différencie en fonction du demandeur (entreprise ou candidat).

JobTeaser en est un exemple : ce site a particulièrement travaillé son positionnement auprès des écoles et des universités.

Le *big data* et les algorithmes montrent que la numérisation croissante des opérations de recrutement ne consiste pas seulement à permettre l'accès à une information plus massive, mais correspond également à l'émergence de nouveaux comportements et de nouvelles opportunités (voir Application 7.3).

Dans cet exemple, le but visé par les utilisateurs du *big data* à des fins de recrutement n'est pas d'optimiser la recherche de profils prédéfinis en multipliant à l'extrême les sources d'information sur les candidats potentiels, mais de **faire émerger des profils inattendus**, repérables à des trajectoires ou à des expériences singulières. Dans cette perspective, la frontière interne/externe se fait moins précise, car la définition du profil n'est plus seulement le résultat d'un souhait identifié par l'employeur en fonction d'un diagnostic interne, mais résulte également des interactions entre ses besoins et des potentialités présentes sur le marché du travail, qu'il n'avait pas forcément anticipées.

Application 7.3 : Des algorithmes pour sortir des sentiers battus ?

Orange déploie actuellement un algorithme de recrutement. Au-delà du « matching » de compétences, la start-up en charge du projet promet de casser la logique des clones et des silos, de sortir des entonnoirs des diplômes et des parcours, et de trouver non pas « le mouton à cinq pattes » (celui qui cumule tous les critères des exigences posées *a priori*), mais la personne au profil insoupçonné qui pourtant remplira idéalement, et mieux encore, le rôle attendu. Pour y parvenir, un logiciel qui se fonde sur l'analyse de 250 millions de profils, de parcours et de sauts de carrière issus des informations (les « data ») prélevées sur les *job boards* et les réseaux sociaux. Envisagé dans un premier temps pour le recrutement des alternants, l'algorithme devrait à terme être utilisé comme une aide à la décision pour d'autres recrutements et les projets de mobilité interne.

Source : d'après *Les Échos*, 14 février 2017.

Amazon a testé pendant plusieurs années une intelligence artificielle pour trier les CV qui lui étaient envoyés. Mais très vite, le robot est devenu sexiste. Amazon assure que les conseils de son intelligence artificielle n'ont jamais été appliqués dans le recrutement, tout en reconnaissant que le robot était bien sexiste malgré lui. Le géant de la livraison à domicile avait en effet mis en place en 2014 un algorithme chargé de sélectionner les meilleurs CV. Mais la machine a pris l'habitude d'écarter les femmes. Après avoir tenté de corriger ce défaut, Amazon a abandonné le système.

Cette dérive serait due au mode d'apprentissage de ce type d'intelligences artificielles. Celles-ci « s'inspirent » en effet des éléments qu'elles rencontrent le plus souvent pour en dégager une règle. Or, la grande majorité des candidatures à Amazon des dix dernières années se trouvent être masculines. Le robot en aurait donc conclu qu'être une femme était un handicap et éliminé des CV sur cette base. Le système aurait, par exemple, abaissé la note de profils passés par une université exclusivement féminine.

Source : Francesoir.fr, 11 octobre 2018.

Question : Comment le numérique transforme-t-il les métiers traditionnels du recrutement ?

Le *big data* désigne la massification et l'exploitation des données qui circulent sur Internet, liées aux nouvelles capacités de stockage et de traitement des informations relatives aux salariés et aux candidats. Il est à l'origine d'une métamorphose encore en cours de l'activité de recrutement. Il a transformé le rôle des acteurs traditionnels et a fait émerger de nouveaux acteurs dans l'activité de recrutement, et notamment des start-up spécialisées dans le traitement de l'information RH (voir Illustration 7.2). La finalité est de diminuer le coût unitaire des recrutements, mais aussi d'augmenter la valeur prédictive des choix effectués, et de produire de l'information sur des métiers, des bassins d'emploi, les pratiques des candidats ou des recruteurs. Il s'agit donc d'une réponse inédite dans l'histoire du recrutement apportée au problème fondamental de l'incertitude et de l'asymétrie d'information.

Le risque de ces pratiques numériques modernes est d'accorder une **importance disproportionnée au traitement de l'information**, au détriment des pratiques traditionnelles de ressources humaines en termes d'études sur la motivation et l'engagement des salariés, et sur l'interprétation des signes comportementaux ou relationnels. L'un des enjeux majeurs est donc de développer des collaborations étroites entre les spécialistes RH du recrutement et les spécialistes du développement des systèmes d'information.

Illustration 7.2 : Manpower investit dans le big data

Dans le cadre de sa stratégie globale d'open innovation, ManpowerGroup se dote d'un outil de *big data* qui permet d'analyser la dynamique des bassins d'emploi favorisant une prise de décision plus innovante, plus intelligente, plus prospective, fondée sur des données dynamiques RH actualisées en temps réel. Smartsearch est ainsi le fruit d'un partenariat innovant entre Multiposting (groupe SAP), leader européen de la multidiffusion d'offres d'emploi sur Internet, et ManpowerGroup France [...]. Cette solution permet de bénéficier d'un benchmark global et local des métiers et compétences, d'identifier les métiers en tension sur les différents bassins d'emploi, et de détecter les besoins de formation et de développement des compétences, d'apporter des éléments chiffrés et objectifs sur la réalité du marché du recrutement sur un bassin d'emploi et un métier donné pour accélérer et sécuriser leurs recrutements, et de garantir une meilleure employabilité des collaborateurs grâce à une vision exhaustive et en temps réel du marché de l'emploi.

C'est le déroulement de la stratégie open innovation de ManpowerGroup, *via* sa cellule Éclaireur Office, dont l'ambition est de permettre à toutes les start-up RH françaises d'accéder aux entreprises clientes de ManpowerGroup. Éclaireur Office deviendra ainsi le 1er intégrateur open RH en France pour accompagner l'adaptation des entreprises à leur marché en mutation.

Source : d'après « Partenariat ManpowerGroup et Smartsearch : Au service d'une stratégie globale d'open-innovation », manpowergroup.fr, 20 janvier 2017.

Une fois les sources de recrutement identifiées et la campagne de recrutement menée, la phase suivante du processus de recrutement consiste à opérer une sélection parmi les dossiers de candidature, puis à intégrer les candidats retenus. C'est à nouveau une phase interne, puisque la décision appartient à l'entreprise qui recrute, même si elle peut continuer à s'appuyer sur l'expertise de prestataires spécialisés.

c) Sélection et intégration

L'**étape de sélection** correspond au moment des entretiens individuels ou collectifs, et des **risques d'erreurs classiques** qui leur sont associés. Par exemple, en ce qui concerne les entretiens, plusieurs types d'erreurs sont identifiés, tels que celui d'extrapoler abusivement à partir des observations réalisées, celui de sous-estimer l'impact du sentiment d'être observé sur le comportement du candidat, ou celui que le recruteur projette excessivement ses expériences et caractéristiques personnelles dans le jugement qu'il porte sur le candidat. C'est la raison pour laquelle la décision s'apparente souvent à une **triangulation résultant de la combinaison de plusieurs moyens de sélection**, incluant par exemple des tests (voir Outil 7.6) ou des mises en situation (voir Outil 7.7).

Outil 7.6 : Le test SOSIE

Le test SOSIE est le test de personnalité le plus utilisé en France. Son objectif est de fournir des informations sur la personnalité, les valeurs et les sources de motivation d'une personne. Il explore des traits de personnalité (sociabilité, acceptation des autres, stabilité émotionnelle, estime de soi, curiosité d'esprit, etc.), des valeurs (liberté d'action, intérêt pour les autres, goût du pouvoir, recherche d'approbation, etc.) et des types de comportements (stabilité et structure, pouvoir et activité, ouverture et contrôle, désintéressement et conviction). La passation de l'entretien est estimée à 30 minutes, et consiste à confronter le candidat à une centaine de groupes de trois ou quatre affirmations, parmi lesquelles il doit choisir celle qui lui correspond le mieux et celle qui lui correspond le moins. Les résultats sont restitués à différents niveaux de précision (rapport descriptif, compte rendu au candidat et un guide d'interprétation pour analyser plus finement les données). De manière synthétique, un profilage est opéré en trois types de comportements : leader, facilitateur ou organisateur.

Exemple d'affirmations parmi lesquelles choisir :

Aime être mis en avant ☐
Est souvent à l'écoute des autres ☐
Aime la perfection ☐
Apprécie le travail en équipe ☐

Outil 7.7 : Les assessment centers

Les *assessment centers*, aussi appelés « centres d'évaluation », constituent une approche visant à évaluer les potentiels des candidats sur la base de **mises en situation**. Il s'agit de concentrer l'évaluation sur les actes réalisés dans des situations présentant des analogies avec celles rencontrées dans les emplois visés, sans considération préalable pour le diplôme ou le statut ou la fonction occupée. Concrètement, les sessions sont d'une durée de un à deux jours, pendant lesquels les candidats passent des tests individuels et/ou collectifs, comme les exercices suivants :

- ***In-basket*** : test individuel d'une durée de 1 à 2 heures, dans lequel le rôle tenu est celui d'un responsable qui, rentrant de congés, trouve un ensemble de mails et de courriers qu'il doit traiter au mieux. Ce test évalue des capacités de priorisation et de délégation.
- ***Stress test*** : test qui vise à provoquer le candidat ou à générer des situations d'inconfort. L'objectif est de voir comment réagit le candidat lorsqu'il est déstabilisé.
- **Test de situations conflictuelles** : test en binôme, reproduisant la situation d'un supérieur qui doit gérer une situation conflictuelle. Un temps de préparation est laissé au candidat pour s'imprégner de la situation et élaborer une stratégie d'approche. Il s'agit de tester les qualités d'écoute et d'argumentation.
- **Test de jeu de rôle** : test collectif visant à mettre le candidat dans la peau d'un personnage attribué à l'avance. Sont observées les capacités à s'affirmer, à négocier, à s'adapter dans des situations d'interaction.

Les qualités et limites de ces exercices de mise en situation sont largement débattues, mais il est certain qu'ils génèrent des coûts organisationnels et financiers considérables. Au total, ils ne seraient utilisés que dans 5 % des recrutements, principalement de cadres.

Une fois le candidat sélectionné et embauché, l'employeur doit se soucier de son **intégration**, dont la qualité est déterminante pour la **concrétisation et la finalisation des choix** effectués tout au long du processus de recrutement. L'intégration peut se faire de manière informelle, mais elle peut aussi donner lieu à des programmes d'intégration parfois très longs (jusqu'à deux ans, par exemple, dans certaines banques), qui comportent à la fois des éléments de préparation au poste et à l'environnement de travail, des éléments de socialisation à l'entreprise et à sa culture, des éléments de familiarisation à ses procédures en matière de qualité et de sécurité, sans oublier des éléments de connaissance des informations relatives à la rémunération et à la carrière.

Le processus de recrutement est donc le moyen par lequel l'organisation tente d'optimiser et de sécuriser ses opérations de recrutement. Bien que se présentant comme une succession d'étapes rationnelles menées dans une logique d'appariement du besoin et de la ressource, ce processus repose sur une **succession de choix et d'interprétations**, dont l'aboutissement relève davantage de la **réduction de l'incertitude** que de l'assurance de prendre *in fine* les meilleures décisions. De plus, même si théoriquement ces processus peuvent être raffinés et perfectionnés à l'infini, les contraintes de temps et de coût constitueront toujours des limites à prendre en considération.

C'est pour cette raison que le recrutement doit également être analysé à l'aune d'une action menée avec et dans l'environnement de l'entreprise.

2.4. Un ensemble d'opérations impliquant l'environnement

La somme d'informations potentiellement nécessaires pour attirer et sélectionner des candidats lors d'un recrutement est telle que cette opération n'a jamais fait l'objet des seules décisions et pratiques des entreprises. Il a toujours été nécessaire d'imaginer et de créer des **institutions**, formelles et informelles, chargées de hiérarchiser, catégoriser, centraliser et homogénéiser l'information disponible sur le « marché de l'emploi ».

Pour l'anecdote, il faut remonter à Théophraste Renaudot au XVIIe siècle pour trouver les traces d'un premier bureau des emplois centralisant les offres et les demandes (voir Application 7.4). Les corporations ouvrières jouaient, jusqu'à leur abrogation par la loi Le Chapelier de 1791, également le rôle de régulateurs du marché du travail, contrôlant à la fois la maîtrise des savoir-faire de métier, la démographie des ouvriers appartenant à leur corps de métier et la détermination des tarifs d'embauche. Aujourd'hui encore, les **professions** sont plus ou moins ouvertes ou fermées, et nombre d'entre elles fonctionnent selon des codes et des réseaux, formels ou informels, qui structurent et hiérarchisent l'information et en régissent l'accès. Plus globalement, les marchés du travail sont mis en forme par les « **intermédiaires de l'emploi** », institutions comprenant Pôle emploi, les structures d'insertion professionnelle ou de reconversion, les entreprises de travail temporaire, les *job boards*, etc. Toutes ces institutions jouent un rôle dans l'**organisation de l'accès à l'emploi**, et les employeurs en sont potentiellement des usagers ou des parties prenantes.

Application 7.4 : Le bureau d'adresses de Théophraste Renaudot

Théophraste Renaudot (1586-1653) a ouvert sur l'Île de la Cité, à Paris, un « bureau d'adresses » avec don d'un privilège royal, recueillant offres et demandes d'emplois. En 1633, une ordonnance contraignit tous les sans-emploi à s'y inscrire. La *Feuille du bureau d'adresses* est ainsi devenue le premier journal d'annonces dédié à l'emploi.

Question : Quels sont les équivalents modernes du bureau d'adresses de Théophraste Renaudot ?

Le **système éducatif** joue également un rôle dans l'accès à l'emploi, car il permet de structurer les **qualifications** en termes de niveau et de spécialité, et de renseigner ainsi en première approche les employeurs sur les capacités potentielles de tel ou tel candidat. La théorie de Michael Spence (voir Zoom 7.3) va encore plus loin, en estimant que ce n'est pas le contenu même de l'éducation qui compte, mais le fait que **l'obtention d'un diplôme envoie un signal** aux employeurs potentiels. Il s'appuie sur l'hypothèse selon laquelle ceux qui ont choisi de faire des études et qui y sont parvenus dans les délais prévus sont, de fait, les personnes pour qui réussir des études était un choix rationnel car correspondant à leurs aptitudes et à leur potentiel.

Le niveau d'éducation est donc vu ici davantage comme le signalement d'un potentiel que comme la preuve de la détention de telles ou telles connaissances ou compétences.

Zoom 7.3 : Michael Spence et l'éducation comme signal

Michael Spence a obtenu le prix Nobel d'économie (avec G. Akerlof et J. Stiglitz) en 2001 pour ses travaux sur les marchés en situation d'asymétries d'information. Il est connu pour avoir développé une théorie du signal appliquée au marché du travail. Dans ce modèle, les employés signalent leurs compétences respectives aux employeurs par l'acquisition d'un certain niveau d'éducation. Les employeurs paieront des salaires plus élevés aux employés plus instruits, car ils pensent que la proportion d'employés possédant des aptitudes élevées est plus élevée chez les personnes instruites. Ils fondent cette « croyance » sur le fait qu'ils estiment qu'obtenir un diplôme est relativement moins coûteux pour les personnes ayant des aptitudes élevées que pour les autres. Le modèle fonctionne indépendamment de la valeur intrinsèque de l'éducation et de son contenu précis, car sa fonction première est de transmettre à l'employeur des informations sur l'employé. En théorie, l'éducation compte plus pour l'effet de signalement que pour son effet sur la productivité. En réalité, on peut admettre que les deux effets ne sont pas exclusifs l'un de l'autre.

Il est à noter que Spence intègre également, dans son modèle, d'une part un effet d'apprentissage par lequel l'employeur analyse la relation entre la performance observée et les signaux sur lesquels il se base et, d'autre part, une analyse du coût que représente le signalement pour le candidat.

Source : d'après Spence, M., « Job market signaling », *The Quarterly Journal of Economics*, Vol. 87, n° 3, 1973, pp. 355-374.

Un employeur peut également s'appuyer sur les institutions de son **territoire**, dans les domaines de l'éducation ou de l'emploi, pour organiser ses campagnes lorsqu'il s'agit de recruter en grand nombre des salariés détenteurs ou susceptibles d'acquérir des compétences critiques, soit parce qu'il s'agit de métiers en tension, soit parce qu'il s'agit de métiers émergents. L'exemple de l'entreprise Safran Aéro Composite (voir Application 7.5), qui s'installe à Commercy et doit recruter en grand nombre des futurs salariés sur la base de compétences spécifiques et peu diffusées, illustre la façon dont les acteurs de l'environnement peuvent être mobilisés pour organiser et sécuriser un recrutement.

Application 7.5 : Safran Aéro Composite et la conception d'un recrutement massif implanté dans le territoire

Safran, géant français de l'aéronautique, de la défense et de la sécurité, coté au CAC 40, s'est implanté à Commercy, dans la Meuse, en novembre 2014, alors que le 8e Régiment d'Artillerie venait d'être dissous.

Dans cette usine, Safran Aéro Composite fabrique des aubes et des carters pour les réacteurs d'avions de nouvelle génération. L'installation d'aubes en matériaux composites permet d'alléger considérablement le poids des réacteurs et participe ainsi aux substantielles économies de carburant demandées aux avions de dernière génération. Installée *ex nihilo* (on parle aussi d'investissement « *green field* »), l'entreprise doit atteindre un effectif de 400 personnes, dont 50 ingénieurs d'ici à 2020.

Le défi est de taille, car le process de production consiste à travailler à partir de tissus composites selon des procédés inédits. Les compétences afférentes n'existaient tout simplement pas encore au moment de l'ouverture du site. L'entreprise doit stabiliser les savoir-faire, les transcrire en compétences et trouver le moyen de diffuser ces compétences innovantes et spécifiques très rapidement et à une large échelle. Face à ce défi en matière de recrutement, elle s'est lancée dans une opération multi-acteurs à dimension territoriale. L'entreprise veut recruter à différents postes et métiers du tissage, à l'injection, de l'usinage, au contrôle et à la finition.

Elle peut s'appuyer sur Pôle emploi, qui devient le guichet unique pour les 400 embauches locales : « *Nous travaillons avec des partenaires comme l'UIMM qui possède des centres de formation d'apprentis, mais aussi avec les acteurs de l'insertion, les collectivités territoriales, la Région pour la formation. Nous mettons en place une équipe exclusivement dédiée au projet pour anticiper, dès à présent, le recrutement et la formation des futurs salariés* », explique le directeur de Pôle emploi. Des apprentis en bac pro et en BTS industriels sont recrutés, avec l'intention de les intégrer à l'issue de leur formation en alternance.

Source : d'après « Safran Aéro Composite lance le recrutement », par Bernard Kratz, republicain-lorrain.fr, 29/07/2012.

Question : En quoi l'appui apporté par le territoire crée-t-il une responsabilité sociale supplémentaire pour l'entreprise ?

Enfin, la réduction de l'incertitude sur les qualités des candidats au recrutement provient aussi de jugements qui résultent d'une construction sociale, à travers notamment la production de conventions. La référence à ces **conventions de jugement** est le plus souvent implicite, mais néanmoins déterminante pour expliquer les processus d'élaboration de profils de candidats et de leur sélection. Leur existence conduit à façonner des comportements, des profils et des compétences, à une échelle plus large que celle de l'organisation, et assure dans les faits une réduction de l'incertitude, puisqu'une forme de tri est opérée entre ceux qui s'inscrivent dans une convention partagée et ceux qui suivent des conventions divergentes. Cette lecture est aujourd'hui interrogée par le recours croissant aux technologies numériques, qui multiplient les informations disponibles, percutent les codes et brouillent probablement les pistes en ce qui concerne les signes d'appartenance à telle ou telle convention (voir Zoom 7.4).

Zoom 7.4 : Les économies de la grandeur de Luc Boltanski et Laurent Thévenot

Luc Boltanski et Laurent Thévenot sont à l'origine d'un courant de pensée mobilisé aussi bien en sociologie qu'en économie, et qui met en avant le fait que pour se coordonner et se repérer, les individus ont besoin de se référer à une convention de jugement commune, le plus souvent implicite. L'un des apports de cette approche théorique est de considérer qu'il n'existe pas de rationalité immanente, unique et adoptée par tous, mais au contraire des jugements qui vont s'opérer selon des normes ou des légitimités différentes, elles-mêmes étant le résultat d'une construction sociale. Dans cet esprit, ils identifient plusieurs mondes différents, chacun caractérisé par des caractéristiques valorisées ou au contraire dévalorisées, et des épreuves symboliques permettant de légitimer les actions et les décisions :

- la **citée inspirée**, dans laquelle celui qui est « grand » fait preuve d'imagination, de créativité et d'une « vie intérieure » intense ;
- la **cité domestique**, qui valorise ceux qui s'inscrivent dans la tradition, le respect des hiérarchies sociales ;
- la **cité de l'opinion**, dans laquelle la notoriété est la mesure de la valeur des êtres ;
- la **cité marchande**, dans laquelle le prix et la capacité à créer de la valeur monétaire sont la mesure de la valeur des personnes et des choses ;
- la **cité industrielle**, dans laquelle on s'attachera à l'efficacité et aux « fonctionnalités » des personnes et des choses pour en apprécier la valeur.

Source : d'après Boltanski, L. et Thévenot, L., *De la justification. Les économies de la grandeur*, Paris, Gallimard, 1991.

3. La gestion des mobilités et des carrières

Si le recrutement correspond au moyen par lequel une organisation attire, sélectionne et emploie de nouveaux membres à un moment donné, la gestion des carrières et des mobilités introduit une perspective plus dynamique en se concentrant sur les processus d'adaptation mutuelle entre une organisation, dont les besoins évoluent, et des individus, dont les caractéristiques et les aspirations se transforment au cours du temps. Les influences sont réciproques, car s'il s'agit pour l'organisation de modeler des ressources humaines qui correspondent à ses orientations successives, elle doit aussi s'adapter à un personnel dont la démographie varie, les compétences s'enrichissent ou se déprécient, les ambitions ou les craintes fluctuent, et les motivations se modifient, pour des raisons professionnelles ou privées.

Pour l'organisation, ces transformations représentent aussi bien des contraintes (tenir compte de ressources qui ne sont plus celles souhaitées initialement) que des opportunités (trouver dans ces variations des moyens renouvelés de création de valeur). En ce sens, par exemple, le vieillissement du personnel apporte à la fois des risques supplémentaires en matière d'usure physiologique ou de motivation, mais aussi des gains en termes d'expérience et de vécu collectif. Par ailleurs, les ajustements ne sont pas toujours possibles en interne, et les déséquilibres entre besoins et ressources peuvent conduire à une mobilité externe, crainte ou plus ou moins acceptée, voire recherchée.

C'est précisément l'objet de la gestion des carrières et des mobilités que de chercher à anticiper et à réguler dans la durée ces déséquilibres, et d'ambitionner d'en faire des leviers de développement. Carrière, mobilité et parcours professionnel sont des expressions voisines, mais non synonymes qui doivent être clarifiées et dont les enjeux doivent être précisés. Elles sont le résultat de trajectoires et d'aspirations individuelles, mais aussi d'une gestion par l'organisation.

3.1. Carrières, mobilités et parcours professionnels

Carrières, mobilités et parcours professionnels renvoient à l'idée d'une succession d'étapes au cours de la vie professionnelle. Ces mobilités peuvent prendre plusieurs formes, orienter le salarié dans de multiples directions et être plus ou moins désirées ou subies.

a) Les formes de mobilité

Historiquement, **la gestion des carrières** correspond à la structuration par l'employeur des parcours internes qu'il propose à ses salariés. La référence plus ou moins implicite est celle de la gestion des cadres dans les grandes entreprises à une époque, les années 1960, où l'environnement économique est croissant et prévisible, proche du plein emploi, et où l'enjeu principal consiste à fidéliser et à maintenir la motivation des salariés tout au long de leur vie professionnelle. On « fait carrière » au sein d'une organisation, et des accords formalisent les étapes et les règles de progression. Bénéficier d'une carrière va donc au-delà du seul fait de détenir un emploi, puisqu'il s'agit d'établir *ex ante* les modalités d'un parcours inscrit dans la durée. Dans cette vision (en partie symbolique, car non généralisée aux différentes catégories de salariés et, dans les faits, moins linéaire qu'il n'y paraît), la carrière est l'un des rouages les plus caractéristiques de la constitution des marchés internes.

La carrière semble ainsi s'opposer à première vue à la notion de **parcours professionnel**, dans le sens où ce dernier relève davantage du constat de trajectoires, relevant d'histoires ou de stratégies individuelles, connaissant des continuités ou des ruptures, se déroulant à l'intérieur d'une organisation ou à travers une succession d'organisations différentes. Le parcours professionnel présente donc une forme plus émergente que réellement construite et garantie, et s'éloigne du caractère interne et normatif de la carrière au sens traditionnel du terme. L'apparente opposition entre ces deux notions est intéressante, car elle traduit bien les enjeux auxquels doivent faire face les organisations et les individus. Dans un univers plus flexible et moins sécurisé, l'idée d'un engagement de l'employeur sur des progressions de long terme se heurte à des incertitudes en termes économiques et en termes de contenu d'activité, d'organisation de l'entreprise et de la production.

Pour autant, les enjeux de la maîtrise des ressources humaines dans la durée sont trop importants pour que les employeurs ne se dotent pas d'**outils ou de pratiques leur permettant d'agir sur les trajectoires individuelles**. Symétriquement, pour maintenir ou développer leur employabilité, les individus sont appelés à être **acteurs de leurs trajectoires**, en mobilisant cependant des dispositifs de gestion internes ou externes aux entreprises. La gestion des carrières présente donc aujourd'hui le visage, au moins dans les formes, d'une construction en coresponsabilité des trajectoires professionnelles par les employeurs, les salariés considérés comme acteurs, et les institutions publiques ou privées intervenant dans la gestion de l'emploi.

Les mobilités sont, du point de vue de l'employeur, les différentes formes que peuvent prendre les trajectoires des salariés, à travers différents postes ou différents emplois. La **mobilité horizontale** désigne un changement de poste ou d'emploi sans qu'il y ait de changement dans le positionnement hiérarchique. Elle peut représenter des ruptures plus ou moins importantes, selon qu'il s'agisse de changer d'environnement de travail (autre atelier, autre service, autre site, mais activité comparable) ou de reconversions vers de nouvelles fonctions nécessitant des adaptations plus lourdes (le passage des métiers de techniciens aux métiers du commerce chez France Telecom pendant toute la décennie 2000, par exemple). La **mobilité verticale** renvoie au schéma promotionnel classique, et consiste en une progression hiérarchique au sein d'un même métier ou d'une même fonction (« prendre du galon », accéder à des postes de management). La **mobilité géographique** n'est pas une forme supplémentaire, mais peut s'ajouter aux deux formes précédentes. Elle peut être souhaitée par l'employeur, pour des raisons de restructuration de sites d'activité ou pour des choix de politiques RH visant à homogénéiser les cultures et les compétences au sein d'une structure multi-sites. Elle peut être souhaitée par les salariés, pour des raisons de choix de vie (recherche d'une expérience à l'étranger, préférence pour une région particulière, raisons liées à des mutations de conjoint ou à des recompositions familiales). Les technologies numériques et les possibilités de travail à distance peuvent conduire à reconsidérer les contraintes de localisation à l'origine des mobilités géographiques et à en modifier les formes sans pour autant en remettre en cause la nécessité.

b) Les mobilités externes et le reclassement

Toutes **ces formes de mobilité peuvent se combiner** (par exemple, une mobilité horizontale peut s'accompagner d'une mobilité géographique et être suivie d'une mobilité verticale), mais restent internes à l'organisation. Une autre forme de mobilité est la **mobilité externe**, qui consiste à préparer et à accompagner les salariés qui vont sortir du périmètre de l'organisation. L'actualité regorge d'exemples dans lesquels la sortie des effectifs se fait sans précaution ni ménagement particulier. Cependant, que ce soit à travers la volonté d'agir en tant qu'employeur socialement responsable, ou bien sous la pression réglementaire (voir Outil 7.8), la mobilité externe a tendance à rentrer dans le périmètre de gestion de l'employeur. Dans cette circonstance, les entreprises peuvent s'appuyer sur des prestataires extérieurs spécialisés dans le reclassement.

Outil 7.8 : Les mesures de reclassement des PSE et les cabinets d'outplacement

Le plan de reclassement, une obligation légale

En cas de licenciement économique collectif, le PSE (plan de sauvegarde de l'emploi) doit prévoir un plan de reclassement visant à faciliter le reclassement des salariés dont le licenciement ne pourrait être évité, notamment celui des salariés âgés ou présentant des caractéristiques sociales ou de qualification rendant leur réinsertion professionnelle particulièrement difficile.

Dans les entreprises de plus de 1 000 salariés, l'employeur propose aux salariés d'adhérer à un congé de reclassement leur permettant de mettre en œuvre des actions destinées à faciliter leur reclassement. Dans les entreprises de moins de 1 000 salariés, l'employeur doit proposer aux salariés d'adhérer au contrat de sécurisation professionnelle (CSP) organisé par Pôle emploi.

Par ailleurs, le PSE détermine les modalités de suivi de la mise en œuvre effective des mesures contenues dans ce plan de reclassement. Ce suivi fait l'objet d'une consultation régulière et détaillée du CE ou, à défaut, des délégués du personnel. L'autorité administrative est associée au suivi de ces mesures.

Les cabinets d'*outplacement*

« Vous avez fait partie d'un plan social, ou encore été touché par un licenciement économique. Un *outplacement* peut avoir été négocié de façon individuelle ou collective. De quoi s'agit-il ? La traduction du mot anglais "*outplacement*" donne "reclassement" en français. En clair, un consultant en *outplacement* accompagne le candidat dans son parcours de recherche d'emploi, pour décrocher un nouveau poste. Cet accompagnement peut durer de quelques semaines à plusieurs mois. [...] Le consultant en *outplacement* va par exemple aider le candidat sur : CV, lettre de motivation, profil LinkedIn. Il le guide aussi dans la définition de son projet professionnel et sa stratégie de recherche d'emploi. Enfin, avec des simulations, dans une démarche de coaching, il le prépare à réussir ses entretiens d'embauche. Au-delà du contenu technique, la fonction d'un *outplacement* est aussi de remotiver le candidat. [...] On trouve de tout sur le marché des cabinets de reclassement, du consultant qui exerce seul aux grosses structures qui interviennent en cas de licenciements massifs. Les consultants individuels tendent à proposer des programmes souples, à la carte. Les grosses structures vont proposer des programmes plus formels, avec par exemple des ateliers collectifs. Certains cabinets se spécialisent dans l'*outplacement* pour dirigeants, ou bien encore dans l'*outplacement* pour ouvriers, voire l'*outplacement* sur une zone géographique ou un bassin d'emploi. »

Sources : d'après « Plan de sauvegarde de l'emploi (PSE) », http://travail-emploi.gouv.fr, et extrait du site http://www.entretienembauche.tv.

c) Les enjeux des mobilités

Quoi qu'il en soit, les enjeux des mobilités sont multiples et distincts selon que l'on considère l'employeur ou le salarié :

- Pour l'employeur, la mobilité constitue un moyen d'**accompagnement des mutations organisationnelles**. Elle peut contribuer à la production d'une compétence spécifique, peu transférable, et favoriser la **motivation** et la **fidélisation** des salariés à travers les perspectives qu'elle propose. Cependant, mal conçue ou insuffisamment maîtrisée, la mobilité fait courir des **risques de désorganisation et de charge financière importante**.
- Pour le salarié, la mobilité, lorsqu'elle est choisie, peut être un moyen au service de son **évolution professionnelle**. Mais elle fait courir des risques liés aux **erreurs de trajectoires** toujours possibles, aux **difficultés d'adaptation** à de nouveaux postes ou à de nouvelles équipes, et à l'**équilibre entre la vie professionnelle et la vie privée**.

3.2. Des salariés acteurs de leurs parcours

Si les employeurs organisent les mobilités de leurs salariés afin de répondre à leurs objectifs d'affectation des ressources humaines propres, les salariés peuvent aussi élaborer des stratégies pour se diriger vers les postes qui leur semblent les plus désirables.

a) La carrière comme réponse à des aspirations individuelles

Dès lors qu'on s'intéresse au salarié acteur de sa carrière, plusieurs approches proposent des pistes pour identifier les facteurs déterminant ses motivations. L'une des plus classiques est celle que l'on doit à Schein, relative aux « **ancres de carrière** » (voir Zoom 7.5). Cette approche postule que le salarié doit identifier sa ou ses ancres de carrière, de manière à éclairer ses choix et lui éviter d'être en porte à faux avec ses aspirations. Il s'agit aussi d'une information utile pour l'employeur s'il souhaite proposer des évolutions cohérentes avec les profils de ses salariés.

Zoom 7.5 : Les ancres de carrière

La théorie des ancres de carrière a été élaborée par Edgar Schein psychologue du travail et des organisations. Elle explique les choix de carrière des salariés à partir d'une typologie des besoins, chaque besoin étant assimilé à une « ancre » censée représenter le type de besoin prioritaire dans les motivations :

- L'**ancre technique** : le salarié souhaite devenir un expert dans son domaine et se perfectionner.
- L'**ancre managériale** : le salarié souhaite franchir une à une les étapes pour grimper dans la hiérarchie.
- L'**ancre autonomie** : le salarié recherche indépendance et autonomie, jusqu'à envisager de quitter l'entreprise pour être entrepreneur lui-même.

- L'**ancre sécurité/stabilité** : le salarié cherche à renforcer sa zone de confort et sera peu susceptible d'accepter un changement.
- L'**ancre créativité** : le salarié est mû avant tout par le besoin de créer et se tourne vers des activités et des entreprises innovantes.
- L'**ancre dévouement** : le salarié s'oriente vers une activité convergeant vers ses propres valeurs ou centres d'intérêt comme le sport, l'humanitaire, la culture, etc.
- L'**ancre défi** : le salarié cherche à se confronter à des situations inédites ou problématiques, et trouve sa satisfaction en les surmontant.
- L'**ancre style de vie** : le salarié cherche à développer une qualité de vie globale, notamment à travers l'équilibre vie privée/vie publique.
- L'**ancre internationale** : le salarié est tourné vers la mobilité à l'étranger, afin de satisfaire un désir de découverte de nouvelles cultures.

Source : d'après Schein, E., *Career anchors: discovering your real values*, San Diego, University Associates, 1990 ; « Career anchors revised: implication for career development in the 21st century », *The Academy of Management Executive*, 10(4), 1996, pp. 80-88.

L'approche par les **étapes de carrière** constitue un autre ancrage théorique classique permettant, cette fois-ci, non pas de comprendre les choix de carrière en fonction d'une typologie des individus, mais en fonction des différentes étapes de la vie qui agissent sur les comportements et les motivations (voir Zoom 7.6). Cette approche postule que les individus évoluent à travers différentes étapes de carrière et que chaque étape est caractérisée par différents types de comportements au travail. Critiquée pour son caractère déterministe, régulier et séquentiel, cette approche ne semble pas correspondre aux discontinuités et à l'individualisation des carrières qu'on a tendance à observer aujourd'hui, mais elle a le mérite d'attirer l'attention sur la nécessité de gérer les carrières en fonction des âges ou des anciennetés. Par ailleurs, ce modèle peut être utilisé pour penser le « cycle de vie » d'un salarié dans une organisation, même s'il n'y reste pas sa vie durant. Il peut également être utilisé pour aborder les stratégies individuelles tout au long d'une vie professionnelle au travers d'expériences multiples dans plusieurs organisations : multiplication des expériences courtes en début de carrière et recherche d'une position stable ou confortable à l'approche de la retraite.

Zoom 7.6 : Les étapes de carrière

Initiée par Donald Super en 1957, puis reprise par de nombreux auteurs, l'approche par les étapes de carrière estime que les attitudes au travail évoluent au cours du temps en suivant quatre grandes étapes. Ces périodes se présentent comme suit :

- L'**exploration** : les individus sont dans une phase d'apprentissage, construisent leur identité et cherchent à se faire une place dans la société en obtenant un statut.

- La **maîtrise** : les individus recherchent à la fois l'avancement de leur carrière et la stabilisation de leur vie professionnelle.
- Le **maintien** : les individus réduisent leur niveau d'investissement et cherchent à consolider leurs acquis.
- Le **désengagement** : les individus envisagent, voire préparent leur sortie de la vie professionnelle en recherchant d'autres sources de réalisation et d'estime de soi. Des changements dans le travail sont alors perçus comme risqués, car ils mettent en danger leur sécurité.

Figure 3. Les étapes de carrière.

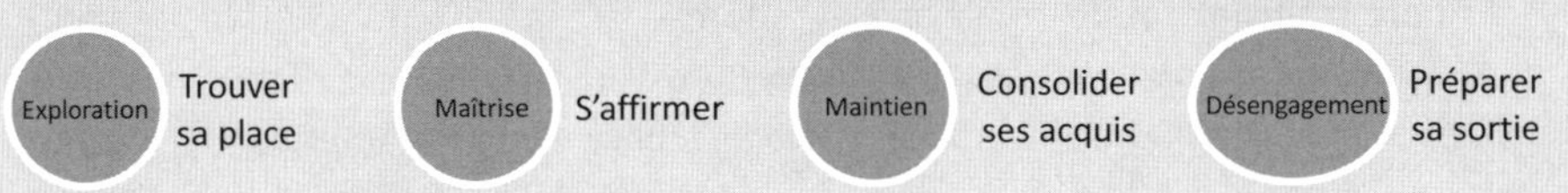

Source : d'après Super, D. E., *The psychology of careers,* New York, Harper and Row, 1957.

b) La carrière comme choix sous contrainte

Si l'on prend l'individu comme unité d'analyse, il est certes important de tenir compte de ses aspirations comme il vient d'être fait, mais il est nécessaire également de **mettre en perspective ces aspirations avec les contraintes** qui s'imposent à lui ou les exigences qui pèsent sur ses choix.

Deux exemples viennent illustrer la question des contraintes, le premier portant sur la question de l'**égalité professionnelle**, le second sur la gestion des âges. Le plafond de verre (voir Illustration 7.3), expression née aux États-Unis à la fin des années 1980, rend compte de la faible proportion de **femmes** sur les postes de direction et l'explique par des préjugés comportementaux et organisationnels. La référence à une barrière invisible évoque une limite présente dans les esprits ayant des répercussions réelles et observables sur les carrières individuelles des femmes. Le raisonnement est généralisable à d'autres formes de minorités et illustre bien que les carrières individuelles ne résultent pas uniquement de choix personnels.

Illustration 7.3 : Définition du plafond de verre

Le plafond de verre est défini par le Bureau international du travail comme les « barrières invisibles artificielles, créées par des préjugés comportementaux et organisationnels qui empêchent les femmes d'accéder aux plus hautes responsabilités. [...] Le terme plafond de verre illustre bien le constat que, lorsqu'il n'existe aucune raison objective pour que les femmes ne s'élèvent pas, comme le font les hommes, jusqu'aux plus hautes fonctions, c'est une discrimination inhérente aux structures et aux dispositifs organisationnels des entreprises, ainsi qu'à la société, qui intervient. »

Source : d'après Bureau international du travail, *La promotion des femmes aux postes de direction*, OIT, Programme des activités sectorielles, 1997, p. 3.

Un autre exemple est celui de la perception des **seniors**. Que ce soit pour des préjugés comme dans le cas précédent, ou pour des raisons plus objectives d'usure au travail ou d'obsolescence de leurs compétences, les salariés âgés ne sont plus tout à fait libres de leurs choix de carrière et sont, de fait, davantage en situation de devoir démontrer l'intérêt de leur maintien dans l'emploi que de choisir une fin de carrière en lien avec leurs aspirations personnelles. Les exigences de responsabilité sociétale, ainsi que la législation ont provoqué une prise de conscience de ce phénomène et incitent à une gestion des carrières plus favorable au maintien en emploi des seniors, ainsi qu'à la transmission des compétences et des savoir-faire dans l'entreprise.

Ces deux exemples illustrent le fait que si les salariés sont acteurs de leur carrière, ils le sont dans le cadre de contraintes sur lesquelles ils n'ont le plus souvent qu'une faible influence individuelle. Au-delà de l'existence de ces contraintes, les choix de carrière doivent également répondre à une nécessité de maintien ou de renforcement de l'**employabilité**. L'employabilité est définie fondamentalement comme la capacité à être employé et concerne aussi :

- la capacité à obtenir un emploi initial ;
- la capacité à conserver son emploi et à mener les transitions entre les emplois au sein d'une même organisation ;
- la capacité à trouver un autre emploi si nécessaire.

La carrière est donc à la fois **le résultat de l'employabilité et le moyen par lequel l'employabilité se développe**. En effet, pour rester en emploi, mais aussi pour évoluer vers d'autres fonctions, niveaux hiérarchiques ou lieux géographiques, il est nécessaire pour le salarié de convaincre les décideurs concernés que ses capacités sont cohérentes avec les choix d'emplois auxquels il postule. Sa carrière est donc conditionnée par son niveau d'employabilité. Inversement, il est dans son intérêt de construire sa carrière dans une optique de stratégie individuelle, visant à occuper successivement les postes ou les emplois qui lui permettront d'acquérir les compétences exigées par l'évolution des exigences productives ou de développer des avantages concurrentiels individuels.

Ainsi, tout comme les contraintes, l'existence d'une exigence d'employabilité limite l'idée du salarié acteur de sa carrière comme étant le résultat de ses seules aspirations.

3.3. Les carrières organisationnelles

Si la carrière est le fait de décisions de salariés acteurs de leur trajectoire professionnelle, elle fait aussi l'objet d'une gestion par les organisations. Cette gestion organisationnelle des carrières poursuit deux objectifs, le premier étant d'utiliser les trajectoires individuelles et collectives des salariés pour modeler leurs compétences, le second étant de les utiliser pour agir sur les comportements et les attitudes à l'égard de l'organisation.

a) Gérer les carrières pour modeler les compétences de l'organisation

La gestion des carrières et des mobilités constitue un levier privilégié de gestion des ressources humaines pour **agir sur le niveau et le contenu des compétences** détenues par les membres d'une organisation. Les pratiques de mobilité horizontale sont favorables à la transmission et à l'homogénéisation des compétences cibles ; les pratiques de mobilité verticale constituent un moyen efficace pour récompenser les salariés qui se sont distingués par leur effort en matière de développement de compétences, et qui pourront être à leur tour les relais d'une volonté managériale centrée sur les compétences. À ce titre, la gestion des carrières et des mobilités s'inscrit en parfaite cohérence avec les démarches compétences abordées dans le chapitre 8.

La question est de savoir comment **instrumenter une telle volonté d'articuler les trajectoires individuelles et les règles de gestion de l'emploi**, avec simultanément les stratégies individuelles et les objectifs organisationnels. Toute une panoplie d'outils de gestion est mise en œuvre dans le cadre de dispositifs construits spécifiquement par les entreprises qui se lancent dans de tels projets, et qui font parfois l'objet de négociations avec les partenaires sociaux dans le cadre des accords de GPEC. L'un des outils de gestion couramment utilisés est **le plan de remplacement**, qui vise à cartographier les postes de travail et les compétences de façon à établir nominativement les départs et les arrivées. Il s'agit plus précisément de déterminer qui serait susceptible de reprendre un poste qui serait laissé vacant suite à un départ (mobilité interne, retraite, mobilité externe, décès, etc.).

L'exemple des outils mobilisés par le groupe Areva est assez représentatif des dispositifs de gestion permettant d'intégrer les carrières et les compétences dans une même démarche et une même logique (voir Application 7.6). Les quatre types d'outils qui y sont mobilisés permettent en effet de recenser des évolutions et des aspirations individuelles, de communiquer des priorités stratégiques en matière d'activité et de mode de fonctionnement de l'entreprise, de fixer des objectifs et des engagements, et de prévoir des plans d'action pour faciliter le développement conjoint des compétences des individus et de l'organisation.

Application 7.6 : Une panoplie cohérente d'outils pour gérer compétences et mobilités

« Areva [scindé en 2018 entre EDF, Framatome et Orano] entend favoriser le développement des talents tout au long de leur carrière. Cela passe par un dialogue entre chaque collaborateur et son manager, notamment pour fixer des objectifs de progrès. Mais aussi par une prise en compte plus large de l'adéquation entre les besoins du groupe et les projets de chacun. » Dans cette perspective, plusieurs outils ont été conçus et sont mobilisés :

- L'**entretien annuel** : chaque année, l'entretien annuel offre un moment privilégié de dialogue et d'échange entre le collaborateur et son manager. Il a pour objectifs de partager le bilan de l'année, de fixer les objectifs de la période à venir et d'établir des actions de développement professionnel.
- La ***People Review*** : il s'agit d'une réunion collégiale annuelle organisée à chaque niveau de l'organisation entre le management et les ressources humaines. Elle permet d'adapter les compétences des collaborateurs à la stratégie du groupe et aux évolutions de l'organisation, d'identifier et de développer les talents au sein du groupe en favorisant la mobilité et en assurant le partage d'une culture commune. L'entretien annuel fait partie de ce processus *People Review*. Le plan de développement individuel défini en entretien annuel est enrichi en *People Review*.
- Le **comité de carrières** : il s'agit de comités organisés par métier deux à trois fois par an. Ils regroupent les principaux managers et les ressources humaines de l'entité. Leur objectif est d'assurer le suivi et la réalisation des décisions prises lors des *People Reviews*. Les actions se concentrent autour du développement individuel et des souhaits de mobilité des collaborateurs, deux ambitions fortes de la politique des ressources humaines du groupe.
- Le **plan de développement individuel** : ce plan est élaboré par le collaborateur avec sa ligne managériale et son responsable RH. Il définit les actions de développement et les objectifs d'évolution à moyen terme (trois à cinq ans) de chaque salarié, et identifie l'accompagnement nécessaire pour les atteindre.

Source : d'après site Areva, http://www.areva.com, consulté en mai 2017.

Question : Y a-t-il des raisons particulières pour qu'Areva mette en place une gestion des carrières aussi structurée ?

Les **observatoires des métiers** constituent un dernier exemple d'outils et se situent dans une logique plus prospective. Ils peuvent s'établir au niveau d'un secteur d'activité, ce qui représente l'avantage d'apporter des solutions mutualisées pour des secteurs composés en grande partie de petites et moyennes entreprises affrontant des défis analogues en matière d'évolution des métiers et des compétences. Ainsi en est-il, par exemple, de l'observatoire des métiers de la mode, des textiles et du cuir, structure paritaire créée en 2002 et qui vise à **faire connaître les métiers**, anticiper et préparer les changements, et favoriser la mise en place de démarches compétences dans les entreprises. Les observatoires des métiers peuvent aussi être conçus à l'échelle de l'entreprise ou du groupe pour les unités de grande taille, comme l'illustre le cas de l'observatoire des métiers du Groupe PSA (voir Illustration 7.4).

Illustration 7.4 : L'observatoire des métiers du Groupe PSA

L'Observatoire des métiers et des compétences, une instance paritaire mise en place par le Groupe PSA en France, a notamment pour mission de **développer**

une vision prospective sur l'évolution des métiers du Groupe et d'établir des diagnostics sur **les métiers en tension** et les **métiers sensibles**. Cette démarche permet d'élaborer des programmes de développement des compétences et des parcours professionnels qualifiants grâce à la formation et à la mobilité. En anticipant les évolutions stratégiques des métiers, le Groupe PSA identifie les compétences dont il aura besoin afin de préparer les transitions nécessaires et de minimiser les ruptures et les difficultés. Ainsi, chaque salarié connaît les compétences requises pour sa fonction et les actions de développement qui lui permettront de progresser en accédant à des parcours qualifiants. De la conception d'un véhicule à sa commercialisation, le Groupe PSA maîtrise toute la palette des métiers de l'automobile : design, mise au point, fabrication, vente, etc. Au total, quelque 110 métiers sont représentés au sein du Groupe, dont la définition et la mise en œuvre sont en permanence remodelées par les innovations technologiques, les nouveaux procédés, l'évolution des services et l'ouverture à l'international.

Source : d'après https://www.groupe-psa.com/fr/talents/metiers-automobile.

Enfin, une problématique plus récente est celle de **la gestion des talents** (voir Illustration 7.5). Parfois, le glissement terminologique de « compétence » à « talent » ne porte pas d'évolution sémantique et le « talent » peut alors être entendu comme un synonyme modernisé de « compétence ». Dans d'autres cas, la référence aux talents désigne des ensembles de compétences originales, détenues par des individus qui se distinguent par leur capacité à les mobiliser de façon exceptionnelle. Ces talents représentent des armes concurrentielles particulièrement importantes dans la compétition internationale, à tel point qu'est parfois utilisée l'expression de « guerre des talents » pour en signifier les enjeux. Dans ces conditions, un management des talents devient nécessaire, pour **attirer et recruter des talents externes, identifier et développer les talents internes, les motiver et les fidéliser** en leur proposant par exemple des mobilités internes et à l'international, ainsi que des plans repensés de succession et d'évolution des carrières.

Illustration 7.5 : Au-delà des compétences, attirer et fidéliser les « talents »

La crise mondiale des compétences continue de s'aggraver. Partout dans le monde, les organisations peinent à trouver des employés qui disposent d'une formation et des compétences appropriées. Alors que la reprise économique continue, les entreprises ont du mal à trouver les compétences dont elles ont besoin, en particulier dans les domaines scientifique, technologique, mathématique et dans le secteur de l'ingénierie. Avec les pénuries de compétences qui ne font que s'intensifier, **on peut dire que la guerre des talents continue**. Cette problématique fait maintenant l'objet d'un grand débat dans les médias, dans la sphère politique et au sein des entreprises, et je m'en réjouis. En tant que recruteur international de professionnels qualifiés, notre mission consiste à aider les entreprises à trouver les compétences dont elles ont besoin pour se développer. Nous sommes conscients qu'un pays ne peut prospérer pleinement si des postes essentiels restent vacants au sein de ses entreprises.

Source : d'après « Guerre des talents : avis de tempête », par Alistair Cox, directeur général de Hays plc., lesechos.fr, 09/02/2015.

b) Gérer les carrières pour développer l'engagement des salariés

Au-delà des outils visant à articuler les stratégies individuelles et le développement organisationnel des compétences, la gestion des carrières et des mobilités a aussi comme vocation d'utiliser la gestion des trajectoires professionnelles comme des leviers pour influencer les attitudes et les comportements des salariés. Par exemple, il peut s'agir de développer la fidélisation en proposant des perspectives attractives dans la durée, que ce soit dans le cadre de règles formalisées ou dans le cadre de formes de contrats psychologiques entre l'employeur et les salariés.

Le concept d'**engagement organisationnel** aide à comprendre la façon dont le lien entre l'organisation et les individus peut se renforcer, pour des raisons inconscientes relatives à des processus d'identification, ou à la suite de calculs rationnels visant à évaluer coûts et avantages d'un départ de l'organisation (voir Zoom 7.7). Dans les deux cas, l'intensité de l'engagement organisationnel sera déterminante, à la fois pour le désir de rester membre de l'organisation et pour l'efficacité dans le travail. Comme le montre le cas de Michelin (voir Illustration 7.6), la gestion des carrières peut constituer un moyen efficace pour le développement de l'engagement organisationnel.

Zoom 7.7 : Les formes de l'engagement organisationnel

L'engagement organisationnel est défini par Meyer et Allen comme un état psychologique caractérisant la relation d'un employé avec son organisation et ayant des implications sur la décision de rester ou non membre de l'organisation. Ils distinguent trois formes d'engagement :

- l'**engagement affectif**, qui reflète une identification, une implication et un attachement affectif à l'organisation ;
- l'**engagement normatif**, qui reflète une loyauté relevant d'une obligation morale ressentie envers l'organisation ;
- l'**engagement de continuité**, lié aux coûts associés à la perspective de quitter l'organisation.

Source : d'après Meyer, J. P. et Allen, N. J., « A three component conception of organizational commitment », *Human Resource Management Review*, Vol. 11, n° 1, 1991, pp. 61-89.

Illustration 7.6 : Le service groupe personnel (SGP) comme moyen original de développer l'engagement organisationnel chez Michelin

Il n'y a pas de « ressources humaines » chez Michelin. C'est ainsi que dès leurs débuts, les futurs cadres Michelin se constituent un réseau qui les accompagnera pendant leur vie dans l'entreprise. Le service groupe personnel (SGP) est la clé de voûte de ce modèle si particulier de gestion sociale qui a contribué à **tisser la culture d'entreprise** de Michelin, mélange original de modernisme intelligent et de paternalisme désuet. « *Un salarié de Michelin n'appartient pas à son unité ou à son supérieur. Il appartient avant tout au SGP et ce pendant toute sa carrière* », explique François Théodon, directeur du personnel pour l'Europe. C'est très volontairement que l'expression « service du personnel », tombée partout ailleurs en désuétude, a été conservée chez Michelin : ici on n'est jamais passé à l'ère des ressources humaines. Message officiel : dans cette entreprise dirigée par une famille de catholiques pratiquants, **les salariés ne sont pas une « ressource » mais des individus**. [...] « *Le SGP a un rôle de partage de la culture. Il nous permet de gérer les carrières de façon homogène, d'un pays et d'une entité à l'autre. Il peut aussi servir de recours aux salariés insatisfaits, y compris dans les usines où un relais, le "responsable du personnel agents", est là pour aider les ouvriers* », résume François Coudurier, directeur du SGP. [...] « *Chez Michelin, on n'embauche pas les jeunes diplômés pour un poste donné*, précise Daniel Boulanger, directeur de la gestion des carrières internationales. *Nous recrutons ceux dont le profil est le mieux adapté à notre culture puis nous décidons avec eux, après le stage, de leur affectation.* »

Source : d'après « Chez Bibendum règne le "service du personnel" », par Isabelle Mas, expansion.lexpress.fr, 20 janvier 2000.

À retenir

- ✓ **Les ajustements de main-d'œuvre sont longs, coûteux et risqués. Les entreprises doivent chercher à les anticiper au mieux pour les organiser de façon à réduire les coûts et favoriser l'entretien d'un stock de compétences.**
- ✓ **La démarche générale de gestion prévisionnelle des emplois et des compétences consiste à dresser un inventaire prospectif des ressources humaines disponibles dans l'entreprise et à établir des projections relatives aux besoins futurs. On peut alors constater des écarts et à terme, mettre en œuvre des actions correctrices.**
- ✓ **La GPEC en tant que pratique imposée par la loi a essentiellement pour objectif de prévenir les licenciements, mais les entreprises peuvent s'en saisir pour planifier l'ensemble de leurs flux de main-d'œuvre et gérer le développement de leurs compétences.**

- ✓ **Le recrutement consiste à acquérir de nouvelles ressources. Il s'agit d'une opération risquée à deux titres : on ne maîtrise pas ce que les nouvelles recrues vont apporter à l'organisation et on n'a qu'une information très imparfaite sur leurs caractéristiques.**
- ✓ **Les procédures de recrutement permettent de réduire les risques en organisant de façon structurée l'acquisition d'informations sur les candidats. Le recrutement est également sécurisé par l'environnement de l'organisation et les institutions qui encadrent ces opérations.**
- ✓ **La gestion des mobilités et des carrières est une deuxième forme d'ajustement des effectifs et d'affectation des compétences au sein de l'organisation. Elle se situe à l'interface entre les besoins de l'organisation et les aspirations des salariés.**
- ✓ **Les outils de gestion mobilisés pour organiser les parcours concourent à développer l'engagement des salariés et à rendre possibles des apprentissages individuels et collectifs.**

Chapitre 8

Repérer et gérer les compétences individuelles

Objectifs du chapitre :

✓ **Comprendre ce qui se joue dans le travail des salariés, et notamment les conséquences de l'écart entre travail prescrit et travail réel.**

✓ **Comprendre la compétence comme une combinaison de ressources individuelles dans des contextes d'action réels.**

✓ **Connaître les principes et les outils qui permettent de gérer les compétences dans un contexte organisationnel.**

✓ **Comprendre les implications de la gestion des compétences en termes d'évaluation et d'individualisation.**

Le chapitre précédent a permis d'expliquer quels étaient les enjeux, pour une organisation, d'être en mesure de piloter la quantité et la qualité de travail mobilisé pour son activité de production, son fonctionnement global et la réussite de sa stratégie. Il a mis l'accent sur la gestion des flux de main-d'œuvre comme processus d'allocation des compétences dans l'organisation.

Mais cette notion de compétence reste encore floue et difficile à cerner d'un point de vue gestionnaire. On parle souvent de compétences comme d'une évidence : « *The right man, at the right place, in the right time* ». L'incantation a tout son sens, mais ce qui fait qu'une personne est la « bonne » dans la « bonne circonstance » reste largement mystérieux et dépend d'un nombre considérable de variables (voir Illustration 8.1).

La compétence fait l'objet de très nombreux **débats et usages** : **dans la société** en général, où l'on va parler par exemple de compétences sociales pour désigner les comportements tels que l'affirmation de soi ou la gestion des états émotionnels; **dans le système éducatif** qui promeut un socle commun de connaissances, de compétences et de culture et qui insère un livret personnel de compétences dans le livret scolaire; **dans le domaine de l'insertion et de la réorientation professionnelle** à travers, par exemple, l'instauration, dans les années 1980, du bilan de compétences, ou plus récemment du compte personnel de formation.

Illustration 8.1 : Leadership ou compétence technique ?

La raison pour laquelle beaucoup d'entreprises tâtonnent, en matière d'acquisition de talents, est qu'elles ne cherchent tout simplement pas les bons candidats, parce qu'elles le font au travers d'un mauvais prisme, celui de la seule évaluation des compétences techniques. [...] Elles courent le risque d'un échec pour l'entreprise tout entière, car rien n'étouffe plus la culture commune que d'engager ou de promouvoir des personnes qui s'avèrent inadaptées socialement. [...] Les qualités humaines, le leadership, la capacité à montrer l'exemple sont beaucoup plus importants que la seule maîtrise d'un domaine.

Nous vivons une époque qui a dépassé les modèles axés exclusivement sur les compétences mais les organisations, surtout les plus grandes, se servent encore de grilles d'interviews reposant principalement sur cette seule évaluation. Et les descriptions de tâches, les plans de carrière, les revues de performance et les *incentives* portent quasi exclusivement sur leur niveau.

Bien sûr, tous les dirigeants connaissent les nouveaux codes. La force de caractère, la manifestation de la confiance, la passion de l'engagement, le but poursuivi, l'empathie, l'exemple, la créativité. Il est d'ailleurs de bon ton de les rappeler régulièrement dans les discours officiels. Mais la réalité est qu'ils traitent toujours leurs collaborateurs de haut niveau à l'aune de la maîtrise de leur spécialité et de rien d'autre.

Comme elle est lisible et facile à mesurer et que les entreprises aiment ce qui est prévisible et mesurable, les vieilles habitudes ont la vie dure. Mais attention ! Ce n'est pas parce qu'une chose est facile à mesurer qu'elle est pertinente.

Source : d'après « Leadership ou compétence technique ? », par Alain Goetzmann, lesechos.fr, 9 mai 2017.

La compétence relève donc à la fois du langage courant, du concept dans des disciplines variées telles que la psychologie, la sociologie, l'ergonomie ou la gestion (sans parler des variantes propres à chaque subdivision interne de ces disciplines), et de l'effet de mode lorsque, par un mouvement quasi mimétique, entreprises, consultants et institutions publiques ont dans un bel ensemble adossé leurs discours, leurs pratiques et leurs outils à la terminologie des compétences.

Ce chapitre présente tout d'abord la notion de compétence, conçue comme l'articulation entre des caractéristiques individuelles et des situations concrètes de travail (section 1). Il montre ensuite comment la gestion des compétences peut s'opérationnaliser dans l'entreprise (section 2), pour enfin faire état de l'appareillage gestionnaire relatif à cet aspect de la GRH (section 3). Ce faisant, ce chapitre sera l'occasion de plonger dans l'analyse des situations concrètes de travail, au plus près du geste, des émotions, des aptitudes mobilisées par les salariés dans leur activité professionnelle.

1. La compétence comme articulation entre des caractéristiques individuelles et des situations concrètes de travail

Il existe plusieurs façons complémentaires de **comprendre ce que signifie être compétent**. Partant d'une logique dans laquelle la compétence se résume en grande partie à la mobilisation de caractéristiques individuelles, il est possible d'enrichir ensuite son contenu en l'ouvrant à l'adaptation face aux situations réelles de travail, à la nécessité de s'affranchir de normes trop rigides, et de s'inscrire dans des dynamiques collectives.

1.1. Être compétent, c'est savoir mobiliser une variété de ressources individuelles

Une façon de cerner ce qu'est la compétence consiste à se pencher sur les raisons qui ont présidé à ses premières apparitions dans les publications scientifiques. On attribue généralement au psychologue américain David McClelland (voir Zoom 8.1) l'une des premières grilles de lecture formalisées de la compétence. Son propos est à replacer dans le contexte historique des années 1970 qui voyait se développer rapidement les pratiques de tests d'intelligence, utilisés notamment comme aide à la décision en recrutement et comme prédicteurs de la performance professionnelle future. Il construit une critique à la fois scientifique et sociale de ces tests, leur reprochant entre autres de renforcer des inégalités sociales.

L'approche proposée met en particulier en exergue que l'important est de savoir **comment les individus vont mobiliser leurs ressources dans des pratiques réelles.** Pour reprendre l'un des exemples cités par McClelland, si l'on veut savoir qui peut devenir un bon policier, il faut suivre des policiers dans leur travail, faire une liste de leurs activités, et construire une sélection de critères de test à partir de cette observation. La question n'est donc pas la détention de ressources personnelles, mais **la capacité à les mobiliser**.

Si l'on prend ainsi en compte la façon dont l'individu agit dans des situations concrètes, alors d'autres ressources que des capacités purement cognitives vont être mobilisées. Des caractéristiques personnelles, en particulier comportementales, propres à chacune et à chacun, vont l'être également.

Zoom 8.1 : Tester les compétences plutôt que l'intelligence (David McClelland)

David McClelland (1917-1998) était un psychologue américain, qui s'est livré à une critique des tests visant à mesurer l'intelligence. Ses critiques portaient principalement sur le fait que les tests d'intelligence mesuraient davantage le

potentiel de réussite scolaire que le potentiel à réussir sa vie professionnelle et sur la corrélation entre la réussite aux tests et le statut social.
Il a proposé de substituer aux tests d'intelligence des évaluations de compétences, basées notamment sur des comportements observés dans des pratiques réelles, sur des critères de test explicites et publics, et incluant des caractéristiques comportementales telles que la communication, la patience ou encore la capacité d'ajustement aux objectifs. L'une de ses préoccupations consistait également à chercher à évaluer des compétences qui soient transférables.

Source : d'après McClelland, D. C., « Testing for competence rather than for intelligence », *American Psychologist,* janvier 1973.

L'**approche nord-américaine de la compétence** s'est largement inspirée de ces travaux, en insistant sur l'importance des caractéristiques individuelles et sur l'utilisation des compétences comportementales comme moyen de développer une performance supérieure. Dans cette logique, les compétences sont couramment définies comme la combinaison de **savoirs**, de **savoir-faire**, de **capacités** et d'autres **caractéristiques individuelles**, aboutissant ainsi à l'acronyme KSAO (*Knowledge, Skills, Abilities and Other individual characteristics*). Les caractéristiques individuelles renvoient, quant à elles, à un large ensemble comprenant de manière non exhaustive aussi bien les motivations que les traits de personnalité, les croyances ou les valeurs.

Dans cette perspective, les compétences sont également liées à **des ressources individuelles qui peuvent être acquises dans tous les registres de la vie** ; elles ne sont donc pas liées uniquement au parcours de formation ou professionnel. Par exemple, des expériences développées dans le cadre d'un travail associatif intègrent parfaitement l'ensemble de ressources mobilisables pour être compétent dans une situation professionnelle. De même que la pratique d'une langue étrangère peut être acquise dans un cadre familial.

1.2. Être compétent, c'est s'adapter aux situations réelles de travail

Cependant, démontrer des aptitudes individuelles et mobiliser des ressources personnelles multiformes ne suffit pas à être reconnu comme compétent dans une situation professionnelle. Les situations de travail sont en effet soumises à de nombreuses variations, aléas ou impondérables qui les éloignent de la représentation décrite par la hiérarchie. Les compétences ne sont donc pas seulement associées à un individu, elles doivent aussi être **contextualisées**.

En ce sens, la distinction entre travail prescrit et travail réel (voir Zoom 8.2), qui est l'un des fondements de l'ergonomie (du moins, de l'ergonomie de tradition francophone) est très éclairante :

- **Le travail prescrit** correspond au travail tel qu'il est imaginé par la hiérarchie, à travers des objectifs quantitatifs (rendements attendus, délais, etc.) et qualitatifs (respect des spécifications du produit, qualité de la relation client, etc.), des procédures (en particulier les modes opératoires) et des normes (ce qui est attendu dans le cadre des codes culturels de l'entreprise).

- **Le travail réel** correspond à ce qui se passe effectivement sur le lieu de travail, dans les conditions réelles : des locaux précis, des machines plus ou moins « obéissantes » ou au contraire « récalcitrantes », des procédures plus ou moins pertinentes, des collègues avec lesquels on s'entend bien ou au contraire avec lesquels l'état des relations rend le travail difficile voire inefficace, des conditions de travail qui affectent les sens et les capacités de chacun, ou encore des aléas qui font le quotidien d'une activité ancrée dans le réel.

Les ergonomes, et en particulier ceux de tradition francophone, ont montré qu'en général, les travailleurs **s'adaptent activement à cet écart** entre le travail prescrit et les conditions d'exercice réelles, souvent en dérogeant aux prescriptions officielles, en faisant preuve d'initiative et de bricolages multiples, ou en faisant appel au collectif et à la solidarité, là où le travail est censé être individuel.

Le travail prescrit correspond à ce qui est prévu, modélisé par les concepteurs des processus de production, des services ou des ateliers. Il s'agit d'atteindre un certain résultat, en suivant des méthodes de travail plus ou moins précisées, avec une place et un rôle assignés dans l'organisation du travail, avec des moyens alloués (matières premières, équipements, documents ou informations, etc.) dans un environnement identifié. Ce sont des spécifications qu'on va retrouver, par exemple, dans une fiche de poste.

Zoom 8.2 : La différence entre tâche et activité en ergonomie

La différence entre tâche et activité prolonge et enrichit la distinction entre travail prescrit et travail réel. La tâche reprend la description du travail prescrit par la hiérarchie, en précisant en particulier les conditions de travail, physiques, organisationnelles ou cognitives, et répond globalement à la question « quoi faire ? ». L'activité répond à la question « comment faire ? », et renvoie à toutes les actions gestuelles, sensitives, cognitives ou relationnelles qui permettent que le travail se fasse dans les conditions réellement rencontrées. Une autre façon de le dire est de considérer que la tâche est ce qu'il y a à faire et l'activité est ce qui est fait. De plus, la notion d'activité intègre également la possibilité que l'opérateur ne soit pas seulement contraint par sa situation de travail, mais qu'il la « crée » partiellement, en étant source de doutes, d'interrogations, de réflexions ou d'expertises liées précisément à l'exercice d'une activité et à la connaissance intime qui en découle.

En ce qui concerne la conduite des systèmes automatisés, l'ergonome Jean-Marie Faverge (1912-1988) analyse le travail comme une « activité de récupération », au cours de laquelle l'opérateur prend des informations sur l'objet et l'outil de travail, les traite et régule en conséquence les variables et les paramètres du système. La surveillance passive relève de la fiction et ne résiste pas à l'analyse fine des relations hommes/machines, et la « tâche » de surveillance est en réalité une « activité » au sens ergonomique du terme, impliquant activité mentale et compréhension globale.

Sources : d'après Faverge, J.-M. et Leplat, J., *L'Adaptation de la machine à l'homme*, PUF, 1958 ; Darses, F. et de Montmollin, M., *L'ergonomie*, collection Repères, La découverte, 1986.

Le travail prescrit sous-tend la notion de tâche, caractérisée par un certain nombre de compétences requises. Dans cette situation, être compétent, c'est être capable de s'adapter à la tâche ainsi définie. Par exemple, dans le cas d'un travail industriel, l'opérateur de la chaîne de montage va être entraîné à faire rigoureusement les gestes attendus tels qu'ils ont été définis dans les standards opératoires. On retrouve souvent également la notion de nominal : « travailler au nominal » signifie travailler conformément au standard prévu. Dans le cas de l'école de la dextérité chez Renault (voir Application 8.1), l'entreprise formalise dans le détail la procédure de travail et s'assure de son application de manière fidèle par les opérateurs concernés. La gestuelle de l'opérateur est spécifiée, ainsi que son rythme. Dans cette perspective, pour qu'une évolution de la façon de travailler soit possible, elle doit au préalable avoir été justifiée, puis, une fois validée, codifiée dans une réécriture du standard opératoire.

La prescription du travail n'est pas l'apanage du travail dans les secteurs industriels. Les activités de services sont tout autant concernées. Ainsi, le travail en caisse dans les supermarchés fait l'objet également d'une prescription à la fois dans la gestuelle et dans l'ordre des différentes tâches, mais aussi dans le comportement attendu, comme en témoigne la technique du « SBAM » : sourire, dire bonjour, au revoir et merci.

Autre exemple, certains types de centres d'appels téléphoniques sont connus pour formaliser la relation de service et la transformer en prescription de travail pour les opérateurs qui contactent des clients actuels ou potentiels. Ces exemples illustrent des situations dans lesquelles le travail est fortement prescrit, et dans lesquelles la compétence requise consiste à exécuter la prescription. Cependant, la distinction tâche/activité montre que, du point de vue opérationnel, **cette figure de « pur » exécutant est illusoire**.

Application 8.1 : Être compétent, c'est respecter le travail prescrit

Être compétent à l'école de la dextérité chez Renault

« Il faut prendre les vis de la main gauche. Vous devez les mettre dans le creux des doigts pour continuer à travailler. C'est cette main qui présente la tête de la vis dans la visseuse et non l'inverse. Celle-ci doit être le plus près possible des plaques à visser pour diminuer la distance ». Ce type de prescription de l'activité et de la gestuelle des opérateurs, très détaillée, est issu de principes formalisés

dans le cadre du système de production Renault. Cette approche vise à renforcer conjointement la maîtrise de la qualité et les objectifs de productivité.
La notion de standard opératoire y tient une place centrale : « Bien construire une automobile, c'est la construire en suivant une procédure rigoureuse, appliquée exactement de la même façon pour tous les véhicules qui se succèdent sur la chaîne de montage ». Il s'agit de réfléchir à la meilleure façon de réaliser l'opération, la disposition des pièces, la façon de les prendre, de se servir des outillages. Une fois défini, tous les opérateurs du poste doivent appliquer ce standard, sans exception.
La formation des opérateurs, en particulier la formation à la dextérité, est donc structurée autour de l'apprentissage de ces standards. Ainsi, « Un opérateur inexpérimenté aura par exemple tendance à prendre d'abord les vis d'une main, puis le tournevis dans l'autre. À l'école de la dextérité, on enseigne à prendre les deux en même temps ».

Sources : d'après *L'Usine Nouvelle*, janvier 2011 ; dossier de presse Renault sur la qualité au cœur du système industriel, décembre 2005.

Le « SBAM », exemple de prescription du comportement

Le SBAM est une formule imaginée pour résumer l'enseigne Auchan dans les années 1980, afin de décrire le comportement attendu de la part des personnels de caisse vis-à-vis des clients : sourire, dire bonjour, au revoir et merci. Cette exigence correspond bien à l'expression d'un travail prescrit par l'employeur et la hiérarchie. Il s'agit à la fois de la prescription d'un objectif qualitatif (être accueillant avec le client, se montrer aimable), de la prescription d'un mode opératoire (la formule indique la nature et l'ordre des comportements requis, et permet incidemment le contrôle du respect des quatre étapes par les personnels de caisse) et de la prescription d'une norme (être aimable est la condition de la fidélisation des clients et donc de la performance de l'enseigne).

Source : d'après « Le SBAM de 9 heures à 22 heures », lsa-conso.fr, 20/03/1997.

La prescription d'un dialogue dans un centre d'appels téléphoniques

Voici un exemple de prescription assez courante. Il s'agit ici d'un centre d'appels qui gère la relation avec les abonnés d'un magazine :

– « Bonjour M./Mme [...]. Je suis Sophie Doriot, du Magazine X. M./Mme, vous savez certainement que votre abonnement va bientôt se terminer ?

Laisser répondre.

– Durant cette année de lecture, vous avez eu l'occasion d'apprécier notre magazine, n'est-ce pas ?

Laisser répondre.

– Et bien, c'est parfait, car vous savez peut-être que le Magazine X fête ses 20 ans d'existence ? Et à cette occasion, nous avons décidé de vous contacter en tant que fidèle lecteur pour vous faire bénéficier d'une offre exceptionnelle.

Pause.

– Nous vous proposons de vous réabonner à votre magazine au tarif de 250 euros seulement, et ceci sur 13 mois au lieu de 12, vous permettant ainsi de bénéficier d'un mois de lecture gratuite. Autre cadeau pour nos 20 ans : un tirage spécial d'un très beau livre intitulé « X ». Original, n'est-ce pas ?

Laisser répondre.
– Alors, M./Mme, je prends note de votre accord ?
Si « Oui » : passer à la fiche de dialogue « Conclusion accord ».
Si « Non » : passer à la fiche « Traitement de l'objection ».

Source : d'après http://call-center-metiers.blogspot.fr /p/exemple-de-scriptscenario-dappel.html.

Question : Montrez les avantages et les limites de ces pratiques de prescription du travail.

1.3. Être compétent, c'est décider de vouloir contribuer à la production

Sur un autre plan, les sociologues du travail ont insisté sur le fait que l'écart entre travail réel et travail prescrit s'interprète également en termes de transgression. Autrement dit, travailler suppose aussi de ne pas respecter une règle ou un ordre (voir Illustration 8.2).

Le dépassement de la prescription ne peut pas, par définition, être imposé. La transgression des règles n'est donc ni automatique ni naturelle et rien ne dispose non plus à ce que cette transgression aille dans le sens souhaité par la hiérarchie. Les sociologues soulignent d'ailleurs (voir Zoom 8.3) que la **transgression** peut être à la fois **subversive**, lorsqu'il s'agit de contourner les règles pour servir un intérêt divergeant des objectifs assignés par l'organisation, ou **coopérative** lorsqu'il s'agit de contourner les règles pour atteindre plus efficacement les objectifs assignés par l'organisation.

Le fait de dépasser les consignes est ici également compris comme une façon de se réapproprier le travail, de retrouver des marges d'action et une liberté de réflexion ou d'interprétation personnelle. Aussi, une transgression *a priori* « subversive » peut s'analyser comme le gain de marges d'autonomie qui rendent un travail excessivement intense tout simplement soutenable : trouver des astuces pour se libérer des cadences permet de retrouver des moments d'échanges et de socialisation sans lesquels le travail serait insupportable. **La transgression est alors aussi une compétence**, car elle permet de continuer à travailler dans des conditions intenses et stressantes.

Illustration 8.2 : Dépasser les règles, une nécessité dans le travail au sein d'un service d'urgences hospitalières et dans l'industrie pharmaceutique

Dans un service d'urgences hospitalières, le personnel interrogé par questionnaire indique dans sa quasi-totalité dépasser occasionnellement ou régulièrement le cadre de ses attributions, et que les échanges professionnels au sein du

service sont nombreux, mais se tiennent essentiellement en dehors des moments formalisés prévus à cet effet. Autre résultat, plus de 80 % des personnels ont choisi volontairement de travailler aux urgences et manifestent ainsi un intérêt certain pour ce travail. C'est probablement au nom de cet intérêt et du caractère parfois vital de l'activité que les règles internes sont interprétées ou dépassées. Dans ce contexte, la capacité à dépasser les règles tout en restant en conformité avec les objectifs du service est un élément de compétence, dont l'exercice peut néanmoins s'avérer périlleux en matière de responsabilité juridique.
Dans un autre exemple, situé dans l'industrie pharmaceutique, il a été montré que, pour « sortir » la production, les opérateurs sont amenés à contourner certaines règles de sécurité, mais que loin d'être un mouvement anarchique, cette transgression ne concerne que les règles ayant l'impact le moins élevé en termes de risque, cette évaluation de risque se faisant collectivement et de manière consensuelle.

Manifester de la compétence implique donc une volonté, un **vouloir-agir**, nécessaires à la prise d'initiative et à la réalisation de l'activité dans un contexte de travail réel. Cela implique également que ce vouloir-agir soit orienté dans une logique « coopérative » et non « subversive » au sens de la sociologie. Rentrent alors en ligne de compte **des éléments de négociation**, conscients ou non, formalisés ou non, objectifs ou subjectifs, aboutissant à déterminer les conditions auxquelles chacun décide de se montrer compétent ou au contraire de rester à l'intérieur du cadre du travail attendu et prescrit.

Zoom 8.3 : L'écart à la règle prescrite conçu comme transgression

La sociologie du travail a beaucoup insisté dans les années 1950 et 1960 sur la réalité du travail dans les contextes réels. Des témoignages comme celui devenu célèbre de Daniel Mohé (pseudonyme de Jacques Gautrat), né en 1924, ouvrier-fraiseur à Renault Billancourt devenu sociologue, décrivent l'ampleur de l'écart entre travail prescrit et travail réel, la nécessité de la débrouille et des pratiques clandestines qui permettent de faire marcher l'atelier malgré les insuffisances, les inadaptations ou les rigidités excessives de la rationalisation scientifique.
Certains sociologues analysent ce passage du prescrit au réel en termes de transgression, c'est-à-dire comme l'articulation de deux transgressions contradictoires : une transgression subversive et une transgression coopérative. La **transgression subversive** est illustrée par les « perruques » (détournement des outils et des matériaux pour fabriquer des objets à usage personnel) ou des réductions volontaires de rythme. La **transgression coopérative** est illustrée par les savoir-faire, les trucs, les tours de main qui complètent les consignes émanant des procédures ou des fiches de poste, voire se substituent à elles.
L'intérêt vient de l'interprétation qu'on peut faire de ces transgressions, qu'elles soient subversives ou coopératives. Dans les deux cas, il s'agit d'une forme de

résistance à la déshumanisation du travail, d'une nécessité de s'affirmer, de conquérir des marges d'autonomie, de s'exprimer et de faire en sorte de conférer une utilité subjective et objective au temps passé au travail.

Source : d'après Linhart, D., « Au-delà de la norme », *Culture et Technique,* n° 8, 1982, pp. 90-98.

1.4. Être compétent, c'est aussi s'inscrire dans une dynamique collective

Prendre en considération les contextes de travail réels dans la conception de la compétence implique également de la resituer dans une activité qui est, dans la grande majorité des cas, de nature collective.

Or, la capacité à faire face collectivement à une situation donnée ne **se déduit pas mécaniquement de l'addition des compétences individuelles**, car elle est affectée à la fois par le niveau de complémentarité des compétences individuelles, mais aussi par la qualité des synergies et de la dynamique du groupe (voir Application 8.2).

Application 8.2 : Manifestation de la compétence collective dans la gestion des réactions agressives des clients

Dans les relations mettant en face à face un client mécontent et un guichetier dans une agence commerciale, le traitement d'un comportement agressif donne lieu à des régulations de nature collective, passant par le fait de calmer le client, de rassurer le collègue, de reformuler la règle, de modifier le comportement du collègue, d'expliquer le fonctionnement du système, d'amener le client vers des raisonnements différents. L'hétérogénéité des profils de guichetier (ancienneté, génération, formation, sexe, etc.) implique des caractéristiques individuelles dont la complémentarité et la mise en commun peuvent faciliter la résolution de situations critiques.

Question : Pourrait-on normer un processus de réponse à l'agressivité d'un client ?

Les dynamiques collectives résultent de nombreux facteurs, tels que les interactions informelles affectives ou professionnelles, les interactions formelles comme le nombre et la qualité des réunions, la composition des équipes, ou l'aptitude des managers de proximité à générer une dynamique de groupe. Les leviers de GRH influencent également la dynamique des compétences collectives, comme le montre l'exemple classique d'une prime basée sur des performances individuelles qui viendrait freiner l'entraide et la solidarité dans le travail d'équipe.

En tout état de cause, **la compétence collective permet de transcender les compétences individuelles** et de parvenir collectivement à un résultat supérieur à ce qu'il serait en restant sur des logiques individuelles, mais elle permet aussi à chaque individu de bénéficier des échanges de pratiques, d'idées ou de connaissances qui se produisent à travers une action commune et d'enrichir ainsi leur dotation en compétences individuelles (voir Zoom 8.4).

Zoom 8.4 : Les attributs de la compétence collective

Il est assez facile de constater l'existence d'une compétence collective, ne serait-ce qu'à travers les expériences de la vie quotidienne : la meilleure équipe de football n'est pas nécessairement celle qui regroupe le plus de joueurs vedettes, des individus donnent l'impression d'être plus compétents dans certains groupes que dans d'autres ou, dans le domaine scolaire, le meilleur projet collectif ne sera pas forcément celui réalisé par les cinq meilleurs dans le classement des notes. Pour autant, il n'est pas aisé de donner une définition précise à la compétence collective. Pour Didier Retour et Cathy Krohmer, il est par contre possible d'en identifier des attributs essentiels :

- Le **référentiel commun** : il s'agit d'une représentation de référence partagée par les membres du groupe. Il est élaboré en commun à travers la préparation et la réalisation de l'activité, et orienté vers la finalisation de l'action projetée.
- Le **langage partagé** : il s'agit du vocabulaire, voire du « dialecte » propre à une équipe, qui permet à la fois une communication pertinente car forgée dans le contexte même de l'action, et plus économe car il n'est plus nécessaire de verbaliser tous les détails. Ce langage partagé est aussi un facteur identitaire pour le groupe concerné.
- L'**engagement subjectif** : la réponse aux aléas de production, et la prise d'initiative et de décision qui en découle génèrent un engagement et une responsabilité collective dans la mesure où la performance est elle-même de nature collective.

Source : d'après Retour, D. et Krohmer, C., « La compétence collective, maillon clé de la gestion des compétences », *Nouveaux regards sur la gestion des compétences*, coord. Defélix, Klarsfeld et Oiry, Vuibert, 2006.

2. Opérationnaliser la gestion des compétences

Comprendre ce qu'est une compétence est une chose, en faire un objet de gestion en est une autre. Pour y parvenir, chercheurs et praticiens en GRH convergent aujourd'hui vers une définition de la compétence en termes de combinaison de ressources individuelles orientées vers les buts de l'organisation.

2.1. Mobiliser les ressources individuelles vers les objectifs organisationnels

Aujourd'hui, un consensus se dégage en gestion pour définir la compétence comme une capacité à combiner des ressources dans une situation professionnelle pour être capable de faire face à cette situation. Gérer les compétences, c'est donc concevoir des dispositifs de gestion afin d'inciter les personnels à développer des ressources individuelles utiles au sens de l'organisation et à les mobiliser en cohérence avec les buts organisationnels.

La notion de **mobilisation** est importante, car elle suppose l'intention de passer d'une situation dans laquelle l'action est possible (la personne détient des ressources lui donnant *a priori* le potentiel de réaliser le travail demandé) à une situation dans laquelle le travail est effectivement réalisé, dans un contexte et des conditions spécifiques. Cela signifie que la personne a réellement sollicité ses ressources, et a trouvé une manière personnelle et cohérente de réaliser le travail demandé.

La notion de mobilisation induit également la notion de **combinaison**. La compétence en gestion ne se définit pas comme la seule détention de ressources individuelles, mais comme la capacité à les combiner dans un contexte précis. Cela signifie que pour être compétent, il convient d'articuler, de manière efficace et en cohérence avec l'action en cours, différents types de ressources individuelles. Ils sont regroupés en trois familles que sont les connaissances, les savoir-faire et les capacités comportementales (voir Illustration 8.3). C'est la capacité à combiner ces ressources qui conduit à la compétence. C'est un point important pour la gestion des compétences car les outils de repérage comme les référentiels de compétences ont naturellement tendance à repérer la détention simultanée et juxtaposée de certaines composantes des compétences, mais pas nécessairement la façon dont ces composantes peuvent être intégrées au cours d'une même activité ou opération.

Cela signifie aussi qu'il y a **différentes façons d'être compétent**, car il est possible de mobiliser différemment des ressources identiques ou de mobiliser des ressources différentes. Une personne peut ainsi être compétente en mobilisant plutôt des connaissances que des savoir-faire ou inversement : par exemple, un jeune diplômé et un ancien ouvrier de métier peuvent manifester un même niveau de compétence en mobilisant, pour l'un, plutôt des connaissances fraîchement acquises en formation, et pour l'autre, des savoir-faire forgés à travers son expérience.

Illustration 8.3 : La conduite automobile comme exemple de la combinaison de ressources

La conduite d'une automobile nécessite la détention de ressources de plusieurs types. De manière non exhaustive, il faut connaître les règles du Code de la route ; il faut avoir acquis un certain nombre de savoir-faire en matière de freinage, d'évaluation des distances, de passage de vitesses, etc. ; il est également nécessaire de témoigner de capacités de prudence, d'orientation, de prise en compte de l'environnement extérieur, d'anticipation des comportements d'autrui, de courtoisie, etc. Tous ces éléments n'ont pourtant de sens qu'une fois qu'ils sont combinés ensemble et traduits dans l'action de conduire le véhicule dans un environnement donné. Pour être compétent, il faut mobiliser simultanément et à bon escient chacune de ces ressources et tenir compte de leurs interactions (se concentrer sur un panneau, en soi une bonne chose, peut nuire au niveau de la vigilance).

Le fait d'être compétent implique de « faire face » à une situation, ce qui induit une **obligation de résultat**. Il peut y avoir des gradations dans cette obligation de résultat. Il peut s'agir de simplement être capable de faire le travail demandé, ou au contraire de tout mettre en œuvre pour satisfaire aux exigences d'une mission ou pour parvenir à un résultat identifié. Dans tous les cas, l'usage de la notion de compétence indique que l'exigence de moyens n'est pas suffisante ; elle entraîne donc, de fait, une **responsabilisation** du salarié.

Il est important de rapporter cette obligation de résultat au fait que la compétence se définit comme la rencontre entre des capacités individuelles et des situations de travail concrètes. Dans ces conditions, le fait de ne pas « faire face » à la situation peut s'expliquer aussi bien par une inadaptation ou une insuffisance des ressources individuelles, et de la façon de les mobiliser, que par une organisation défaillante de la situation de travail, un équipement inadapté, une matière première aléatoire ou des conditions matérielles pénibles. Ainsi, si l'organisation du travail est inadaptée, elle ne permet pas de réaliser l'activité de manière compétente. La compétence pourra même être complètement transparente aux yeux de l'observateur, alors que l'obtention d'un résultat médiocre dans un contexte très détérioré est au contraire le signe d'une grande compétence. Inversement, dans certaines situations, le contexte est si favorable que personne ne pourrait rater le geste à opérer. Il est donc nécessaire de garder à l'esprit la question de la **qualité du contexte organisationnel** avant de procéder à une évaluation des compétences individuelles.

2.2. Le triangle de la compétence

La définition de la compétence part donc de la variété des ressources détenues par l'individu et de sa capacité à les mobiliser afin de réaliser un certain objectif. Ces ressources sont de natures multiples, qu'on peut résumer classiquement en trois composantes : les connaissances, les savoir-faire et les capacités comportementales.

Figure 1. Le triangle de la compétence.

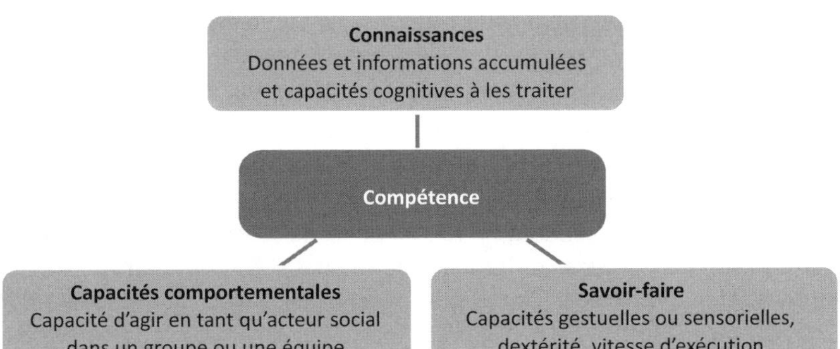

a) Les connaissances

Les **connaissances** renvoient à la fois à des données et à des informations, mais aussi à des capacités cognitives de traitement de l'information et de raisonnement. Par exemple, photocopier un cours permet d'accéder à une information, alors que le travailler davantage permettra d'en comprendre les raisonnements sous-jacents et de les appliquer dans des circonstances nouvelles. Les connaissances, qu'elles relèvent des faits, des données, des informations ou de capacités cognitives, peuvent être acquises par la formation ou par l'expérience, et le plus souvent par une combinaison des deux. Pour autant, le passage par la formation initiale est particulièrement important, précisément pour la mise en perspective des données et des informations.

Le rôle du **système éducatif** consiste à proposer des cadres conceptuels, des capacités de raisonnement, de jugement et d'apprentissage qui donnent accès à une connaissance qui ne se limite pas à la juxtaposition d'informations toujours plus nombreuses et accessibles, mais qui est capable de les sélectionner, de les hiérarchiser, de leur donner du sens et de les mobiliser pour des finalités variées et singulières. En ce sens, la connaissance, qu'elle soit générale ou professionnelle, est une ressource mobilisable qui enrichit le potentiel de compétence. Connaissance et compétence, école et entreprise ne sont pas en concurrence, mais relèvent de logiques complémentaires, ce qu'illustrent à la fois les pédagogies éducatives qui favorisent le transfert et l'application des connaissances à des cas pratiques (dans le cadre des stages ou des projets, par exemple) et les pratiques de formation tout au long de la vie qui enrichissent l'expérience des personnes en emploi de « respirations académiques » (expression revenant souvent dans les propos des étudiants de formation continue qui sont amenés à fréquenter de nouveau les bancs de l'université, par exemple).

b) Les savoir-faire

Les **savoir-faire** correspondent à des capacités gestuelles ou sensorielles : le tour de main, la capacité à détecter un dysfonctionnement à l'usinage grâce à l'allure générale des copeaux de métal ou, chez un vendeur, la capacité à très vite évaluer les besoins réels d'un client potentiel. Les savoir-faire correspondent aussi à des qualités de vitesse et de dextérité qui permettent de travailler à des cadences élevées (voir Application 8.3).

Application 8.3 : Les savoir-faire dans un atelier d'embouteillage

Dans une usine qui procède à l'embouteillage d'eau minérale, les opérateurs travaillent sur des machines qui produisent les bouteilles en plastique. La matière est portée à son point de fusion, puis injectée dans des moules avant d'être refroidie puis expulsée, cela à un rythme de plusieurs milliers de bouteilles en plastique produites par heure. Les exemples suivants de savoir-faire ont été relevés :

- surveiller la machine en fonctionnement, c'est-à-dire contrôler les paramètres de température, de pression, de vitesse, détecter les aléas comme la défaillance possible des aiguilles d'injection, à partir de moyens objectifs (témoins d'alerte et indicateurs) ou plus sensoriels (visuels, auditifs, olfactifs), le tout dans un contexte de rotation très intense des différentes pièces en mouvement ;
- intervenir en cas d'aléas : apprécier la gravité de l'aléa, appeler les mécaniciens ou les électriciens et orienter leur diagnostic ;
- régler la machine : modifier les réglages pour optimiser la régularité de la paraison (répartition de la matière en fusion), s'adapter aux inévitables variations de la matière première, ajuster la cadence dans une fourchette allant de 10 000 à 11 300 bouteilles à l'heure, en tenant compte des signaux sensoriels perçus (savoir-faire empirique), de l'ancienneté et de l'état de la machine, des notes écrites laissées par l'équipe du poste précédent, etc.

Globalement, le temps d'acquisition des savoir-faire correspond dans ce cas précis à une expérience de six mois ininterrompus, et les machinistes opérationnels se distinguent entre eux par des différences notables de niveau de maîtrise de ces savoir-faire.

Questions : Avec quels types de connaissances et quelles capacités comportementales ces savoir-faire doivent-ils être combinés ? Comment peut-on acquérir ces savoir-faire ?

La construction même de l'expression « savoir-faire » (en associant « savoir » et « faire ») rappelle qu'il s'agit d'un entremêlement de connaissance et d'action. La pratique génère des « **schèmes** » (voir Zoom 8.5) mentaux qui structurent chez tout individu sa représentation du monde réel. De la même façon qu'un champion de descente de ski sera capable de décomposer image par image une séquence extrêmement fugace de sa trajectoire, tout individu sera capable de développer une vision très précise de son travail liée à la rapidité de ses gestes, aux outils qu'il utilise, à l'acuité de son regard, à la qualité de sa concentration ou encore au répertoire d'expériences qu'il a emmagasiné par le passé.

La connaissance dont il est question ici n'est pas nécessairement une connaissance scientifiquement validée, mais qui permet de fonctionner et d'atteindre les objectifs recherchés. Elle est par la même difficile à transmettre, et c'est ce qui confère aux savoir-faire une importance capitale lorsqu'ils sont au cœur des activités stratégiques.

Zoom 8.5 : Connaissance par l'action (J. Piaget)

J. Piaget (1896-1980) est célèbre pour ses travaux en psychologie du développement et en épistémologie. Fondateur de l'épistémologie génétique, il s'est essentiellement intéressé à la question de la construction des connaissances.

La pensée se construit progressivement lorsque l'individu entre en contact avec son environnement, à travers le développement de schèmes. Ces schèmes sont des entités abstraites qui correspondent à l'organisation d'une action. Ils se développent, se multiplient et se combinent au fur et à mesure des expériences, se renforcent lorsqu'ils sont confortés ou se modifient lorsqu'ils sont contredits.

Il en résulte que, dans l'approche piagétienne, la connaissance procède de l'action, et toute action qui se répète ou se généralise engendre de nouveaux schèmes. Les travaux de Piaget ont profondément influencé la compréhension du développement de l'enfant, et continuent à inspirer des travaux dans de nombreux domaines tels que la psychologie, les sciences de l'éducation ou la sociologie. En gestion des ressources humaines, ils permettent de soutenir l'idée que toute activité de travail est également une activité de production de connaissance.

Source : d'après Piaget, J., *L'épistémologie génétique,* Que sais-je n° 1399, Presses Universitaires de France, 1970.

c) Les capacités comportementales

Quant aux **capacités comportementales** mobilisables pour être compétent, elles correspondent aux capacités qui permettent aux individus d'agir en tant qu'acteur social, dans un groupe ou une équipe de travail. La liste des capacités correspondantes est potentiellement infinie, et leur mode d'apprentissage fait l'objet de nombreux travaux, qu'on regroupe parfois dans le champ du développement personnel. On y trouve aussi bien le contrôle émotionnel, le contrôle comportemental, la capacité à prendre des responsabilités ou des initiatives, la gestion du stress, les capacités d'écoute ou d'empathie, ou encore une propension plus ou moins marquée ou efficace à la coopération et au travail en équipe.

L'expression **« savoir-être »** a longtemps été utilisée pour les évoquer. Elle a aussi été largement critiquée, parce qu'elle induit un caractère normatif, non pas sur ce que les gens font, mais sur ce que les gens sont. Il est vrai que la frontière est potentiellement ténue. Quelle est la limite, par exemple, entre être par nature affable et souriant et la capacité à bien s'intégrer dans une équipe ? Une personne très réservée peut être parfaitement efficace et coopérative, alors que la référence à des « savoir-être » normatifs conduira à la juger distante et insuffisamment apte à s'inscrire dans une dynamique de groupe. Il est pour autant difficile de nier que, métier par métier, certains comportements sont souhaitables (l'écoute pour l'enseignant, le sang-froid pour le chirurgien, la qualité d'accueil pour le vendeur, le leadership pour un manager d'équipe, etc.) et que, si l'objectif est bien de « gérer » les compétences, le fait d'identifier et de prescrire les comportements attendus ne peut rester en dehors du domaine d'intervention. Il est nécessaire cependant de le faire avec prudence et d'objectiver dans la mesure du possible les comportements requis sur la base de situations identifiées.

Par exemple, la capacité à gérer des conflits peut s'appuyer sur des règles identifiées visant à guider la conduite à tenir (voir Illustration 8.4). Il en est de même pour beaucoup de capacités individuelles, qui sont censées « ne pas s'apprendre », telles que la relation commerciale, le management ou autres, mais qui gagnent pourtant à être étayées par des techniques permettant à chacun de progresser dans ces domaines.

Illustration 8.4 : Cinq règles pour étayer la capacité à gérer des conflits

La capacité à gérer des conflits n'est pas seulement un trait de caractère inné, mais correspond aussi à la mise en œuvre d'outils visant à réguler les situations potentiellement conflictuelles. De nombreux conseils sont dispensés pour gérer au mieux les situations potentiellement conflictuelles et tous tournent habituellement autour des cinq règles suivantes :

1. Clarifier les périmètres et l'attribution des tâches de chacun.
2. Identifier les désaccords potentiels, les divergences d'intérêt et les enjeux associés.
3. Aborder le sujet frontalement en présence des parties concernées.
4. Agir rapidement avant que les situations ne dégénèrent et que de nombreux sujets dérivés ne deviennent des objets de conflits supplémentaires.
5. Dépersonnaliser les conflits et montrer en quoi ils sont révélateurs de dysfonctionnements et des leviers possibles d'apprentissage.

3. Une démarche de gestion des compétences

La compétence se gère dans les organisations dans le cadre de démarches qui leur sont explicitement dédiées. Celles-ci répondent à un certain nombre de principes, et impliquent à la fois une pluralité d'acteurs et la mobilisation d'un outil emblématique, le référentiel de compétences.

3.1. Les principes d'une démarche compétence

a) Articuler la démarche compétence aux objectifs de l'organisation

Comme pour toutes les pratiques RH, il n'y a pas de recettes types pour développer une gestion des compétences. De manière générique, il s'agit de se donner les moyens d'orienter les décisions de gestion d'une entreprise ou d'une organisation en fonction d'un raisonnement fondé sur un développement des compétences de ses salariés et cohérent avec ses choix en matière d'activité.

Techniquement, une gestion des compétences peut se résumer en différentes étapes (voir Figure 2) :

- La première consiste à identifier quelles sont les **activités de l'organisation**, aujourd'hui, mais aussi dans un avenir probable. L'identification des activités ne consiste pas seulement à définir ce qui sera fait, mais aussi comment et avec qui. Autrement dit, quels produits ou services, avec quelles technologies, selon quelle organisation de la production et du travail, avec quels effectifs et sur quels sites.

- La deuxième étape consiste à procéder à une analyse de l'activité et à produire des référentiels de compétences qui permettront à la fois d'identifier les **compétences requises** et de les transcrire dans un référentiel.
- La troisième étape consiste à procéder à l'évaluation au regard du référentiel des **compétences détenues** par les salariés.
- Enfin, la quatrième étape consiste à convenir des **moyens qui permettront d'aligner les compétences détenues sur les compétences requises**, ces moyens concernant le développement de compétences supplémentaires (par la formation, la rotation de poste, la mobilité fonctionnelle ou hiérarchique), mais aussi les « incitations » visant à susciter les efforts de développement de compétences (l'ordre lorsqu'il s'agit de la fixation unilatérale d'un objectif, la menace lorsque le développement de compétences est la condition *sine qua non* du maintien dans l'emploi, la rétribution lorsque le développement de compétences individuelles donne lieu à une récompense financière ou symbolique).

Figure 2. Les étapes clés d'une démarche compétence.

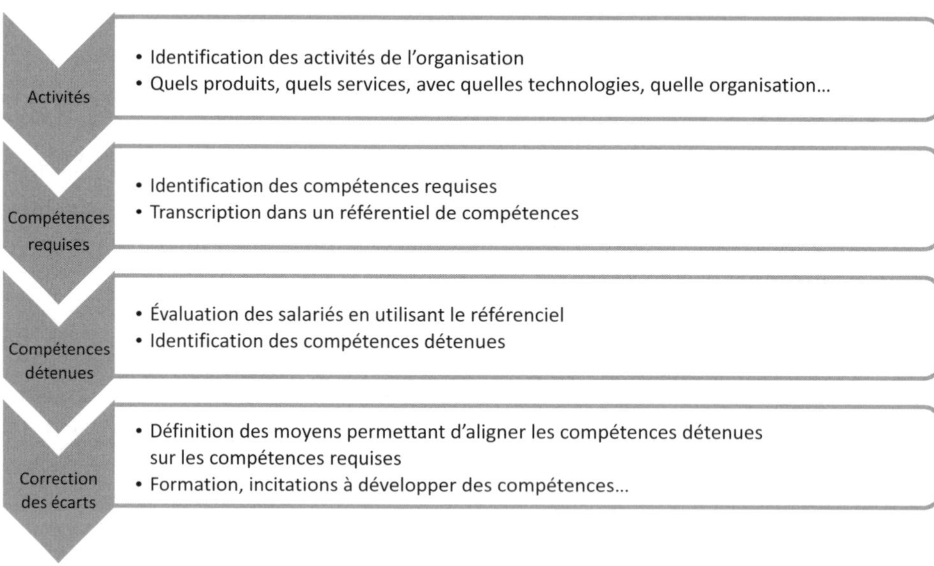

La démarche compétence peut être déclinée de multiples façons et implémentée de manière plus ou moins intégrée au cœur du processus décisionnel de l'organisation. Par exemple, elle peut être cantonnée à des instruments RH visant directement et exclusivement à gérer les compétences, comme la **formation**, mais elle peut aussi être associée aux autres leviers RH que sont, par exemple, la **rémunération** ou les **mobilités** : il s'agit alors d'intégrer la gestion des compétences dans la politique de rémunération ou les pratiques de mobilité.

Elle peut aussi être associée à des fonctions non RH de l'entreprise, comme les services en charge de la production lors de la modernisation d'un atelier ou encore le service qualité, lorsque la mise en place d'un système d'assurance qualité s'appuie sur des dispositifs de maîtrise des compétences. Par exemple, la norme ISO 9001 stipule qu'obtenir la certification suppose d'avoir mis en place un moyen de contrôler la disponibilité des compétences ayant une incidence sur la qualité.

Enfin, elle peut être intégrée à une dimension stratégique lorsque les compétences des salariés sont explicitement identifiées comme contribuant à l'avantage concurrentiel de l'entreprise et que la gestion des compétences est utilisée pour le développer et le renforcer.

b) Individualisation et évaluation en contexte comme nécessités logiques

L'une des caractéristiques majeures des démarches de gestion des compétences est qu'elles impliquent, d'un point de vue logique, de recourir à des **évaluations en contexte, individuelles et périodiques**. La compétence est une mobilisation de ressources. Or, tant les ressources (connaissances, savoir-faire et capacités comportementales) que la façon de les mobiliser sont des attributs individuels, et il y a ainsi autant de façon d'être compétent que d'individus. En regardant une salle de cours, on peut se dire qu'à la fin de l'année, tous les lauréats seront identiques du point de vue du diplôme détenu. Par contre, chacun sera différent de son voisin de classe du point de vue des compétences déjà exercées ou potentiellement détenues, liées aux expériences professionnelles ou sociales, au niveau d'effort et à l'ensemble des caractéristiques qui fait de chacun d'eux un individu unique. La seule façon de connaître les compétences d'une personne est d'entreprendre une **démarche d'appréciation individuelle spécifique** visant à rechercher quelles sont les compétences qu'elle détient. Par ailleurs, comme la définition de la compétence est liée à l'exercice d'une activité singulière, c'est bien par rapport à un **contexte spécifique** qu'il convient de définir les compétences requises et d'apprécier les compétences détenues. Une personne n'est pas compétente dans l'absolu, mais elle l'est par ce qu'elle sait faire dans un contexte donné. Enfin, comme aussi bien l'individu que le contexte évoluent au cours du temps, l'appréciation des compétences doit être menée avec une certaine **périodicité**.

Cette nécessité d'évaluation individuelle, en contexte et régulière, entraîne deux conséquences :

- La première est qu'il faut concevoir le dispositif de gestion qui permet la mise en œuvre de cette évaluation, c'est-à-dire l'**élaboration d'un référentiel de compétences** et la mise en œuvre d'entretiens périodiques d'appréciation des compétences. Une démarche compétence n'est donc pas seulement un acte de communication ou un « état d'esprit » ; elle nécessite une production d'**outils de gestion plutôt complexes**.
- La deuxième conséquence concerne la question du mode de **reconnaissance** du travail du salarié et donc finalement sa **rémunération**. Or, le fait de devoir éva-

luer le salarié, individuellement et en situation professionnelle, renverse le schéma traditionnel de la qualification, dans lequel les postes tenus sont les pivots du système de rémunération. Dans ce schéma, les postes sont hiérarchisés dans une classification de branche, qui établit des liens formels entre poste, conditions d'accès au poste, contenu du travail et coefficient de rémunération, le tout étant négocié collectivement par les partenaires sociaux au niveau de la branche professionnelle. Au contraire, la logique de la compétence introduit, on l'a vu, la nécessité d'identifier les compétences détenues par chacun, et cet acte, même encadré par des procédures et des outils visant l'objectivation comme le référentiel de compétences, introduit nécessairement une appréciation, alors que dans la logique de poste, le poste tenu, le diplôme détenu, ou l'ancienneté dans le poste représentent des paramètres ne laissant la place à aucune interprétation.

Le patronat, à la fin des années 1990, a fait de l'objectif compétence une pierre angulaire de son ambition de refondation sociale, littéralement un cheval de bataille (voir l'expression « bataille des compétences » employée à cette époque). La définition de la compétence donnée par le CNPF (ancêtre du Medef) en 1998 met ainsi en exergue le rôle de l'entreprise, et donc de l'employeur, à qui il appartient de repérer la mise en œuvre de la compétence dans des situations professionnelles, de l'évaluer, de la valider et de la faire évoluer. Certains syndicats de salariés y voient donc une menace très nette contre les garanties négociées collectivement et en dehors de l'entreprise des modes de reconnaissance du travail ; d'autres considèrent, à l'inverse, que la logique compétence peut aussi donner l'opportunité de reconnaître l'acquisition de compétences des salariés qui résulte de leur expérience, de leurs formations ou de leurs efforts, et pensent que des garanties peuvent être apportées par la conception d'outils d'évaluation transparents et négociés dans le cadre d'accords d'entreprise ou d'établissement. Tels sont les termes du débat qui a accompagné ou accompagne toujours les velléités de démarches compétences.

3.2. Une pluralité d'acteurs

Une démarche compétence, parce qu'elle intègre dans un même raisonnement et un même dispositif gestionnaire les personnes, les situations de travail, l'organisation de la production et les objectifs stratégiques, est par essence une démarche transversale et impliquant plusieurs types d'acteurs.

a) La direction générale

Elle est impliquée parce que le fait d'accorder une place plus ou moins centrale aux compétences dans la gestion d'une entreprise est une décision de politique générale qui l'engage dans la durée. Elle peut en attendre une meilleure adéquation entre ses objectifs stratégiques et les ressources en compétences individuelles sur lesquelles elle peut compter, et une gestion des emplois mieux anticipée et régulée. Elle doit pour cela **accepter d'investir**, littéralement, dans une gestion des compétences, à la fois dans la conception et la mise en œuvre des outils de gestion mais aussi en instaurant, à travers le dialogue social et la négociation, les termes d'un compromis ou d'un accord associant compétitivité de l'entreprise et reconnaissance du travail. La direction des ressources humaines doit évidemment être le relais politique et opérationnel du choix de la direction de s'engager dans une démarche compétence.

b) Les salariés aux niveaux opérationnels

Ils sont impliqués parce qu'on va leur demander de travailler autrement, d'**accepter de mobiliser leurs ressources personnelles** pour être « compétents », d'aller au-delà de la prescription du travail, de développer des ressources personnelles supplémentaires pour aligner les compétences qu'ils détiennent sur des compétences requises prescrites par l'employeur. Ils doivent être sollicités également dans les phases d'analyse de l'activité, car ce n'est que si les compétences prescrites par le référentiel sont pertinentes par rapport au travail réel que la gestion des compétences aura une légitimité suffisante dans les ateliers et les services. En matière de reconnaissance, les salariés perdent de fait la garantie qu'offraient les critères collectifs et objectifs que représentaient le poste, le diplôme et l'ancienneté, mais ils peuvent espérer voir reconnues les compétences supplémentaires qu'ils développent tout au long de leur expérience professionnelle. De plus, un développement de compétences constant, et parfois certifié, joue sans nul doute favorablement sur le maintien du niveau d'employabilité.

c) Les managers de proximité

Ils sont impliqués parce que, dans une démarche compétence, ils jouent un rôle important dans le déploiement du dispositif de gestion. Ils ont en charge l'**évaluation des compétences** à l'occasion des entretiens périodiques, car, placés au plus près de l'activité, ils sont de fait les seuls à même d'apprécier au quotidien et tout au long de l'année les compétences détenues, celles qui sont en cours d'acquisition ou celles qui ne le sont pas. Cela suppose la maîtrise d'une instrumentation de gestion lourde et complexe, dont la mise en œuvre s'ajoute en général à une charge de travail importante. Cela suppose également de maîtriser le **dialogue** (ou la confrontation selon les cas) avec les salariés, et de leur proposer des moyens leur permettant d'acquérir les compétences ciblées, que ce soit par le recours à la formation, au tutorat, à la rotation de postes, ou à tout autre levier permettant la transmission de compétences nouvelles. En contrepartie de l'alourdissement de son rôle et de ses responsabilités, le manager de proximité peut espérer une meilleure reconnaissance salariale par son employeur, mais aussi un rôle redéfini, plus riche, et des outils de gestion qui sont parfois des moyens d'action efficaces et pertinents susceptibles d'améliorer la qualité et l'intérêt de son propre travail.

d) Les représentants des salariés

Ils sont également impliqués, car ils doivent jouer un rôle dans les phases d'élaboration des démarches compétences, qui correspondent comme nous l'avons vu à des moments de clarification stratégique, de réorganisation et d'évolution des modes de reconnaissance du travail. Leur implication vise à **introduire dans la réflexion les points de vue des salariés**, par exemple en termes d'identification des savoir-faire sensibles, d'attitude par rapport à la formation ou à la mobilité, ou de sens donné aux évolutions affichées. Elle permet également de **conférer la légitimité nécessaire aux outils de gestion** qui accompagnent une démarche compétence, et aux règles visant à garantir l'équité de leur application. Pour les IRP elles-mêmes, l'enjeu peut se résumer à une question de positionnement : être un partenaire de la mise en œuvre de la démarche compétence et espérer peser sur les avantages que peuvent en retirer les salariés, ou s'opposer à ces démarches lorsqu'elles n'y voient qu'un avatar renouvelé des outils managériaux traditionnels, dont le but principal serait d'obtenir plus de flexibilité et d'individualisation.

Pour résumer, l'application d'une démarche compétence n'apporte de garantie pour aucune des parties concernées, mais toutes sont nécessairement impliquées. Dès lors, c'est la qualité de leurs interactions, leur capacité à construire et à négocier qui seules peuvent conduire, pour un temps déterminé, au succès d'une démarche compétence.

3.3. Le référentiel de compétences comme clé de voûte

Un référentiel de compétences est un **ensemble hiérarchisé de compétences** liées à des emplois. Partant de l'observation des activités liées à ces emplois, il s'agit de lister et de structurer les compétences requises en tenant compte des évolutions à venir concernant ces emplois et des inflexions que l'employeur souhaite donner aux façons de les occuper (voir Figure 3).

Figure 3. Les points clés de la construction d'un référentiel de compétences.

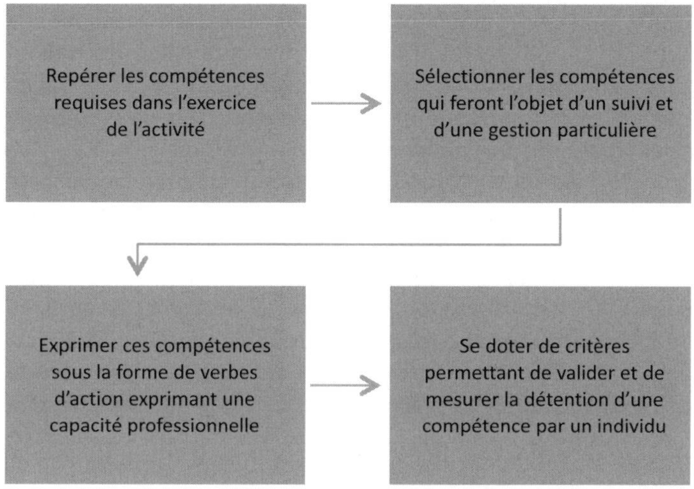

a) Passer des compétences mobilisées aux compétences requises

Pour gérer une activité et s'assurer que les compétences nécessaires sont détenues par suffisamment de personnes dans une unité de production, il faut être capable de **lister les compétences requises**. Ce sera un premier objectif du référentiel de compétences que d'identifier et d'expliciter ces compétences requises, et cela passe par un repérage des compétences mobilisées dans l'activité. Une fois identifiées et répertoriées dans le référentiel, elles permettront d'établir pour chacun l'écart entre compétences détenues et compétences requises, et d'établir ainsi, par consolidation de ces bilans individuels, un diagnostic de l'état du « stock » de compétences par rapport à la cible souhaitée.

L'une des difficultés rencontrées lors de la construction d'un référentiel de compétences est le **repérage**, car les compétences réellement mobilisées par une personne dans sa situation de travail sont en grande partie « incorporées », pour reprendre la terminologie de Jacques Leplat (voir Zoom 8.6). Autrement dit, elles font corps avec la personne et il est difficile, voire impossible de les décrire, de surcroît s'il s'agit de les transcrire dans un référentiel.

Zoom 8.6 : Les compétences incorporées (J. Leplat)

Certaines compétences sont difficiles à expliciter, mais n'en sont pas moins utiles, voire déterminantes pour la bonne réalisation d'une tâche ou d'une activité. On peut savoir faire des tâches qu'on n'a jamais apprises, on peut aussi ne pas savoir expliciter ce qu'on sait faire. De nombreux travaux de psychologie ou d'ergonomie se sont penchés sur ce type de compétences. Jacques Leplat, auteur phare en matière d'analyse du travail en psychologie ergonomique, parle à leur sujet de compétences incorporées, de compétences qui *adhèrent* à l'action ou qui font corps avec les actions dans lesquelles elles sont mises en œuvre. Elles correspondent à l'écart entre les compétences prescrites, telles qu'imaginées par les concepteurs des postes de travail ou des outils de gestion, et les compétences réellement mises en œuvre pour exécuter une tâche. Ces compétences débordent des exigences officielles et sont difficiles à verbaliser parce qu'elles ne s'expriment que par l'action dans des contextes précis. Elles peuvent se transmettre de manière non intentionnelle par imprégnation, par imitation dans une forme d'apprentissage « sur le tas », ou dans une approche pédagogique mixant expérience et guidage de l'apprenant par des aides humaines ou matérielles.

Source : d'après Leplat, J., « À propos des compétences incorporées », *Éducation Permanente*, n° 123, 1995-2.

Pour pouvoir repérer les compétences, il faut croiser plusieurs **moyens d'observation ou d'analyse de l'activité** :

- Il est possible de **demander au titulaire de décrire ses propres compétences**, mais il risque d'accorder beaucoup d'importance à certains aspects de son activité et d'ignorer les aspects qui lui sont les plus naturels.
- Un **chef d'atelier** ou un chef de service peut lister les compétences qui lui semblent nécessaires auprès des collaborateurs de son périmètre de responsabilité.
- Un **tiers extérieur à l'atelier**, voire à l'entreprise, peut être sollicité pour procéder à l'analyse des compétences. Il aura l'avantage d'avoir un certain recul et des moyens d'observation et d'analyse peut-être plus élaborés.

Tous ces moyens, et d'autres encore, ont leur intérêt, mais ils laisseront un « angle mort » dans l'analyse du travail et des compétences mobilisées dans le cadre du travail réel. Croiser ces différentes méthodes et synthétiser les résultats obtenus dans le cadre de **validations croisées et itératives** serait idéal, mais c'est une démarche coûteuse en termes de moyens mobilisés et de temps. De plus, elle resterait potentiellement sans fin, butant inévitablement sur les variations interindividuelles et sur les « compétences incorporées ». Tout est donc affaire de limite : jusqu'où l'analyse du travail réel et l'identification des compétences mobilisées doivent-elles être poussées pour être en mesure de produire un outil de gestion des compétences pertinent et suffisant ?

b) Trier les compétences qui seront gérées et celles qui ne le seront pas

En outre, se pose à nouveau la **question de l'enjeu en termes de reconnaissance**. Une compétence identifiée et transcrite dans un référentiel de compétences devient une compétence qui a vocation à être validée et donc à compter dans l'appréciation qui est faite du travail. Ainsi, il est possible que des compétences mobilisées, utiles à la réalisation du travail, mais plutôt répandues et sans enjeu particulier restent non explicitées dans les référentiels de compétences et demeurent ainsi transparentes.

c) Traduire les compétences en verbes d'action

Une fois les compétences requises identifiées, elles doivent ensuite être formulées à l'aide de **verbes d'action**, de telle sorte que leur énoncé puisse faire l'objet d'une validation ou d'un refus avec le moins d'interprétation possible. Si l'on se projette concrètement dans une situation d'entretien d'évaluation des compétences, le manager de proximité (ou l'évaluateur) passe en revue les compétences du référentiel et il faudra, pour chaque proposition, dire si la compétence visée est acquise ou non, en se référant aux situations de l'exercice écoulé.

d) Mesurer la détention de compétences

Un autre élément à prendre en considération est la capacité du référentiel à proposer une gradation dans les niveaux de compétences. Il faut éviter les évaluations binaires qui se limiteraient à dire qu'untel détient ou ne détient pas la compétence considérée. L'idée est de **permettre une progression** « pas à pas », pour préserver l'intérêt des entretiens d'évaluation au cours des périodes successives, mais aussi pour proposer des objectifs intermédiaires qui permettent de progresser. L'Application 8.4 montre que les compétences peuvent être déclinées à des niveaux supérieurs de complexité. Ainsi, une même compétence est déclinée en degrés différents, permettant de montrer le « chemin » à suivre pour continuer à développer des compétences.

Application 8.4 : Le référentiel de compétences des professionnels de la GRH

Le conseil de l'Ordre des conseillers en ressources humaines agréés (CRHA) accompagne les professionnels RH québécois dans leur montée en compétences. Il a conçu un référentiel de compétences utile à l'autoformation, à la description des aptitudes et expériences professionnelles pour d'éventuels recrutements et à l'évaluation de ces praticiens par leur employeur ou par le conseil de l'Ordre, lors des audits professionnels. Le référentiel aide à mieux comprendre ce que signifie être compétent en GRH et précise les contours du métier.

Le référentiel détaille trois domaines de compétences professionnelles, eux-mêmes subdivisés en trois sous-familles (soit neuf compétences). Il identifie également 12 compétences transversales. Pour chacune de ces 21 compétences, le référentiel indique une façon de les évaluer. Chose intéressante, le référentiel invite les CRHA à préciser dans quel contexte de pratique ces compétences ont été acquises, afin d'éviter de transposer des acquis dans des situations dans lesquelles ils ne sont pas pertinents. 24 variables sont proposées pour repérer ces contextes (taille de l'organisation, phase de développement de l'organisation, intensité de la concurrence, présence syndicale, niveau d'exposition aux risques psychosociaux, intensité technologique, taille de l'équipe RH, etc.).

Pour chaque compétence, une échelle en cinq niveaux de maîtrise est proposée :
1. Vigilance : je suis en mesure de lire mon environnement pour agir de manière autonome dans une situation simple et d'identifier une ressource compétente pour agir dans le cas d'une situation complexe.
2. Fonctionnel : je suis en mesure d'agir de manière autonome dans une situation simple et avec de l'aide dans une situation plus complexe.
3. Pleine maîtrise : je suis en mesure d'agir de manière autonome ou collaborative dans une situation complexe.
4. Expertise : je suis en mesure d'agir à titre de ressource et de contribuer au développement d'autres professionnels.
5. Chef de file : je suis en mesure de faire évoluer le domaine.

Pour chaque compétence, le référentiel décline ces niveaux en capacités observables. Des exemples sont donnés dans le tableau de synthèse ci-dessous. Le référentiel complet est accessible en libre accès sur le site du CRHA : https://guide.ordrecrha.org/fr.

Domaine	Compétences	Sous-compétences	Niveaux				
			Vigilance	Opérationnel	Pleine maîtrise	Expertise	Chef de file
Domaine professionnel	Santé et relations organisationnelles	Santé, sécurité et mieux-être	Appliquer la loi		Maintenir à jour les programmes et plans d'action		Élaborer des outils novateurs de santé
		Relations du travail	Appliquer et promouvoir les lois		Analyser et comprendre le contexte légal		Intervenir afin de contribuer à l'évolution du marché du travail et de la société en matière de relations du travail
		Travailler ensemble	Se référer à la bonne ressource pour des situations qui dépassent son niveau		Favoriser un climat de travail sain		Diffuser les avancées en matière de collaboration et d'engagement des employés (au-delà de son organisation)
	Gestion intégrée du talent	Dotation (recrutement)			Effectuer un diagnostic des besoins de l'organisation en matière de main-d'œuvre (nombre de salariés) en fonction du plan d'affaires		Développer de nouveaux cadres conceptuels en lien avec la dotation
		Rémunération globale					
		Développement des compétences et relève			Expérimenter des approches émergentes		

➤

Domaine	Compétences	Sous-compétences	Niveaux				
			Vigilance	Opérationnel	Pleine maîtrise	Expertise	Chef de file
Domaine professionnel *(suite)*	Évolution stratégique de l'organisation	Développement organisationnel	Se tenir à jour des nouveautés en matière de développement organisationnel		Élaborer une stratégie favorisant l'engagement et la mobilisation au sein de l'organisation		Innover dans la façon de développer les compétences
		Innovation	Se tenir à jour quant aux nouveautés et innovations en lien avec sa pratique		Instaurer et alimenter une culture d'innovation		
		Technologies					
Compétences transversales	Éthique		Respecter les lois		Faire preuve de jugement lors de situations ambiguës		Intervenir afin de contribuer à l'évolution de la société
	Agilité						Diffuser les avancées en matière d'agilité au-delà de son organisation
	Accompagnement				Aider son client interne à établir les objectifs, à identifier les solutions		
	Sens des affaires		Saisir les enjeux économiques, financiers, marketing, etc. d'un projet				

➤

Domaine	Compétences	Sous-compétences	Niveaux				
			Vigilance	**Opérationnel**	**Pleine maîtrise**	**Expertise**	**Chef de file**
Compétences transversales *(suite)*	Vision globale		Se référer à une ressource interne ou externe lorsqu'une situation est incertaine		Anticiper les changements qui pourraient avoir un impact		
	Influence						
	Gestion de projet		Travailler de manière méthodique et structurée en effectuant un plan de travail individuel		Prévoir les ressources nécessaires pour mener à bien le projet		Élaborer de nouveaux outils permettant d'effectuer une meilleure gestion de projet
	Analyse et synthèse		Distinguer l'information importante de celle qui est secondaire				
	Communication		S'exprimer de façon claire				Élaborer de nouveaux outils de communication
	Intelligence relationnelle						
	Littératie numérique						Collaborer à l'élaboration de nouveaux outils informatiques
	Apprentissage continu		Solliciter activement de la rétroaction de ses collègues				

Question : La liste des compétences vous semble-t-elle complète ? Comment peut-on définir et mesurer un niveau de compétences en matière d'intelligence relationnelle ? Et en matière de rémunération globale ?

e) Utiliser les compétences requises pour modeler les compétences détenues

Identifier et prescrire les compétences requises n'est pas la seule finalité de l'élaboration d'un référentiel de compétences. Il peut aussi être conçu pour **faire évoluer globalement et collectivement les compétences détenues**, dans une direction cohérente avec les orientations stratégiques formulées par la direction de l'entreprise. L'Application 8.4 montre, par exemple, que le référentiel de compétences a été conçu pour encourager un exercice vertueux de la profession RH et amener une communauté professionnelle à questionner et faire progresser ses pratiques. Ce schéma est valable pour cette situation en particulier et n'aura peut-être aucun sens pour une autre organisation. Elle est de peu d'utilité, par exemple, pour organiser l'accès à des formations particulières ou pour définir des ordres de priorité dans des politiques de promotion interne. Il ne permettra pas vraiment non plus de penser les mobilités entre métiers, même si, sur ce point, les mobilités peuvent s'articuler autour des compétences transversales. Au risque de la caricature, on pourrait affirmer qu'un DRH ayant validé un bon niveau « d'intelligence relationnelle », un bon « sens des affaires » pourrait peut-être faire un bon commercial.

f) Référentiel de compétences et familles d'emploi

Globalement, le référentiel de compétences ne se limite donc pas à gérer les compétences pour une configuration productive donnée. Il doit être élaboré de manière à servir de levier pour modeler les compétences individuelles en conformité avec des objectifs choisis. Sa conception constitue donc une opportunité de construire une représentation partagée de l'activité et de son évolution, et d'élaborer un langage commun pour parler de l'activité, de ses exigences et de ses multiples dimensions.

Son architecture doit se référer à des familles d'emploi, à des axes de développement de compétences, et à des échelons correspondant à différents niveaux de maîtrise d'une compétence. La **métaphore de la brique** permet ici de mieux comprendre l'apport de la notion de compétence. Décrire les compétences requises revient à décomposer les activités d'une famille d'emploi type avec des « briques », c'est-à-dire des unités d'analyse relativement fines correspondant à des éléments de compétences. Par exemple, il est possible d'établir un référentiel de compétences pour une entreprise de prestation de services informatiques, dans laquelle on a identifié plusieurs types de processus et de clients. À chaque processus et/ou client peut être associé un emploi type (voir Illustration 8.5).

L'idée d'un référentiel de compétences est de considérer les compétences identifiées comme des ensembles de « briques » qui peuvent être composées et recomposées en fonction de plusieurs emplois types. Le référentiel de compétences permettra non seulement de dire quelles sont les « briques » communes à ces deux emplois types, mais aussi d'établir la liste des compétences détenues par les collaborateurs concernés, de repérer ceux qui peuvent passer d'un emploi type à un autre, tout en identifiant précisément les éléments de compétences manquants pour lesquels il faudra envisager des moyens d'acquisition.

Un référentiel de compétences permet donc de réaliser une adéquation entre les hommes et les emplois, entre les besoins et les ressources en compétences, beaucoup plus fine et plus souple que dans une logique d'affectation de postes en fonction de caractéristiques *a priori* (diplôme, ancienneté, expériences). La condition est cependant d'avoir « modélisé » auparavant l'activité de l'entreprise, et d'y avoir associé une architecture de processus, d'emplois types et de compétences.

Illustration 8.5 : Quelques emplois types d'une société de services informatiques

Consultant en assistance à la maîtrise d'ouvrage
Analyste test et validation
Administrateur de bases de données
Consultant en systèmes d'information
Chef de production infrastructure et systèmes
Gestionnaire de contrats
Responsable commercial

Ces emplois types sont différents les uns des autres, mais reposent sur des **compétences en partie communes et distinctes**, du point de vue des connaissances (maîtrise des systèmes d'information, des matériels informatiques et des réseaux, des langages de programmation), des savoir-faire (connaître les subtilités de tel ou tel langage de programmation ou matériel, savoir adapter des solutions génériques aux besoins spécifiques d'un client, etc.) et des capacités comportementales (travail à distance, capacités d'écoute, de reformulation des besoins, d'insertion dans des sites ou des secteurs d'activité variés, etc.). Il existe ainsi probablement des passerelles entre un « analyste test et validation » et un « consultant en systèmes d'information ».

À retenir

- ✓ **La compétence n'est pas une caractéristique individuelle. Elle est le point de rencontre entre des connaissances, des capacités comportementales et des savoir-faire dans un contexte et des collectifs de travail donnés. On n'est donc pas compétent en soi. Être compétent, c'est être capable de faire face à des situations.**
- ✓ **Selon les approches, la compétence consiste à suivre des protocoles prescrits ou au contraire à être capable et disposé à s'en éloigner pour faire face à des situations imprévues.**
- ✓ **La gestion des compétences prend sens en fonction des objectifs qu'on lui donne. Elle doit donc être orientée vers l'atteinte des objectifs de l'organi**

sation. De ce fait, toutes les compétences ne sont pas gérées. On ne gère que les compétences clés, ou celles qui posent problème.

- ✓ **Une pluralité d'acteurs sont concernés par la gestion des compétences : direction générale, management de proximité, salariés, syndicats et équipes RH.**
- ✓ **Le référentiel de compétences est la clé de voûte du système : il s'agit d'un outil de gestion dans lequel les compétences gérées sont répertoriées. Le référentiel est utilisé pour valider chez chaque individu la détention ou le degré de maîtrise d'une compétence.**
- ✓ **On peut alors rationaliser les décisions d'affectation des salariés et de mobilité professionnelle, et asseoir des politiques de reconnaissance et de rémunération sur les compétences. En cela, la compétence est une forme de qualification.**

Chapitre 9

Favoriser les apprentissages : formation et organisation apprenante

Objectifs du chapitre :

- ✓ **Comprendre dans quelle mesure le développement des compétences des salariés contribue à la performance des entreprises et des organisations.**
- ✓ **Comprendre en quoi la formation professionnelle est, au-delà de ses dimensions réglementaires, un levier de développement des compétences.**
- ✓ **Connaître les dynamiques organisationnelles qui sont à l'origine de la transmission et de la création de compétences.**
- ✓ **Comprendre le lien entre les compétences des salariés et l'avantage concurrentiel de l'entreprise.**

En termes statiques, la gestion des compétences permet de rationaliser des décisions d'affectation des salariés dans l'organisation ou de justifier des évolutions salariales. Mais les compétences peuvent aussi servir de point de repère à une gestion dynamique. Il s'agit alors de favoriser les apprentissages à l'échelle individuelle ou collective pour constituer à terme une ressource humaine sur laquelle l'entreprise pourra asseoir son avantage compétitif (voir Application 9.1).

Application 9.1 : Les compétences distinctives du Groupe JCDecaux

1er mars 2017 – JCDecaux reconduit pour le marché de l'affichage à Paris

La ville de Paris va réattribuer pour cinq ans le contrat de mobilier urbain de la capitale au français JCDecaux, seul candidat en lice, au terme d'un appel à candidatures pour la première fois dissocié de l'attribution du marché du « Vélib ». « Cette concession de service porte sur une durée de cinq ans, soit deux fois moins que le précédent contrat, ceci permettant de renouveler plus régulièrement les mises en concurrence, afin de bénéficier des meilleurs avantages possible pour la collectivité », précise Julien Bargeton, adjoint à la Maire de Paris chargé des finances, dans un communiqué.

« Le délégataire reverserait 53 % de ses recettes publicitaires nettes à la ville, avec une redevance minimum garantie de 30 millions d'euros par an. C'est cinq millions d'euros de plus que le minimum attendu dans le cahier des charges de l'appel d'offres. »

Source : d'après « JCDecaux reconduit pour le marché de l'affichage à Paris », fr.reuters.com, 01/03/2017.

12 avril 2017 – JCDecaux ubérisé

Un géant mondial de la communication extérieure aux 13 000 collaborateurs défié par une start-up de 38 salariés implantée à Helsinki, Moscou, Marrakech, Vancouver ou Montpellier, cela ne vous rappelle rien ? La façon dont Smoove dispute à JCDecaux le contrat dit « Vélib 2 » du marché des vélos partagés s'apparente à une opération d'ubérisation. On y retrouve tous les ingrédients : prix avantageux fondé sur un « dumping social », *dixit* le géant de l'affichage, capacité à gérer une présence physique (715 stations, 8 800 vélos en libre-service, 13 000 en location longue durée) autant qu'immatérielle avec des solutions logicielles pour gérer à distance un parc de deux-roues et des paiements, boîtier électronique permettant de géolocaliser les vélos, mobiliers de stationnement alimentés par des panneaux solaires. Pour contrecarrer l'offre de Smoovengo, qui doit encore être confirmée le 12 avril, JCDecaux ne peut se contenter de mettre dans la balance les 315 salariés du Vélib et un vélo signé Philippe Starck. Alors que le contrat de mobilier urbain de Paris et le Vélib sont aujourd'hui scindés, il lui faut désormais montrer qu'il est plus léger qu'un vélo Smoove (20 kg).

Source : d'après « Decaux ubérisé », par Amaury de Rochegonde, strategies.fr, 06/04/2017.

28 mars 2019 – Vélib' : autopsie d'un fiasco

Comment en est-on arrivé là ? Comment l'installation d'un nouveau système de vélos en libre-service à Paris a-t-elle pu autant dérailler ? Les vélos promis par la Mairie pour le 1er janvier 2018 devaient être plus légers, plus pratiques, plus nombreux. En réalité, les abonnés se sont retrouvés face à des stations fermées, vides, des vélos inutilisables, des bugs en série. Le nombre d'utilisateurs a été divisé par deux. [...]. « Compte tenu du cahier des charges, ce choix s'imposait, juge Emmanuel Grégoire. Rien ne laissait présager le terrible décalage apparu ensuite entre les promesses et la réalité. » Rassurés par la stature des actionnaires, les élus ne s'inquiètent guère du fait que Smovengo est une petite structure, sans aucune expérience en matière de travaux et de mobiliers urbains. Tout le monde veut croire que, par magie, cette PME de Montpellier va réussir à changer toutes les stations et les vélos du jour au lendemain. Bien que son projet soit très innovant, aucune étude de risques n'a été menée, et la direction la plus compétente de la Mairie pour évaluer un tel vélo connecté, celle chargée de l'informatique, n'a pas été consultée.

Source : d'après « Vélib' : autopsie d'un fiasco » par Denis Cosnard, lemonde.fr, 28/03/2019.

Questions : Le métier historique du Groupe JCDecaux consiste à mettre à la disposition des collectivités locales du matériel urbain (panneaux d'affichage, abribus...) et à utiliser ces supports pour vendre des espaces d'affichage publicitaire à des annonceurs. Quelles sont les compétences clés de ce type de business ? La gestion de vélos en libre-service est-elle un prolongement naturel de cette activité ? Comment le Groupe JCDecaux aurait-il pu faire évoluer ses compétences pour rester compétitif sur ce marché à Paris ? Comment Smovengo aurait-il pu éviter le fiasco ?

L'entretien et le développement des compétences passent évidemment par la **formation** des salariés, qui est clairement du ressort de la gestion des ressources humaines. Ses enjeux dépassent d'ailleurs le cadre de l'entreprise, ce qui explique que la formation fasse l'objet, en France, d'une forte institutionnalisation (section 1). Mais le développement des compétences de l'entreprise passe aussi par une réflexion sur la **remise en cause des routines** et réflexes qui structurent l'activité quotidienne dans les organisations. Certains choix d'organisation du travail permettent aux salariés et aux collectifs de travail d'apprendre et de développer des compétences dans le cadre même de l'activité de travail. On parle alors d'**organisation apprenante** (section 2). Au final, la politique de formation et la facilitation des apprentissages permettent de construire un ensemble de compétences qui constituent l'**avantage compétitif** de l'organisation. La ressource humaine devient alors un actif stratégique et quitte le statut de simple variable d'ajustement (section 3).

1. La politique de formation

La formation représente un levier visant à développer les compétences individuelles et collectives des membres de l'organisation, en lien avec les orientations stratégiques. Elle joue, en outre, un rôle de charnière entre les aspirations individuelles et les carrières organisationnelles, car c'est souvent la formation qui sera le moyen d'une adaptation ou d'un développement de compétences lors des mobilités, qu'elles soient horizontales, verticales ou géographiques.

Cependant, la formation professionnelle obéit aussi à d'autres enjeux et motivations qu'il est nécessaire de clarifier. Elle peut prendre de multiples formes, résultant de choix didactiques et techniques, mais aussi d'un foisonnement de dispositifs réglementaires. La gestion de la formation consiste à élaborer un plan de formation, ou plus largement une politique interne de formation, en tenant compte des enjeux et des moyens financiers alloués, et en articulant les outils et dispositifs mobilisables.

1.1. Les enjeux de la formation : de la contrainte à l'investissement

a) La formation, une obligation réglementaire

Avant d'élaborer une politique de formation basée sur des choix d'investissement qui lui sont propres, l'employeur doit tenir compte d'un ensemble d'obligations liées à des aspects de sécurité dans le travail (voir Outil 9.1) : en 2015, 61 % des entreprises ont financé des formations obligatoires, et près de 20 % ont consacré la quasi-totalité de leurs dépenses de formation aux formations obligatoires[1], ce qui indique que cette part des actions de formation est loin d'être négligeable.

Outil 9.1 : Les formations obligatoires

Une formation est dite obligatoire quand elle est contrainte par un texte qui l'impose à l'employeur. Les formations obligatoires sont liées :

- Aux conditions d'hygiène et de sécurité, car le Code du travail précise qu'il incombe à l'employeur de fournir aux salariés les informations, la formation et les instructions nécessaires pour assurer leur sécurité et protéger leur santé.
- À des habilitations et certifications nécessaires pour l'exercice de certaines activités, les plus connues étant celles relatives à la conduite d'engins (les certificats d'aptitude à la conduite en sécurité, par exemple, sont délivrés dans un volume de 660 000 certificats annuels), à la conduite de véhicules (formation initiale minimale obligatoire et formation continue obligatoire), ou bien aux interventions en milieu électrique (différents niveaux d'habilitations électriques peuvent être exigés selon les situations rencontrées).

Source : d'après Céreq Bref n° 250, décembre 2016.

Outre ces contraintes liées à la sécurité, l'employeur a des obligations en matière de formation professionnelle. Il doit participer au **financement des actions de formation continue** de son personnel et des demandeurs d'emploi, en payant une taxe annuelle (voir Outil 9.2). L'employeur a également comme obligation d'utiliser notamment la formation pour permettre l'**adaptation permanente du salarié à son poste de travail** dans le cadre des évolutions technologiques et/ou organisationnelles. Les employeurs sont en outre obligés de veiller à **l'entretien de l'employabilité** du salarié et ainsi de le préparer à l'éventualité d'une suppression de son emploi (reclassement) ou d'une mobilité interne subie. Ces formations sont considérées comme du temps de travail effectif pendant lequel le salarié est rémunéré. Dans la mesure où ces formations résultent d'une obligation pour l'employeur, les salariés ont eux aussi le devoir de suivre ces formations.

1. Céreq Bref n° 350, décembre 2016.

Outil 9.2 : Le financement obligatoire de la formation continue par les employeurs

Aujourd'hui, l'employeur, quel que soit le nombre de salariés, la nature de l'activité ou le statut juridique (entreprise individuelle ou société), doit participer au financement des actions de formation continue de son personnel et des demandeurs d'emploi, en payant une contribution annuelle, dont le montant dépend du nombre de salariés (0,55 % du total des rémunérations versées pour les entreprises jusqu'à 10 salariés, 1 % au-delà et 1,3 % pour le cas particulier des entreprises de travail temporaire de plus de 10 salariés). Certaines branches professionnelles peuvent fixer des taux supérieurs. Cette contribution est versée à des organismes spécialisés : les **opérateurs de compétences** (OPCO) organisés par branches d'activité. Les fonds ainsi mutualisés permettent la prise en charge des coûts de formation pour les petites entreprises et des coûts des formations en alternance.

Source : ministère du Travail, https://travail-emploi.gouv.fr/formation-professionnelle/article/la-formation-professionnelle-principes-generaux.

Au-delà de l'obligation de financement, le cadrage législatif de la formation est le vecteur d'une très forte **institutionnalisation** du paysage de la formation professionnelle continue qui, sous cette forme, est une spécificité française. La loi de 1971 peut en être considérée comme l'origine (voir Outil 9.3). À la suite des mouvements de mai 68 et des accords de Grenelle, elle avait comme objectifs de répondre aux besoins en main-d'œuvre qualifiée des entreprises, aux aspirations individuelles de promotion et à la volonté de **corriger les inégalités du système scolaire**. C'est à cette occasion que s'est construite la légitimité des partenaires sociaux à régir de manière paritaire le dispositif de formation continue. Les évolutions récentes de ce cadre réglementaire visent à armer les salariés pour leur permettre d'affronter le marché du travail. L'accent est donc désormais mis sur l'employabilité et les transitions professionnelles organisées par les individus eux-mêmes avec l'appui d'organismes extérieurs à l'entreprise qui orientent et financent les formations. On notera que les plus récentes évolutions portées par la loi de 2018 visent à améliorer l'efficacité des formations en favorisant l'accès à des formations certifiantes (et donc valorisées sur le marché du travail) et dispensées par des organismes de formation eux-mêmes certifiés par les pouvoirs publics, afin d'éviter les fraudes ou les formations de mauvaise qualité. C'est enfin le projet professionnel qui est visé en priorité. La mobilité est encouragée et passe devant d'autres finalités de la formation continue, comme l'amélioration de la culture générale ou le développement personnel.

L'institutionnalisation du système de la formation professionnelle est encore renforcée par les interventions d'autres acteurs, tels que l'État, les Régions, Pôle emploi, l'Unédic (union nationale interprofessionnelle pour l'emploi dans l'industrie et le commerce, chargée par délégation de service public de la gestion de l'assurance chômage en France, en coopération avec Pôle emploi), etc. France compétences, créée le 1er janvier 2019, est l'autorité nationale de financement et de régulation de la formation professionnelle et de l'apprentissage. Sa mission est de coordonner l'ensemble de cet effort en organisant le financement et en améliorant la transparence du marché de la formation par l'intermédiaire d'un système de certification des organismes de formation.

Outil 9.3 : 1971, 2004, 2018 : trois dates clés dans l'histoire de la formation professionnelle continue

La **loi du 16 juillet 1971** portant organisation de la formation professionnelle continue dans le cadre de l'éducation permanente est fondatrice du paysage français des pratiques de formation. En introduisant une **obligation de dépense de formation à la charge des entreprises**, cette loi a posé le principe d'un financement privé de la formation, créant ainsi un **marché de la formation**.
Ces financements, en donnant lieu à mutualisation auprès d'**organismes collecteurs agréés** sont à l'origine de l'émergence et de l'institutionnalisation du système de formation professionnelle continue français.
Bien que d'autres lois soient apparues entre-temps, il a fallu attendre la **loi du 4 mai 2004** relative à la formation tout au long de la vie pour introduire une rupture, en visant notamment à donner aux salariés plus d'initiatives dans l'élaboration de leur parcours de formation professionnelle. Elle est fondatrice du **droit individuel à la formation**, qui a évolué en **compte personnel de formation** depuis la **loi du 5 mars 2014** relative à la formation professionnelle, à l'emploi et à la démocratie sociale.
Dans la continuité, la **loi pour la liberté de choisir son avenir professionnel du 5 septembre 2018** a radicalement changé ce paysage institutionnel. L'ambition affichée est clairement d'accompagner les personnes sur le marché de l'emploi en insistant sur le **compte personnel de formation** et sur le recours à des périodes de formation en alternance. Cette loi institue également **France compétences** comme autorité nationale chargée de réguler le système de formation, notamment en référençant les organismes de formation et en assurant la lisibilité des certifications obtenues par les travailleurs formés.

En termes de pratiques de GRH et de politique de formation au niveau des entreprises, cela se traduit certes par des **contraintes financières et institutionnelles**, mais également par la possibilité de **profiter d'une politique et de moyens de formation mutualisés** au niveau de la branche d'activité ou au niveau interprofessionnel. Les opérateurs de compétences sont aussi amenés à jouer le rôle de conseil, notamment auprès des entreprises dont la taille ne permet pas d'envisager la création d'un service spécifiquement dédié à la formation continue, ou à collaborer avec le système éducatif, dans le cadre de la réflexion sur le contenu des programmes de formation, ou en construisant plus localement des partenariats avec des écoles ou des universités.

b) La formation, un investissement conjoint

Dans le langage courant, il est fréquent de reprendre l'expression « capital humain » pour désigner le potentiel que représente le personnel d'une entreprise. Cette expression fait référence à l'approche économique développée notamment par Gary Becker à partir des années 1960 (voir Zoom 9.1).

Zoom 9.1 : La théorie du capital humain (G. S. Becker)

L'économiste Gary S. Becker (1930-2014), prix Nobel 1992, a développé théoriquement l'idée d'une analogie entre le capital humain d'une part, et le capital financier ou physique d'autre part. Le capital humain est constitué de connaissance, d'expérience et de compétence. Il se constitue par un investissement individuel, fait par le salarié, et il doit pouvoir générer un retour sur investissement constitué du salaire plus élevé auquel son niveau de productivité lui permet de prétendre. L'**investissement en capital humain** comprend pour l'individu les **coûts directs de sa formation, mais aussi les coûts d'opportunité**, c'est-à-dire les revenus auxquels il renonce lorsqu'il choisit de se former plutôt que d'avoir un travail rémunérateur. Le même raisonnement s'applique lorsque l'individu préfère développer son capital humain à travers l'expérience (*on-the-job training*), et dans ce cas il renonce au niveau de revenu auquel il pourrait prétendre s'il ne consacrait pas une partie de son temps productif et de ses efforts à développer ses compétences. Le retour sur l'investissement en capital humain est constitué des rémunérations plus élevées que perçoit un travailleur formé, en raison d'une productivité plus importante.

Source : d'après Becker, G. S., *Human Capital: A Theoretical and Empirical Analysis, with Special Reference to Education*, Chicago, University of Chicago Press, 1964.

L'intérêt de cette approche est de considérer qu'il y a un lien entre l'investissement en capital humain (notamment par les actions de formation) et la productivité du travail. Vu sous cet angle, le gestionnaire des ressources humaines peut donc considérer que les dépenses de formation constituent un investissement pour l'entreprise et que les compétences des salariés deviennent pour elle un actif à valoriser.

Le raisonnement est cependant plus complexe qu'il n'y paraît. L'approche par la théorie du capital humain est une approche qui relève de l'individualisme méthodologique. C'est l'agent économique qui prend la décision d'investir dans le développement de son propre capital humain, et qui considère que c'est dans son intérêt compte tenu des rémunérations supérieures qu'il peut espérer. Cependant, le salarié et l'entreprise sont liés par la nature du capital humain ainsi constitué :

- S'il est **transférable**, on dit qu'il est **générique** et le salarié peut décider de le mettre au service de n'importe quel employeur. Dans ce cas, l'entreprise n'a pas intérêt à contribuer au financement de cet investissement, qui conduit à l'augmentation du capital humain du salarié, mais pas de l'entreprise.
- Si le capital humain n'est **pas transférable**, on dit qu'il est **spécifique** et, dans ce cas, le problème est symétriquement inverse : puisque ce capital n'est valorisable que chez un employeur donné, c'est le salarié qui ne perçoit plus l'intérêt d'en financer l'investissement.

Il faut donc, dans les approches en termes de capital humain, en **distinguer la détention et la mobilisation** ; les investissements en formation ne conduisent donc pas systématiquement à une augmentation du potentiel humain détenu par l'entreprise.

Une autre difficulté de ces approches réside dans le problème qu'il y a à **isoler une augmentation de performance individuelle** dans un contexte de travail organisé. Autrement dit, il n'est pas évident d'attribuer aux efforts de formation d'un individu précis une augmentation de sa productivité, dès lors que sa performance dépend également de l'efficacité des règles et des routines organisationnelles et de l'effort de ses collaborateurs. D'une manière générale, **il est difficile d'évaluer le retour sur investissement d'une formation**, même si l'on peut s'appuyer sur des méthodologies bien identifiées (voir Zoom 9.2).

Zoom 9.2 : L'évaluation des résultats des investissements en formation selon le modèle de Donald Kirkpatrick

Donald Kirkpatrick (1924-2014) est célèbre pour avoir donné son nom à un modèle d'évaluation des retours sur investissement de la formation, qui procède en quatre niveaux :

1. l'évaluation du **degré de satisfaction des participants** (perception des stagiaires concernant la qualité du programme, de l'organisation et du formateur) ;
2. la **mesure des acquisitions de compétences** faisant suite à l'apprentissage (résultats de tests et d'examens, moyennes ou auto-évaluation) ;
3. les **changements de comportements** et la mise en œuvre des compétences lors du retour aux conditions de travail habituelles (indicateurs objectifs et subjectifs de l'évolution du comportement au travail après la formation) ;
4. les éléments factuels et chiffrables (productivité, qualité, maîtrise des coûts, etc.) rendant compte des **résultats** générés par la formation.

Figure 1. Retour sur investissement de la formation.

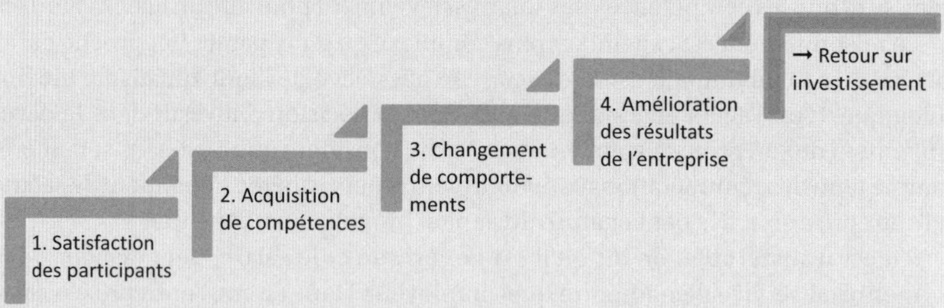

Source : d'après Kirkpatrick, D. L. et Kirkpatrick, J. D., *Evaluating Training Programs: The Four Levels*, Berrett-Koehler, 3e édition, 2006.

c) Les enjeux de la formation pour l'organisation

Le rôle premier de la formation est de permettre à chaque salarié d'améliorer la compréhension de son environnement de travail et l'exercice de son métier ou d'une activité. Elle est donc, à ce titre, potentiellement créatrice de valeur au niveau de chaque processus et de chaque métier de l'organisation.

Les enjeux de la formation professionnelle pour l'organisation sont par ailleurs multiples. Instrument de **développement des compétences**, elle permet d'optimiser l'ajustement entre les ressources et les besoins en ressources humaines. Conçue en lien avec un observatoire des métiers, elle permet d'envisager une flexibilité de long terme, en adaptant la structure des compétences aux mutations des activités. Réfléchie dans un souci de transmission de valeurs et de représentations, elle peut être le vecteur de diffusion d'une culture organisationnelle ou un processus collectif d'appropriation des objectifs stratégiques.

Pour toutes ces raisons, les dépenses de formation peuvent être envisagées par l'organisation comme un **investissement**, au sens propre du terme. Ce sont en effet des sommes qui, au lieu de faire l'objet d'une utilisation directement productive (acquisition d'un équipement, par exemple), permettent de financer des actions qui auront pour effet d'améliorer la productivité ou la performance future. Il s'agit bien dans cet esprit d'un détour de production au sens économique du terme, et non d'une charge dont il faut s'acquitter. Cela explique en partie pourquoi les entreprises consacrent des sommes importantes à la formation, avec un taux de participation financière dépassant largement les obligations légales. D'un point de vue plus concret, l'exemple d'une entreprise comme ThyssenKrupp Ascenseurs (voir Application 9.2) donne à voir une fonction formation qui se mue en véritable « école » interne, organisant les actions de formation en un ensemble intégré aux objectifs stratégiques, aux recrutements, aux carrières et aux mobilités.

Application 9.2 : L'importance de l'activité de formation chez ThyssenKrupp Ascenseurs

Chez ThyssenKrupp Ascenseurs, la formation c'est 27 ans d'existence, 5 formateurs à temps plein, 2 centres de formation en France, 63 000 heures de formation par an, 70 modules de formation axés sur les familles technologiques et les métiers principaux, des services de formation itinérants à travers le pays, un dispositif de tutorat et d'accompagnement des nouveaux embauchés, des partenariats existants avec les lycées et les organismes de formation professionnelle comme l'AFPA (Association pour la formation professionnelle des adultes).

Question : Pourquoi ThyssenKrupp Ascenseurs a-t-il monté une structure de formation interne plutôt que de recourir à des services extérieurs de formation ?

d) Les enjeux de la formation pour les salariés

Dans l'analyse économique en termes de capital humain, la dépense en formation est, pour l'individu, un investissement qui lui permettra d'augmenter sa productivité future et donc sa **rémunération**. Il s'agit donc là d'un premier enjeu, à même de déterminer les choix de formation des salariés.

D'autres motivations sont bien entendu à mettre en exergue, à commencer par le maintien ou le développement de l'**employabilité**. En tant que levier de développement des compétences individuelles, la formation est en effet un moyen de mettre à niveau des compétences menacées d'obsolescence ou d'en développer de nouvelles. Le lien à l'employabilité est d'autant plus fort que les formations sont **certifiantes** (voir Outil 9.4), car elles permettent de rendre visibles les capacités développées en formation et d'en attester la détention auprès d'un tiers, notamment un employeur actuel ou potentiel.

Outil 9.4 : Définition des formations certifiantes

Cette catégorie comprend l'ensemble des formations sanctionnées par le passage d'une certification (diplôme, titre, certificat de qualification professionnelle). Les certifications regroupent l'ensemble des diplômes généraux de l'éducation nationale et de l'enseignement supérieur (diplômes nationaux, diplômes des universités), ainsi que l'ensemble des certifications professionnelles inscrites au Répertoire national des certifications professionnelles (RNCP).
La réforme récente de la loi sur la formation professionnelle met l'accent sur le fait que la politique de financement des formations, notamment par l'intermédiaire du compte personnel de formation (CPF), doit orienter les salariés vers des formations certifiantes.

Les motivations pour la formation peuvent être de nature plus intrinsèque, répondant à des **projets personnels de perfectionnement** de son métier, de recherche d'efficacité professionnelle, ou d'intégration dans un projet collectif porté par l'entreprise.

Cependant, les aspirations individuelles à la formation professionnelle ne sont pas systématiquement satisfaites. On estime, en effet, à 6 sur 10 environ la proportion de salariés accédant à la formation professionnelle, et l'on constate de manière récurrente que la dépense pour la formation professionnelle profite majoritairement aux plus diplômés, aux salariés de moins de 50 ans et à ceux des grandes entreprises. Ces tendances sont assez bien résumées par la formule **« la formation va à la formation »**, qui souligne l'inégalité d'accès à la formation continue et le fait que statistiquement, elle bénéficie davantage aux personnes qui sont déjà les plus formées.

Une part des salariés n'a pas d'appétence particulière pour la formation, parfois en raison des remises en question personnelles ou professionnelles qu'elle représente. La formation peut notamment réveiller de mauvais souvenirs liés à l'expérience scolaire ou soulever des craintes liées à des perspectives de mobilité. Une autre part, en revanche, souhaiterait accéder davantage à la formation, mais rencontre des **freins de nature diverse**, et en particulier la perception d'une incompatibilité avec la charge de travail (voir Illustration 9.1).

Illustration 9.1 : Les freins à la formation vus par les salariés

Selon le Céreq (Centre d'études et de recherches sur les qualifications), 38 % des salariés affirment qu'ils auraient souhaité se former (s'agissant des non-formés) ou se former davantage (s'agissant des formés). Les principaux facteurs identifiés sont, par ordre d'importance décroissant, l'incompatibilité avec la charge de travail, le coût de la formation, le refus de l'employeur ou le fait qu'il n'ait pas proposé d'aide, l'incompatibilité avec des responsabilités familiales, l'absence de formation répondant aux besoins exprimés, l'éloignement du lieu de résidence, ou la non-détention des prérequis exigés.

Source : d'après Céreq Bref n° 323, octobre 2014.

1.2. Les modalités de formation : un kaléidoscope de dispositifs

Comme pour l'ensemble des pratiques de GRH, il n'y a pas de « recette » en matière de pratiques de formation, mais des solutions à élaborer en fonction du contexte et d'une palette ouverte de pratiques possibles, relevant soit de dispositifs issus des réglementations existantes, soit de choix organisationnels ou didactiques.

a) Les dispositifs réglementaires

Les textes traitant directement ou indirectement de la formation professionnelle sont nombreux et à l'origine de nombreux dispositifs intervenant dans la gestion de la formation en entreprise. Ces dispositifs se distinguent les uns des autres selon plusieurs critères, tels que leur caractère obligatoire ou facultatif, leur finalité (situation de reconversion ou d'adaptation à un poste, par exemple), leur réalisation pendant ou en dehors du temps de travail, le type d'initiative (salarié, employeur ou conjointement), les modalités de financement, la durée du dispositif, le caractère certifiant ou non, etc. L'encadré Outil 9.5 présente de manière synthétique l'essentiel de ces dispositifs.

Outil 9.5 : Présentation des principaux dispositifs de gestion de la formation prévus par le cadre réglementaire

Dispositif	Objectifs et caractéristiques principales
Bilan de compétences	Permettre à chacun d'analyser ses compétences professionnelles et personnelles, ses aptitudes et ses motivations dans le cadre d'un projet d'évolution professionnelle ou de formation. Il peut être mobilisé soit à l'initiative de la personne active engagée dans une démarche d'évolution professionnelle, soit à l'initiative du salarié dans le cadre d'un congé spécifique (congé de bilan de compétences), soit sur proposition de l'employeur et avec l'accord du salarié, dans le cadre du plan de formation de l'entreprise.

➤

Dispositif	Objectifs et caractéristiques principales
Entretien professionnel	Permettre au salarié, en concertation avec l'employeur, d'envisager ses perspectives d'évolution professionnelle et les formations qui peuvent y contribuer. L'entretien doit se tenir obligatoirement tous les 2 ans, et tous les 6 ans, l'entretien professionnel doit faire un état des lieux récapitulatif du parcours professionnel du salarié.
Compte personnel de formation (CPF)	Permettre à toute personne active, dès son entrée sur le marché du travail, d'acquérir des droits à la formation mobilisables tout au long de sa vie professionnelle, afin que chaque personne, à son initiative, puisse utiliser la formation professionnelle pour maintenir ou améliorer son employabilité et sécuriser son parcours professionnel. Pour une personne travaillant à temps complet, le compte est alimenté chaque année, à hauteur de 150 heures maximum sur 8 ans. Les droits acquis sont utilisables essentiellement pour des formations dites « qualifiantes » (conduisant à une qualification ou une certification) éligibles au CPF ou permettant l'acquisition du socle de connaissances et de compétences.
Période de profession-nalisation	Favoriser l'évolution professionnelle et le maintien dans l'emploi des salariés au travers d'un parcours de formation individualisé alternant enseignements théoriques et activité professionnelle. Les Opca prennent en charge les actions d'évaluation, d'accompagnement et de formation sur la base de forfaits horaires qui doivent être définis par conventions ou accords collectifs.
Contrat de profession-nalisation	Favoriser l'insertion et/ou le retour à l'emploi des jeunes et des adultes. Il s'agit d'un contrat de travail conclu entre un employeur et un salarié qui permet l'acquisition d'une qualification professionnelle (diplôme, titre, certificat de qualification professionnelle...) reconnue par l'État et/ou la branche professionnelle.
Projet de transition professionnelle	Permettre aux salariés souhaitant changer de métier ou de profession de financer des formations certifiantes en lien avec leur projet. Cela passe par la mobilisation du compte personnel de formation, mais aussi par l'obtention d'un droit à congé et d'un maintien de la rémunération pendant la durée de l'action de formation.
Validation des acquis de l'expérience (VAE)	Permettre d'obtenir une certification sur la base d'une expérience professionnelle après validation par un jury des connaissances et des compétences acquises. La certification (qui peut être un diplôme, un titre à finalité professionnelle ou un certificat de qualification professionnelle) peut alors être obtenue sans qu'il soit nécessaire de suivre un parcours de formation. Toute personne qui justifie d'au moins un an d'expérience en rapport direct avec la certification visée, quels que soient son âge, sa nationalité, son statut et son niveau de formation, peut prétendre à la validation des acquis de l'expérience.

Pour aller plus loin, tous les détails réglementaires sont accessibles sur le site http://travail-emploi.gouv.fr.

b) Une diversité de modalités pédagogiques

La formation professionnelle peut être mise en œuvre par l'entreprise sous forme de **stages de formation**, réalisés en interne ou en externe. Plusieurs critères permettent de choisir entre l'une et l'autre formule : les **stages internes** sont en général le fait d'entreprises de grande taille, dans le cadre de formations visant à transmettre des connaissances ou des compétences spécifiques. Inversement, les **stages externes**, dans le cadre par exemple de formations interentreprises, seront choisis par des entreprises de taille plus petite et/ou lorsqu'il s'agit de connaissances plus génériques. Les stages internes représentent la possibilité de capitaliser sur un savoir-faire maison et sont un vecteur de transmission de la culture organisationnelle. Les stages externes sont, au contraire, des opportunités d'ouverture et d'innovation.

Une deuxième approche consiste à développer l'**autoformation, notamment en s'appuyant sur les moyens numériques modernes**, dont le développement des solutions de e-learning et autres MOOC (*Massive Online Open Course*) est la manifestation. Le cas du programme « My Learning Executive » mis en œuvre par Air France-KLM (voir Illustration 9.2) montre bien les motivations qui peuvent pousser les employeurs à développer ce type d'approche : diffusion à large échelle d'un message homogène, réduction du temps d'accès à l'apprentissage, diminution de la facture de formation. Néanmoins, ces outils ne sauraient se substituer intégralement aux formes plus classiques, en raison notamment de limites de nature pédagogique lorsque les situations exigent la présence et le savoir-faire d'un formateur. D'un point de vue managérial, le recours au e-learning comporte le risque d'une dérive possible consistant à attendre, même implicitement, que « tous les contenus disponibles doivent être sus et connus ». Par ailleurs, l'accès aux contenus pédagogiques à distance rend plus poreuse encore la frontière entre vie professionnelle et vie privée.

Illustration 9.2 : « My Learning Executive », un exemple de pratiques numériques en matière de formation

Depuis le mois de janvier, les 400 top managers d'Air France-KLM sont invités à fréquenter la plateforme maison *My Learning Executive*. Et si, par mégarde, ils zappaient, un « push mail » leur rappelle par le menu la mise en ligne de nouveaux contenus. Points de vue de Gary Hamel, de Navi Radjou, sélection des meilleurs « TED » – ces conférences ultrabranchées données par d'éminents patrons, start-uppers ou politiques – [...] une montagne de vidéos indiquent des pistes pour manager « autrement ». « *Dans un contexte de forte transformation du groupe, initié par le plan Transform 2015, et pour répondre à un contexte de marché ultraconcurrentiel, il semblait essentiel d'alimenter un référentiel managérial. Le savoir académique doit se répandre à l'intérieur de l'entreprise.* [...] » À terme, le groupe espère **optimiser les process de formation** et **dégonfler la facture des actions de développement personnel**. « *En présentiel, les informations sont délivrées une seule fois, puis s'évaporent. Le numérique permet de* ***réduire le temps d'accès à l'apprentissage*** *pour gagner en efficacité* », postule Anne Grejebine, qui imagine déjà parfaire l'outil en proposant des MOOC ou cours en ligne. Objectif : **faire de l'apprentissage un plaisir**...

Source : d'après « Attrition des équipes : Air France innove », par Marie-Sophie Ramspacher, business.lesechos.fr, 14/09/2015.

Enfin, un dernier exemple de pratique de formation est celui de la **formation en situation de travail**. Pour certains auteurs comme John Dewey (voir Zoom 9.3), l'expérience joue un rôle fondamental dans l'acquisition des connaissances, car c'est à travers elle, et la confrontation au monde extérieur qu'elle signifie, que se fondent réellement les connaissances des individus. Cependant, toute expérience n'est pas nécessairement formatrice, car il faut pour cela une démarche volontaire de réflexion personnelle ou un accompagnement pédagogique ou éducatif. Plusieurs conditions doivent alors être réunies pour que le travail puisse être formateur : le droit à l'essai et à l'erreur, la prise de distance et la réflexivité sur l'activité, l'acceptation et l'accompagnement par la hiérarchie de proximité, la mobilisation de ressources internes, ou encore la traçabilité des actions et de la progression.

Zoom 9.3 : S'appuyer sur l'expérience (J. Dewey)

« *Things are what they are experienced as* », les choses sont avant tout l'expérience qu'on en fait. Cette formule peut résumer de manière synthétique, mais significative l'apport essentiel de John Dewey (1859-1952), psychologue et philosophe américain. Auteur de très nombreux travaux, il s'est intéressé de près aux rapports entre l'éducation, la société et l'exercice de la démocratie. Il a notamment travaillé sur l'hypothèse que la connaissance résulte de notre relation au monde extérieur, et qu'elle n'est donc pas un ensemble de savoirs immuables et extérieurs aux individus et aux situations. Il a inspiré une pédagogie fondée sur l'expérience dans laquelle les apprentissages des élèves prennent appui sur leurs actions. Les actions ne sont pas cependant conçues comme générant naturellement et mécaniquement des connaissances, et J. Dewey s'efforce de réfléchir aux moyens de donner une direction aux expériences vécues, à partir de quatre impulsions qui sont de communiquer, de construire, de chercher à savoir et d'affiner son expression.

Source : d'après Dewey, J., *Experience and education, New York, Kappa Delta Pi,* 1938.

Ces principes pédagogiques sont à l'origine des formations en situation de travail. Connue depuis toujours à travers l'expression « former sur le tas », la formation en situation de travail se formalise aujourd'hui davantage à travers des conceptions pédagogiques plus élaborées (développement du tutorat en entreprise, par exemple). De ces pratiques et après plusieurs expérimentations menées notamment par l'Anact (Agence nationale pour l'amélioration des conditions de travail), les principes de l'action de formation en situation de travail (Afest) sont entrés dans le champ réglementaire (Voir Outil 9.6). Ces démarches peuvent désormais donner lieu à des financements publics et permettre d'accéder à des certifications.

Outil 9.6 : L'action de formation en situation de travail

Une Afest est une action de formation (art. L6313-1 1°) en situation de travail. Elle mobilise un formateur (interne ou externe à l'entreprise) et un salarié à former sur le lieu même du travail et en cours d'activité. Le matériau pédagogique principal est fourni par le travail.

Vivre une expérience de travail ne suffit pas à produire des compétences susceptibles d'être réutilisées dans d'autres situations. Un temps réflexif (hors production), accompagné par un formateur interne ou externe, est nécessaire

pour tirer les enseignements de ce qui s'est passé, analyser les écarts entre les attendus, les réalisations et les acquis, et ainsi consolider et expliciter les apprentissages. Ces deux séquences sont répétées autant de fois que nécessaire pour permettre les apprentissages visés.
Pour le formateur, il s'agit d'abord d'aider le salarié en formation à analyser ce qui s'est passé pendant la mise en situation (comment il s'y est pris, ce qui l'a conduit à faire ces choix, ce que cela a produit), puis dans un second temps de donner son point de vue ou de faire des apports complémentaires (connaissances, techniques, sens de l'action). Cette posture ne va pas de soi, mais elle s'apprend !
La loi pour la liberté de choisir son avenir professionnel du 5 septembre 2018 reconnaît la possibilité de se former en situation de travail. Comme toute action de formation, l'Afest s'inscrit dans le cadre d'un « parcours pédagogique permettant d'atteindre un objectif professionnel » ; elle suppose « des moyens techniques et humains, ainsi que des ressources pédagogiques ; les informations relatives à l'organisation du parcours sont rendues accessibles par le dispensateur, par tout moyen, aux bénéficiaires et aux financeurs concernés ; la réalisation de l'action doit pouvoir être justifiée par celui qui la dispense par tout élément probant » (art. R6313).
Un décret d'application (art. D6313-3-2) précise les étapes d'une Afest : « La mise en œuvre d'une action de formation en situation de travail comprend l'analyse de l'activité de travail pour, le cas échéant, l'adapter à des fins pédagogiques ; la désignation préalable d'un formateur pouvant exercer une fonction tutorale ; la mise en place de phases réflexives, distinctes des mises en situation de travail ; des évaluations spécifiques des acquis de la formation qui jalonnent ou concluent l'action. »
Le montage d'une Afest nécessite une ingénierie pour cadrer le projet (est-ce opportun ? Est-ce faisable ?) et concevoir les séquences de formation. Les Afest doivent être organisées sous la forme d'un parcours comprenant (outre l'alternance des deux phases décrites plus haut) des séquences de positionnement du salarié par rapport aux objectifs professionnels visés, un accompagnement du bénéficiaire tout au long du parcours et des séquences d'évaluation des acquis. L'atteinte de l'objectif peut aussi nécessiter des séquences pédagogiques d'une autre nature qu'en situation de travail.

Source : « Anact : qu'est-ce qu'une action de formation en situation de travail », 15 novembre 2019, www.anact.fr.

1.3. La gestion de la formation : une ingénierie de synthèse

On le voit, le métier de responsable de formation doit combiner plusieurs contraintes. La gestion de la formation professionnelle par l'entreprise s'inscrit, en effet, dans la recherche d'une **quintuple optimisation** :

- une optimisation **stratégique**, pour faire de la formation un levier de développement des compétences clés ;
- une optimisation **sociale**, pour faire de la formation un levier de promotion et d'employabilité ;

- une optimisation **réglementaire**, pour respecter les obligations légales et les transformer en moyens d'action servant les objectifs de l'entreprise ;
- une optimisation **financière**, pour dégager des ressources internes au service de l'investissement formation et pour utiliser au mieux les multiples aides au financement de la formation professionnelle ;
- une optimisation **opérationnelle**, pour élaborer et concrétiser les choix de formation.

Cette optimisation multiple apparente l'élaboration de la politique de formation à une ingénierie visant à combiner au mieux ses multiples formes et objectifs. Deux actes de gestion constituent les moments clés de cette ingénierie : l'élaboration du **plan de développement des compétences** dans le cadre d'un dialogue social avec les salariés et leurs représentants, et l'**évaluation des actions de formation**.

a) Le plan de développement des compétences

Le plan de développement des compétences de l'entreprise correspond à l'ensemble des actions de formation que l'employeur décide de faire suivre à ses salariés en fonction des objectifs de développement qu'il a définis. Il remplace depuis 2019 le plan de formation qui devait faire l'objet d'un document écrit, soumis au CSE dans lequel l'employeur présentait l'ensemble des actions de formation qu'il entendait mener pendant l'année. Ce document n'est plus formellement obligatoire, mais il s'agit d'un outil incontournable pour organiser la stratégie de l'entreprise et satisfaire à ses obligations en matière de dialogue social sur les orientations stratégiques de l'entreprise, notamment en matière de formation professionnelle. Les informations qu'il contient doivent par ailleurs être versées dans la base de données économiques et sociales. Le plan de développement des compétences formalise enfin les actions auxquelles les salariés doivent obligatoirement participer.

On le voit, au-delà du caractère formel de ces consultations, l'enjeu véritable est de créer les conditions du dialogue social sur le thème de la formation, afin que puissent y être intégrés à la fois les enjeux stratégiques de l'entreprise et les enjeux personnels des salariés. Le dialogue social et la négociation peuvent alors aboutir à des accords d'entreprise ou de branche. L'exemple du préambule de l'accord sur la formation des entreprises sociales pour l'habitat (voir Application 9.3) illustre clairement la façon dont le dialogue social peut déboucher sur l'élaboration, légitimée par la signature d'un accord, d'une représentation partagée des orientations de l'entreprise et du rôle de la formation.

Application 9.3 : Extrait du préambule de l'accord collectif de 2015 sur la formation professionnelle dans la branche des entreprises sociales pour l'habitat (ESH)

Depuis de nombreuses années, les ESH sont confrontées à des enjeux majeurs dont l'importance n'a fait que se confirmer. La mutation de la gestion locative et de la maîtrise d'ouvrage s'est opérée déjà depuis plusieurs années et implique une

politique vigoureuse de développement des compétences en interne sur la base d'outils d'observation et d'analyse. La simple utilisation de la formation comme « boîte à outils » ou une stricte adaptation au poste de travail ne sauraient suffire. [...] À ce titre, la loi du 5 mars 2014 [...] appelle l'identification de moyens pour **anticiper les évolutions**, **conforter les emplois existants, en éviter l'obsolescence**, et permettre par les voies notamment de l'alternance d'intégrer les jeunes à notre milieu professionnel, tout cela concourant à la performance et au développement de nos organismes. Au regard de ce qui précède, il semble important de développer des **formations généralistes interdisciplinaires** visant à doter les professionnels de nos entreprises, et ce quel que soit leur niveau hiérarchique, de clés de compréhension et d'analyse du contexte dans lequel s'insère leur action professionnelle, afin de favoriser des pratiques adaptées, pertinentes et évolutives.

Source : d'après accord collectif sur la formation professionnelle dans la branche des ESH.

Question : L'accord entend doter les professionnels des entreprises sociales pour l'habitat « de clés de compréhension et d'analyse du contexte dans lequel s'insère leur action professionnelle ». Qu'est-ce que cela signifie pour un gardien d'immeuble et pour un « chargé de mission sociale et urbaine » ? Comment peut-on décliner l'intention en actions de formation pour chacune de ces deux professions ? (Au besoin, on peut s'appuyer sur la convention collective des ESH et sur les résultats de l'Observatoire des métiers de l'ESH pour comprendre les métiers de ce secteur : www.esh.fr.)

b) Le contrôle de la gestion de la formation

Comme toute pratique de gestion, la politique de formation d'une entreprise s'inscrit dans une **démarche d'évaluation des résultats des actions** mises en œuvre. La référence à l'idée de l'« investissement formation » a tendance à renforcer cette exigence. Pour reprendre les critères d'évaluation classiques, les actions de formation doivent être évaluées selon la pertinence de leurs objectifs, le niveau d'atteinte des objectifs fixés et le niveau des ressources consommées pour les obtenir. Ces différents critères sont traditionnellement déclinés sous forme d'indicateurs, qui peuvent ou non selon les cas servir à l'élaboration d'un **tableau de bord de suivi des actions de formation** (voir Outil 9.7).

Outil 9.7 : Les indicateurs classiques de l'évaluation des actions de formation

Les indicateurs quantifiables des actions de formation : le montant des dépenses de formation exprimé en pourcentage de la masse salariale, le nombre de stagiaires, le nombre d'heures de formation, la durée moyenne des stages, le taux de présence aux stages, le nombre de demandes non réalisées, la répartition des actions par catégories de salariés (genre, âge, niveau de qualification et de diplôme, ancienneté, service, etc.).

Les informations qualitatives portant sur le processus d'élaboration et de mise en œuvre de la formation : qualité de l'analyse des besoins en compétences (a-t-elle été correctement effectuée ?), degré de participation des différents acteurs concernés, niveau d'adaptation du contenu du programme de formation.
Les indicateurs de coûts : montant des honoraires des formateurs, frais de déplacement, coûts des éventuels achats de matériel, coûts des locaux, imputation des coûts indirects ou des coûts cachés liés à la formation (par exemple, le salaire de l'employé pendant la période où celui-ci, en formation, devient improductif pour l'entreprise est-il affecté au programme de formation ou reste-t-il imputé à son entité de travail ?).
Par ailleurs, **le modèle d'évaluation de la formation de Kirkpatrick**, basé sur quatre niveaux d'évaluation (voir Zoom 9.2), sert couramment de référence pour évaluer les résultats des actions de formation.

2. L'organisation apprenante

Les entreprises ne suivent pas toutes les mêmes principes d'organisation, et l'un des enjeux de la gestion des emplois et des compétences est d'établir une cohérence entre la forme organisationnelle et le type de compétences recherché et encouragé. La formation, dont il a été question plus haut, n'est qu'un moyen de développer les compétences. Mais les compétences, notamment collectives, ne peuvent se développer que dans l'activité de travail. Les formes d'organisations apprenantes sont celles qui permettent la survenue de l'apprentissage au fil de l'action.

2.1. Organisation flexible et compétences : l'école japonaise

La distinction entre les firmes A et J proposée par l'économiste Aoki est éclairante (voir Zoom 9.4). Ces deux formes archétypales s'associent à deux grandes logiques d'organisation du travail, l'une fondée sur un travail prescrit et formalisé, et l'autre faisant appel à des principes de flexibilité, de souplesse et de relations transversales. Il est à noter que, pour l'auteur, les mécanismes d'incitation doivent également correspondre au type d'organisation.

Zoom 9.4 : Les firmes A et J de Masahiko Aoki

Masahiko Aoki (1938-2015) oppose deux grands types de firmes, la firme A (pour Américaine) et la firme J (pour Japonaise). Ce sont des archétypes, établis par l'observation (dans les années 1970 essentiellement) de la structure des échanges d'informations dans les firmes. Il s'agit d'observer en particulier les modes de division des tâches et des fonctions, ainsi que les modes de coordination des activités ainsi séparées. Dans les ateliers de la firme A, le contenu du travail est établi selon des standards prescrits par le bureau des méthodes, rigides et obéissant à une forte hiérarchisation. Dans la firme J, la division du travail est souple et flexible, la coordination se fait de manière plus transversale, informelle et tacite, notamment à travers des méthodes de rotation, ou la participation des ouvriers à des cercles de qualité. Pour Aoki, la firme J est appelée à prendre le relais de la firme A, car elle est plus adaptée aux caractéristiques contemporaines, notamment de par sa capacité à engendrer des **capacités d'apprentissage dans un environnement incertain**.

Source : d'après Aoki, M., « Horizontal vs. vertical information structure of the firm », *American Economic Review*, Vol. 76, n° 5, décembre 1986, pp. 971-983.

On retrouve en pratique cette distinction. Par exemple, dans la production industrielle, on peut observer des ateliers organisés soit en lignes de fabrication, soit en métiers, soit en îlots de production. Dans l'organisation en lignes de fabrication, l'implantation des équipements suit le flux des étapes successives de la production, ce qui offre un bon potentiel de rationalisation, mais au prix d'une certaine rigidité. Dans le deuxième cas, celui de l'organisation en métiers, les ateliers regroupent des machines ou des opérations de même nature et permettent de travailler simultanément sur différentes familles de produits. La production en îlots est un mix des deux solutions précédentes, et regroupe un ensemble d'équipements différents au sein d'un même atelier afin de permettre à la fois un ensemble d'opérations successives cohérentes et l'adaptation à plusieurs familles de produits. Cette dernière forme est la plus flexible, mais demande de fortes capacités d'ajustement mutuel entre les opérateurs. Ces trois **formes d'organisation** présentent des avantages et des inconvénients, mais l'important est de relever qu'elles font appel à des **types de compétences différents**.

D'autres méthodes d'organisation du travail inspirées également du modèle japonais permettent de rendre la production plus flexible, comme le **kanban** (ordres de production transmis par le poste aval), la réalisation de la **maintenance de premier niveau par l'opérateur** lui-même, le **kaizen** (système d'amélioration continue du processus de production) ou encore l'**autocontrôle qualité**. Tous ces dispositifs aboutissent à ce que les opérateurs de production assurent eux-mêmes une partie du travail de régulation du processus de production, et inspirent également les méthodes de production utilisées dans les activités de service.

En termes de compétences, cela signifie que sont requises dans la firme J **d'autres compétences que celles liées à la seule activité directe de production**. Connaître sa propre activité reste évidemment central, mais il convient également de connaître suffisamment l'activité de ses collaborateurs immédiats afin que l'activité collective prenne sens. Prendre en compte les **dimensions économiques de l'activité** devient important. En effet, les initiatives et les propositions d'amélioration doivent aller dans le sens des objectifs de l'organisation, notamment en ce qui concerne les contraintes de coût, de délai et de qualité. S'appuyer sur les **relations transversales** et sur les **coopérations interpersonnelles** suppose des capacités de travail en équipe, à savoir des capacités à établir et à utiliser un réseau relationnel, des capacités d'écoute, ou encore des capacités à transiger ou à rechercher des compromis en cas de propositions contradictoires. Enfin, face à des situations inédites, et par définition non prescrites, la capacité à rendre compte finement d'une situation problématique ou à mobiliser des méthodes de **résolution de problème** (voir Outil 9.8) devient une compétence utile et recherchée.

Outil 9.8 : Le diagramme cause-effet

Le **diagramme cause-effet** ou **d'Ishikawa** permet d'organiser l'analyse collective d'un problème. Face à un problème identifié, la méthode consiste à réaliser dans un premier temps un *brainstorming* permettant aux acteurs réunis d'envisager toutes les origines possibles du dysfonctionnement. Puis, toujours collectivement, les causes sont regroupées par familles (classiquement matière, matériel, milieu, méthode, main-d'œuvre, management, mais cela peut être adapté selon les contextes) et hiérarchisées. L'ensemble est regroupé sur un diagramme dit **en arête de poisson**.

Figure 2. Diagramme cause-effet.

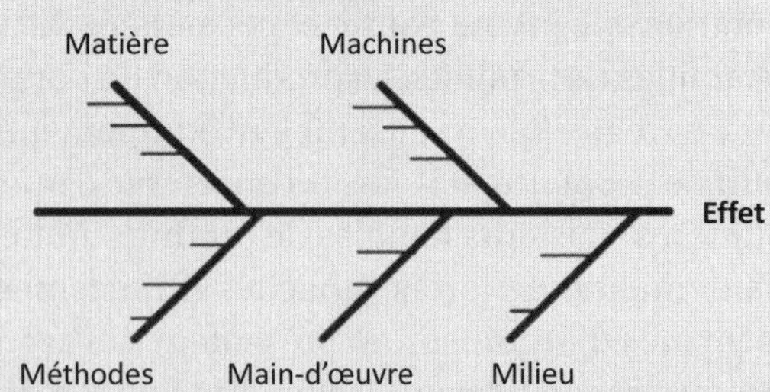

Les intérêts de cette méthode sont multiples :

- Elle permet de construire la représentation collective d'un problème donné.
- Elle permet d'initier une logique participative.
- Elle permet de hiérarchiser les causes d'un problème et de concentrer les actions correctives sur les causes considérées comme les plus importantes.

Ces différents exemples montrent que les organisations de forme J induisent certaines formes de compétences. Inversement, il existe aussi de nombreux exemples d'organisations qui s'apparentent davantage à la **forme A**, dans lesquelles le **rapport aux compétences est plus centralisé et formalisé**, comme le montre l'exemple de la standardisation des compétences chez McDonald's (voir Application 9.4).

Application 9.4 : La standardisation des compétences chez McDonald's

La problématique de McDonald's consiste à faire en sorte que, partout dans le monde, les plus de 700 000 salariés travaillant dans ses 33 000 restaurants exercent leur activité de manière identique et produisent les mêmes repas et le même service. L'extrême standardisation permet des organisations du travail strictement identiques et la prescription de compétences très précisément identifiée. Les gestes sont strictement définis, minutés et contrôlés, y compris les règles d'hygiène (un protocole est spécifiquement dédié au lavage des mains, par exemple). La standardisation de la relation de service passe par la diffusion de la « philosophie » QSVP (pour qualité, sécurité, propreté, valeur), formalisant notamment les éléments de langage et les attitudes des phases de contact et d'accueil des clients.

Question : Dans un tel contexte, quelle est la compétence principale que les salariés doivent maîtriser ?

2.2. S'organiser pour apprendre

Dans une économie basée sur la connaissance telle que nous la vivons aujourd'hui, la capacité d'une organisation à adopter et à produire de nouvelles connaissances, et à les mettre en application dans son activité est centrale. Il s'agit, à un rythme inédit jusqu'alors dans l'histoire, de faire évoluer les produits, les procédés ou l'organisation elle-même. Dans ces conditions, il est utile de s'intéresser à la façon dont une organisation peut **générer des connaissances et des compétences de manière continue**.

Les théories de l'apprentissage organisationnel, et en particulier celle proposée par Chris Argyris et Donald Schön (voir Zoom 9.5), montrent que, à travers l'activité, les individus assimilent un savoir qui est incorporé dans les règles et les routines de l'organisation et que, simultanément, ils enrichissent l'organisation du résultat de leurs propres apprentissages.

Zoom 9.5 : La théorie de l'action pour comprendre l'apprentissage organisationnel

Chris Argyris et Donald Schön ont développé une théorie de l'action permettant de comprendre le processus d'apprentissage organisationnel. Le point de départ est de constater l'existence d'un savoir propre à l'organisation, et qui constitue une ressource pour ses membres. Ce savoir organisationnel est constitué d'éléments explicites et d'éléments tacites, et forme une théorie de l'action organisationnelle. Les membres de l'organisation agissent conformément à cette théorie de l'action organisationnelle et, ce faisant, constatent des décalages entre les résultats obtenus et les résultats attendus. La recherche d'une explication à ce décalage initie un processus d'apprentissage des individus, dont le résultat conduit à modifier la théorie de l'action organisationnelle. Selon l'intensité de la remise en question, on parle d'apprentissage en simple boucle (adaptation des règles et des routines de l'organisation) ou en double boucle (transformation des règles et des routines de l'organisation).

Figure 3. Représentation simplifiée de l'apprentissage organisationnel chez Argyris et Schön.

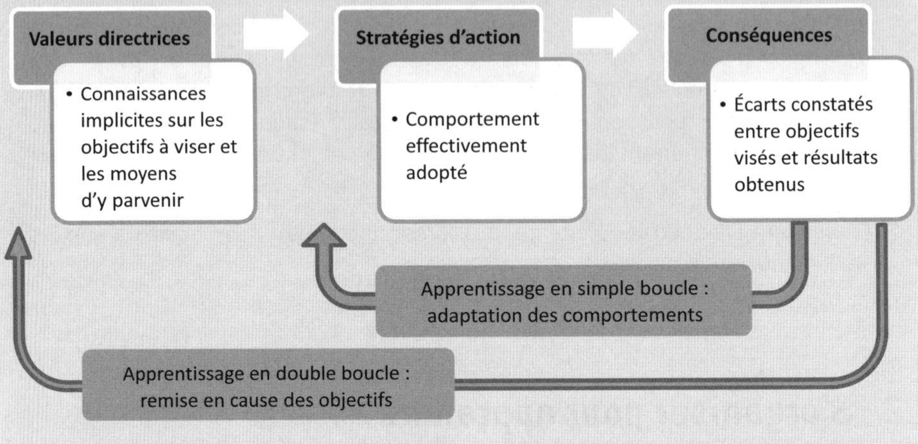

L'organisation apprenante doit savoir lutter contre les comportements défensifs qui freinent les apprentissages (dissimulation des écarts, circulation d'informations erronées, absence de confrontation entre les raisonnements et les faits observés…).

Source : d'après Argyris, C. et Schön, D., Organizational learning: A theory of action perspective, Reading, Mass: Addison Wesley, 1978.

En mettant l'accent sur l'action, cette théorie de l'apprentissage organisationnel met en évidence deux conclusions importantes pour l'approche des compétences en gestion des ressources humaines :

- La contribution à l'apprentissage de l'organisation ne résulte pas nécessairement **d'une intention explicite et formalisée**, comme ce serait le cas de la politique de formation planifiée. L'apprentissage organisationnel résulte en grande partie de l'activité ordinaire des membres de l'organisation.
- La contribution à l'apprentissage organisationnel n'est pas le fait de **quelques individus clés identifiés**. Au contraire, chaque salarié est potentiellement un acteur de cet apprentissage, dès lors qu'il participe à l'action organisationnelle. La montée en compétence peut largement échapper à la maîtrise du responsable de la formation et de la fonction RH. Elle n'en reste pas moins une problématique RH.

Cette dynamique cognitive organisationnelle est potentiellement vertueuse si elle génère des savoirs organisationnels utiles. Ce n'est pas pour autant que les apprentissages sont systématiquement pertinents au regard des objectifs de l'organisation, ni qu'il n'existe pas de freins, individuels ou collectifs, à cette dynamique. C'est pour cette raison qu'il revient au management d'**encourager et d'orienter les dynamiques d'apprentissage** organisationnel. Dans l'Application 9.5, l'entreprise Saint-Gobain utilise ainsi les leviers numériques pour créer une culture d'entreprise apprenante.

Application 9.5 : Le programme « Boost ! » de Saint-Gobain pour favoriser l'émergence d'une culture d'entreprise apprenante

Saint-Gobain a décidé d'ouvrir largement ses formations à ses collaborateurs à travers la constitution d'un cloud « Formation ». Ce programme s'intitule « Boost ! » et permet aux 190 000 collaborateurs de Saint-Gobain de se former en self-service en accédant à de multiples supports : vidéo, e-learning, cours présentiels, MOOC, etc. Compte tenu de la dimension mondiale de l'entreprise, les contenus sont disponibles en quatre langues (français, anglais, chinois et allemand). Les inscriptions sont libres, les contenus sont ouverts à tous et les équipes RH analysent les retours d'expérience des utilisateurs. Chaque collaborateur peut ainsi se former, en fonction de ses besoins, de ses ambitions et de ses projets, sur la base d'un contenu pédagogique conçu et mis à disposition par l'entreprise.

Le programme « Boost ! » s'articule autour d'un triptyque « Find it, Learn it, Use it » (découvrir, apprendre, mettre en œuvre), renvoyant au projet de faciliter l'accès à des contenus adaptés et à encourager les itérations entre les apprentissages et l'exercice en situation professionnelle. L'objectif est de créer les conditions favorables à l'émergence d'une culture apprenante, avec l'ambition affichée de faire en sorte que la formation dynamise au quotidien les compétences des collaborateurs.

« Notre dynamique d'innovation permanente nous a conduits à repenser notre stratégie de formation. Chaque collaborateur peut se former en fonction de ses intérêts et ambitions, dans tous les formats permis par la révolution numérique. Saint-Gobain se mue ainsi en une entreprise apprenante », déclare Charlène Berneau, Responsable Formation Numérique, Saint-Gobain Groupe.

Source : d'après « La formation pour tous en libre-service à Saint-Gobain », e-learning-letter.com, 20/12/2014.

Question : Ne vaudrait-il pas mieux, notamment pour les populations ouvrières, avoir une politique de formation plus directive dans laquelle les équipes RH prescriraient des formations aux salariés en fonction des besoins qu'elles auraient identifiés ?

Le concept de **spirale des connaissances** proposé par Ikujiro Nonaka (voir Zoom 9.6) est une façon complémentaire de montrer qu'une organisation génère des connaissances nouvelles à travers son activité. Reposant sur la dynamique entre savoirs tacites et explicites, cette approche insiste davantage sur le rôle du management dans l'accompagnement du processus, et donne des pistes pour en identifier les moments clés. En particulier, Nonaka insiste sur l'importance de la **codification des connaissances** et sur la nécessité de **débats, confrontations et combinaisons entre les différentes sources et détenteurs de savoirs**. L'expérience du Fab Lab Safran (voir Illustration 9.3) met en lumière l'une des méthodes permettant de matérialiser des idées ou des savoirs, et de les ouvrir à la réflexion collective entre collaborateurs.

Zoom 9.6 : La spirale de la création de connaissances de Ikujiro Nonaka

Ikujiro Nonaka (1935-), en se basant sur l'étude d'entreprises japonaises innovantes et en s'appuyant sur les traditions philosophiques orientales et occidentales, élabore un modèle en quatre phases pour comprendre le processus de création de connaissances dans les organisations. Ce modèle est basé sur un double processus de conversion, entre savoir tacite et savoir explicite d'une part, et entre les dimensions individuelles et collectives d'autre part :

- La première phase est la phase de **socialisation**, au cours de laquelle, par l'expérience partagée, le savoir tacite individuel se transforme en savoir tacite collectif.
- Au cours de la deuxième phase, la **codification** permet de convertir les savoirs tacites collectifs en savoirs explicites collectifs.
- La phase de **combinaison** renvoie au processus d'intégration des différents savoirs explicites et produit donc un savoir explicite collectif propre à l'organisation.
- Enfin, l'**internalisation** renvoie à la façon dont les individus, dans leurs pratiques, interprètent et intériorisent le savoir organisationnel explicite. Cette dernière phase produit donc du savoir tacite individuel et relance ainsi un nouveau cycle de la spirale des connaissances.

Ce processus incite donc les managers à favoriser le partage, la socialisation et la codification des connaissances.

Figure 4. La spirale de la création des connaissances.

Source : d'après Nonaka, I., « A Dynamic Theory of Organizational Knowledge », *Organization Science*, Vol. 1, n° 5, 1994, pp. 14-37.

Illustration 9.3 : Le Fab Lab Safran

Le Fab Lab est un concept formalisé par le MIT à la fin des années 1990. Sa dénomination résulte de la contraction des termes « Fabrication » et « Laboratory ». Il s'agit de constituer des espaces ouverts au public et d'y mettre à disposition des équipements, comme des imprimantes 3D, pour développer rapidement et de manière collaborative de nouveaux objets ou services.
Le groupe Safran a installé son propre Fab Lab pour encourager le développement d'idées nouvelles dans le domaine des services pour les compagnies aériennes et les loueurs d'avion. Sont ainsi mis à disposition du matériel de prototypage, un espace immersif à 360°, des Lego, etc. Une équipe pluridisciplinaire (designers, développeurs, ergonomes, etc.) accompagne sur place les collaborateurs qui cherchent à développer leurs idées et à les soumettre à une réflexion collective.

Source : d'après https://www.safran-group.com/fr/media/20141112_le-fab-lab-safran-accelere-linnovation.

Les éléments développés dans cette section montrent que le développement des compétences ne consiste pas seulement à réfléchir sur les écarts entre ressources et besoins en personnel et à penser des actions correctrices. Cela implique de réfléchir à la cohérence entre les propriétés organisationnelles et les types d'emplois et de compétences recherchés, que ce soit en matière de principes d'organisation ou de capacité à renforcer le potentiel d'évolution et d'adaptation basés sur les dynamiques d'apprentissage. Au final, les compétences gagnent à être considérées comme des ressources stratégiques pour l'organisation.

3. Doter l'organisation de compétences distinctives

Les compétences des salariés constituent une ressource pour l'entreprise. La maîtrise de ces ressources représente un avantage compétitif. À ce titre, une gestion des emplois et des compétences doit aussi intégrer cet enjeu au moment de son élaboration.

3.1. Compétences et coûts de production

La participation répétée à l'activité de production génère des **effets d'expérience** qui se concrétisent par des gestes plus sûrs et plus rapides, par une meilleure compréhension individuelle et collective des situations de travail, et par la résolution de nombre de petits problèmes inhérents à l'activité de production. Cet ensemble de facteurs explique pourquoi expériences et compétences **agissent favorablement sur les coûts de production**, comme l'avaient illustré les travaux en économie sur les implications du « *learning by doing* » (voir Zoom 9.7). Au-delà de l'économie directe que permettent les effets de l'apprentissage par la pratique, il faut également prendre en considération le rôle qu'ils jouent en matière stratégique : les coûts de production plus faibles de la firme ayant développé en premier ses compétences et celles de ses salariés constituent, en effet, une barrière à l'entrée qui gêne l'arrivée de concurrents potentiels.

Zoom 9.7 : Les gains de l'apprentissage par la pratique

Dans un célèbre article de 1962, l'économiste Kenneth Arrow (1921-2017), prix Nobel 1972, s'intéresse aux implications économiques de l'apprentissage par la pratique. Théoriquement, il part de l'hypothèse que l'apprentissage est le produit de l'expérience, dans le sens où il ne peut se réaliser qu'à travers les tentatives de résolution de problèmes nouveaux qui émergent durant l'activité. D'où l'expression de « *learning by doing* ». Empiriquement, il reprend le constat dressé dès les années 1930 dans l'industrie aéronautique de la décroissance du nombre d'heures de travail nécessaire à la production d'un avion à mesure que la quantité cumulée produite augmente. Cette relation était au demeurant régulière puisque pour fabriquer le $N^{ème}$ avion, la quantité de travail nécessaire était proportionnelle à $N^{-1/3}$. Grossièrement, cela signifie qu'à chaque doublement de la quantité produite, le coût unitaire de travail diminue de 20 %. Ainsi, si la première unité demande 1 000 heures de travail, la deuxième en demandera 800, la quatrième 640, la huitième 512 et ainsi de suite. Les gains réalisés sont de plus en plus faibles, jusqu'à devenir insignifiants. Arrow étudie les implications du « *learning by doing* » en matière de salaires, de profits, d'investissement et de croissance macroéconomique.

Source : d'après Arrow, K. J., « The economic implications of learning by doing », *The review of economic*, 1962.

3.2. Des compétences « enchâssées » dans les routines de l'organisation

Contrairement à l'approche proposée par la théorie du capital humain qui insiste sur le niveau individuel, il existe aussi en économie une tradition de travaux qui ont concentré leurs efforts sur l'organisation et la firme. Parmi ces travaux, la **théorie évolutionniste** mérite tout particulièrement le détour, car elle considère que les compétences individuelles des salariés font bel et bien partie des « routines » d'une organisation (voir Zoom 9.8).

Zoom 9.8 : Compétences individuelles et « routines » organisationnelles

Richard Nelson et Sidney Winter ont, avec d'autres économistes du courant évolutionniste, contribué à revoir en profondeur la théorie de la firme en se référant explicitement aux **modèles biologiques**. L'organisation est caractérisée par les « routines » qu'elle détient, modèles réguliers et répétitifs de comportements qui constituent un répertoire de réponses possibles face aux différentes situations rencontrées. Ces **routines**, assimilables aux « gènes » de l'organisation, évoluent à travers des phénomènes d'apprentissage et d'innovation. L'environnement des organisations (en particulier les contraintes de marché) agit alors comme un filtre et « sélectionne » les organisations qui ont les routines les mieux adaptées. Les routines, qui sont à la fois de nature formelle et tacite, sont constituées d'un ensemble de **techniques de production, de procédures, mais aussi des compétences individuelles** des membres de l'organisation. À ce titre, la théorie évolutionniste attire donc l'attention sur le fait que les compétences individuelles ne sont pas que des facteurs de production à mobiliser, mais font bien partie des « gènes » d'une organisation.

Source : d'après Nelson, R. et Winter, S., An Evolutionary Theory of Economic Change, Cambridge (Mass.), Belknap Press/Harvard University Press, 1982.

L'intérêt de cette approche est d'insister sur le **caractère difficilement séparable des routines et des compétences individuelles**. Les deux s'entremêlent dans la dynamique organisationnelle, car si les routines guident l'activité des individus, elles évoluent également sous l'influence de cette activité. Cette théorie invite alors les acteurs de la fonction RH à considérer l'organisation comme un « tout », engagé dans une dynamique où **organisation et individus se transforment mutuellement**.

3.3. Les compétences comme ressources stratégiques de l'organisation

En sciences de gestion, l'**approche stratégique par les ressources** (voir Zoom 9.9) nous invite à considérer que les compétences des salariés peuvent représenter pour l'entreprise une **ressource stratégique**, dès lors qu'elles sont susceptibles de créer de la **valeur** pour le client, qu'elles sont **rares**, **difficilement imitables** et **non substituables**.

Zoom 9.9 : Les compétences des salariés comme ressource stratégique de l'entreprise

En stratégie, Jay Barney (1954-) est l'un des principaux contributeurs de l'approche « basée sur les ressources » (*Resource-Based View*). Les théoriciens de ce courant insistent sur le fait que la stratégie d'une entreprise repose sur sa capacité à identifier et à combiner ses ressources internes, afin de construire une ou plusieurs compétences susceptibles de générer un avantage concurrentiel durable. Il s'agit de construire une stratégie à partir de ce que l'entreprise sait ou saura faire de différent ou de mieux que ses concurrents. Les ressources sont définies comme les actifs tangibles et intangibles détenus par une organisation, ses processus, ses informations, sa connaissance, ses capacités, etc. Le capital humain, composé de l'expérience, de la formation, des capacités de jugement, des relations et de la perspicacité des managers et des travailleurs, intègre pleinement l'ensemble des ressources que la firme peut mobiliser pour se constituer des compétences distinctives.

Source : d'après Barney, J. B., « Firm resources and sustained competitive advantage », *Journal of Management*, 17(1), 1991, pp. 99-120.

Dans l'approche RBV (*Resource-Based View*), les compétences individuelles ne constituent pas directement en elles-mêmes les compétences stratégiques de la firme, mais elles sont des ressources que la firme peut combiner avec d'autres ressources (machines, système de management, capitaux, brevets et connaissances détenues, marque, etc.) pour former une compétence stratégique. L'intérêt de l'approche est d'attirer l'attention sur le fait que les choix stratégiques peuvent consister à chercher des opportunités pour utiliser ces ressources (choisir d'aller là où on pourra les valoriser), alors que les approches traditionnelles de la stratégie invitent à adapter les ressources en fonction des choix stratégiques (acquérir les ressources nécessaires pour survivre là où on a choisi d'aller). Le cas 3M en est une parfaite illustration (voir Illustration 9.4).

Il ne faudrait pas croire, cependant, que l'avantage concurrentiel ne provient que des ressources en travail particulièrement rares et stratégiques. Le système de management RH peut en soi contribuer à l'obtention d'un avantage concurrentiel, en optimisant la façon de mobiliser un travail plus « ordinaire » et interchangeable. C'est typiquement le cas de McDonald's (voir Application 9.4) ou dans certains centres d'appels téléphoniques.

Illustration 9.4 : Le cas 3M

L'entreprise 3M, fondée en 1902 aux États-Unis, représente aujourd'hui près de 90 000 collaborateurs répartis dans le monde. Elle a toujours basé sa stratégie sur l'innovation, en exploitant au maximum les connaissances et technologies qu'elle maîtrise pour imaginer des produits innovants qui lui permettent d'inventer de nouveaux produits ou de se différencier de ses concurrents. La société investit annuellement plus d'un milliard de dollars dans la recherche et développement et elle s'appuie sur la maîtrise d'une quarantaine de technologies de base dans les domaines de l'enduction, des abrasifs et des adhésifs, pour proposer plus de 50 000 produits sous 2 000 marques différentes. Parmi les plus célèbres, on peut relever Scotch, Scotchbrite, Post-it, Nexcare, etc. Chaque année, plus du quart des ventes provient de produits développés dans les quatre années précédentes. Du point de vue RH, la politique de 3M se différencie d'une part par la constitution d'un fort potentiel de recherche et développement (plus de 8 000 chercheurs répartis dans plus de 35 laboratoires), et d'autre part par la diffusion d'une culture de l'innovation faisant de chaque collaborateur un acteur potentiel de l'innovation. Ainsi, sont entretenues comme des légendes les inventions du Scotch ou du Post-it, toutes deux issues d'initiatives de collaborateurs : le ruban adhésif a été

inventé en 1925 par un jeune ingénieur 3M, et l'origine du Post-it vient d'une idée d'un collaborateur qui recherchait des marque-pages déplaçables à l'envi pour les livres de chants qu'il manipulait dans ses activités privées d'animateur de chorale.
3M reste célèbre pour proposer à ses ingénieurs développeurs de consacrer 20 % de leur temps de travail à des recherches libres. Ce modèle avait été initié dans les années 1930, le crédo du PDG de l'époque, William McKnight, étant : « Embaucher les bonnes personnes, et les laisser faire ». Aujourd'hui, des entreprises comme Google reproduisent ce modèle.

Source : d'après le site http://www.3mfrance.fr/3M/fr_FR/notre-societe-fr/3M.

À retenir

✓ **Le développement des compétences constitue une des missions principales de la fonction RH. Elle s'incarne dans la politique de formation élaborée par l'entreprise, qui participe de la correction des écarts identifiés dans le cadre de la gestion prévisionnelle des emplois et des compétences.**

✓ **La formation constitue un investissement tant pour l'entreprise que pour les salariés. On en attend généralement une productivité accrue ou des augmentations de revenus. D'autres enjeux sont néanmoins à prendre en compte, comme le développement de l'employabilité et la mobilité de la main-d'œuvre, ou encore la satisfaction et la reconnaissance liées à la maîtrise de son activité professionnelle.**

✓ **La gestion de la formation relève d'une ingénierie complexe, qui doit allier la maîtrise d'un contexte réglementaire foisonnant, des contraintes économiques et sociales, et une réflexion sur les modalités pédagogiques les plus adaptées (stages en présentiels, formation sur le tas, formation à distance, usage du numérique, etc.).**

✓ **La formation n'est toutefois pas la seule façon de développer les compétences de l'entreprise. Cet effet peut être obtenu par la mise en œuvre de démarches relevant de ce qu'on qualifie d'organisation apprenante.**

✓ **En travaillant à expliciter les connaissances utilisées de façon tacite par les salariés et en favorisant une attitude réflexive à l'égard de l'activité professionnelle, il est possible de progresser individuellement et collectivement. Ces principes peuvent être soutenus et encouragés par les politiques RH.**

✓ **Au final, les compétences constituent un actif stratégique de l'entreprise : elles participent de la maîtrise des coûts de production et permettent à l'organisation d'atteindre ses objectifs. Mais elles structurent également les choix stratégiques dans la mesure où dans une perspective « orientée ressources », elles définissent aussi le champ des possibles en matière de développement de l'entreprise.**

Partie IV
La mobilisation des salariés

Si gérer les compétences et se doter d'une main-d'œuvre qui est individuellement ou collectivement capable de produire ce qu'on attend d'elle constitue, à n'en pas douter, un défi essentiel que la gestion des ressources humaines doit relever, encore faut-il s'assurer qu'elle en aura bien l'intention.

C'est peut-être sur le sujet de la mobilisation du personnel que la gestion des ressources humaines peut se targuer de bénéficier des assises théoriques les plus solides. Le comportement humain en général, et le comportement au travail en particulier, a en effet fait l'objet de nombreux travaux en sciences sociales (économie, psychologie, sociologie…). La diversité des points de vue théoriques sur cette question se retrouve également dans la variété des pratiques de gestion des ressources humaines et d'intenses débats sur ce qui fait que les hommes consentent à l'effort ou non et s'engagent dans l'action.

Deux conceptions s'opposent : les entreprises peuvent s'appuyer sur le système de récompenses et de sanctions liées à l'action pour inciter à l'effort, mais il est également possible de jouer sur la relation que les individus entretiennent à leur propre travail et à leurs groupes d'appartenance. Il s'agit alors de faire en sorte que le travail lui-même soit source de satisfaction et que la motivation s'entretienne d'elle-même. On retrouve cette opposition entre modèles de management tout au long de l'histoire du management et jusqu'aux développements les plus contemporains sur l'« entreprise libérée ».

Ce débat questionne la place et le rôle du manager dans l'entreprise : doit-il donner le cap, diriger et contrôler ou, au contraire, créer la confiance, inspirer au risque de laisser faire ? Il soulève également des problèmes de partage du pouvoir et de la valeur ajoutée entre salariés et employeurs : peut-on en effet motiver en redonnant du pouvoir et de l'initiative aux salariés sans partager avec eux le profit issu de leurs efforts ?

Les critiques réciproques entre tenants des différents modèles ouvrent des perspectives de réflexion infinies : la confiance et le travail sur les valeurs ne sont-ils pas des formes de contrôle aussi raffinées qu'efficaces ? Les récompenses monétaires ne sont-elles pas aussi la marque de la reconnaissance du collectif pour le travail accompli ? Les systèmes d'incitation n'ont-ils pas une responsabilité dans la dégradation de la qualité de vie au travail ? N'est-il pas idéologiquement suspect de tenter de masquer la dialectique inhérente au travail salarié en pensant le travail comme source d'accomplissement ?...

L'enjeu de la mobilisation des hommes est d'autant plus important que le travail exige un **engagement subjectif** : lorsque le travail est intellectuel et que son résultat est difficilement observable, lorsqu'il repose sur des savoir-faire tacites et que le « geste » peut difficilement être prescrit, lorsqu'il est relationnel et que son déroulement suppose de faire face aux réactions imprévisibles des collègues ou des clients, lorsqu'il faut prendre des décisions complexes faisant appel à l'intuition ou à la sensibilité... Dans ces conditions, il faut que le salarié donne le meilleur de lui-même, alors même qu'il est largement impossible de décrire ce qu'on attend de lui ni de cerner exactement ce qu'il peut apporter (voir Application IV). Or, dans les économies occidentales, le travail tend à devenir de plus en plus collectif et donc relationnel, les fonctions de pure exécution sont de plus en plus rares et, corrélativement, les activités de conception sont de plus en plus réparties entre les différents acteurs de l'organisation. Enfin, les organisations en mode projet rendent de plus en plus instables les processus, tant et si bien que l'efficience est de moins en moins recherchée par la maîtrise et le contrôle du geste du travailleur, mais au contraire par sa capacité d'adaptation et d'innovation.

Application IV : La motivation, un enjeu majeur de la gestion du personnel en contact avec la clientèle – l'exemple des réceptionnistes d'hôtels

Si la localisation de l'hôtel comme l'agencement, la décoration et l'insonorisation des chambres constituent des éléments clés de la prestation hôtelière, la qualité de l'accueil peut également faire la différence.

Comme le suggère, par exemple, le référentiel de formation de l'École hôtelière de Lausanne, l'art de l'accueil repose sur un ensemble de techniques à maîtriser :

7135BC – Réception théorie/6 heures de contact – 0.1 crédit US/Résultats d'apprentissage

Une fois cette unité de cours réussie, les étudiants seront en mesure d'accueillir le client selon les standards prédéfinis quel que soit le type de clientèle, d'effectuer une réservation, une arrivée et un départ selon les séquences logiques avec les outils à disposition et d'identifier les étapes du cycle client et les interactions entre les départements concernés. Ils sauront également utiliser les outils à disposition à la réception, identifier les interactions entre la réception et les autres services et agir.

Source : d'après programme Diplôme de l'École hôtelière de Lausanne, http://www.ehl.edu/fr/etudier/diplome-management/programme.

Questions : La demande « d'accueillir le client selon les standards prédéfinis » est-elle compatible avec la demande d'être attentif aux cycles du client et d'agir en fonction de différents types d'interactions ? Quelles sont les implications de ces attentes en termes de motivation pour les réceptionnistes ?

Il s'agit ici de faire état des différentes sources d'inspiration théoriques et de mettre en correspondance les pratiques RH qu'on retrouve en entreprise. Pour cela, cette partie s'attachera dans un premier temps à identifier, autour des théories de la motivation, les mécanismes à travers lesquels les salariés se mettent en mouvement et qui expliquent l'engagement dans l'action (chapitre 10). Ensuite seront abordées les pratiques de gestion des ressources humaines qui reposent sur le contrôle du travail et la mise en place de mécanismes incitatifs (chapitre 11). Enfin, les pratiques et les modes d'organisation du travail qui permettent de mobiliser les hommes en jouant sur le lien qu'ils entretiennent avec leur activité et leur collectif seront présentés (chapitre 12).

Chapitre 10

Comprendre les sources de la motivation

Objectifs du chapitre :

- ✓ **Comprendre les ressorts de la motivation au travail.**
- ✓ **Savoir déceler les besoins que le travail permet de satisfaire.**
- ✓ **Comprendre le lien entre besoins et passage à l'action.**
- ✓ **Comprendre le sentiment d'équité et ses effets sur les comportements au travail.**

La motivation n'est pas une caractéristique individuelle qui serait propre à un individu. Même si chacun n'a pas le même dynamisme ou la même énergie, personne n'est, en soi, motivé. En revanche, chacun est potentiellement motivé par tel ou tel élément dans tel ou tel contexte. La motivation est donc le résultat d'un contexte, de la **mise en relation d'un individu porteur d'aspirations singulières avec une occasion d'agir**. Si la motivation du personnel est une construction et non pas une donnée, il est possible de l'influencer, ce qui ouvre des perspectives pour l'action du manager RH.

Ce chapitre sera consacré à la présentation des ressorts psychologiques et sociologiques qui poussent un individu à agir en contexte de travail. Il ne s'agit pas ici de mettre en avant les pratiques et les outils RH mobilisés, mais de comprendre les leviers sur lesquels ils agissent et, ce faisant, d'en préciser les limites de validité et les hypothèses sous-jacentes.

Le chapitre est organisé de façon à faire ressortir trois idées : un individu ne se lance dans l'action que si celle-ci est susceptible de satisfaire des besoins (section 1) ; l'action n'est possible que si l'individu estime être capable de la mener à son terme (section 2) ; et le travail se déroule dans un contexte social dans lequel le sentiment de justice et d'injustice peut conduire les personnes et les groupes à modifier leurs efforts (section 3).

1. Pourquoi travailler ?

Avoir un emploi, travailler, avoir un statut ou encore, bien sûr, recevoir un revenu permet de satisfaire des besoins que les hommes éprouvent. Identifier ces besoins permet de réfléchir aux motivations qui poussent les individus à travailler, à prendre des initiatives, à fournir des efforts. On parle dans ce cas du « contenu » de la motivation. Cette première section présente différents cadres d'analyse. Certains auteurs partent de l'hypothèse que les besoins humains sont universels. D'autres insistent davantage sur le fait que chacun, compte tenu de son contexte, de sa culture, de sa structure psychologique, développe un rapport différent au travail. Ces travaux se répondent et s'enrichissent mutuellement et, s'ils ne permettent pas toujours de répondre avec précision à la question des « meilleurs leviers » pour mobiliser les hommes dans l'entreprise, au moins permettent-ils de se poser les bonnes questions.

1.1. Le travail, labeur ou quête de soi ?

La question des motivations au travail est profondément structurée autour de deux conceptions du rapport que l'homme entretient avec le travail et, par suite, de deux grandes familles de motivations. On peut concevoir le travail comme une activité dans laquelle on ne s'engage que si on y est contraint ou, au contraire, comme une activité dans laquelle on peut éprouver du plaisir. Dans le premier cas, le travail ne contient pas sa propre motivation, on s'y engagera pour le revenu qu'il procure ou pour éviter d'être sanctionné. On parle alors de **motivation extrinsèque**. Dans le second cas, le travail est une motivation en soi. Il contient sa propre finalité. On parle alors de **motivation intrinsèque**.

Ces deux types de motivation ne sont pas exclusifs l'un de l'autre : on peut aimer son travail et en attendre néanmoins un revenu. Pour autant, ils inspirent des pratiques de gestion bien différentes, qui peuvent quant à elles ne pas toujours être compatibles. On doit à Douglas McGregor d'avoir synthétisé ces pratiques sous la dénomination de **théorie X** et de **théorie Y** (voir Zoom 10.1) :

- Côté théorie X, il s'agit de contrôler le niveau d'effort et de s'assurer que les individus travaillant pour l'organisation ne chercheront pas à faire passer leur intérêt devant celui de leur employeur.
- Côté théorie Y, il s'agit de faire en sorte que le travail soit source de plaisir et d'accomplissement de soi.

Zoom 10.1 : Les théories X et Y de Douglas McGregor

Douglas McGregor revient sur la variété des systèmes de management qu'il a pu observer en entreprise et sur les **hypothèses tacites adoptées par les dirigeants**. Il isole deux grandes familles de pratiques opposées qu'il désigne sous les termes de théorie X et théorie Y. Le terme « théorie » est à comprendre ici au sens de modèle de management, et non d'un ensemble d'idées cohérentes expliquant de façon scientifique un phénomène.

Les entreprises inspirées par la **théorie X**, qui s'inscrivent dans la lignée du taylorisme, partent du principe que l'homme est immature, cherche à fuir le travail et l'effort, recherche avant tout la sécurité, n'a pas beaucoup d'ambition, fuit les responsabilités et préfère largement être dirigé. Sur ces bases, les systèmes de management tendent à clarifier les objectifs, à édicter des règles strictes et à mettre en place des systèmes de sanctions et de récompenses incitatifs. Douglas McGregor y voit les germes d'un cercle vicieux, les salariés étant surtout invités à solliciter leur intelligence pour contourner les règles à leur profit, ce qui invite en retour à multiplier les contrôles et à renforcer encore les règles.

À l'opposé, les entreprises qui s'inspirent de la **théorie Y** et des enseignements de l'école des relations humaines s'inscriraient dans un cercle vertueux. Elles partent de l'idée que l'homme cherche à se réaliser par le travail, et que l'effort est une activité aussi naturelle que nécessaire. Leurs pratiques de management visent à associer les individus aux buts de l'organisation, à libérer la prise d'initiative et à favoriser l'autocontrôle et l'auto-organisation. Ce faisant, le travail deviendrait source de satisfaction, ce qui permettrait en retour d'accorder encore plus de confiance et d'autonomie, et de focaliser l'intelligence des salariés vers les buts collectifs à atteindre.

Source : d'après McGregor, D., *The human side of enterprise*, New York, McGraw-Hill, 1960.

1.2. Universalité des besoins humains ?

Les travaux d'Abraham Maslow, développés dans les années 1940 à 1960, constituent un point de départ aussi classique qu'incontournable pour aborder la question des besoins que les individus cherchent à satisfaire tout au long de leur vie en général, et de leur vie professionnelle en particulier.

a) La hiérarchie des besoins

Les besoins seraient hiérarchisés et les individus chercheraient en premier lieu à satisfaire des **besoins physiologiques**, avant de chercher à **sécuriser** leur environnement et leur existence. Ceci réalisé, ils chercheraient à satisfaire des besoins supérieurs : **appartenir à un groupe**, y être **reconnu de façon valorisante** et enfin **se réaliser**, c'est-à-dire vivre en harmonie avec sa nature véritable (voir Zoom 10.2). Ce cadre laisse entendre que les individus sont d'abord sensibles à des motivations extrinsèques, qui permettent de satisfaire des besoins inférieurs, avant de chercher à satisfaire des besoins supérieurs qui reposent davantage sur des motivations intrinsèques.

Zoom 10.2 : La hiérarchie des besoins selon Abraham Maslow

La pyramide de Maslow constitue un classique incontournable de la réflexion managériale sur la motivation. Dans cette construction théorique fondée sur des observations cliniques, Maslow identifie cinq ensembles d'objectifs, de besoins de base que les hommes cherchent à satisfaire : besoins physiologiques, sécurité, amour, estime et réalisation de soi. Il s'agit d'autant de motivations expliquant les comportements humains.

Si tous ces besoins doivent être satisfaits, ils n'en sont pas moins ordonnés. En effet, la non-satisfaction des premiers monopolise la conscience et mobilise l'énergie de telle sorte que les suivants sont relégués au second plan, même inconsciemment. Mais la satisfaction d'un besoin inférieur active le besoin immédiatement supérieur.

Figure 1. La pyramide de Maslow.

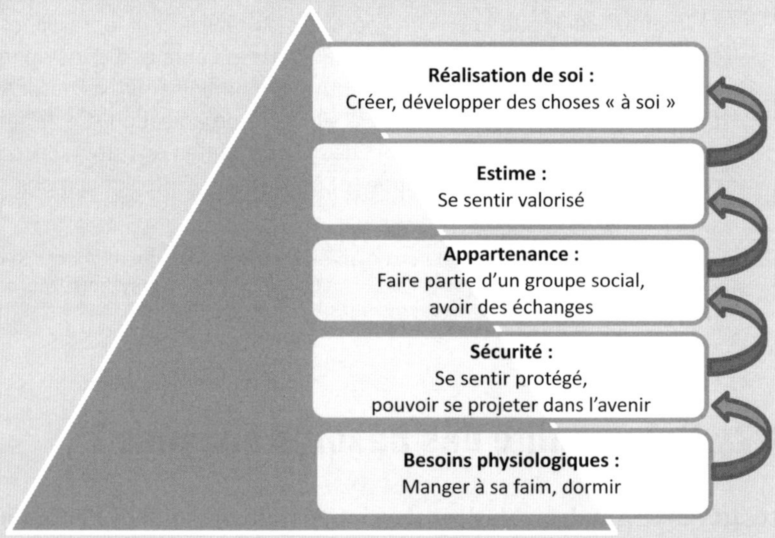

Maslow lui-même reconnaît qu'on peut observer des cas d'inversion de l'ordre de priorité entre les besoins, mais cela ne perturbe pas le fond de son analyse : l'homme apparaît comme un animal perpétuellement désirant et la plupart des psychopathologies sont, selon Maslow, attribuables à une menace ressentie sur l'un des besoins.

Source : d'après Maslow, A. H., « A theory of human motivation », *Psychological Review*, 50(4), 1943, p. 370.

Ces travaux sont prolongés par d'autres auteurs comme Clayton P. Alderfer[1], qui voit dans la motivation une question de satisfaction de trois familles de besoins :

- des **besoins « d'existence »**, comme la faim, la soif, la sexualité, c'est-à-dire globalement les deux premiers niveaux de la pyramide de Maslow ;

1. Clayton P. Alderfer, « An Empirical Test of a New Theory of Human Needs », *Organizational Behaviour and Human Performance*, Vol. 4, n° 2, mai 1969, pp. 142-175.

- des **besoins de « relation »**, dans le cadre de la vie de famille, avec les amis, les collègues, les employeurs, c'est-à-dire globalement les niveaux trois et quatre de la pyramide de Maslow;
- des **besoins de « croissance »**, comme le désir d'être créatif ou le fait d'exercer de manière cohérente une activité de production qui a du sens, ce qui correspond globalement aux niveaux quatre et cinq de la pyramide de Maslow.

Ces trois « aires » de motivation ne sont pas ordonnées de manière stricte et linéaire comme chez Maslow. Au contraire, elles peuvent être satisfaites simultanément, et d'une façon qui peut varier selon chaque individu. L'apport d'Alderfer est, en outre, de penser la possibilité d'une régression : un individu qui se sentirait bloqué dans sa trajectoire de développement personnel pourrait tendre à se replier sur ses réseaux affinitaires. De même, une mauvaise ambiance au travail pourrait conduire à une focalisation sur des revendications très matérielles. Cette dynamique permet de penser des évolutions possibles tout au long d'une vie professionnelle dans un sens comme dans l'autre, le long d'un continuum de besoins.

Figure 2. Les aires de motivation d'Alderfer.

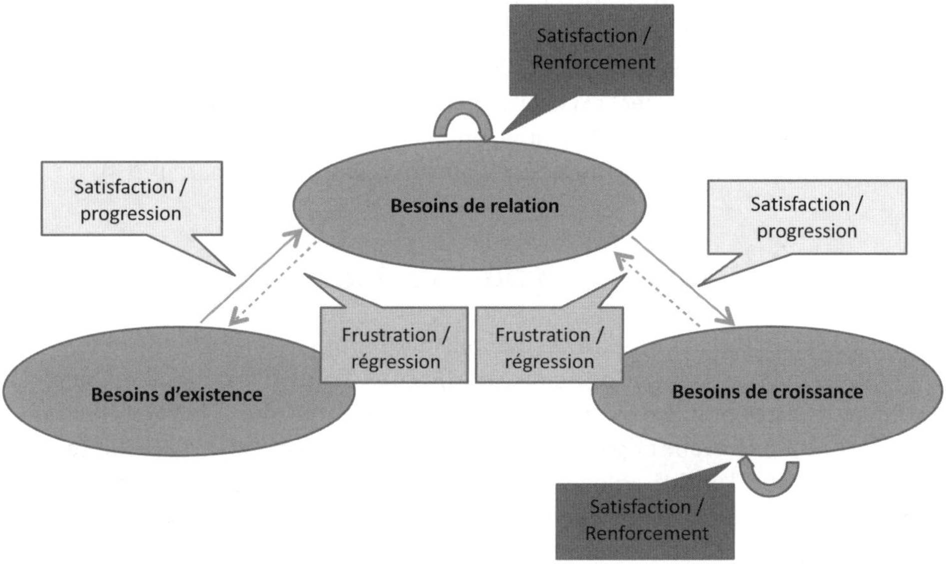

Dans cette même veine, Frederick Herzberg[1] propose l'idée d'une bipolarisation entre :

- des **besoins d'ordre physiologique** (facteur d'hygiène), dont la non-satisfaction génèrerait de la **frustration :** le fait d'être mal nourri ou d'avoir froid provoquerait selon Herzberg de l'insatisfaction, mais n'est pas de nature à stimuler vers l'action;
- et des **besoins intrinsèquement liés au travail ou à l'action** qui, eux, peuvent s'avérer **stimulants** et constituer des sources d'auto-motivation : la motivation

1. Frederick Herzberg, *Work and the Nature of Man*, The World Publishing Company, 1966.

découlerait davantage de la quête de reconnaissance, de responsabilité, d'accomplissement professionnel.

b) Un universalisme critiquable ?

Ces cadres théoriques, forgés pour la plupart en Amérique du Nord, mettent clairement en avant l'idée selon laquelle le travail doit permettre aux individus de progresser et de sortir d'un « état animal » pour aspirer à se développer par eux-mêmes.

À ce titre, ils sont parfois critiqués pour la charge idéologique qui leur est propre et l'instrumentalisation qu'on peut en faire. Pour résumer ce débat :

- La première objection réside dans la dénonciation des postures managériales qui mettraient en avant l'intérêt du travail pour ne pas avoir à le rémunérer (« Vous ne travaillez quand même pas pour l'argent ?! »).
- La deuxième objection dénonce la pression mise sur les individus auxquels on accorde de l'autonomie et qui se trouvent de fait culpabilisés si d'aventure ils n'atteignaient pas les résultats escomptés (« C'est dommage, on pensait pouvoir vous faire confiance... »).
- La troisième objection critique l'injonction à la réalisation de soi en général, et au travail en particulier. Si la quête d'excellence et de perfection est peut-être légitime pour le management qui s'intéresse au résultat du travail, l'injonction à se perfectionner et à viser l'excellence pour soi-même ne peut conduire qu'à une vaine fuite en avant sur laquelle prospéreraient ceux qui font commerce du développement personnel (« Comment ! Vous ne voulez pas être parfait ?! »).

1.3. Des motivations inconscientes

Comme on vient de le voir, le travail est considéré comme une façon de répondre à des besoins hiérarchisés par ordre de priorité consciente. Il est possible, toutefois, d'adopter d'autres points de vue sur la question des motifs pour lesquels l'homme travaille. Certains travaux dépassent la notion de besoin pour aller vers celle de désir et en appellent à l'anthropologie et la psychanalyse pour parler de motivation. D'autres insistent sur la construction sociale des identités professionnelles et du regard que chacun porte sur son travail.

a) Des désirs induits par l'organisation

Les besoins et les désirs qui animent les hommes peuvent ne pas être conscients. Le travail serait alors la **manifestation de pulsions et de désirs qui échappent aux individus eux-mêmes**. On pourrait voir derrière l'entreprise un système de règles dictant des comportements, des attitudes, des façons de penser pouvant servir de « surmoi » et répondre à la nécessité de canaliser des pulsions. Au-delà de ce rôle canalisateur, on peut se trouver très proche de systèmes d'emprise de l'organisation sur les individus dont la manipulation – elle-même probablement inconsciente – peut se révéler dangereuse et soulève des questions éthiques évidentes.

Le désir pour le travail, pour les façons de travailler, pour le rôle qu'on veut jouer dans une activité collective n'est pas le seul reflet de la personnalité de chacun. Il se construit aussi dans la comparaison, dans l'émulation ou dans la référence à ce que les autres font et cherchent à obtenir à travers leur activité. Nos désirs sont le fruit de l'imitation des désirs d'autrui, pour reprendre la théorie anthropologique du **désir mimétique** de René Girard[1]. Ce mimétisme expliquerait à la fois le **conformisme dont on peut faire preuve dans ses attentes à l'égard du travail** (avoir les mêmes désirs que les autres), mais aussi la **rivalité** qui découle de cette focalisation de tous vers les mêmes objets (aspirer à être dans la situation tenue par un collègue). Cette focalisation attise en retour le désir.

Il ressort que les raisons qui expliquent pourquoi l'on travaille relèvent pour une bonne part d'une construction sociale. L'organisation joue un rôle dans cette construction. Les objectifs qu'elle affiche, les comportements qu'elle montre en exemple, les individus qu'elle met en valeur sont **autant de symboles qui contribuent à forger les préférences des salariés.** Si elle est en mesure de les satisfaire, alors elle peut créer les conditions d'une forte motivation. Si elle n'en est pas capable en revanche, le risque est fort qu'elle nourrisse surtout de la frustration et de l'insatisfaction (voir Application 10.1).

Application 10.1 : Le témoignage d'un cadre

« J'ai toujours dit que la première chose que je demandais dans un boulot, c'était l'autonomie [...]. Je ne pouvais pas imaginer ma carrière avec des gens qui m'auraient donné des ordres et dit ce qu'il fallait faire tous les matins. Impossible pour moi. J'ai trop besoin de pouvoir m'organiser comme je veux, d'aller à mon propre rythme, de décider la manière dont je veux m'y prendre, de pouvoir moi-même organiser le travail des autres. Autonome, cela veut dire libre, adulte, responsable. Cela veut dire qu'on me fait confiance et que je suis capable de faire les choses à ma façon. Bien sûr, quand on regarde les choses d'un peu plus près, je suis quand même très encadré pour quelqu'un d'autonome. Parce qu'entre les objectifs que je dois atteindre, les procédures obligatoires, le *reporting* tous les jours et la procédure qualité, il n'y a pas vraiment un espace énorme et on ne peut pas franchement improviser. En fait, personne ne me dit quoi que ce soit mais je me sens cerné par des règles tellement précises, tellement contraignantes, tellement indiscutables que je ne vois vraiment pas comment je pourrais aller contre. [...] En même temps, comme rien n'est dit officiellement, je ne peux pas non plus critiquer. Peut-être que c'est moi qui suis trop exigeant... Mais enfin, je ne fais que reprendre le "critère autonomie" comme on dit le jour de l'entretien annuel ?! Finalement, je me demande si ce n'est pas moi le problème. »

Source : extrait par Amado (2008) de Bellier et Laroche, 2005.

1. René Girard, *Mensonge romantique et vérité romanesque*, Grasset, 1977, 320 p.

Question : Les propos de ce cadre plaident-ils en faveur d'une approche universaliste de la motivation ou bien en faveur d'une motivation socialement construite, en particulier au sein de l'organisation ?

b) Se créer des besoins pour justifier qu'on travaille

En outre, les systèmes d'incitation, de reconnaissance et les pratiques de gestion des ressources humaines conçus pour mobiliser les hommes peuvent offrir des **systèmes de justification** pour des comportements qui auraient de toute façon été adoptés pour le plaisir qu'ils procurent. Inversement, des systèmes de récompense peuvent s'avérer contre-productifs lorsqu'ils viennent perturber les mobiles profonds de l'action : la focalisation sur les récompenses extrinsèques tend à diminuer le poids des motivations intrinsèques. Par exemple, une formalisation excessive de l'évaluation, par le biais d'indicateurs de performance perçus comme inappropriés et réducteurs, peut démotiver des individus qui trouvaient jusque-là un intérêt manifeste pour le contenu même de leur activité. Ainsi en a-t-il été des conseillers clients dans les agences bancaires, qui ont été nombreux à déclarer une perte de motivation lorsqu'ils ont été assujettis à des objectifs quantifiés de performance commerciale, alors qu'ils estimaient trouver auparavant une motivation intrinsèque à être à l'écoute et dans l'accompagnement des clients.

Dans un cas comme dans l'autre, il s'agit de prendre en compte l'idée que les individus peuvent être à l'origine de leur propre comportement, et **autoproduire des justifications**, ce que Edward Deci appelle l'auto-détermination (voir Zoom 10.3).

Zoom 10.3 : Deci et la théorie de l'auto-détermination

Sur la base d'une expérience menée sur des étudiants auxquels on demande de construire des puzzles, Edward L. Deci montre, en 1971, que les **récompenses notamment matérielles peuvent détruire les motivations intrinsèques**. Les étudiants qui construisent des puzzles parce qu'ils y trouvent du plaisir peuvent finir par se focaliser sur les récompenses extrinsèques et ne plus s'adonner à cette activité en l'absence de ce stimulus extérieur. Les récompenses telles que **des encouragements ou des félicitations renforcent en revanche l'ancrage dans un comportement auto-entretenu**.

Ces résultats débouchent sur une **théorie de la justification suffisante** qui veut que lorsque les comportements ne trouvent pas de justification suffisante dans des causes externes, les individus peuvent développer, y compris pour eux-mêmes, des justifications internes auxquelles ils peuvent attribuer leurs conduites et attitudes. Inversement, si des causes externes suffisantes peuvent être identifiées, le même individu pourra relativiser ces motivations internes.

De nombreuses applications de ce cadre théorique ont été menées, montrant par exemple comment la multiplication des notes et des évaluations diverses pouvait faire perdre le goût de l'apprentissage à des élèves.

Source : d'après Deci, E. L. et Ryan, R. M., *Intrinsic motivation*, John Wiley & Sons, Inc., 1975.

c) L'importance du vécu social et culturel dans les motivations au travail

Les théories classiques de la motivation partent du principe que tous les individus aspirent *in fine* à se réaliser. Mais se réaliser prend différentes formes selon le vécu social et culturel de chacun.

David McClelland met en avant trois motivations qui peuvent animer les individus au travail (voir Zoom 10.4). Le travail peut satisfaire un besoin de réalisation, d'affiliation ou de pouvoir. On peut ainsi se montrer sensible à des situations qui vont permettre de relever des défis, de montrer de quoi on est capable. On fuira au contraire les situations routinières ou celles dans lesquelles on peut se ménager. La satisfaction de ce besoin conduit à choisir des tâches exigeantes, mais accessibles pour ne pas risquer l'échec et à se montrer attentif aux retours sur l'action entreprise. On peut aussi être en recherche de positions dans lesquelles on va pouvoir intégrer un groupe et s'y faire reconnaître et aimer. On peut enfin être en recherche de situations dans lesquelles on va pouvoir exercer de l'influence sur les autres. Dans ce cas, on va souhaiter exercer du leadership et contrôler l'environnement dans lequel on évolue.

Contrairement à la pyramide hiérarchisée des besoins de Maslow, ces besoins ne sont pas ordonnés, et il est probable que l'un d'entre eux domine les deux autres chez un individu. Ces besoins ne sont donc pas universels, mais reflètent des types de personnalités, elles-mêmes étant le produit de trajectoires individuelles et d'immersion dans des milieux socio-culturels singuliers.

Les besoins qu'on cherche à satisfaire seraient le fruit d'une histoire personnelle, du sens qu'on attribue à l'action, plus que d'une frustration liée à un manque. En cela, le contexte culturel dans lequel on a été élevé constitue un facteur explicatif important. La façon dont l'entourage définit ce que réussir veut dire est ainsi primordiale. De même, l'histoire individuelle et la succession de réussites et d'échecs qu'on connaît inévitablement conduisent à des apprentissages individuels de ce qui est accessible, de ce qui procure du plaisir et de ce qui n'en procure pas. Par exemple, il est probable qu'un salarié qui sort de ses premières années de carrière sans avoir pu progresser vers l'accès au type de poste auquel il aspire finisse par redéfinir ses objectifs ou par les réorienter de manière à ne plus ressentir la frustration de l'échec.

Zoom 10.4 : McClelland et la société de la réussite

Dans *The Achieving Society* (*La société de la réussite*), le psychologue David McClelland formule l'hypothèse selon laquelle le développement économique d'un pays est lié à un trait motivationnel particulièrement développé parmi la population : le besoin de réussite. Selon lui, certaines expériences vécues pendant l'enfance produisent un besoin de réussite particulièrement développé qui incline à l'innovation et à l'entrepreneuriat, et conduit à la croissance économique.

En étudiant les motivations de groupes d'adolescents américains, il montre que la motivation tirée par le besoin de réussite serait corrélée à la pression mise par les parents sur la maîtrise de soi, l'accession précoce à l'indépendance et un niveau d'exigence élevé.
La proximité de ce constat avec les écrits de Max Weber sur l'éthique protestante et l'esprit du capitalisme amènent McClelland à se pencher sur le rôle de la culture nationale dans ce phénomène. En étudiant d'autres pays sur la base de leurs mythologies populaires, des livres proposés à la lecture à l'école primaire et de classique de la littérature nationale, il ressort que l'accent mis sur la réussite varie d'une période à l'autre et d'un pays à l'autre.
Source : d'après McClelland, D., *The Achieving Society*, Princeton University Press, 1961.

d) L'importance de l'identité professionnelle dans les motivations au travail

Se réaliser peut prendre également différentes formes selon l'identité professionnelle qui se construit à travers les expériences vécues. Les motivations sont alors également le fruit d'une confrontation avec le milieu professionnel dans lequel on évolue.

Lors de la socialisation primaire, chacun développe une identité « pour soi », des aspirations et un projet personnel, par intégration de valeurs et d'exemples familiaux, d'expériences scolaires plus ou moins valorisantes... En rencontrant l'environnement professionnel, ce projet peut se trouver validé, encouragé ou, au contraire, mis à mal par les projections de l'employeur, du management ou des collègues. C'est ce que le sociologue Claude Dubar appelle l'identité « pour autrui » (voir Zoom 10.5).

De cette confrontation découlent des formes identitaires qui sont autant de stratégies développées par les individus pour concilier leurs aspirations propres et les aspirations que l'entourage professionnel projette sur eux. Ces formes identitaires apparaissent comme des projets d'évolution de carrière (ou de maintien du *statu quo*), entre retrait sur la sphère extra-professionnelle ou désir d'ascension sociale et de progression hiérarchique au sein de la sphère professionnelle.

Zoom 10.5 : Les aspirations initiales et les identités professionnelles chez Claude Dubar

Sur la base de plus de 300 entretiens menés auprès de salariés en formation continue amenés à évoluer dans leur poste et de jeunes peu qualifiés en insertion professionnelle, Claude Dubar montre que l'identité professionnelle se construit à l'intersection entre les expériences de travail plus ou moins valorisantes, la trajectoire socio-professionnelle depuis la sortie du cadre familial et le rapport à la formation lui-même porteur d'une vision d'avenir.
Il identifie quatre configurations identitaires types, qui chacune reflète une façon qu'ont les individus d'articuler une identité « virtuelle » attribuée par autrui et une identité « réelle » pour soi construite à travers la trajectoire antérieure. Au risque

de la caricature, inhérente à tout travail typologique, voilà comment Dubar résume ces quatre formes identitaires en reprenant des extraits de ses entretiens. Chacune de ces formes identitaires est une trajectoire.

Figure 3. Socialisation, identification et aspirations professionnelles selon Dubar.

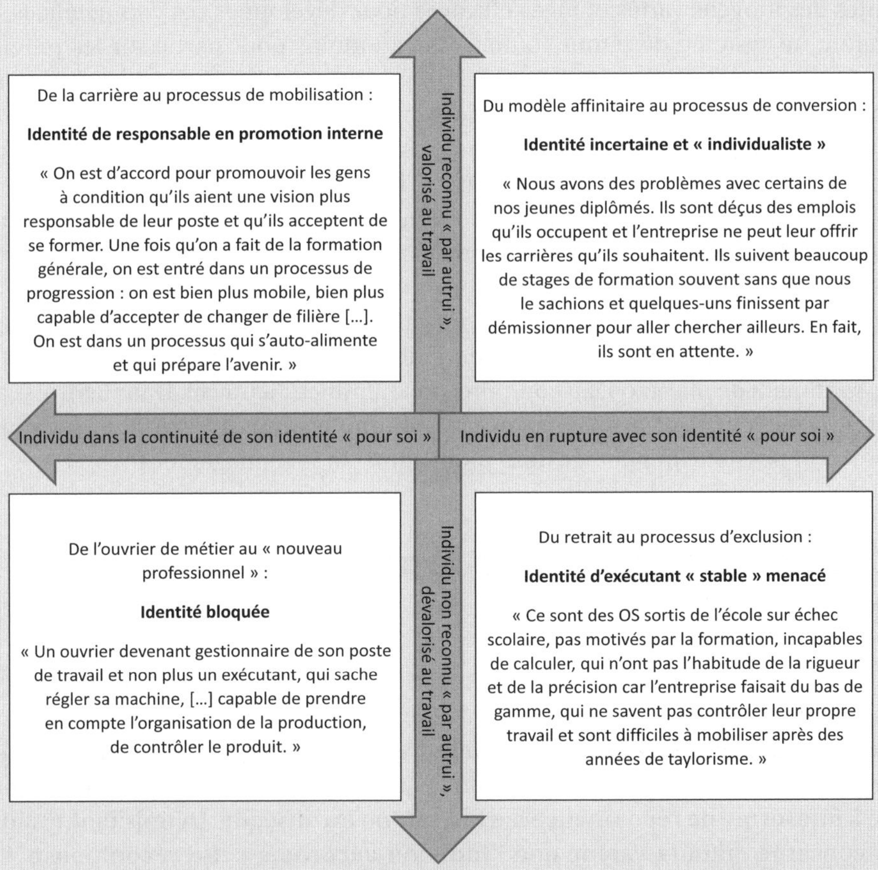

Source : d'après Dubar, C., *La socialisation : Construction des identités sociales et professionnelles*, 5e édition, Armand Colin, 2015.

Les raisons de passer à l'action sont ainsi nombreuses et variées. Pour autant, il ne suffit pas d'avoir des besoins insatisfaits pour s'engager ; encore faut-il être sûr que l'action conduira bien à la satisfaction de ces besoins.

2. Pourquoi se lancer dans l'action ?

Ce degré de confiance, quant au lien entre action et satisfaction, dépend de l'évaluation que fait l'individu de ses chances de succès, mais cette évaluation peut se renforcer ou au contraire se déliter par effet d'apprentissage au fil des expériences de travail. La motivation peut, de ce fait, se contrôler en mettant l'individu dans un contexte de travail favorable. À l'inverse, un contexte de travail défavorable conduira au stress et à l'effondrement de l'énergie.

Par exemple, un système de gestion des compétences indiquant des pistes claires concernant les éléments de compétence à acquérir, mettant à la disposition des salariés des moyens variés et jugés efficaces pour développer ces compétences, et intégrant un système de rémunération basé au moins pour partie sur les progrès réalisés, réunira les conditions favorables pour inciter les salariés à développer leurs compétences dans le sens souhaité par l'organisation. Inversement, si aucune de ces étapes n'est claire, la gestion des compétences apparaîtra plutôt comme une injonction gestionnaire supplémentaire, induisant démotivation et tension.

La motivation à agir est donc aussi le résultat d'un calcul, d'une évaluation par les acteurs du rapport entre les efforts consentis et les gains espérés. Mais elle peut aussi être appuyée sur la croyance qu'ont les individus à réaliser un objectif donné, ce qui confère à la manière de fixer les objectifs un statut de levier dans le pilotage des motivations. Le niveau de motivation ou de démotivation peut enfin résulter d'un sentiment de plaisir ou, au contraire, de souffrance au travail. Dans les trois cas, il est possible **d'utiliser des leviers organisationnels pour agir sur la motivation**, ce qui rend possible un pilotage de la motivation par le management.

2.1. La motivation comme résultat d'une évaluation rationnelle

Les théories dites « de processus » expliquent la motivation par un ensemble d'évaluations successives menées par l'individu (voir Zoom 10.6). La première évaluation concerne la **capacité de l'individu à atteindre les objectifs** qu'il se fixe ou qu'on lui a fixés. La deuxième concerne la probabilité que l'**engagement dans l'action aboutisse à une forme de récompense** intrinsèque ou extrinsèque. La troisième évaluation concerne enfin **la valeur que l'individu accorde à cette récompense**. Un individu confiant dans ses capacités, reconnu dans son travail et qui n'a aucune raison de douter du fait qu'il atteindra ses objectifs, présente toutes les conditions pour pouvoir s'engager sans réticences dans l'action. *A contrario*, un individu qui pense ne pas être en mesure d'atteindre ses objectifs, et qui de plus ne voit pas bien ce qu'il a à gagner à produire les efforts nécessaires, n'a que peu de chance de faire preuve de motivation.

Zoom 10.6 : La théorie des attentes de Victor Vroom

La théorie des attentes, élaborée par Victor Vroom en 1964 sur la façon de motiver les collaborateurs, part du principe que les individus se posent **trois questions successives avant de s'engager dans l'action**.

Figure 4. La motivation comme processus.

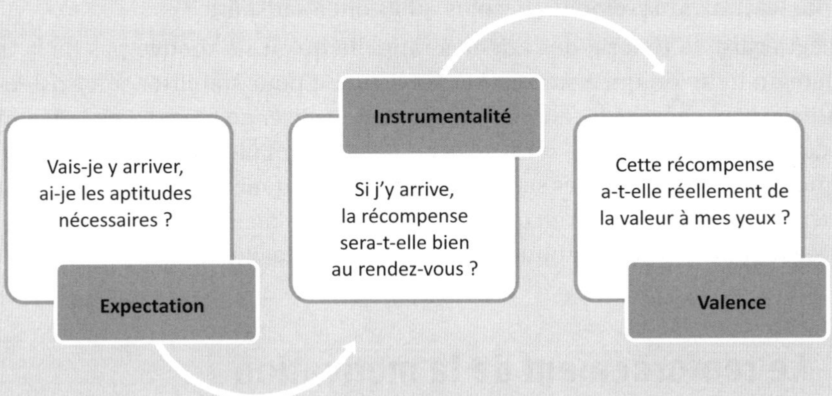

Ces trois questions sont relatives à trois attentes, qui doivent être satisfaites pour enclencher la dynamique de l'action :

- La première porte sur l'attente qu'en s'engageant dans l'action, l'individu pourra atteindre le résultat ou le niveau de performance recherché (expectation). À ce stade, plusieurs paramètres interviennent comme l'auto-perception des compétences, ou encore différents traits de personnalité comme la confiance en soi ou encore le « *locus of control* » interne, c'est-à-dire la disposition d'esprit qui consiste à relier les performances atteintes à des comportements personnels et non à des paramètres extérieurs (par exemple, j'ai de bonnes notes parce que j'ai travaillé dur, et non pas parce que le sujet était facile ou l'examinateur indulgent).
- La deuxième question porte sur l'attente que l'obtention du résultat recherché déclenchera une récompense (instrumentalité). À ce stade, c'est la fiabilité du système de récompense qui est en cause. Si cette question est manifeste lorsqu'il s'agit d'avoir de bonnes raisons de croire que l'atteinte du résultat déclenchera une récompense extrinsèque (« Si j'ai de bons résultats, j'obtiendrai une prime ou une promotion »), elle se pose aussi pour des récompenses intrinsèques (« Ai-je de bonnes raisons de croire que le résultat atteint me permettra de me réaliser ou de flatter mon égo ? »).
- La troisième question porte sur l'attente que la récompense aura une valeur affective positive (valence). À ce stade, il s'agit pour l'individu de décider si la récompense, quelle qu'elle soit, vaut la peine d'être recherchée (« Après tout, est-ce si important pour moi d'atteindre ce résultat ? »).

Si une seule réponse à ces trois questions est négative, l'individu rationnel restera probablement inactif.

Source : d'après Vroom, V. H., *Work and motivation*, 1964, NY : John Wiley & sons, 45.

L'intérêt de ce raisonnement théorique est qu'il permet d'entrevoir des **pratiques managériales visant à une meilleure motivation des collaborateurs** : fixer des objectifs atteignables, renforcer la confiance en renforçant la perception d'un lien entre action et résultat, s'assurer que les récompenses sont bien déclenchées de façon systématique et équitable, identifier les récompenses qui peuvent être valorisées par les individus selon les besoins qu'ils ont à satisfaire.

À cet égard, la théorie des attentes rappelle qu'on ne motive pas de la même manière un individu qui a surtout besoin d'argent pour stabiliser son existence ou un individu qui cherche à s'autonomiser et à se réaliser au travail. Les individus qui sont davantage portés sur la réussite et les défis seront plus à l'aise, plus heureux et plus motivés s'ils sont affectés sur des projets dans lesquels leurs efforts peuvent faire la différence. Les personnes en quête de relations sociales seront, quant à elles, plus motivées sur des postes de soutien aux autres ou de facilitateurs.

2.2. Le renforcement de la motivation par la négociation des objectifs

Ces théories laissent entrevoir des mécanismes d'auto-motivation et de renforcement : en s'engageant dans l'action, l'individu découvre sa capacité à atteindre des résultats et se trouve en situation de bénéficier de récompenses, monétaires ou symboliques, intrinsèques ou extrinsèques, dont il apprend à apprécier la valeur. Partant de là, il peut se trouver en situation de se fixer lui-même les objectifs qui le motiveront au mieux. Le rôle de l'entreprise est alors de canaliser cette dynamique sans la perturber.

Dans cet effort, le management peut chercher à développer le sentiment d'efficacité des collaborateurs en adoptant une attitude encourageante à leur égard, ou encore en mettant en avant des modèles de collaborateurs « ordinaires » qui réussissent. On évitera autant que possible de mettre les salariés en situation d'incompétence ou d'échec (voir Zoom 10.7). Dans cet esprit, on voit tout l'intérêt que revêt un management qui sait doser l'effort demandé et se situer à la frontière entre des exigences suffisamment élevées pour maintenir un niveau d'effort tel que le salarié ait le sentiment de progresser, et suffisamment maîtrisées pour ne pas conduire au découragement. Le mieux pour cela est peut-être de négocier les objectifs avec les collaborateurs concernés, ce qui permet d'orienter l'activité vers des tâches alignées sur leurs motivations et de ne pas placer les exigences trop haut (voir Outil 10.1).

Zoom 10.7 : Bandura et le sentiment d'auto-efficacité

Albert Bandura définit l'auto-efficacité comme **la croyance qu'a un individu en sa capacité à réaliser une tâche**. L'auto-efficacité se distingue de l'estime de soi, qui correspond à l'évaluation que se forge un individu de sa propre valeur. On peut, en effet, penser qu'on n'est pas capable d'atteindre tel ou tel objectif sans pour autant en déprécier sa valeur personnelle. Inversement, on peut s'estimer très compétent pour effectuer des tâches qu'on juge par ailleurs dégradantes. L'auto-efficacité est fondamentale pour comprendre le passage à l'action. Elle provient essentiellement de :

- l'historique de succès ou d'échec de l'individu (maîtrise personnelle) ;
- l'observation des actions d'autres personnes au profil similaire (apprentissage social) ;
- la confiance témoignée par autrui dans les capacités (persuasion par autrui) ;
- l'état physiologique et émotionnel de l'individu.

La théorie de l'auto-efficacité est à la base de nombreuses pratiques de développement personnel.

Source : d'après Bandura, A., *Auto-efficacité. Le sentiment d'efficacité personnelle*, Éditions de Boeck, 2002, traduction française réalisée par Jacques Lecomte de Bandura, A., *Self-Efficacy in changing Societies*, 1995.

Outil 10.1 : L'entretien annuel d'objectifs

Si l'entretien annuel a pour rôle de collecter de l'information pour les services RH sur la performance du salarié ou ses besoins en développement de compétences, il peut également être le moment d'un échange privilégié entre un salarié et son manager.

À cette occasion, le manager et le salarié peuvent évoquer les difficultés rencontrées, se donner des pistes de réflexion et d'action pour lever les obstacles, mais aussi effectuer un **feedback approfondi** sur les performances atteintes, et définir et négocier des **objectifs pour la période à venir**. À cet égard, l'entretien sera d'autant plus efficace que les objectifs fixés seront clairs, négociés et que la méthode pour évaluer les résultats fera l'objet d'un consensus.

L'efficacité des entretiens est d'autant plus assurée que les entretiens sont menés avec méthode. Ils doivent être **préparés en amont** autour d'une grille précise. Chacun doit faire son bilan de son côté avant la rencontre et se projeter dans l'avenir, en identifiant des objectifs possibles, les moyens à y allouer, les étapes à respecter et les indicateurs de mesure de l'atteinte des résultats. L'entretien à proprement parler est plutôt à comprendre comme un moment de discussion pour **réduire d'éventuelles divergences d'appréciation** que comme un moment où le salarié reçoit passivement une évaluation de sa performance passée et des instructions non négociables pour l'année à venir.

Pour plus de détails, reportez-vous au guide « Réussir l'entretien professionnel » de l'AGEFOS-PME, disponible sur le site agefos-pme.com.

On le voit, il est possible, dans une certaine mesure, d'influencer les salariés en leur permettant d'expérimenter le plaisir de la réussite, ou plus largement la satisfaction des besoins qu'ils ressentent. Ce pilotage de la motivation est ordinairement confié aux managers de proximité, généralement considérés comme étant les meilleurs connaisseurs des performances et des préférences des membres de leur équipe.

Or, il s'agit là d'une mission qui demande beaucoup de **savoir-faire managérial**. Plusieurs conditions sont, à effet, à remplir :

- Il faut pouvoir s'engager dans une **relation dominée par la bienveillance et la confiance**, sans laquelle un échange constructif est peu probable.
- Il faut, en outre, que **l'organisation du travail se prête à des objectifs négociés** et que le salarié puisse bénéficier de marges de manœuvre. La fixation d'objectifs ne saurait se résoudre à l'énonciation de standards figés à atteindre.
- L'exercice est d'autant plus réalisable que le manager a quelques **marges de manœuvre** pour y répondre, car effectuer un retour sur l'activité des collaborateurs et fixer des objectifs à atteindre crée des opportunités pour les collaborateurs de **faire état de revendications individuelles**.
- Enfin, il faut mener une réflexion pointue sur **le contenu et les conditions de l'activité des managers de proximité**, car ce travail managérial est très **chronophage** et bien souvent, salariés comme managers sont bien en peine de savoir à l'avance quels seront les tâches à effectuer et les objectifs à atteindre.

En raison de la difficulté à réunir toutes ces conditions, ce travail de pilotage de la motivation est souvent malheureusement négligé.

2.3. Le travail entre bonheur et stress

Lorsque les conditions précédentes sont réunies, le travail peut être **une expérience authentiquement heureuse**. Les psychologues parlent de *flow* pour désigner cet état dans lequel la concentration est maximale, l'ennui absent et l'anxiété dissoute. Pour y parvenir, il faut que les buts à atteindre soient clairs et que les effets du travail soient immédiatement visibles. Il faut également que l'activité contienne des difficultés, mais que la personne ait l'assurance de pouvoir les surmonter. Cet état n'est évidemment pas permanent, mais lorsque le travail permet de le vivre fréquemment, il devient une source de plaisir et de bien-être, et peut être, en soi, une source de motivation.

À l'opposé, **le travail peut se révéler toxique** lorsque les salariés bénéficient de peu de soutien social et n'ont pas de latitude décisionnelle pour exercer un contrôle sur les demandes qui leur sont adressées. Ce décalage entre ressources et demandes provoque du stress et de la tension au travail, qui peuvent conduire à des troubles anxio-dépressifs chez les salariés qui y sont régulièrement exposés. Dans la mesure où l'employeur est légalement **responsable de la sécurité au travail de ses employés**, il convient de ne pas laisser ce type de situation s'installer, et de nombreux modèles de mesure préalables à des actions préventives se sont développés depuis les années 2000 (voir Outil 10.2). Cette prise de conscience tardive, comparée aux actions entreprises pour assurer la sécurité physique des salariés, s'explique par une tendance à rejeter l'origine des difficultés psychologiques au travail sur les individus qui seraient soit faibles, soit harceleurs « par nature ». Or, les modes d'organisation du travail, la façon dont les tâches sont décrites et conçues, ainsi que les pratiques managériales sont des paramètres fondamentaux pour expliquer l'**émergence de phénomènes de stress au travail**.

Outil 10.2 : Mesurer le degré de risque psychosocial à l'aide du modèle de Karasek

Robert Karasek propose un modèle permettant d'évaluer le niveau de tension au travail et par suite, d'identifier des situations à risque. L'intérêt de la démarche est de tenter d'évaluer la tension au travail en partant des caractéristiques du travail telles qu'elles sont vues par la personne. La tension au travail s'explique par un décalage entre :

- la **demande psychologique**, qui découle de la quantité de travail, de son intensité, mais également de son caractère imprévisible et morcelé, ou encore des ordres contradictoires qui peuvent être reçus ;
- la **latitude décisionnelle**, qui renvoie aux marges de manœuvre dont le salarié estime disposer pour peser sur les décisions affectant son travail (choix de la méthode, des priorités, etc.), et aux possibilités d'utiliser et de développer ses compétences ;
- le **soutien social**, c'est-à-dire l'aide dont le salarié peut bénéficier de la part de ses collègues ou de sa hiérarchie. Ce soutien peut être professionnel ou émotionnel.

Ces trois dimensions peuvent être mesurées à l'aide d'un questionnaire (questionnaire de Karasek). On parlera de tension au travail (*job strain*) lorsque le score de demande psychologique est supérieur au score de latitude décisionnelle et « d'isostrain », pour qualifier une situation dans laquelle le salarié est exposé à la fois à une tension et à l'isolement dus à l'absence de soutien social.

Des mesures effectuées sur la population active française montrent que les femmes et les employés sont plus affectés par la tension au travail, qui touche par ailleurs plus fréquemment les salariés de l'hôtellerie-restauration, des transports et des activités financières.

Source : d'après Coutrot, T. et Sandret, N., « Pilotage du travail et risques psychosociaux », *Dares Analyses*, 3, 2015, pp. 1-10.

En conclusion de cette section, il est possible de résumer par la figure 5 les trois séries de facteurs qui expliquent le déclenchement de l'action, et par déduction, de relever les axes possibles de l'action managériale (voir Application 10.2).

Figure 5. Les facteurs explicatifs de la motivation à déclencher une action.

Approche analytique	Principe(s)	Axes pour l'action managériale
La motivation comme processus	Les individus déclenchent une action s'ils évaluent que le rapport entre l'effort et la reconnaissance est fiable et satisfaisant.	Créer des règles claires rendant l'atteinte des objectifs possible, et la reconnaissance de l'effort automatique et pertinente.
La motivation et le sentiment d'auto-efficacité	Les individus passent à l'action s'ils sont convaincus de leur capacité à atteindre les objectifs et du sens de ces derniers.	Négocier les objectifs à l'occasion d'entretiens annuels conçus comme des feedbacks sur le passé et comme une projection raisonnée sur le futur.
La motivation, le plaisir et la souffrance au travail	Le travail peut être motivant quand il s'agit d'une expérience « heureuse » (*flow*). Le travail peut être démotivant et destructeur lorsqu'il est source de stress.	Créer les conditions managériales et organisationnelles pour favoriser les expériences positives du travail et/ou pour assurer la cohérence charge/latitude/soutien.

Application 10.2 : Entretien professionnel et motivation

Voici un exemple de rubriques figurant dans une grille de préparation d'un entretien professionnel côté salarié :
- bilan des actions de formation suivies ;
- évolution professionnelle depuis le dernier entretien ;
- évolution salariale depuis le dernier entretien ;
- emplois et expériences avant l'entrée dans l'entreprise ;
- intérêts et motivations, sources de satisfaction et d'insatisfaction ;
- points forts du parcours, atouts ;
- difficultés rencontrées ;
- partie du métier qui intéresse le plus ;
- souhaits en matière d'acquisition de compétences ;
- type d'activités nouvelles qui soulèveraient de l'intérêt ;
- actions à envisager pour réaliser un projet professionnel personnalisé ;
- type d'accompagnement envisageable ou attendu de l'entreprise.

Question : En quoi un entretien professionnel mené selon ce type de grille peut-il agir sur les différents leviers de motivation ?

3. Le rôle de la justice et de l'équité dans la motivation

Les sections précédentes ont permis de développer un schéma de compréhension de la motivation, qui repose d'une part sur l'identification des besoins que le travail permet de satisfaire (directement ou par ses conséquences en termes de reconnaissance) et, d'autre part, sur une estimation plus ou moins consciente de la probabilité perçue de réussite. De façon triviale, ce schéma précise qu'un individu n'agit que lorsqu'il pense que l'action a de bonnes chances de donner lieu directement ou indirectement à **une expérience plaisante**. Il s'agit finalement d'un calcul visant à maximiser les gains ou à minimiser les pertes. Les gains et les pertes sont à comprendre au sens large : il s'agit évidemment de prendre en considération des gains matériels, mais aussi toute satisfaction de besoins parfois peu tangibles. De même, la notion de calcul mériterait d'être nuancée, la rationalité humaine étant probablement trop complexe pour pouvoir être ainsi mise en équation. Il est toutefois possible à ce stade d'ajouter une dimension à ce modèle : **l'équité et le sentiment de justice sociale**.

3.1. Adaptation du niveau d'effort à la récompense perçue

La théorie de l'équité explore la façon dont les individus adaptent leur comportement ou leur évaluation cognitive d'une situation qu'ils ressentent comme injuste. Selon John Adams (voir Zoom 10.8), ce n'est pas seulement le niveau de la récompense qui explique la motivation, mais l'équilibre entre la récompense perçue et l'effort fourni pour l'obtenir : chacun souhaite être **rétribué à hauteur de sa contribution**. Pour savoir s'ils font l'objet d'un traitement équitable, les individus auront recours à des **points de comparaison** : c'est en regardant ce que reçoivent et donnent les autres, ou ce qu'on a reçu et donné par le passé, qu'on sait si on est traité de façon juste (voir Illustration 10.1). Toute perception d'injustice donnera lieu à des **mécanismes de correction**, qui reposent soit sur la modulation de l'effort, soit sur l'adaptation des perceptions de l'effort et de la rétribution. On peut ainsi répondre en travaillant moins ou davantage, mais aussi en surestimant ou sous-estimant la valeur de la contribution ou de ce qu'on reçoit en retour.

Illustration 10.1 : Injustices à l'université

Le groupe des jeunes docteurs en sociologie vivant de petits boulots à l'université donne une image assez aigüe de ce problème : titulaires d'une thèse, ces étudiantes sont réduites à la précarité et aux petits boulots de l'université, dont elles attendent un poste stable et prestigieux. Certaines de leurs mérites scolaires, elles ont une bonne thèse et des publications, elles pensent que les enseignants titulaires dont elles dépendent totalement monopolisent les privilèges et se comportent comme une caste protégée, alors qu'elles sont exposées à tous les aléas de la précarité. Leur sentiment d'injustice est d'autant plus vif qu'elles estiment parfois être plus actives et plus compétentes que des titulaires installés dans leur routine et dont le seul mérite est d'être nés au bon moment ou d'avoir profité des magouilles du recrutement.

Source : d'après Dubet, F., *Injustices : l'expérience des inégalités au travail*, Seuil, 2013.

L'intérêt de ce raisonnement en termes de justice est de **replacer la motivation dans un contexte social**. C'est tout d'abord la comparaison sociale qui permet d'établir la justice.

Cette comparaison peut conduire au sein d'un groupe à **la construction d'une norme d'effort** qui, peu à peu, s'impose à tous. Un individu qui se trouverait en situation d'injustice pourrait être invité par les autres membres du groupe à réduire son effort afin de ne pas élever le point de comparaison collectif. Au-delà de la façon dont sont répartis les salaires et les niveaux d'effort, le sentiment de justice provient également de **la façon dont sont prises les décisions qui affectent les individus**, de la transparence des critères utilisés, et de la façon dont les individus peuvent exercer du contrôle sur ces décisions (voir Zoom 10.8).

Zoom 10.8 : La théorie de la justice organisationnelle selon John Adams et Jerald Greenberg

Selon John Adams, pour établir s'ils sont traités de façon juste ou injuste, les individus se fondent sur la comparaison entre leur propre ratio contribution/rétribution et celui d'autres individus dans des situations qu'ils estiment comparables. Ces personnes comparables peuvent être des collègues ou des personnes exerçant le même type d'activité dans d'autres entreprises. Le point de comparaison peut également être une situation vécue antérieurement par le même individu.

La comparaison peut se limiter à une évaluation monétaire de la contribution et de la rétribution (équilibre entre production individuelle en valeur et salaire), mais le raisonnement reste valable quelle que soit la forme prise par l'un ou l'autre. Toutefois, plus la comparaison porte sur des éléments difficilement mesurables, plus elle est affaire de perception.

Un individu qui s'estime dans une situation injuste peut moduler son effort à la hausse ou à la baisse pour rétablir un équilibre satisfaisant ou, de façon plus inconsciente, faire évoluer ses perceptions. On peut ainsi voir des individus très peu rétribués développer une perception très négative de la valeur de leur travail, ou inversement des individus très fortement rémunérés surestimer leur contribution. Cet ajustement cognitif peut également porter sur la perception de la rétribution et conduire à sous ou survaloriser ce qu'on reçoit en échange de son travail. On parle de **justice distributive** pour désigner la justice qui découle de cette comparaison.

Jerald Greenberg complète l'analyse en introduisant la notion de **justice procédurale**. Au-delà de la « distribution » de récompenses, les décisions sont évaluées par les salariés en fonction de la procédure qui y conduit. La sensation d'équité dépend donc aussi de la transparence et de l'impartialité du processus de décision, de la constance et de la pertinence des critères et de la sensation d'avoir pu participer à la décision.

Sources : d'après Adams, J. S., « Inequity in social exchange », *Advances in experimental social psychology*, 2, 1965, pp. 267-299 ; Greenberg, J., « The social side of fairness: Interpersonal and informational classes of organizational justice », In Cropenzano R. (dir.), *Justice in the workplace: Approaching fairness in human resource management*, Lawrence Erlbaum Associates, Hillsdale, NJ, 1993.

3.2. L'équité comme enjeu de gestion

L'équité est affaire de perception et de comparaison. Cela complique considérablement l'action du manager. Il faut en effet être vigilant dans l'attribution des récompenses, et notamment dans la distribution des salaires, afin de tenir compte des contributions individuelles.

La contribution prend ainsi la forme d'un effort, mais aussi d'un engagement, d'une loyauté, de la mise à disposition de compétences, de l'acceptation du changement, de l'esprit d'entreprise, de l'enthousiasme, de la confiance placée dans son manager... La rétribution n'est pas moins hétérogène : salaires évidemment, mais aussi avantages sociaux, notes de frais, intéressement. Elle inclut également des éléments immatériels, tels que les encouragements et félicitations reçus, la possibilité de se réaliser ou de faire des rencontres, la reconnaissance témoignée par l'encadrement ou les collègues, les opportunités d'avancement, le design des locaux et postes de travail, etc.

On le voit, la contribution et la rétribution sont souvent difficilement mesurables et leur valeur peut sensiblement varier d'une personne à une autre. Les comparaisons sont parfois faites entre des situations qui n'ont rien de comparable (voir Application 10.3).

Application 10.3 : Des comparaisons hasardeuses

Paul ne compte pas ses heures pour atteindre les objectifs qu'on lui fixe et il ne comprend pas pourquoi Virginie, qui part systématiquement à 16 heures pile, est payée au même niveau que lui, du moins c'est ce qu'il pense puisque Virginie vient d'acheter la même voiture que lui et vit dans la même rue. Ce qui l'empêche de se révolter, c'est que Bernard, son manager de proximité, est très sympa et qu'avec lui, on est toujours remercié lorsqu'il voit qu'on s'« arrache » au travail.

Virginie ne comprend pas pourquoi Paul est payé mieux qu'elle, du moins c'est ce qu'elle pense puisqu'il a plus d'ancienneté et un diplôme mieux coté qu'elle. Pourtant, elle dépasse largement ses objectifs, ce qui lui permet de participer tous les après-midi après 16 heures à un groupe de travail transversal plus ou moins confidentiel. Si Bernard ne lui avait pas donné l'assurance qu'elle le remplacerait lors de son départ à la retraite, il y a longtemps qu'elle aurait baissé les bras.

Bernard est parfois découragé. Les tâches administratives et le reporting lui prennent la majorité de son temps. C'est un travail tellement ingrat qu'il n'ose pas demander à Paul, qui est déjà débordé, ou à Virginie, qui est si brillante, de s'y coller. Son expérience le lui a bien appris ; dans cette entreprise, cela ne sert à rien de faire des efforts : prendre du galon, c'est 100 € de mieux par mois. S'il avait su, il serait resté à l'atelier, dans le feu de l'action. Paul et Virginie, eux, ils ont la belle vie, finalement.

Questions : Précisez, pour chacun des trois personnages, la façon dont il se représente ses contributions et ses rétributions ? Pouvez-vous, pour chacun d'entre eux, mentionner les biais de perception ?

La tentation est grande de faire de la question des rémunérations, notamment, une chose secrète afin d'éviter les comparaisons. Mais cela ne serait que peu utile puisque, d'une part, l'information circule toujours et que, d'autre part, ce n'est pas tant les rétributions réelles qui comptent que la perception des rétributions. Tenter de masquer les chiffres pourrait donner lieu à des hypothèses hasardeuses aux effets potentiellement bien pires qu'une transparence assumée.

Enfin, l'introduction de la dimension comparative crée de l'instabilité dans les jugements : on peut être pleinement satisfait de sa situation et s'investir dans son travail, et découvrir le lendemain que quelqu'un d'autre est encore mieux traité, ce qui peut avoir pour conséquence un effondrement immédiat de la motivation, alors même que les conditions de travail individuelles n'ont absolument pas été modifiées.

Assurer un sentiment d'équité au sein de l'entreprise est l'un des enjeux fondamentaux de la GRH, et de nombreuses pratiques jouent ce rôle. Il ne s'agit pas de viser une égalité de traitement, mais d'assurer que les **inégalités restent équitables**, et notamment qu'elles sont les résultats de décisions reposant sur des critères connus et justes. Pour cela, les règles fixant les rémunérations et d'autres avantages, comme les promotions et les mobilités, gagnent à faire l'objet d'une négociation, afin d'en assurer la **transparence**, et à être appliquées **sous le regard des partenaires sociaux** (voir Outil 10.3). On notera toutefois que ces démarches permettent essentiellement de travailler sur l'équité portant sur des éléments matériels et mesurables. Les éléments intangibles du travail relèvent davantage d'ajustements individuels à imaginer dans la relation managériale de proximité ou entre collègues. En cela, l'équité relève probablement plus du management que de la gestion des ressources humaines. On ne peut exclure enfin qu'une partie de la solution consiste à laisser les individus insatisfaits quitter l'organisation lorsque ce qu'ils attendent ne pourra manifestement pas être trouvé au travail.

Outil 10.3 : Impliquer les partenaires sociaux dans la GRH pour garantir l'équité

Plusieurs pratiques de gestion des ressources humaines, parfois imposées par le droit du travail, visent à améliorer le sentiment d'équité :

- La **négociation obligatoire** sur les rémunérations peut conduire à l'examen d'enquêtes de rémunération permettant de comparer des niveaux en interne ou en externe, d'évaluation des charges de travail, etc.
- Le **bilan social** peut être l'occasion de réunir de l'information permettant à chacun de se situer, de rappeler des éléments qui ont de la valeur, mais qui ne sont pas forcément perçus comme tels parce qu'ils n'impactent pas le bulletin

de salaire mensuel : formations reçues, progression de carrière, complémentaires retraites ou santé, attribution d'actions, etc.
– Les **systèmes de classification** permettent de classer les postes, et le cas échéant, d'analyser l'activité réelle d'une personne pour requalifier son poste et corriger une situation inéquitable.

À retenir

✓ **Le travail peut être conçu comme une activité essentiellement contrainte ou comme une activité qui génère plaisir et épanouissement. Ces deux visions de l'homme au travail sont à l'origine de philosophies de gestion différentes, dénommées théories X et Y.**

✓ **Selon tout un pan des théories du comportement de l'homme au travail, la motivation est conçue comme le résultat de la nécessité de satisfaire des besoins universels, hiérarchisés et linéaires.**

✓ **Des leviers inconscients et plus personnels peuvent également être invoqués pour expliquer la motivation au travail, comme le désir mimétique, le besoin d'autojustification, les trajectoires sociales et culturelles des individus, ou encore les identités professionnelles.**

✓ **La motivation peut aussi être le résultat d'un calcul ou d'une démarche intentionnelle de la part des individus, consistant à évaluer les efforts consentis et les gains probables, le caractère réaliste de l'objectif fixé, le plaisir qu'ils peuvent trouver au travail ou au contraire le risque de stress et de traumatisme qu'ils encourent.**

✓ **Enfin, la motivation est aussi liée au sentiment de justice ou d'injustice perçu par les individus dans leur situation professionnelle. Ce n'est pas tant l'inégalité qui est démotivante que la perception d'un manque d'équité, c'est-à-dire de distorsions trop fortes dans les rapports entre les efforts consentis et les rétributions obtenues.**

✓ **Dans l'évaluation du sentiment de justice ou d'injustice, sont prises en compte à la fois la comparaison des situations individuelles (on parle alors de justice distributive), et l'intégrité et la transparence des processus de décisions qui aboutissent à impacter les situations individuelles (on parle alors de justice procédurale).**

✓ **La compréhension de l'ensemble de ces mécanismes rend possible un pilotage de la motivation, dont les leviers sont les systèmes d'évaluation et de récompense, la négociation des objectifs et la création de conditions organisationnelles favorisant l'intérêt au travail et limitant les risques de souffrance.**

Chapitre 11
Concevoir des systèmes de rémunération et d'incitation

Objectifs du chapitre :

✓ **Connaître les composantes de la rémunération.**

✓ **Connaître les fondements théoriques des systèmes d'incitation.**

✓ **Connaître les principaux outils de management par les incitations, leurs conditions de réussite et leurs limites.**

✓ **Comprendre les enjeux des pratiques d'évaluation de la performance.**

Certaines pratiques de motivation du personnel partent du principe que les individus ont une inclinaison naturelle à limiter leur niveau d'effort ou, plus précisément, une inclinaison naturelle à ne s'engager que dans les actions qui servent leurs intérêts individuels en maximisant leurs gains et minimisant leur prise de risque. En suivant cette hypothèse, il faut donc imaginer des formes de management qui permettent à la fois de les contrôler et de manipuler leurs intérêts pour les faire converger avec ceux de leur employeur.

Ces approches managériales reposent pour l'essentiel sur la mise en place de mécanismes de mesure de la contribution individuelle ou collective et jouent sur les incitations monétaires et la progression de carrière comme éléments principaux de motivation (voir Application 11.1).

Application 11.1 : Des primes au mérite dans la fonction publique

« Quelques dizaines d'euros par mois, ça compte pour un agent de catégorie C ! » François Élie, l'adjoint au maire d'Angoulême (Les Républicains) chargé du personnel, aime à vanter son projet de réforme des rémunérations. Pour insuffler davantage d'équité chez les fonctionnaires de la commune, il compte instaurer une prime au mérite, composée d'une part individuelle, variable selon l'investis-

sement personnel des uns et des autres, et d'une part collective, fonction de la réussite des différents services. « *Certains travaillent plus que d'autres et estiment injuste de toucher le même salaire* », explique l'ancien professeur de philosophie. Au total, près de 1 200 agents seraient concernés par ce bonus mensuel. Pour en bénéficier, ils pourraient être évalués, notamment lors de l'entretien annuel, sur leur manière de servir, leur travail en équipe, leurs compétences et leur capacité à transmettre. Mais l'élu laisse la porte ouverte à d'autres formes d'appréciations. « *Ce sont toujours les supérieurs qui notent leurs subordonnés. Pourquoi ne pas imaginer que les employés notent aussi leur chef ou leurs collègues* », avance-t-il. L'idée risquant de déplaire aux syndicats, l'adjoint se laisse du temps : rien n'entrera en vigueur avant janvier 2017.

Source : d'après Nathalie Tissot, « Des primes au mérite aux effets ambivalents », *Liaisons Sociales Magazine*, n° 172, 3 mai 2016.

Questions : À quelles conditions ces systèmes de primes peuvent-ils améliorer la qualité du service rendu aux usagers ? Quelles sont les limites de ces initiatives ?

Ce chapitre reviendra plus en détail sur les composantes de la rémunération (section 1), avant de présenter les cadres théoriques sous-jacents à la mise en œuvre des systèmes d'incitations, de récompenses et de sanctions (section 2). Seront ensuite présentées les modalités de la mise en œuvre de systèmes d'incitation, dans les cas où les attentes à l'égard des salariés sont explicites (section 3), puis dans les cas où les attentes sont plus évolutives et ambiguës (section 4). Enfin, seront exposées les pratiques d'évaluation des salariés, situées au cœur de tous ces dispositifs (section 5).

1. Les composantes de la rémunération

La rémunération se répartit en quatre grandes catégories : la rémunération du poste, la rémunération de la façon de tenir le poste, la rémunération collective liée aux performances de l'entreprise et les autres éléments de rémunération. C'est en combinant ces composantes que la DRH peut envisager de construire des systèmes de rémunération qui, au-delà de rémunérer le travail, ont également des finalités incitatives.

1.1. La rémunération du poste

Les éléments liés à la **rémunération du poste** sont les éléments qui sont définis par le niveau de qualification déterminé au moment de l'embauche. Ils sont établis sur la base d'une évaluation du poste, qui dépend elle-même du cadre de la classification de branche (voir chapitre 4) et de méthodes de pesée de postes mises en œuvre en interne à l'entreprise. La méthode la plus célèbre de cotation des postes est la méthode Hay (du nom de son créateur, consultant américain), qui a été diffusée en

France à partir de la fin des années 1960 et qui reste aujourd'hui une référence (voir Application 11.2). Au-delà de son niveau intrinsèque, et en fonction des dispositions de branche ou d'entreprise, la rémunération du poste peut inclure également des paramètres liés aux caractéristiques personnelles comme le diplôme ou l'ancienneté.

Application 11.2 : La méthode Hay et ses détracteurs

Dans ses principes de base, cette méthode consiste à hiérarchiser les postes de manière objective et équitable en s'appuyant sur trois critères : la façon dont le poste impacte les résultats finaux (finalité), les exigences requises pour tenir le poste (compétences), et l'importance que prennent dans le poste les problématiques de résolution de problème (initiative créatrice).
Bien que constituant une référence, ou précisément pour cette raison, la méthode Hay est soumise à la concurrence de sociétés de conseil qui, profitant en grande partie des possibilités offertes par les technologies numériques, proposent leurs propres démarches. « *Un dinosaure respectable* », c'est en ces termes qu'est désignée la méthode Hay par ses détracteurs, qui lui attribuent plusieurs défauts : le coût élevé de son déploiement (mise en œuvre et maintenance), des critères qui ne s'adaptent pas suffisamment au besoin de « sur mesure » de l'environnement actuel, une difficulté à articuler de manière cohérente la pesée interne et le rapport offre/demande sur le marché du travail, à survaloriser les postes hiérarchiques par rapport aux postes d'experts, et enfin à ne pas tenir compte de la dimension collective du travail.

Question : Pourquoi la pesée de postes est-elle souvent confiée à des cabinets de conseil externes ?

1.2. La rémunération de la façon de tenir le poste

Viennent ensuite **les éléments liés à la façon de tenir le poste**. Le principe est d'établir une correspondance entre une partie de la rémunération perçue par les salariés et l'évolution de critères reflétant le potentiel des salariés (aptitudes, motivation, compétences) et/ou leur performance (résultats obtenus). Les conditions et modalités de mise en œuvre de la rémunération variable sont détaillées plus loin (voir Outil 11.3).

Outil 11.1 : L'exemple de la prime d'assiduité

Les éléments de rémunération liés à la façon de tenir le poste sont souvent associés à des paramètres de performance ou de compétence. Ils peuvent aussi être couplés à des types de comportements que l'employeur cherche à encourager ou à freiner. C'est le cas des primes d'assiduité, ou primes de présentéisme, dont le montant est modulé en fonction de la présence du salarié. Par exemple, une prime mensuelle peut n'être versée intégralement que si le salarié n'a pas été absent au cours du mois considéré, sauf pour des raisons identifiées (jours fériés, accident de travail, maladie professionnelle, congés exceptionnels pour évènements familiaux, congés syndicaux, délégations, formation, etc.).

Ces primes sont critiquées par certains pour les effets pervers qu'elles peuvent engendrer, comme le fait qu'une fois perdues à la suite de quelques absences, elles perdent leur caractère incitatif, voire encouragent des absences supplémentaires puisque celles-ci ne sont plus pénalisantes.

Trois difficultés majeures apparaissent et doivent être surmontées à l'occasion de la mise en œuvre de dispositifs visant à rémunérer la façon de tenir le poste. La première renvoie à l'**alchimie délicate de l'équilibre entre les dimensions individuelles et collectives**. L'individualisation des rémunérations vise à valoriser les efforts de chaque salarié considéré isolément, que ce soit en termes de performance ou de compétence, et introduit de fait une situation compétitive entre salariés d'une même catégorie. Or, performance et compétence sont aussi de nature collective et reposent sur des mécanismes de coopération, d'entraide, de partage d'expérience et d'informations, à l'origine d'effets de groupe positifs et de synergies. Inversement, adosser la rémunération à des critères uniquement collectifs rend possibles les comportements de « passager clandestin », c'est-à-dire les comportements d'individus qui bénéficient d'un avantage accordé à un groupe sans avoir fait les efforts attendus. Cette possibilité, quand bien même les comportements opportunistes ne sont pas avérés, peut se révéler à son tour désincitative. Il y a donc un équilibre délicat à construire entre des critères individuels et collectifs.

La deuxième difficulté tient au fait qu'il est ardu de **produire l'information nécessaire pour évaluer la façon de tenir le poste**, d'autant que cette information doit être considérée comme pertinente et équitable pour pouvoir justifier de manière légitime les différences de traitement individuelles. L'évaluation devient dans ces conditions **un acte de gestion central**, pivot de décisions qui impactent en profondeur les trajectoires individuelles, les dynamiques collectives et l'exercice de la fonction managériale. Il existe de nombreuses méthodes d'évaluation qui, pour la plupart, reposent sur des outils de gestion formalisés et sur des entretiens d'évaluation menés par le responsable d'équipe. Ces entretiens, idéalement menés sur un mode coopératif d'échange et de construction, doivent dans la réalité échapper à différents types de dérives. La principale serait de devenir des moments au cours desquels les rapports hiérarchiques biaisent le dialogue, ou inversement des moments au cours desquels, sans légitimité réelle, le supérieur hiérarchique minimise son rôle d'évaluateur.

La troisième difficulté tient au **contexte financier qui entoure la volonté de rémunérer la façon de tenir le poste**. L'enveloppe destinée à ce type de rémunération doit permettre une variation de rémunération d'un niveau attractif pour obtenir les effets incitatifs recherchés. Simultanément, ces méthodes de rémunération buttent, d'un point de vue économique, sur le fait qu'il n'y a pas de lien automatique entre, d'une part, les efforts consentis par les salariés et valorisés par le système de récompense et, d'autre part, les résultats économiques de l'entreprise qui sont liés à d'autres facteurs tels que la conjoncture, l'intensité concurrentielle ou la pertinence du *business model* mis en œuvre. Il y a donc potentiellement un risque de découplage, d'autant plus que les augmentations attribuées sont irréversibles. Quant aux primes, elles sont par définition réversibles, mais il faut tenir compte en pratique de l'impact psychologique de l'arrêt de versement de primes lorsque celles-ci sont rentrées dans les habitudes.

1.3. La rémunération collective liée aux performances de l'entreprise

Des dispositifs légaux, encadrés par le droit du travail, complètent ces formes de rémunération, en essayant par divers moyens de corréler les rétributions proposées aux salariés à la performance de l'entreprise : la **participation** (obligatoire dans les entreprises de plus de 50 salariés et qui consiste à affecter aux salariés une part des bénéfices réalisés par l'entreprise), l'**intéressement** (qui est facultatif et fait l'objet d'accords collectifs dans lesquels les partenaires sociaux définissent la formule de calcul et les modalités de répartition des résultats en fonction de différents critères comme la productivité ou la sécurité au travail) ou les différents dispositifs qui permettent d'**associer les salariés au capital de l'entreprise**. Tous ces éléments seront repris dans la section 4 et discutés au regard des grilles de lecture théoriques sur les incitations.

1.4. Les autres éléments de rémunération

Les **plans d'épargne entreprise** (PEE) sont des systèmes collectifs d'épargne qui permettent aux salariés d'acquérir des valeurs mobilières avec l'aide de l'entreprise. Les versements peuvent être effectués par les salariés et les entreprises, et les sommes sont normalement indisponibles pendant au moins cinq ans. Les **plans d'épargne retraite** (PER) peuvent prendre trois formes différentes (PER individuel, PER d'entreprise collectif et PER d'entreprise obligatoire) qui permettent aux salariés de bénéficier d'une rente ou d'un capital une fois atteint l'âge de la retraite.

Enfin, sont inclus dans la rémunération globale d'autres éléments tels que des **avantages en nature** (voiture de fonction, frais de représentation, mise à disposition de lignes téléphoniques, tickets restaurants) ou des éléments dits **statutaires** (compléments retraites, mutuelles maladie, comptes épargne-temps ou CET, etc.), souvent négociés dans le cadre de conventions collectives et offerts à l'ensemble des salariés.

Ce dernier ensemble joue souvent un rôle significatif dans l'offre proposée par les entreprises qui évoluent sur des marchés du travail tendus, comme dans l'environnement hyper-compétitif des entreprises de la Silicon Valley (voir Illustration 11.1).

Illustration 11.1 : Packages financiers ultra-attractifs et avantages non monétaires pour les employeurs de la Silicon Valley

Le temps où les entreprises de la Silicon Valley s'entendaient discrètement pour ne pas débaucher leurs employés est bel et bien révolu. Désormais, les grands noms de la vallée rivalisent d'ingéniosité pour gagner la guerre des talents. Les bonus et stock-options sont monnaie courante et la liste des avantages proposés relève d'un inventaire à la Prévert : Netflix offre une année de congés payés maternité et paternité aux jeunes parents ; Salesforce propose à ses salariés 6 jours par an destinés au bénévolat ; Airbnb alloue à ses employés une enveloppe annuelle de 2 000 dollars pour voyager et séjourner dans une sélection de logements à travers le monde ; Facebook attribue une prime de 4 000 dollars, appelée « Baby Cash », aux jeunes parents et propose également de prendre en charge les frais de congélation d'ovocytes (pour décaler leurs éventuels projets de famille ?) ; Mindbody offre des dispositions « bien-être », avec budget alloué de 65 dollars par mois, 21 cours dédiés au bien-être organisés chaque semaine, cinq masseurs et un acupuncteur à disposition des équipes ; Genentech facilite la vie de ses salariés en mettant à leur disposition un panel de services sur le lieu de travail (salon de coiffure, pressing, lave-auto, conciergerie, garderie, salle de sport, cabinet dentaire, clinique médicale...).

Si trois salariés sur cinq (57 %) estiment que les avantages sociaux constituent un élément décisif dans le choix d'un poste, ils ne garantissent pas l'attachement à l'entreprise. Selon le département de recherche économique de Glassdoor, la culture, les opportunités de carrière et le management restent déterminants en matière de satisfaction et de rétention. Sans oublier le salaire. Les sociétés high-tech représentent 40 des 50 entreprises les plus généreuses du pays...

Source : d'après *Les Échos*, 30 décembre 2016.

La rémunération, déclinée sous toutes ses formes, constitue un levier d'incitation *a priori* naturel. Pour autant, pour pouvoir jouer ce rôle, la détermination de son niveau et de sa composition doit se référer aux cadres théoriques permettant de comprendre l'origine et la nature des effets incitatifs de la rémunération.

2. De la sanction à la récompense, les cadres théoriques sous-jacents aux pratiques de contrôle et de rémunération

La théorie X de McGregor trouve un prolongement dans les avancées de la théorie économique des organisations. Plus précisément, la **théorie de l'agence** offre un cadre théorique pour penser ces relations dans lesquelles la motivation, entendue comme l'exécution de bonne foi par le salarié du contrat qui le lie à son employeur, résulte de **mécanismes de contrôle et d'incitation** (voir Zoom 11.1). Il s'agit ici de réfléchir à la façon dont on peut construire une relation suffisamment sécurisée en misant sur l'équilibrage des intérêts des acteurs, plutôt que sur leurs affects ou autres attitudes plus difficiles à gérer, car largement inobservables.

Zoom 11.1 : La théorie de l'agence

La théorie de l'agence est une branche de l'économie qui s'intéresse aux relations entre acteurs rationnels à l'intérieur d'une organisation dès lors qu'un acteur (l'agent ou le mandataire) est censé exécuter des tâches pour le compte d'un autre (le principal ou le mandant).

Dans la foulée des travaux de Jensen et Meckling (1976), ce cadre théorique a été surtout mobilisé pour étudier les relations entre actionnaires et dirigeants, mais il offre des perspectives intéressantes pour explorer la relation d'emploi entre employeur et salarié, pour peu qu'on admette l'hypothèse qu'il y a de la rationalité derrière les comportements des salariés comme des employeurs.

La relation d'agence est caractérisée par des asymétries d'information (tous les acteurs n'ont pas les mêmes informations) ; les résultats, qu'ils soient bons ou mauvais, peuvent difficilement être attribués à tel ou tel acteur, et les mandataires jouissent d'une marge de manœuvre qu'ils peuvent utiliser à la satisfaction de leurs intérêts propres.

La relation d'agence est donc risquée et coûteuse, puisque la valeur créée peut être détournée de son destinataire supposé ou que certaines opportunités peuvent ne pas être exploitées. Pour réduire ces coûts d'agence, des mécanismes eux-mêmes coûteux doivent être mis en place. Avant l'établissement du contrat, un effort doit être fait pour **clarifier les termes de l'échange** (détermination des objectifs, vérification des compétences et des motivations, etc.). Pendant l'exécution du contrat, il faudra mettre en place des **mécanismes visant à réduire les asymétries d'information** (mécanismes de contrôle, de surveillance et d'échange d'informations sur les objectifs et les résultats) ou des mécanismes incitatifs visant à mieux partager les risques ou à aligner les intérêts entre mandant et mandataire.

La théorie de l'agence invite ainsi à penser la façon dont ces différents risques et coûts peuvent être équilibrés de façon optimale : il s'agit de faire en sorte que la réduction des coûts d'agence ne soit pas plus coûteuse que les coûts d'agence eux-mêmes, ou encore de **trouver le bon équilibre** entre mécanismes de contrôle et mécanismes incitatifs qui permettent de construire une confiance toute calculée.

Source : d'après Jensen, M. C. et Meckling, W. H., « Theory of the firm: Managerial behavior, agency costs and ownership structure », *Journal of financial economics*, 3(4), 1976, pp. 305-360.

L'exploration des pratiques de gestion reposant sur les hypothèses de la théorie de l'agence peut être organisée autour d'un continuum selon que la situation de travail génère des coûts d'agence faibles ou élevés. En effet, toutes les situations de travail ne sont pas équivalentes à cet égard. En particulier, les mécanismes de contrôle et d'incitation ne peuvent pas être identiques selon que les résultats attendus de la part du salarié sont facilement descriptibles *a priori* et mesurables *a posteriori*, ou au contraire diffus, évolutifs et difficilement quantifiables (voir Illustration 11.2).

Illustration 11.2 : Contrôle et diversité des situations professionnelles

Si on laisse de côté le moment où il pose un diagnostic et prépare son intervention, le chirurgien a ceci de commun avec le maçon que le résultat de son travail est facilement observable et que la réussite comme l'échec peuvent lui être attribués. Ces deux professionnels sont, en outre, pris dans des univers où les procédés et protocoles guident leur action et facilitent l'évaluation. L'un comme l'autre peuvent difficilement tricher, sauf à invoquer, légitimement ou non, des éléments extérieurs comme la qualité des fondations ou la réaction physiologique du patient. L'un comme l'autre sont, en outre, contraints d'assurer une traçabilité très poussée de leur activité : choix du matériel, détail des calculs, etc. doivent pouvoir être produits en cas de problème.

Le travail d'un chef d'équipe présente des points communs avec celui d'un instituteur. Les résultats sont souvent diffus et contradictoires, et obtenus dans la durée. Ils dépendent très largement de paramètres qu'ils ne contrôlent qu'imparfaitement (ressources mises à leur disposition par leur entreprise, comportement de leurs équipiers ou de leurs élèves). Leur action suppose également une bonne part d'improvisation et d'adaptation aux évènements de telle sorte que leurs tâches ne peuvent être normées.

On pressent qu'il sera plus facile de contrôler les premiers que les seconds. La relation d'agence est plus coûteuse dans le deuxième cas de figure, et les mécanismes de contrôle et d'incitation devront être plus sophistiqués. D'ailleurs, dans le premier cas, la relation d'emploi se prête bien à des formes contractuelles très simples (vacations, intérim, travail indépendant). Dans le second, il faudra imaginer des formes de contrat plus denses (CDI, entretiens d'évaluation, formules de rémunération complexes, perspectives de carrière, etc.).

3. Inciter à la réalisation d'objectifs explicites : contrôle, sanctions et récompenses

Lorsque le travail peut être prescrit, que l'activité peut être observée et que le résultat à atteindre est mesurable, la logique voudrait que les entreprises mettent en place des mécanismes de gestion précisant de façon claire les termes du contrat. Il s'agit de définir ce qui est attendu, comment cela doit être réalisé et quelles sont les conséquences de la bonne ou de la mauvaise exécution du contrat. Sur la base de ce contrat, les incitations peuvent reposer soit sur des systèmes de sanctions, soit de récompenses.

3.1. Les systèmes de sanctions

Bien souvent, la pratique RH associée consiste à définir contractuellement un ensemble de tâches à accomplir et à activer les dispositions disciplinaires prévues par le droit du travail, au cas où la prescription ne serait pas respectée (voir Outil 11.2).

Outil 11.2 : Les sanctions disciplinaires et le règlement intérieur de l'entreprise

Une sanction disciplinaire est une mesure prise par l'employeur à la suite d'agissements du salarié qu'il considère comme fautifs. Sont passibles de sanctions des agissements comme le non-respect de règles de discipline internes à l'entreprise, le refus de se conformer à un ordre donné par l'employeur, le non-respect de l'obligation de discrétion et de loyauté, les menaces, injures, violences, les négligences et erreurs commises dans le travail.

Dans les entreprises de plus de 20 salariés, le règlement intérieur est obligatoire et doit préciser les règles générales et permanentes relatives à la discipline, et notamment la nature et l'échelle des sanctions, ainsi que les dispositions relatives aux droits de la défense des salariés. Une sanction qui ne serait pas prévue dans le règlement intérieur ne peut être prononcée. La sanction prononcée doit être proportionnée à la faute commise.

Les sanctions peuvent aller du simple blâme au licenciement pour faute grave ou lourde. Des formes intermédiaires sont, par exemple, la mise à pied disciplinaire, la rétrogradation ou la mutation d'office. Les sanctions pécuniaires sont interdites en France.

La mise en œuvre de telles sanctions doit suivre, en droit français, une procédure permettant notamment au salarié concerné de se défendre : avant de prendre une sanction, l'employeur doit convoquer le salarié à un entretien au cours duquel lui seront indiqués les motifs et la nature de la sanction envisagée. Le salarié aura alors la possibilité de s'expliquer, s'il le souhaite, en se faisant assister par la personne de son choix appartenant au personnel de l'entreprise. La sanction est ensuite notifiée par lettre recommandée après un délai de réflexion.

Source : d'après « La sanction disciplinaire », fiche pratique disponible sur le site http://travail-emploi.gouv.fr.

Le management par la seule sanction est probablement bien plus fréquent dans les entreprises qu'on ne se plaît à l'imaginer. Il est souvent la seule option pour les petites entreprises qui ne disposent pas des moyens financiers et des spécialistes RH susceptibles de mettre en place et d'animer des pratiques plus sophistiquées. Il connaît toutefois plusieurs limites qui toutes ont un rapport avec la crédibilité et le coût de la menace créé par l'éventualité de la sanction.

Pour que la sanction disciplinaire fonctionne, il faut en effet que **son activation soit coûteuse pour celui qui la subit**. On voit bien, en effet, que la menace d'un licenciement par exemple peut ne pas avoir le même effet selon que le salarié concerné est employable ou non, c'est-à-dire selon que la probabilité qu'il retrouve un autre emploi tout aussi satisfaisant est élevée ou faible (voir Application 11.3).

Par ailleurs, les techniques reposant sur l'éventualité de sanctions ne fonctionnent que si **l'activation de la sanction est crédible**. En toute rationalité, le salarié peut estimer que, compte tenu du rapport de force qu'il entretient avec son employeur, ce dernier peut ne pas avoir intérêt à activer une sanction. C'est le cas notamment pour les salariés qui s'estiment, à tort ou à raison, irremplaçables ou qui savent pouvoir riposter d'une manière ou d'une autre en cas de sanction. Par exemple, les entreprises soumises à un droit du travail protecteur du salarié, comme c'est le cas en France, ou tout simplement soucieuses de justifier leurs décisions, doivent faire la preuve que le salarié est bien fautif. Cela peut expliquer que les employeurs hésitent à manier les sanctions disciplinaires, et conduit à la mise en œuvre de dispositifs de contrôle qui peuvent également s'avérer coûteux.

Enfin, d'une manière générale, l'exercice du pouvoir disciplinaire est une pratique qui **ne permet pas de s'inscrire dans une relation constructive**, mais qui a plutôt tendance à rétrécir la relation d'emploi sur ce qui est explicitement inclus dans le contrat, au risque de passer à côté d'opportunités intéressantes. Il n'invite pas, par exemple, à la prise d'initiative et peut conduire le salarié à se focaliser sur le comportement ou le geste attendu de lui, au risque de perdre de vue la finalité de son travail.

Application 11.3 : Contrôle et sanction dans les entreprises de services de sécurité

Dans les entreprises de sécurité, les vigiles, gardiens et autres agents d'accueil sont mis à la disposition des entreprises clientes pour sécuriser l'accès à leurs sites. Le contrat de service qui s'impose aux agents prévoit bien évidemment leur présence mais aussi, le cas échéant, certaines activités comme le fait de faire des rondes. Cela conduit à mettre en place des dispositifs de suivi des temps, mais aussi de vérification que le travail est bien fait. Le vigile devra, par exemple, passer devant des balises situées dans les différents lieux qu'il doit surveiller, sur lesquelles figurent des boutons-poussoirs à activer pour signaler qu'il effectue sa ronde. S'il ne s'y soumet pas, il devra s'en justifier. S'il s'avère par exemple qu'il s'est endormi, il sera passible de sanctions. Mais ces sanctions n'auront d'effet disciplinant que dans l'hypothèse où elles sont coûteuses pour le salarié.

Or, en ces temps incertains, le marché de la sécurité se porte très bien et les entreprises ont des difficultés à attirer et à fidéliser leur personnel. Un salarié licencié pourra rapidement retrouver un emploi rémunéré au même niveau, à moins que l'entreprise soit en mesure de le gêner dans sa recherche, par exemple en ternissant sa réputation sur le marché du travail.

Question : Quelles sont les limites de la gestion par le contrôle dans les activités de sécurité ?

3.2. Les systèmes de récompense

Une autre façon de maintenir un niveau élevé d'effort consiste, non pas à sanctionner les comportements inappropriés, mais à récompenser l'atteinte de résultats prédéfinis.

Une première forme très simple de dispositifs de ce type consiste à rémunérer à la pièce ou au rendement. Il s'agit de la technique de rémunération que les tenants de l'organisation scientifique du travail, dans la lignée des expérimentations menées par Frederick Taylor, préconisent pour aligner les intérêts des salariés sur ceux de leur employeur et s'assurer plus particulièrement qu'ils accepteront les réorganisations et modifications des processus de travail censées améliorer leur productivité. Les systèmes de rémunération afférents peuvent être conçus de façon à rétribuer la performance individuelle ou la performance collective.

a) La rémunération variable individuelle

La rémunération variable individuelle est une forme de rémunération plus fréquente qu'on ne l'imagine, peut-être même en plein essor. On voit tout d'abord se développer, en marge du salariat, des formes contractuelles qui organisent la relation d'emploi autour de la **fourniture d'un service** et non autour du temps passé au travail. Qu'on soit prestataire de service, travailleur freelance, chauffeur « ubérisé », chirurgien vacataire à l'hôpital, plus ou moins précaire ou demandé sur le marché du travail, l'échange consiste à se mettre d'accord sur une prestation de service ou une production à livrer pour un prix donné.

Ensuite, les formes contractuelles classiques contiennent fréquemment des éléments de **rémunération variable** assis sur des indicateurs de productivité (voir Outil 11.3). On pense ainsi immédiatement aux commerciaux payés à la commission, ou aux serveurs dont la rémunération inclut un pourcentage du chiffre d'affaires. On voit également se développer des rémunérations variables sur objectifs dans presque tous les métiers et secteurs d'activité, notamment par le biais de l'élargissement à de nouveaux types d'objectifs. Par exemple, la part des rémunérations associée à l'atteinte d'objectifs environnementaux ou sociétaux représente 10 % de la part variable des managers chez Rhodia, 30 % à La Poste et jusqu'à 40 % pour les dirigeants et managers chez Danone[1].

Outil 11.3 : Conditions et modalités de mise en œuvre de la rémunération variable

En pratique, **la rémunération variable doit être motivante**, en cela que les objectifs doivent pouvoir être atteints, mais au prix d'efforts consentis par le salarié. Il convient d'éviter de constituer des rentes sous forme d'objectifs trop faibles que le salarié serait certain d'obtenir même sans fournir les efforts atten-

1. *Source* : d'après L'Express – L'entreprise, septembre 2012.

dus. Dans le même ordre d'idée, l'atteinte des objectifs doit principalement dépendre du salarié. Rien ne serait plus démotivant que d'avoir à atteindre des objectifs qui dépendent de conditions externes à l'entreprise (conjoncture économique) ou de l'effort consenti par d'autres membres de l'organisation.

La rémunération variable peut donner lieu à des **formules de calcul plus ou moins sophistiquées**. Le variable peut être strictement proportionnel à une mesure de la productivité (commissionnement sous forme de pourcentage du chiffre d'affaires réalisé) ou déclenché en fonction de seuils. On peut prévoir, par exemple, un montant distribué si l'objectif est atteint à 50 % et un second, logiquement plus élevé, si l'objectif est atteint à 100 %. En la matière, la formule sera d'autant plus efficace qu'elle est comprise par les salariés auxquels elle s'applique. Il faut également se méfier de la sophistication qui peut conduire à des jeux stratégiques plus ou moins prévisibles et aux effets parfois peu vertueux.

La rémunération variable, comme toute composante de la rémunération, **constitue un élément du contrat de travail**. Il n'est donc pas possible de la mettre en œuvre ou de la modifier sans obtenir l'accord des salariés. Pour autant, l'objectif lui-même peut être librement défini par l'employeur au titre de son « pouvoir de direction ». Mais la non-atteinte des objectifs ne peut constituer un motif de licenciement. De même, la mise en place de tels outils de gestion doit faire l'objet d'une consultation des instances représentatives du personnel (comité d'entreprise et comité hygiène, sécurité et conditions de travail). Il semble raisonnable, en outre, que la fixation des objectifs fasse l'objet d'une négociation avec le salarié, *a minima* lors de l'entretien annuel d'évaluation… et de fixation des objectifs.

Le courant théorique de l'**économie des ressources humaines** (*personnel economics*), emmené par Edward Lazear, se donne pour objectif d'étudier la rationalité sous-jacente à ces formes de rémunération (voir Zoom 11.2). On voit comment elles peuvent inciter à l'effort et réduire les coûts d'agence, en déplaçant le risque vers le salarié. Ces formules présentent, en outre, un énorme avantage : il n'est plus nécessaire de contrôler le travail en train de se faire puisqu'on peut se contenter de **mesurer le résultat du travail *a posteriori***. Ce faisant, on libère le potentiel créatif du salarié qui peut (et doit) faire bon usage de l'autonomie qui lui est laissée pour améliorer ses performances. Enfin, la rémunération variable a pour effet d'**améliorer les recrutements**, puisque les salariés qui estiment ne pas pouvoir atteindre les résultats demandés n'ont tout simplement pas intérêt à postuler, dans la mesure où ils savent qu'ils ne maximiseront pas leurs gains.

Zoom 11.2 : Edward Lazear et l'économie des ressources humaines

Le courant de l'économie des ressources humaines se donne pour objectif d'analyser les pratiques RH sous l'**angle de la rationalité économique** calculatoire des acteurs de la relation d'emploi. Il s'agit là d'un courant offrant un potentiel explicatif intéressant pour compléter la réflexion traditionnelle en GRH, qui met plutôt l'accent sur des interprétations psychologiques ou sociologiques des comportements.

Ainsi, en s'appuyant sur l'exemple de la rémunération des chauffeurs de taxi à travers les plus grandes villes du monde, et sur des observations menées dans une entreprise de pose de pare-brise américaine (Safelite), Edward Lazear dresse un panorama des **pratiques de rémunération variable** et de leurs **effets vertueux et pervers**.

Ainsi, dans certaines villes, les taxis partagent leurs recettes avec la compagnie dont ils dépendent. Dans d'autres, les taxis s'acquittent de droits fixes plus élevés, mais conservent une part plus importante de leurs recettes. Les chauffeurs qui n'ont droit qu'à une partie seulement de leurs recettes ont intérêt à tricher en proposant des prix forfaitaires aux clients qui sont prêts à accepter que le compteur ne soit pas mis en route. Ils peuvent alors garder la totalité du prix de la course pour eux, sans rétrocéder à leur employeur la part qui lui revient, puisque le compteur n'enregistrera pas la course. Par ailleurs, le gain marginal pour chaque course étant moindre, il est plus probable que les chauffeurs de taxi préfèrent rentrer chez eux rapidement en fin de journée. La compagnie de taxi perd ainsi des recettes qui soit ne sont pas produites, soit sont détournées. À l'opposé, les chauffeurs qui s'acquittent d'une redevance fixe mais gardent la recette pour eux sont incités à l'effort et n'ont aucune raison de se livrer au « coulage ».

Lazear montre, en outre, que la rémunération variable, et c'est d'ailleurs sa raison d'être, favorise les salariés les plus productifs. Elle crée de ce fait des inégalités salariales et évince les salariés les moins productifs qui auront tout intérêt à quitter l'entreprise pour vendre leur travail là où la rémunération est plus égalitaire. Il montre ainsi que l'effet de la rémunération variable sur la productivité tient autant à l'effet d'incitation produit par l'**espérance de gain** que par l'**élévation de la compétence** des salariés en place, à mesure que les moins productifs s'en vont.

Source : d'après Edward P. Lazear, « Salaire à la performance : incitation ou sélection ? », *Économie & prévision*, n° 164-165, 2004/3, pp. 17-25.

Ces méthodes incitatives admettent, toutefois, elles aussi des limites (voir Illustration 11.3). Les pères de l'analyse des organisations, que sont Herbert Simon et James March[1], ont montré tout d'abord que dès lors qu'on fixait des objectifs précis et quantifiables à des individus, ils avaient tendance à se focaliser sur l'attente de ces cibles, au risque de perdre de vue les autres aspects importants de leur travail dont le suivi est moins étroit. Par ailleurs, ces mêmes auteurs attirent l'attention sur la difficulté qu'il peut y avoir, dans une organisation complexe, à décliner l'objectif collectif global de l'entreprise en une multitude de sous-objectifs individuels cohérents entre eux et n'entraînant pas de conflits d'objectifs entre individus (voir Figure 1). Enfin, la rémunération variable n'aura d'impact sur la performance indi-

1. March, J. G. et Simon, H. A., *Organizations*, John Wiley and sons, New York, 1958.

viduelle que dans la mesure où le salarié a la possibilité, par ses efforts et son implication, d'influer sur les résultats qu'il obtient. Il faut pour cela que le processus de travail ne soit pas déterminé par des normes extérieures à sa volonté, et qu'il puisse bénéficier d'une marge de manœuvre dans l'organisation de son travail.

Figure 1. Avantages et limites de la rémunération variable individuelle.

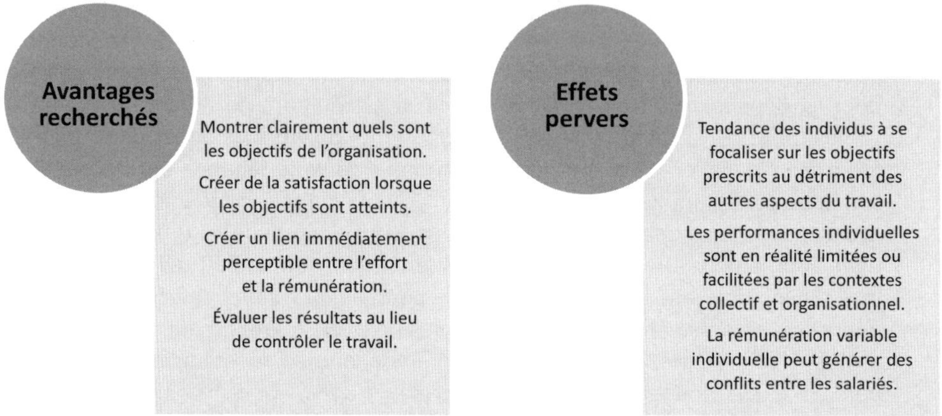

Illustration 11.3 : Le problème de la fixation des objectifs individuels

Indéniablement, la reconnaissance du travail conférée par le déclenchement de récompenses lorsque des objectifs sont atteints est un gage d'incitation au travail et de satisfaction pour le salarié qui voit ainsi sa mission clarifiée. La détermination des objectifs pertinents peut cependant poser problème et suppose de respecter certaines conditions et de rester à l'écoute d'effets négatifs potentiels.

Il faut tout d'abord **éviter de donner des objectifs contradictoires** ; ainsi, on sait que dans les centres d'appels, les salariés éprouvent de grandes difficultés à respecter de front des impératifs de productivité (durée maximale des appels) et des objectifs de satisfaction de la clientèle. De même, **la fixation d'objectifs peut conduire à une perte de vue de la finalité de l'activité professionnelle**. Il en va ainsi des universitaires qui ont des objectifs de publication scientifique à tenir et qui peuvent consciemment ou non décider de leurs axes de recherche en fonction des thèmes qui leur semblent les plus porteurs en termes de publication aux dépens de la pertinence sociale de leur recherche.

À une échelle plus collective, la fixation d'objectifs individuels peut **conduire à des conflits entre individus**. Ainsi, les personnes en charge de la qualité peuvent entrer en conflit avec les personnes responsables de la production ou de la vente qui ont des impératifs de délais à tenir.

Comme le note Sylvain Niel, avocat en droit social : « *Les commerciaux sont le moteur de l'entreprise. Ils sillonnent leurs départements pour trouver de nouveaux clients. ils exultent quand ils en ont gagné un et relancent sans relâche ceux qui n'ont pas encore signé leur première commande. Mais ils encaissent mal les échecs, surtout quand c'est du fait de leur propre entreprise dont la livraison traîne ou s'abîme. Pour eux, la parole donnée au client est plus précieuse que leur contrat. Ils invectivent la logistique pour qu'elle suive et jubilent quand le client les félicite de tant d'énergie déployée pour les défendre auprès de leur entreprise. »*

Source : d'après « Réviser le variable des commerciaux », par Sylvain Niel, http://www.wk-rh.fr, juin 2010.

b) Une variante : les tournois

La rémunération variable a pour objectif de faire en sorte que la rémunération relative reflète la performance relative des individus (si un salarié produit deux fois plus qu'un autre, il doit être deux fois mieux payé). Or, Edward Lazear et Sherwin Rosen[1] observent des formes de rémunération parfois bien moins équitablement réparties. Pour en rendre compte, ils développent un modèle s'inspirant de la **métaphore des tournois ou de la compétition sportive**. Dans une compétition sportive, en effet, une infime différence de performance aboutit à une différence de traitement très importante (qui se souviendra dans quelques années de l'équipe qui a été défaite par le Portugal en finale de la Coupe d'Europe de football de 2016 au terme d'un match pourtant très serré ?). De même, certaines formes de rémunération peuvent chercher à motiver l'ensemble des salariés en les engageant dans une compétition constante au terme de laquelle seuls les meilleurs sont récompensés. La rémunération des cadres dirigeants, par exemple, ne doit pas être interprétée comme le reflet de leur valeur productive, mais comme le prix du tournoi qu'espèrent remporter leurs subordonnés qui s'engagent pleinement dans la compétition pour pouvoir les détrôner.

Ce type de raisonnement permet d'éclairer certaines pratiques comme l'**organisation de carrières ascendantes** (promouvoir de temps en temps le meilleur pour inciter tout le monde à l'effort) ou l'**affichage de performances immédiates** (l'employé du mois). On peut ainsi mobiliser beaucoup de monde avec peu de moyens, mais le risque est que les salariés qui pensent ne jamais pouvoir se hisser à la tête du classement finissent par abandonner la compétition.

c) Récompenser la performance collective

Nombre de ces limites peuvent être levées en ne récompensant pas la performance individuelle, mais au contraire la performance collective. Lorsque c'est l'équipe qui est récompensée ou sanctionnée, la coopération est facilitée par le fait que chacun a intérêt à prendre en considération les contraintes des autres membres du collectif

1. Lazear, E. P. et Rosen, S., « Rank-Order Tournaments as Optimum Labor Contracts », *Journal of Political Economy*, 89(5), 1981, pp. 841-864.

de travail. Il est, en outre, souvent plus facile de définir et de mesurer sans ambiguïté les résultats d'une équipe que les résultats de chacun des membres de l'équipe. On peut ici encore préciser les conditions de réussite de dispositifs de rémunérations de la performance collective (voir Figure 2).

Figure 2. Avantages et limites de la rémunération variable collective.

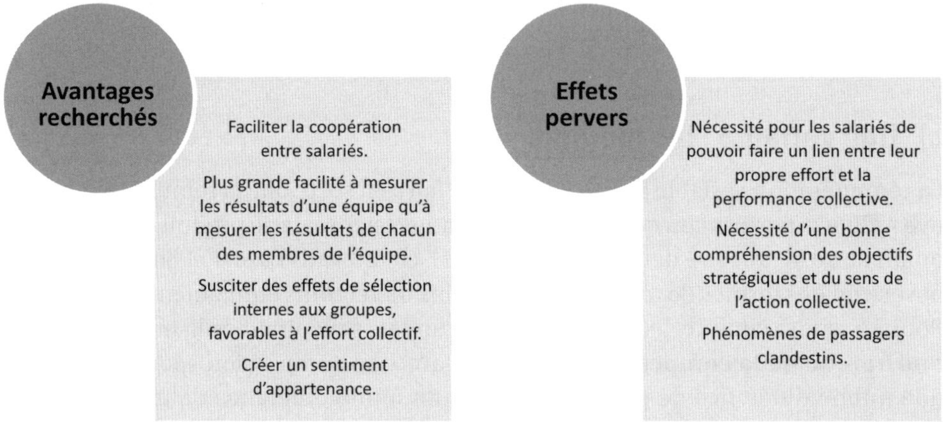

Il faut tout d'abord que les individus aient le sentiment de **pouvoir influer, à leur niveau, sur la performance collective** à atteindre. Lorsque l'équipe est de petite taille et que les salariés qui la composent ont une marge de manœuvre pour décider de la façon d'exercer leur activité, la rémunération de la performance collective peut produire ses effets. Mais ce n'est pas le cas par des formules de participation aux résultats de l'entreprise qui sont obligatoires dans les grandes entreprises. Elles sont probablement davantage comprises comme des mécanismes de partage du profit ayant une visée de justice sociale que comme des dispositifs incitatifs. On notera cependant que la création d'un sentiment de justice sociale peut avoir un effet sur la performance individuelle, mais cela ne passe pas par des interprétations fondées sur les incitations.

Il faut ensuite être en mesure de régler le problème des « **passagers clandestins** ». Les économistes désignent par ce terme imagé les individus qui **bénéficient des efforts consentis par les autres sans y participer eux-mêmes**. Il s'agit là d'un problème managérial important, mais difficile à régler car cela suppose que la hiérarchie soit en mesure d'identifier les passagers clandestins à l'intérieur d'un groupe. Une bonne solution consiste à laisser le groupe décider de ses propres règles de fonctionnement et de sa propre composition en donnant régulièrement l'occasion de remodeler le périmètre des équipes. On peut alors espérer que les collectifs s'autorégulent de façon à concentrer dans leurs rangs les salariés les plus performants et à limiter leurs effectifs (voir Illustration 11.4).

Illustration 11.4 : Le partage des pourboires dans un restaurant

Dans les restaurants français, un pourcentage de la recette doit revenir aux serveurs. C'est le sens de la formule « 15 % service compris » inscrite sur les menus et tickets de caisse ; c'est aussi le sens des pourboires laissés à la discrétion des clients.

Dans certains restaurants, les serveurs reçoivent une part variable de la recette qu'ils ont eux-mêmes générée. On comprend tout l'intérêt qu'ils ont à « encaisser » eux-mêmes leurs clients, ainsi que le peu d'empressement à se porter au secours des clients qui ne sont pas dans leur zone. Par ailleurs, on imagine la rivalité qui peut régner entre eux lors de l'attribution des bonnes ou mauvaises zones.

Dans d'autres restaurants, les serveurs se partagent la part de la recette générée collectivement. Cela présente plusieurs avantages. La coopération entre serveurs y est probablement plus grande. Mais au-delà, les serveurs ont tout intérêt à s'arranger entre eux pour être aussi performants et aussi peu nombreux que possible. La direction bénéficie alors d'une inclinaison « naturelle » des serveurs à la contraction des effectifs et à l'élévation du niveau de compétence collective. Il se dit même que dans certaines maisons, les serveurs expérimentés se chargent eux-mêmes du recrutement des « forts contributeurs » et de l'éviction des « passagers clandestins » ou des « bras cassés ».

Ce qui se passe dans les restaurants est également valable dans tout type de situations dans lesquelles les salariés sont amenés à travailler de façon collaborative pour créer une richesse qui sera ensuite partagée entre les participants à l'action collective. Les problèmes à résoudre sont alors la clé de répartition de cette richesse entre les membres, mais aussi la prévention de situations à risque. En effet, l'éviction des « bras cassés » peut donner lieu à des formes intolérables de violence du collectif envers les individus les plus fragiles. Par ailleurs, on crée un système d'incitation potentiellement pervers dans lequel le collectif se met de lui-même une pression à la productivité qui, à terme, peut s'avérer insoutenable pour les salariés et délétère pour la qualité de la prestation.

Comme la rémunération variable individuelle, la **rémunération variable collective** a un effet positif sur la performance immédiate qui découle à la fois d'effets incitatifs, mais aussi d'effets de sélection dans la mesure où elle influence la composition du groupe. La rémunération variable collective peut contribuer également à la coordination du travail et à l'émergence d'un sentiment d'appartenance.

Débattre, négocier et fixer des objectifs constitue, en effet, des occasions de discuter de l'avenir de l'entreprise, du sens que doit prendre l'action et, plus largement, de la façon dont se décline la stratégie de l'organisation. Dans le même esprit, le partage de la valeur créée collectivement est souvent présenté comme un **ciment pour le groupe** qui contribue à la **coopération** entre ses membres et à l'émergence d'un **sentiment d'équité**, du moins tant que la valeur créée est positive. À ce titre, les dispositifs d'intéressement des salariés, légalement encadrés, peuvent servir de support pour agir sur la mobilisation des salariés (voir Outil 11.4).

Outil 11.4 : L'intéressement des salariés

L'intéressement des salariés peut viser à agir sur la motivation. Il ne s'agit pas d'un dispositif obligatoire et la formule de calcul est déterminée par un accord d'entreprise. Elle ne vise pas nécessairement le partage des profits. Elle peut, en effet, **viser tout objectif collectif digne d'intérêt**, comme la satisfaction des clients ou la réduction des accidents du travail, la progression du chiffre d'affaires ou un indicateur de qualité. Enfin, l'intéressement peut ne concerner qu'une partie de l'entreprise, par exemple un établissement, ou une catégorie spécifique de salariés.

Ici encore, l'accord d'entreprise peut préciser les conditions de répartition et de déblocage des fonds et la possibilité de les mettre en réserve, ainsi que les stratégies de placements financiers. En particulier, de nombreuses entreprises invitent les salariés à utiliser l'intéressement comme mise de départ à la constitution d'une **prise de participation des salariés au capital de l'entreprise**. Elles ont alors souvent en vue la perspective de renforcer l'implication du personnel et le sentiment d'appartenance, ainsi que de bloquer une partie du capital afin de stabiliser la gouvernance de l'entreprise.

À titre d'exemple, l'accord d'intéressement de Carrefour Hypermarchés SAS prévoit une formule de calcul de l'intéressement tenant compte de trois critères : un critère déterminé au niveau de l'entreprise dans son ensemble (atteinte des objectifs de chiffre d'affaires cumulé des magasins entrant dans le champ d'application de l'accord et marge brute d'exploitation) et deux critères déterminés au niveau de chaque établissement distinct (évolution de la satisfaction client et chiffre d'affaires du magasin).

Source : d'après Accord d'intéressement 2020/2021/2022, disponible sur le site http://www.cfdt-carrefour.com.

4. Inciter à l'atteinte d'objectifs ambigus et implicites : alignement des intérêts et rétributions différées

Les dispositifs évoqués précédemment reposent sur l'idée que la performance attendue du salarié n'est pas sujette à ambiguïté. On sait ce qu'on attend, on peut l'observer ou le mesurer, et sanctionner positivement ou négativement le ou les auteurs du résultat. On en a avec certitude « pour son argent ».

La réalité des organisations est plus complexe et bien souvent, les salariés sont amenés à **agir sans objectifs clairs et sans modes opératoires formalisés**. C'est notamment le cas des salariés affectés à des postes à responsabilité, mais plus largement de tous les individus qui doivent, dans leur fonction, faire face à des situations sans cesse renouvelées et supposant le traitement de problèmes par essence imprévisibles et inédits. C'est également le cas des organisations qui estiment plus intéressant de **préciser le moins possible ce qui est attendu** afin de laisser le plus de marge de manœuvre possible aux salariés, espérant ainsi récupérer davantage ou autre chose que ce qui aurait pu être demandé (voir Application 11.4).

Application 11.4 : L'organisation du travail chez L'Oréal

Comme le montrent Béatrice Collin et Daniel Rouach, le géant du cosmétique L'Oréal a toujours privilégié des **formes d'organisations flexibles fondées sur l'ajustement mutuel**. L'entreprise est par ailleurs connue pour éviter autant que possible le recours à des organigrammes formalisés. La culture de l'entreprise ne se focalise pas sur les résultats directs mais sur le comportement des individus, et donc sur leur capacité à entreprendre des projets et à les mener à bien. Cette politique exige bien entendu un mode d'organisation du travail fondé principalement sur l'autonomie et une reconnaissance du droit à l'erreur.

La capacité des collaborateurs à se faire force de proposition est primordiale et lorsqu'une nouvelle recrue demande ce qu'on attend d'elle, il n'est pas rare qu'on lui réponde : « Étonnez-nous ! ». On voit bien, dans ce contexte, comment la fixation d'objectifs formalisés tendrait à tuer dans l'œuf toute velléité d'innovation.

Source : d'après Collin, B. et Rouach, D., *Le modèle L'Oréal : les stratégies clés d'une multinationale française*, Pearson Éducation France, 2009.

Questions : Faut-il prendre au pied de la lettre le principe d'une organisation fondée sur l'autonomie et le droit à l'erreur ? Quelles peuvent être les modalités de contrôle dans de telles organisations ?

La difficulté consiste à mettre en place des mécanismes d'incitation beaucoup plus sophistiqués permettant de tenir compte de la multiplicité et de l'ambiguïté des attentes. Ces pratiques visent à aligner les intérêts des salariés avec ceux de leur employeur, et à inscrire le système d'évaluation et d'incitation dans la durée.

4.1. Aligner les intérêts

Dans la pleine continuité des conclusions de la théorie de l'agence, l'alignement des intérêts du salarié sur ceux de l'employeur offre une solution. Lorsqu'on ne sait pas ce que le salarié sait, lorsqu'on ne sait pas ce qu'il fait ni ce qu'il devrait faire, lorsqu'on ne sait pas observer ni mesurer sa contribution, on court le risque qu'il adopte des comportements opportunistes consistant à agir dans son intérêt propre. Ce risque est maîtrisé dès lors que l'individu n'a tout simplement pas intérêt à agir autrement que dans l'intérêt de son employeur et que tout effort effectué dans ce sens améliore sa condition.

Les résultats à atteindre ne pouvant pas être définis, l'alignement des intérêts consiste à faire en sorte que la rémunération du salarié dépende de celle de son employeur. À petite échelle, on pourrait imaginer des mécanismes dans lesquels le superviseur viendrait partager ses propres primes d'objectifs avec ses subordonnés, afin de forcer ces derniers à intégrer ses contraintes. On voit de même toute l'utilité des comportements claniques, qui consistent à faire en sorte que les membres d'une équipe suivent la carrière de leur leader montant en responsabilité à mesure qu'il progresse dans la hiérarchie.

À plus grande échelle, l'alignement des intérêts passe par des formes de partage du profit telles que prévues par les dispositifs de participation aux résultats (voir Outil 11.5) : on ne sait pas dire exactement ce que le salarié doit faire, mais on sait que, *in fine*, l'entreprise cherche à maximiser son résultat net. Dès lors, toute forme de rémunération significativement assise sur cet indicateur de performance globale permet de sécuriser la bonne volonté du salarié en la matière. Toutefois, cela ne fonctionne qu'à la condition qu'il perçoive l'existence d'un lien entre son comportement et un indicateur de performance très éloigné de son action quotidienne. Reprenant le cadre d'analyse proposé par la théorie des attentes de Victor Vroom (voir Zoom 10.6), on peut douter qu'un ouvrier sur la chaîne de montage d'un établissement d'une multinationale de l'automobile établisse un lien entre son ardeur à la tâche et les profits dégagés par la maison mère.

Outil 11.5 : La participation des salariés aux résultats de l'entreprise

Obligatoire en France dans les entreprises de plus de 50 salariés, la participation aux résultats de l'entreprise se présente sous la forme d'une réserve financière calculée selon une formule fixée par la loi, qui prévoit un partage à parts égales du résultat net au-delà d'un niveau de rentabilité des capitaux propres de 5 %, et qui est modulée par un indicateur mesurant l'intensité en travail du système de production. Plus ce dernier utilise de la main-d'œuvre, plus la participation est élevée.

Les sommes sont distribuées aux salariés au prorata de la rémunération perçue. Il s'agit d'une réserve, car les sommes ainsi attribuées aux salariés restent bloquées pendant 5 ans, sauf évènement particulier ou départ de l'entreprise. Cela permet d'une part de lisser les versements et, d'autre part, de stabiliser la structure du capital de l'entreprise. La marge de manœuvre laissée aux partenaires sociaux porte essentiellement sur la gestion financière des sommes mises en réserve. Techniquement, la formule est la suivante :

Réserve spéciale de participation =

$$\frac{1}{2}\,(\text{résultat net} - 5\ \%\ \text{des capitaux propres}) \times \frac{\text{Masse salariale}}{\text{Valeur ajoutée}}$$

Dans le même esprit, les formes d'**actionnariat salarié** ou la pratique des **stock-options** visent cet alignement des intérêts (voir Outil 11.6). Mais là encore, l'effet incitatif n'est réel que si **un lien entre action individuelle et évolution des cours boursiers peut être établi**. Cette condition semble vérifiée pour les cadres dirigeants dont les décisions stratégiques affectent directement la valorisation de l'entreprise.

L'hypothèse est également soutenable pour les salariés des petites organisations, dans lesquelles l'articulation des rôles individuels conduit de façon tangible à une performance collective globale. Du reste, dans ce dernier cas, l'incitation peut découler de la seule perception du lien entre action individuelle et pérennité de l'entreprise. L'objectif de survie peut alors se substituer à l'objectif de maximisation de la rentabilité.

Si l'objectif d'alignement des intérêts et de pacification des relations sociales est indéniable, **ces pratiques sont parfois décriées**. Certains voient dans les stock-options le risque que certaines décisions court-termistes soient prises, visant à faire augmenter le cours de l'action de façon artificielle autour de la date d'exercice des options d'achat. D'autres redoutent que ces pratiques ne conduisent parfois les salariés actionnaires à cautionner des décisions contraires aux intérêts des salariés travailleurs. Il y a là des enjeux passionnants pour penser des relations sociales de type partenarial, et les organisations syndicales doivent probablement faire évoluer leurs positions pour tenir compte de ces ambiguïtés.

Outil 11.6 : Actionnariat salarié et stock-options

L'**actionnariat salarié** est un dispositif qui consiste à faire entrer les salariés au capital de l'entreprise et, le cas échéant, à les associer à la gouvernance de l'entreprise. Bien sûr, tout individu a la liberté d'acheter des actions de n'importe quelle entreprise, qu'elle soit celle pour laquelle il travaille ou non, mais l'actionnariat salarié procède de la volonté de l'employeur d'associer ses salariés et peut concerner des entreprises non cotées, dont les actions ne peuvent donc être librement achetées sur les marchés financiers. Pour cela, plusieurs mécanismes peuvent être mobilisés.

Les accords de participation ou d'intéressement peuvent prévoir que les réserves constituées soient placées dans des **produits d'épargne assis sur des actions de l'entreprise**. Dans ce cas, l'employeur peut procéder à des abondements prévus par accord venant compléter les versements librement consentis par les salariés. Il est également possible pour l'employeur, lors d'une ouverture ou d'une augmentation de capital, de formuler une offre réservée aux salariés. Il peut également mettre en place un plan de distribution gratuite d'actions. Les salariés devenus actionnaires sont dès lors susceptibles de recevoir des dividendes et de bénéficier d'éventuelles plus-values. Si les salariés se trouvent collectivement en possession d'une part significative du capital de l'entreprise, ils peuvent enfin participer à la gouvernance de l'entreprise *via* l'octroi de sièges réservés au conseil d'administration. L'actionnariat salarié constitue un levier puissant pour « réconcilier le capital et le travail », motiver et impliquer les salariés dans leur entreprise.

Les **stock-options**, ou **options d'achat d'action**, sont un mécanisme différent. Il s'agit d'un contrat par lequel l'entreprise offre aux salariés la possibilité à terme (au bout de trois à cinq ans généralement) d'acheter des actions de l'entreprise à un prix défini lors de la conclusion du contrat. Si, lorsque le contrat arrive à échéance, le cours de l'action est supérieur au prix d'exercice d'option, le salarié aura tout intérêt à acheter ces actions, quitte à les revendre immédiatement. Si en revanche le cours de l'action a baissé, le salarié n'exercera pas son option et n'aura rien gagné. Les stock-options constituent donc un levier pour inciter les salariés à faire en sorte que le cours de l'action augmente, satisfaisant ainsi les objectifs des actionnaires de l'entreprise.

4.2. Se donner le temps de l'évaluation : les formes de rétributions différées

On l'a vu, l'un des enjeux de la mobilisation des salariés consiste à établir des critères d'évaluation et à imaginer des systèmes de sanctions et de récompenses autour de résultats impossibles à décrire *a priori*. Une issue possible et largement pratiquée consiste à **inscrire la relation d'emploi dans la durée**. L'idée générale qui préside à ces pratiques est qu'à travers le temps, les interactions sociales permettent de mieux préciser le jeu d'attentes et d'obligations réciproques. La relation d'emploi s'enrichit et les parties prenantes apprennent à lever les ambiguïtés. Au final, même si on reste incapable de formaliser précisément ce que signifie « être performant », **le temps permet de construire une compréhension commune à ce sujet**. Ce temps passé à enrichir l'échange suppose qu'on soit en mesure de sécuriser la relation d'emploi dans la durée ; on voit là un des enjeux de la rétention des salariés au-delà du seul amortissement des frais de formation. Il suppose également qu'on soit en mesure de mettre un terme à la relation si d'aventure le temps montrait que la mobilisation (ou la compétence) n'est pas à la hauteur des espérances initiales, ou de suspendre la rétribution si la contribution n'était pas vérifiée.

a) Les formes de rétributions différées

L'organisation de **carrières professionnelles ascendantes** est souvent présentée comme un moyen de gérer les compétences, en organisant des parcours d'apprentissage nécessaires pour exercer à terme des fonctions plus exigeantes ou « qui ne s'apprennent pas à l'école ». Mais les carrières peuvent également être conçues comme des mécanismes incitatifs permettant de conserver de l'**ambiguïté sur les objectifs** assignés et de **remettre systématiquement à plus tard la récompense attribuée** aux plus méritants. « Pense à ta carrière ! » est à la fois une injonction à la docilité, ou tout au moins à intérioriser les attentes de celui qui décide des évolutions professionnelles, et une invitation à accepter le fait que les efforts actuels ne seront reconnus qu'à terme.

On peut analyser les carrières ou encore les formes de progression salariale fondées sur l'ancienneté comme des **formes de rétributions différées**. Le salarié accepte de commencer à travailler pour un salaire inférieur à sa contribution, à la condition qu'il puisse ultérieurement bénéficier d'un salaire supérieur à cette même contribution, qui entre-temps n'aura pas nécessairement évolué. Le mécanisme d'incitation est puissant s'il est assorti d'un risque de licenciement : en début de carrière, le salarié doit démontrer qu'il est en mesure de mériter de rester. Il aura intérêt à le faire, parce qu'il ne sera réellement rétribué pour ses efforts que dans la deuxième partie de sa carrière. Il dépose une caution, en quelque sorte, qu'il ne récupérera qu'en fin de carrière. Dans la deuxième partie de sa carrière, il n'aura pas intérêt à décevoir pour autant, car la menace d'un licenciement deviendra très crédible. En effet, un départ le conduirait à redémarrer une carrière « à bas prix » auprès d'un autre employeur.

Comme le notent Stankiewicz et Léné[1], ce type de contrat de long terme s'avère problématique parce qu'il suppose, d'une part, que l'employeur et le salarié aient une **capacité à se projeter dans l'avenir** de façon exceptionnelle et, d'autre part, que l'employeur ne cède pas à la **tentation de mettre un terme à la relation d'emploi en milieu de carrière**, précisément au moment où le salarié s'apprête à récupérer sa caution. La « carrière » pâtit, en outre, du manque d'appétence grandissant pour l'emploi à vie, au profit de parcours qui seraient désormais plus nomades. Toutefois, ces mécanismes de rétributions différées peuvent se jouer sur des périodes plus courtes qu'une vie professionnelle et prendre la forme de trajectoires pensées sur un cycle de vie du salarié dans l'entreprise de 3, 5 ou 10 ans, à l'instar des pratiques prévalant dans les cabinets d'audit et de conseil (voir Illustration 11.5).

Illustration 11.5 : Le principe du « up or out » *dans les cabinets de conseil*

Nombreux sont les cabinets de conseil qui optent pour un système « *up or out* » : soit on obtient une promotion rapidement, soit on est invité à poursuivre sa carrière ailleurs, idéalement chez les clients. Cette pratique inspire à Charles René le commentaire suivant :

« *Les cabinets de conseil en stratégie ne sont ni les premiers, ni les seuls, à fonctionner selon le principe* "up or out". *Des esprits facétieux pourraient même faire remonter les origines de ce dernier aussi loin que l'Antiquité. Dans* La vie de Lycurgue, *Plutarque décrit ainsi l'éducation des enfants de Sparte : les jeunes garçons vivent et dorment dehors l'hiver, pieds nus, vêtus d'un seul manteau. Les plus endurants sont sélectionnés lors de combats rituels ; les perdants, considérés comme des bouches inutiles, sont jetés dans un précipice appelé le gouffre des Apothètes. Malgré sa cruauté, cette organisation est égalitaire dans son principe, nul ne pouvant s'y soustraire, quelle que soit la fortune de ses parents, et efficace, puisqu'elle favorisera la domination séculaire des armées spartiates sur le Péloponnèse.*

Ces deux vertus – méritocratie et efficacité – séduisent de nombreuses institutions anglo-saxonnes qui appliquent le "up or out" *à partir du* XXe *siècle : l'armée américaine pour ses officiers supérieurs, les grandes universités de la côte Est pour leur corps professoral, puis les premières firmes de services professionnels,*

1. Stankiewicz, F. et Léné, A., *L'économie des ressources humaines*, La Découverte, collection Repères, 2011.

culturellement proches des précédentes : avocats et banquiers d'affaires, commissaires aux comptes, consultants en ingénierie ou en gestion.
Toutes ces organisations structurent alors le parcours de carrière de la même façon : une hiérarchie formelle avec de nombreux "grades" ou "rôles" successifs, de junior à directeur ; une formation poussée, le plus souvent sur le mode du compagnonnage ; des évaluations fréquentes et aussi objectives que possible ; une durée couperet pour franchir chaque échelon, fixée à quelques semestres en général. La rigueur spartiate est néanmoins un brin tempérée, un confortable chèque permettant désormais d'amortir le plongeon dans les Apothètes. Ce qui s'avère préférable tant du point de vue humain que business *– puisque l'ancien collaborateur pourra, par la suite, devenir un client.*
À l'heure actuelle, les Big Four, les grands cabinets d'avocats d'affaires, les banques d'investissement ou les fonds les plus renommés, ainsi que les majors du conseil, s'inscrivent donc dans un modèle éprouvé – lequel est même parfois perçu comme une marque de prestige. »

Source : d'après « Le "up or out" est-il "has-been" ? », par Charles René, consultor.fr, 17/02/2016.

b) Le principe du salaire d'efficience

Une dernière forme d'incitation peut être mentionnée : celle consistant à offrir des conditions salariales ou des **conditions de travail plus intéressantes que celles usuellement proposées** par les entreprises sur le marché du travail.

Plusieurs explications peuvent être apportées au constat selon lequel des salariés « bien traités » sont plus performants : historiquement, on considérait qu'ils étaient mieux nourris et en meilleure santé, puis on a pensé qu'ils pouvaient éprouver une forme de redevabilité les obligeant à rendre le don octroyé. On a pu également considérer que leur turnover était moindre et qu'ils accumulaient davantage de compétences utiles et spécifiques à l'entreprise.

L'explication qui nous intéresse ici est celle qui met en avant la **crainte de perdre un emploi** et **de ne pas en retrouver un autre aussi intéressant ailleurs**. On voit ainsi tout l'intérêt qu'il peut y avoir pour une entreprise à se hisser au rang « d'employeur de référence ». Cela permet d'attirer les meilleurs « talents ». Cela permet aussi, dans le cas où on aurait recruté des personnes dotées de dispositions « normales », que ces dernières redoublent d'efforts pour se hisser au rang des « meilleurs » et mériter ainsi de conserver leur place (voir Zoom 11.3). On crée ainsi un **substitut aux mécanismes de contrôle du travail et de surveillance**, potentiellement coûteux et destructeurs de la prise d'initiative ou de toute activité créatrice, conduisant à prendre des risques par exemple.

Lorsque la nature et la finalité du travail à accomplir sont ambiguës, il n'est plus possible de se mettre en situation d'entretenir une relation d'emploi reposant sur un cycle court faisant se succéder commande, exécution, mesure de la performance, sanction ou récompense. Les pratiques doivent donc évoluer et consistent peu ou prou à maintenir en permanence la pression par l'organisation de tournois, de parcours de progression de carrière ou enfin de rendre crédible la menace de revenir à des salaires alignés sur les salaires du marché. Ce faisant, on introduit de la durée dans la relation d'emploi, ce qui permet à la fois d'affiner la compréhension mutuelle du jeu d'attentes réciproques et de personnaliser l'échange, mais aussi d'élargir l'évaluation à d'autres dimensions que le respect des consignes immédiates.

Zoom 11.3 : Salaire d'efficience et polarisation du marché du travail chez Shapiro et Stiglitz

Dans un article fondamental du courant des *personnel economics*, Shapiro et Stiglitz montrent que les entreprises peuvent **mobiliser leurs salariés en leur proposant des salaires supérieurs** à ceux du marché. Selon ces auteurs, si les salariés bien payés se révèlent plus productifs, c'est parce que la sanction d'un éventuel licenciement s'avérerait coûteuse, dans la mesure où il est peu probable qu'ils retrouvent un emploi aussi bien rémunéré ailleurs. En cela, le surplus salarial peut se révéler être un outil plus efficace que la surveillance et le contrôle systématique du travail.

Si toutes les entreprises adoptent la même stratégie, le niveau général des salaires peut augmenter, ce qui aura pour effet de causer un chômage artificiel. Or, l'existence du chômage est à elle seule suffisante pour « discipliner » les salariés en poste.

Ce raisonnement ouvre la voie à des analyses de la polarisation du marché du travail très nettement marquée en France, avec d'un côté des entreprises offrant de bonnes conditions salariales (« les employeurs de référence ») et attirant les meilleurs salariés et, de l'autre côté, des entreprises offrant des emplois aux conditions plus dégradées (salaires faibles, emplois précaires et sans réelles perspectives de développement) pour des salariés moins productifs. Pour reprendre la terminologie de Piore et Doeringer, on voit ainsi se développer parallèlement un marché du travail « primaire » et un marché du travail « secondaire », sur lesquels ne se présentent pas les mêmes travailleurs, ni les mêmes entreprises.

On peut immédiatement compléter l'analyse en poussant le raisonnement. En effet, ce ne sont pas tant des différences intrinsèques de performances qui distinguent les salariés des marchés du travail primaire et secondaire, mais plutôt les **mécanismes incitatifs**. En effet, les salariés du marché primaire n'ont pas intérêt à décevoir leur employeur ; ils redoubleront d'effort et tenteront d'intérioriser les attentes de ce dernier pour éviter le chômage et la « relégation » dans le marché secondaire. Les travailleurs du marché secondaire n'ont, quant à eux, que peu d'incitations à s'améliorer. Les premiers sont incités à devenir performants, et de ce fait, le deviennent ; les seconds n'y ont pas spécialement intérêt et ne le deviennent pas, à moins qu'ils nourrissent des ambitions pour évoluer ailleurs et rejoindre le marché primaire.

Sources : d'après Shapiro, C. et Stiglitz, J. E., « Equilibrium unemployment as a worker discipline device », *The American Economic Review*, 74(3), 1984, pp. 433-444 ; Doeringer, P. P. et Piore, M. J., *Internal labor markets and manpower analysis*, 1971.

5. Les dispositifs d'évaluation : le retour de la fonction RH

Comme évoqué dans le cas de l'entreprise L'Oréal (voir Application 11.4), ce n'est pas tant le résultat direct qui est pris en compte, mais plutôt les attitudes et les comportements collaboratifs ou la capacité à se fixer soi-même des objectifs alignés sur ceux de l'entreprise. La prise en compte de telles aptitudes demande une **sophistication bien plus grande dans les dispositifs d'évaluation** du personnel. Il ne s'agit pas de fixer des objectifs ou des standards de production mesurables, mais d'élargir les critères d'évaluation multiples dont la mesure peut faire intervenir des acteurs variés, au-delà du cadre hiérarchique classique. Sur ce point, la gestion des ressources humaines peut **affirmer un savoir-faire spécifique et se positionner en partenaire** de la ligne managériale.

L'évaluation dans les organisations est inévitable. Qu'on le veuille ou non, on travaille toujours sous le regard de quelqu'un. Lorsqu'exceptionnellement ce n'est pas le cas, c'est alors le résultat du travail qui est évalué par un client interne ou externe. Entendue ainsi au sens large, **l'évaluation est permanente, mais elle n'est pas toujours outillée**. L'outillage doit permettre essentiellement de mieux légitimer l'évaluation en en précisant la finalité d'une part, et le référentiel à partir duquel les jugements de valeur sont émis d'autre part.

5.1. Les finalités de l'évaluation

Les finalités de l'évaluation sont multiples. On peut bien sûr **évaluer pour motiver**. L'enjeu des outils RH mobilisés est alors d'assurer un **sentiment d'équité maximal** dans les décisions menant à des récompenses immédiates ou différées, telles que des gratifications monétaires ou des progressions de carrière. L'évaluation permet également d'instaurer un dialogue régulier entre le collaborateur et sa hiérarchie et peut constituer un élément du soutien social utile à la prévention du stress. Par ailleurs, sa **ritualisation** permet d'entretenir une responsabilisation de l'encadrement intermédiaire, qui conduit l'évaluation, à l'égard de la performance des équipes.

Toutefois, l'évaluation est aussi nécessaire dans d'autres contextes, et notamment lorsqu'il s'agit de **développer les compétences individuelles ou collectives**. L'évaluation est ainsi fondamentale lorsqu'il s'agit de **recruter en externe ou en interne**. Elle est également nécessaire à la définition et au **ciblage de l'effort de formation**. Dans ces cas de figure, elle portera plutôt sur les compétences ou le potentiel (voir chapitre 8). En outre, en dehors de toute décision RH, l'évaluation aurait également pour fonction de satisfaire les penchants narcissiques de chacun, dans la mesure où elle offre un « **effet miroir** » auquel il est difficile de résister, quand bien même le reflet serait décevant, voire toxique.

L'évaluation formalisée est d'autant plus efficace et équitable que les personnes évaluées sont informées des finalités et des décisions que l'évaluation est susceptible de déclencher. Cela permet de **renforcer la justice procédurale** en améliorant la transparence. Cela permet également aux individus évalués de contrôler stratégiquement ces décisions **en intégrant les critères d'évaluation** dans les décisions qui définissent l'activité professionnelle. En cela, les démarches d'évaluation sont constitutives des discours tacites tenus par l'entreprise qui contribuent à préciser ce qu'« être bon » signifie. Elles orientent ainsi les comportements.

5.2. Les référentiels d'évaluation

Les référentiels d'évaluation servent à préciser ce que l'employeur attend du travail effectué par le salarié. Leur nature dépend de la façon dont le travail est organisé.

Dans les organisations bureaucratiques, porteuses des principes tayloriens, l'accent sera mis sur **les comportements professionnels requis ou les résultats atteints**. Les « organisateurs » du travail savent comment le travail doit être effectué et sont donc en mesure d'en contrôler l'exécution. Dans ces cas, les référentiels peuvent prendre la forme de listes de comportements à adopter ou renvoyer à d'autres outils de la formalisation des tâches et des procédés, comme les fiches de postes ou les descriptifs d'emplois inclus dans les dispositifs de classification. L'idée ici est de s'assurer que les personnes « tiennent bien leur poste ».

D'autres organisations dépassent la notion de poste et dans ce cas, les référentiels sont conçus de façon à promouvoir la coopération, la prise d'initiative, la créativité, etc. L'accent est moins mis sur les comportements, et davantage sur les résultats. Ce sont alors les **objectifs assignés aux personnes qui constituent la référence**, mais également la contribution au résultat de l'équipe ou de l'entreprise.

D'autres encore sont organisées autour de la fidélité des collaborateurs à l'entreprise et à son management. Ces entreprises recherchent avant tout à développer l'obéissance des collaborateurs et à asseoir des mécanismes relevant de la supervision directe. Dans ces organisations, ce sont les **qualités personnelles des salariés qui sont évaluées**, et plus particulièrement leur loyauté et la soumission dont ils peuvent faire preuve. Le jugement d'ensemble sur les personnes est souvent élargi au-delà de la sphère professionnelle et intègre des éléments relevant de la sphère privée.

Figure 3. Logiques organisationnelles et formes d'évaluation.

Organisations d'inspiration bureaucratique ou taylorienne	Organisations fondées sur la coopération et la créativité	Organisations fondées sur la fidélité à l'organisation
• Évaluation des comportements requis • Évaluation des compétences requises • Évaluation des résultats atteints	• Évaluation des objectifs assignés • Évaluation de la contribution au résultat de l'équipe ou de l'organisation	• Importance de l'évaluation informelle • Évaluation des qualités personnelles • Évaluation de la loyauté • Évaluation élargie à la sphère privée

Source : d'après Enriquez, E., « Évaluation des hommes et structures d'organisation des entreprises », *Connexions*, 19(79), 1976, p. 110.

5.3. Les démarches d'évaluation

Les démarches d'évaluation dépendent des mécanismes d'incitation qu'elles sont censées servir. Les systèmes d'incitation reposant sur des formes de sanctions ou de récompenses individuelles donneront lieu à des **évaluations en termes absolus** (une note). En revanche, lorsqu'on s'oriente vers des systèmes de tournois où seuls les meilleurs seront récompensés, il devient nécessaire d'établir des classements. **L'évaluation se fait alors en termes relatifs**. C'est la logique inhérente aux concours. Dans un cas comme dans l'autre, il sera nécessaire de définir des standards (voir Outil 11.7).

Outil 11.7 : L'évaluation sur la base de standards de performance

- Dans les usines, les ouvriers ont des cadences à respecter.
- Dans certaines universités, les enseignants chercheurs reçoivent des primes s'ils publient dans les revues scientifiques les mieux cotées dans des classements établis à cette fin.
- Dans les centres d'appels, les téléopérateurs ne doivent pas dépasser une durée précise pour traiter les appels entrants. Ils ont donc des normes exprimées en nombre d'appels par heure ou par jour à respecter.
- Dans les magasins, les vendeurs ont des cibles de chiffre d'affaires à atteindre.
- …

Pour produire leurs effets, ces attentes doivent être connues des salariés auxquelles elles s'appliquent. Par ailleurs, dans un souci de justice procédurale (voir chapitre 10), l'évaluation gagne à faire l'objet d'un dialogue autour de procédures formalisées, qui permettent d'amener les acteurs de l'évaluation à aborder les bonnes questions et à préparer les échanges pour les rendre plus constructifs.

L'entretien annuel est l'outil emblématique de l'évaluation de la performance. Toute une littérature a été développée pour en préciser les conditions d'utilisation. Pourtant, la pratique reste compliquée et lourde à mettre en place. On lui reproche d'une part d'être coûteux et chronophage et, d'autre part, d'induire une ritualisation des échanges entre manager et managé, confinant parfois à la mascarade. Enfin, la formalisation et le rythme annuel du processus d'évaluation ne sont pas toujours appropriés pour prendre en compte la richesse de la contribution individuelle et la participation à des projets qui se succèdent tout au long d'une année. Pour cela, l'entretien annuel est remis en cause et tend à évoluer (voir Outil 11.8).

Outil 11.8 : Grandeur et décadence de l'entretien d'évaluation des performances

L'entretien d'évaluation représente le socle du management de la performance. Il s'agit d'une occasion régulière de dialogue entre manager et managé pour faire

le point sur les réalisations passées et évoquer l'avenir. Afin d'améliorer l'efficacité de cette pratique, la démarche est souvent standardisée autour d'un calendrier et de grilles d'évaluation formalisées. La séquence type est la suivante :
- **Ouverture de la période d'évaluation**, rappel des attentes de la démarche et préparation en amont de l'entretien sous forme d'autoévaluation menée par le salarié autour d'une grille formalisée.
- **Conduite de l'entretien** : discussion autour de la grille et recherche d'un consensus sur l'évaluation. L'entretien doit être mené dans le calme et dans un esprit constructif.
- **Suivi des effets de l'entretien** (attributions de primes, décisions de formation, évolution des objectifs, etc.).

Pour une présentation complète d'une démarche d'évaluation, voir : https://www.caoutchouc.qc.ca/pdf/Module_08_Evaluer_performance.pdf.

L'entretien annuel est désormais remis en cause par les entreprises qui l'avaient placé au rang des pratiques de GRH individualisées les plus modernes. Outre sa lourdeur et son coût, on lui reproche :
- Son **rythme** : le rythme ne correspond pas à celui des projets sur lesquels le salarié est impliqué. L'entretien a tendance à porter sur le dernier projet ou les dernières semaines, et non sur l'ensemble de la période de référence.
- Sa **ritualisation** et les biais introduits par le caractère solennel de l'exercice : le face à face dans le bureau du manager n'est pas forcément la bonne forme pour des discussions sincères et sereines.
- Son **incapacité à saisir la dimension collective** de la performance.
- Sa **tendance à créer des attentes**, notamment monétaires, que l'entreprise, faute de budget, ne peut pas toujours satisfaire.

Plusieurs entreprises reviennent donc sur la pratique et préfèrent **créer des relations de discussion permanente** : c'est par les interactions quotidiennes avec son manager et son équipe que le salarié doit recevoir les feedbacks sur son travail.

Pour des témoignages de DRH sur l'entretien annuel d'évaluation, voir l'article « À la poubelle, l'entretien annuel ! », par Laurence Estival, publié le 05/11/2015 sur http://lentreprise.lexpress.fr.

Lorsqu'on mise sur des incitations collectives ou qu'on est confronté à la difficulté d'évaluer des performances diffuses qui se prêtent mal à l'établissement des standards, **l'évaluation sera plus volontiers qualitative** et fera intervenir un nombre plus important d'acteurs. Dans cet esprit, deux pratiques méritent d'être mentionnées : la **revue de personnel** et les **évaluations à 360°** (voir Outil 11.9).

Outil 11.9 : Pratiques d'évaluation élargies, people review *et évaluations à 360°*

La **revue de personnel**, ou *people review,* consiste en des réunions périodiques réunissant les équipes RH et les managers. Il s'agit de passer en revue l'ensemble des salariés placés sous la responsabilité de ces managers pour évoquer à la fois leurs performances, mais aussi leur potentiel et leurs souhaits d'évolution. Cette pratique permet de mettre du qualitatif dans l'évaluation.

L'**évaluation à 360°** consiste à évaluer un individu en faisant passer un questionnaire d'évaluation auprès de sa hiérarchie, mais aussi auprès de ses pairs, de clients ou partenaires externes à l'entreprise, et des personnes travaillant sous sa responsabilité. Ce faisant, on peut dresser un tableau complet de la performance de la personne évaluée dans tous ses rôles : manager, subordonné, collègue, fournisseur... Ce type de démarche est très coûteux et ne peut être systématisé, mais il est souvent utilisé pour étayer des décisions consistant à promouvoir une personne à un poste clé ou à intégrer une population de cadres à haut potentiel. Cette pratique peut s'avérer délicate à manier. Il est d'usage de réserver les évaluations à 360° à des personnes volontaires, de garantir le plus strict anonymat aux évaluateurs (notamment les salariés) et de permettre à l'évalué de proposer une liste d'évaluateurs potentiels parmi lesquels choisir afin d'éviter que l'évaluation ne tourne au règlement de comptes.

À retenir

- ✓ **La rémunération ne se limite pas au salaire et renvoie à différentes composantes, individuelles ou collectives, fixes ou variables, qui peuvent être actionnées pour influencer le comportement des salariés dans les organisations.**
- ✓ **Selon la théorie X, les individus ne sont pas naturellement enclins au travail et à la coopération. L'employeur doit donc imaginer des formes de contrôle et d'incitation pour obtenir des salariés qu'ils agissent dans le sens souhaité.**
- ✓ **Ces mécanismes de contrôle et d'incitation ont eux-mêmes un coût de conception et de mise en œuvre, et ils prennent des formes différentes selon les types d'organisation et d'activité. Ils seront notamment radicalement différents selon que les procédés et les résultats peuvent ou non être décrits et prescrits.**
- ✓ **Les sanctions disciplinaires sont prévues par la loi et constituent un levier possible pour rétablir des écarts par rapport à ce qui a été prévu dans le contrat de travail ou dans le règlement intérieur. Mais l'activation réelle des sanctions pose des problèmes d'établissement de preuve, de crédibilité et de dégradation de la relation employeur/employé.**
- ✓ **Les récompenses peuvent prendre la forme d'une rémunération variable, individuelle ou collective. Ces deux formules reposent sur l'activation d'un lien positif entre effort et rétribution, mais rencontrent des limites intrinsèques, notamment en termes de capacité à définir des objectifs et d'impact**

sur les équipes de travail. En outre, elles reposent sur une « théorie » du lien travail/performance qui ne contient pas d'ambiguïté.

- ✓ **Lorsque l'atteinte des objectifs contient de l'ambiguïté (on ne sait ou on ne souhaite pas décrire exactement les résultats attendus ni la meilleure façon d'y parvenir), les mécanismes d'incitation reposent sur le principe d'alignement des intérêts entre employeur et salariés, ou bien sur le principe des rétributions différées.**
- ✓ **Dans le premier cas (alignement des intérêts), des dispositifs comme l'actionnariat salarié sont conçus pour permettre un partage du résultat. Dans le deuxième cas (rétributions différées), des dispositifs comme les carrières ascendantes ou le salaire d'efficience lient les intérêts des deux parties dans la durée.**
- ✓ **Les dispositifs d'évaluation sont le corollaire indispensable des logiques de contrôle ou d'incitation. L'évaluation est un acte typiquement RH, qui exige la maîtrise de techniques et de savoir-faire spécifiques pour concevoir les référentiels adaptés, choisir les méthodes pertinentes et mettre en œuvre le dispositif dans son ensemble, y compris en ce qui concerne sa délégation partielle à la ligne managériale.**

Chapitre 12
Enrichir et libérer le travail

Objectifs du chapitre :

✓ **Comprendre les leviers de la motivation reposant sur l'enrichissement du travail.**

✓ **Comprendre le rôle du style de leadership dans la construction de l'engagement.**

✓ **Connaître les pratiques associées à l'enrichissement et à la libération du travail et en mesurer les limites.**

Ce chapitre traite des pratiques s'inspirant de la théorie Y, à savoir celles qui partent du principe que l'individu est un sujet qui se révèle et se construit par le travail. C'est alors essentiellement en jouant sur la nature du travail et les relations sociales qu'on peut l'amener à s'engager dans l'activité de l'organisation, voire à donner le meilleur de lui-même.

La période récente a vu se développer toute une série de critiques sur les pratiques misant sur l'organisation scientifique du travail et son contrôle dans une perspective dite « néolibérale ». Le débat public emmené par des sociologues et des psychologues critiques tend à dénoncer ces pratiques de management toxiques. Les risques psychosociaux et leurs manifestations plus ou moins spectaculaires alertent la communauté des acteurs de la gestion des ressources humaines (mal-être, stress, perte de sens pouvant conduire au suicide, etc.).

On a ainsi vu se succéder, dans les débats RH, des préoccupations relatives à la **prévention des risques psychosociaux**, l'émergence de nouvelles propositions de modèles de management mettant en avant la **qualité de vie au travail** et « l'**entreprise libérée** » présentée comme facteur de motivation, d'attractivité sur le marché du travail et d'innovation. On voit également dans la libération du travail une façon d'alléger les coûts, devenus insupportables, de la surveillance, de la planification, du contrôle, des fonctions supports qui pèsent sur la compétitivité.

Au-delà des enjeux sociaux, ces modèles sont porteurs d'une promesse d'efficacité économique qui fait cruellement défaut en période de crise. Ils ne sont pourtant **pas**

si nouveaux et empruntent très largement au **paradigme de l'école des relations humaines et de la théorie Y** développée depuis près d'un siècle : climat social serein, enrichissement des tâches, libération des initiatives, auto-organisation, management participatif... Toutefois, au-delà du caractère séduisant de ces idées et des modèles de management qu'elles véhiculent, les pratiques réelles des entreprises ne semblent pas tendanciellement suivre ce mouvement : les marges de manœuvre sont de plus en plus réduites, et le travail est de plus en plus contrôlé et prescrit (voir Illustration 12.1).

Ce chapitre tentera de mettre en avant les apports possibles de **modes de management se posant en alternatives à l'organisation scientifique du travail**. Pour cela, après un rappel théorique (section 1), il présentera les pratiques d'enrichissement du travail (section 2), avant de mettre en avant le rôle du leadership comme force motrice (section 3). Il s'achèvera sur une discussion des conditions de mise en œuvre de ces pratiques (section 4).

Illustration 12.1 : Les tendances de l'autonomie au travail

Entre 2005 et 2013, pour les salariés de France métropolitaine, les changements organisationnels ont repris et les **contraintes de rythme de travail se sont accrues**, après la relative stabilisation enregistrée entre 1998 et 2005. Cette intensification a été plus marquée dans la fonction publique que dans le secteur privé. L'usage de l'informatique dans le travail poursuit sa progression à un rythme rapide. D'ailleurs, le contrôle ou suivi informatisé du travail est la contrainte de rythme qui s'est le plus diffusée.

Sur la même période, **les marges de manœuvre tendent à se réduire pour toutes les catégories socioprofessionnelles**, sauf pour les ouvriers non qualifiés. Les salariés signalent des possibilités de coopération plus importantes avec leurs collègues ou leur hiérarchie, ce qui est susceptible d'atténuer les effets de l'intensification. Néanmoins, **les tensions sont plus fréquentes avec les collègues ou les clients et usagers**. De même, les salariés sont plus nombreux à vivre au travail des situations exigeantes sur le plan émotionnel (être en contact avec des personnes en situation de détresse, devoir calmer des gens).

Source : d'après Algava, E., Davie, E., Loquet, J. et Vinck, L., « Conditions de travail. Reprise de l'intensification du travail chez les salariés », *Dares Analyses*, 049, 2014.

1. Le paradigme de la théorie Y : l'école des relations humaines et l'approche sociotechnique

Les deux grands fondements conceptuels des pratiques et raisonnements rassemblés par McGregor dans la « théorie Y » ont été développés par l'école des relations humaines dans les années 1930 à 1950, puis par l'école sociotechnique dans les années 1960 à 1978.

1.1. L'école des relations humaines

Dans les années 1930, l'école des relations humaines prend le contre-pied de l'école de l'organisation scientifique du travail et du taylorisme. Elle montre que les **dynamiques de groupe** et la présence d'un **management attentif aux hommes** et portant un regard valorisant sur leur production ont une influence très nette sur la performance. Elle relativise l'apport des approches soutenues par les ingénieurs et souligne celui de la psychosociologie (voir Zoom 12.1). Il s'agit en particulier d'une remise en cause du principe de taylorisme, selon lequel l'organisation « scientifique » du travail permet de générer des gains de productivité qui, en compensation de la dégradation des conditions de travail qu'elle induit, peuvent être distribués pour partie aux salariés. Les conclusions de l'école des relations humaines sont les suivantes : les individus ont besoin d'appartenir à un groupe dans lequel ils espèrent trouver de l'estime et de l'amitié, et souhaitent pouvoir démontrer par eux-mêmes leur utilité et l'utilité de leur contribution.

Zoom 12.1 : Elton Mayo et l'école des relations humaines

Elton Mayo est considéré comme le chef de file de l'école des relations humaines. Ce courant émerge aux États-Unis dans les années 1930 à la suite d'expériences menées dans des usines très taylorisées. À l'usine de la Western Electric d'Hawthorne, l'équipe de Mayo découvre que l'amélioration des conditions de travail (l'intensité de l'éclairage) n'a pas d'effet direct sur la productivité des ouvrières. En revanche, le fait qu'elles fassent l'objet d'expériences et que des chercheurs s'intéressent à leur production et à leurs conditions de travail améliore leur sentiment d'être reconnues et valorisées dans leur activité professionnelle, ce qui a un effet sur leur performance.

De même, dans les usines aéronautiques de Californie, Mayo découvre que l'absentéisme touche particulièrement les salariés qui sont mal intégrés dans leur collectif de travail et ont des mauvaises relations avec leur hiérarchie.

Sur la base de ces observations, l'école des relations humaines lance la réflexion sur la variété des besoins des individus au travail et sur l'importance des dynamiques de groupe et l'intérêt de développer l'autonomie des individus et des équipes.

Source : d'après Mayo, E., *The human problem of an industrial civilization*, Mc Millan, 1933.

1.2. L'école sociotechnique

L'école des relations humaines propose de revoir les relations affectives entre les individus pour améliorer la productivité du travail. Dans la continuité, les tenants de l'école sociotechnique proposent d'aller plus loin en revoyant aussi la façon dont le travail est organisé. Leurs chefs de file, les Anglais Fred Emery et Eric Trist, partent en effet de l'idée que les **relations affectives entre les hommes sont interdépendantes**

des relations techniques induites par l'organisation du travail, les procédures et les technologies (voir Zoom 12.2). Changer les relations humaines suppose donc qu'on change aussi la façon dont le travail est organisé. Inversement, ils invitent à penser le changement technique comme étant de nature à perturber les relations sociales.

Zoom 12.2 : L'école sociotechnique et l'exemple de la mécanisation de l'usine de charbon

Une des recherches-actions à l'origine des principaux résultats de l'école sociotechnique a eu lieu dans une mine de charbon avant et après la mécanisation du travail. Avant la mécanisation, le travail était organisé en petites équipes, dans lesquelles les mineurs polyvalents s'auto-sélectionnaient et se partageaient une rémunération fondée sur la productivité de l'équipe qui est responsable de l'ensemble de sa production. La mécanisation s'est accompagnée d'une réorganisation du travail : les postes se spécialisent et la rémunération se fait désormais sur une base individuelle ; l'intégration sociale disparaît, ce qui génère des pertes de temps, des conflits et ruine les effets de la mécanisation sur la productivité. Elle génère, en outre, des accidents et de l'absentéisme.

Cependant, toutes les équipes n'ont pas évolué de la même manière suite à la mécanisation. Certaines restent soudées et favorisent la polyvalence de leurs membres, qui tournent sur les différentes étapes du processus de production. Leur productivité après la mécanisation est plus élevée.

Ces résultats seront ensuite dupliqués et enrichis par des recherches-actions menées en France (Renault), en Suède (Volvo), en Inde (textile), etc.

Source : d'après Trist, E. L. et Bamforth, K. W., « Some social and psychological consequences of the Longwall method », *Human relations*, 4(3), 1951, pp. 3-38.

Trois idées majeures peuvent être tirées de cette école. Ces idées constituent une rupture nette avec le paradigme taylorien :

- L'efficacité passe par la **mise en cohérence du système social et du système technique**. Il n'existe donc pas une façon d'organiser le travail meilleure que les autres, que les ingénieurs devraient s'attacher à découvrir pour l'imposer aux exécutants.
- Le travail gagne à être organisé au sein de **petites équipes semi-autonomes**. Ce sont aux membres des équipes de décider ensemble de l'organisation du travail, de la répartition des tâches, etc. En cela, on rompt le principe de parcellisation des tâches et de spécialisation du travail.
- Penser le travail à l'échelle du groupe de travail amène à réfléchir à des formes d'organisation visant à l'**enrichissement et à l'élargissement du travail**, ainsi qu'à la polyvalence et à la rotation du personnel sur ces tâches.

L'école sociotechnique a davantage théorisé une méthode pour amener les groupes à s'auto-organiser, plutôt qu'une bonne façon d'organiser le travail. Elle prône ainsi des formes d'organisation démocratiques, dans lesquelles les membres des équipes participent à la façon dont le travail est conçu et animé. Il s'agit non seulement d'améliorer la productivité, mais également de **tendre vers un idéal**

démocratique. Pourtant, cette ambition réformatrice de la société et le fait que l'école socio-technique ne fasse pas de la course au profit sa priorité expliquent peut-être pourquoi elle n'a pas eu un succès durable dans les millieux d'affaires.

Application 12.1 : L'Anact, des méthodes d'intervention basées sur l'école sociotechnique

L'Anact, Agence nationale pour l'amélioration des conditions de travail, créée en 1973, a pour vocation d'améliorer les conditions de travail en agissant notamment sur l'organisation du travail et les relations professionnelles. Elle conçoit et diffuse, à destination des salariés, de leurs représentants et des directions, des méthodes et outils éprouvés dans un objectif partagé : concilier durablement qualité de vie au travail et performance économique. Pour garantir l'efficacité de ses méthodes et outils, l'Anact les éprouve et les optimise toujours sur le terrain. Son positionnement repose sur un triple postulat qui irrigue l'ensemble de ses actions :

- L'organisation du travail est un déterminant essentiel de la qualité des conditions de travail.
- Le dialogue social est une des conditions de réussite du changement.
- Le développement des personnes contribue à la performance des organisations.

L'approche du réseau Anact-Aract est essentiellement centrée sur l'analyse du travail et ses conditions d'organisation. Chaque intervention en entreprise veille à respecter une stricte équidistance avec les différents acteurs de l'entreprise. Pour la réussite d'un projet, l'Anact privilégie une démarche participative et mobilise tous les acteurs de l'entreprise (direction, salariés et leurs représentants), et fait aussi le lien avec les partenaires externes.

Source : d'après le site https://www.anact.fr.

Question : En quoi les méthodes d'intervention de l'Anact illustrent-elles les principes de l'école sociotechnique ?

2. Enrichir le travail

Enrichir et élargir les tâches constitue une réponse à l'épuisement des logiques tayloriennes cherchant l'efficacité et la productivité par la prescription précise du travail et la rémunération à la pièce. Il s'agit de **réhumaniser le travail**, de stimuler la motivation et de permettre des apprentissages favorables à l'amélioration des compétences, tant individuelles que collectives.

2.1. Éléments de définition

Avant d'aller plus loin, il est nécessaire de clarifier les notions d'élargissement et d'enrichissement des tâches, qui seront centrales dans la compréhension de ces modèles.

a) L'élargissement et la rotation des tâches

Le travail élargi est celui dans lequel l'exécutant peut aller d'une tâche à une autre parce qu'il la maîtrise. Il n'y a pas nécessairement élévation du niveau de qualification, mais un accroissement de la variété dans le travail. L'intérêt est triple : le travail sera moins monotone, moins usant physiquement et mentalement, et peut-être plus satisfaisant pour le salarié.

L'entreprise, quant à elle, gagnera en flexibilité en ayant la possibilité d'affecter le travailleur sur un nombre plus important de postes de travail (voir Application 12.2). Enfin, l'élargissement des tâches permet une meilleure compréhension transversale du fonctionnement de l'entreprise. En cela, il peut constituer un préalable à l'enrichissement des tâches.

Application 12.2 : Élargissement des tâches dans les métiers de l'administration financière

Une enquête du cabinet Robert Half Management Resources de 2016 montre que près de la moitié des directeurs administratifs et financiers canadiens pratiquent la rotation des tâches au sein de leurs services. Il s'agit de faciliter les recrutements, d'améliorer la fidélité du personnel et surtout de créer une culture transversale. La rotation peut se faire dans les domaines suivants : comptabilité, opérations comptables, conformité, finances, fiscalité, audit interne.

« *La rotation des postes représente une occasion de perfectionnement professionnel et de développement des affaires dont la grande partie des entreprises ne profitent pas* », a déclaré David King, président au Canada de Robert Half Management Resources. « *Il s'agit d'un moyen efficace pour les employés d'acquérir de nouvelles compétences et connaissances spécialisées afin de progresser au sein de l'entreprise, alors que l'entreprise obtient de nouveaux renseignements et points de vue grâce à la collaboration.* »

Source : d'après Robert Half Management Resources, « De nombreuses entreprises ne profitent pas des avantages de la rotation des postes », 27 avril 2016.

Questions : Quels peuvent être les effets de ces pratiques d'élargissement des tâches sur l'intérêt du travail à réaliser ? Quels types d'effets positifs l'entreprise peut-elle en attendre ? Quels types d'effets négatifs peut-elle redouter ?

b) L'enrichissement des tâches

On parle d'enrichissement des tâches pour désigner une tendance à la **prise de responsabilité**. Le travail enrichi est celui dans lequel l'exécutant est aussi amené à travailler à la conception et à l'organisation de son travail : il prend les décisions en amont qui rendent son travail possible en aval. L'enrichissement des tâches est donc un mouvement qui contribue à **élever la qualification des salariés** et sollicite leur intelligence (voir Illustration 12.2).

L'enrichissement du travail est également une conséquence de l'automatisation croissante des lieux de travail. Le travail de production routinier a tendance à disparaître. Ce phénomène renvoie le salarié soit au rang de supplétif de la machine (le manœuvre qui charge la machine en matières premières en amont et emballe les produits en aval), soit au rang de concepteur, dépanneur, organisateur qui intervient lorsque les évènements l'exigent.

Illustration 12.2 : L'enrichissement des tâches des infirmières à l'hôpital d'Ottawa

À l'hôpital d'Ottawa, la mise en place d'une plateforme documentaire consacrée au suivi des patients a permis de réorienter le travail des infirmières vers le soin. Elles peuvent, en outre, jouer un rôle plus central dans la coordination des soins, dans la mesure où les données qu'elles collectent et organisent sont reprises par les médecins.

Cette évolution du travail infirmier permet de décaler le positionnement des infirmières vers la sphère médicale, en clarifiant le partage des responsabilités avec les aides-soignantes. Par ailleurs, cette évolution laisse entrevoir la possibilité que certains actes de soins, naguère réservés aux médecins ou pratiqués sous condition d'une prescription médicale, puissent désormais être effectués par les infirmières lorsqu'elles les jugent nécessaires.

Source : d'après M. Mayrand Leclerc, *Analyse de la satisfaction des infirmières dans un projet d'enrichissement des tâches : la démarche de soin*, Université d'Ottawa, 1995.

2.2. Les pratiques d'enrichissement du travail

Le travail est toujours plus riche que les concepteurs du travail ne l'imaginent. Travailler, c'est en effet faire face à des imprévus, résoudre des problèmes, donner de sa personne pour que la production soit possible. Cette face « invisible » est précisément ce qui doit être reconnu pour **faire du travail une expérience heureuse** et ce qui doit être développé pour enrichir l'activité des salariés et solliciter leurs compétences et capacités.

a) Plaisir et souffrance au travail : reconnaître le travail réel

Les formes classiques d'organisation du travail tendent à nier ce fait et à masquer la richesse du travail en n'en considérant que les résultats. Les systèmes de contrôle qui ne portent attention qu'aux résultats du travail, et non à l'activité, peuvent générer de la souffrance au travail en niant, de fait, toutes les régulations et corrections (initiatives, résolution de problèmes, communications professionnelles, astuces, combines, détournements du système, etc.) opérées par les individus pour que la production se fasse (voir Zoom 12.3). **Porter attention au travail réel** et non pas seulement au travail prescrit est un enjeu fondamental pour la santé au travail.

Zoom 12.3 : Christophe Dejours et la psychodynamique du travail

Le psychiatre français Christophe Dejours mène depuis les années 1980 des travaux sur la psychodynamique du travail menant à des **situations de souffrance ou au contraire de plaisir**.

Le travail est essentiel à la construction identitaire des individus. L'activité professionnelle permet de se construire en tant qu'individu. Mais le travail est également une activité dans laquelle on se confronte. « Le travail, c'est ce qui résiste », disent les ergonomes. Au travail, on souffre, on connaît des difficultés, on résout des problèmes… Le travail est pénible, par définition, mais la reconnaissance de cette pénibilité par autrui, par ses pairs, par sa hiérarchie et de l'intelligence mise à la surmonter est littéralement fondatrice de l'identité individuelle. Plus le travail est difficile, plus il appelle de la reconnaissance. Cette reconnaissance attendue est de deux ordres : un **jugement d'utilité** (reconnaissance de la contribution) et un **jugement de beauté** (reconnaissance de la manière, de l'art mobilisé dans le travail). Lorsque la reconnaissance est acquise, le travail peut devenir source de plaisir.

Pour cela, il est nécessaire de travailler collectivement à donner du sens au travail, de débattre de son utilité (et la seule reconnaissance économique ne saurait suffire) ; il faut également permettre de faire et reconnaître l'autonomie pour que le travail ne soit pas empêché. Il faut enfin organiser des occasions de débattre collectivement des savoir-faire, des compétences mobilisées pour les mettre en valeur. Or, les organisations libérales tendent à normaliser le travail autour des résultats attendus, sans grand égard pour la beauté du geste qui y conduit, et à isoler les individus les uns des autres. En cela, elles sont potentiellement toxiques.

Source : d'après Dejours, C., *Le choix : souffrir au travail n'est pas une fatalité*, Bayard, 2015.

b) Enrichir le travail pour solliciter les compétences et donner du sens

Le travail enrichi est plus complexe et plus difficile. Il sollicite des **compétences plus variées**, mais il est possiblement **plus satisfaisant en retour**. Un individu éprouvera des affects positifs s'il constate qu'il a personnellement atteint une performance dans une activité qui a du sens pour lui. Deux paramètres principaux rendent le travail potentiellement motivant :

- Le travail doit avoir un **sens pour l'individu**. Pour cela, il est nécessaire qu'il puisse en saisir les tenants et les aboutissants, et qu'il puisse s'y identifier positivement.
- L'individu doit être **suffisamment autonome** pour se sentir responsable et recevoir de l'information à propos de l'atteinte de ses résultats.

Une fois ces paramètres connus, on peut remodeler les postes de travail de façon à permettre le suivi et le pilotage de la motivation (voir Zoom 12.4). Une contradiction est à régler autour de la façon dont le travail enrichi doit être rétribué. L'enrichissement du travail consiste, en effet, à élever à la fois la contribution et la rétribution du travail. Sortir de ce paradoxe doit conduire à rémunérer non pas le résultat du travail, mais plutôt les compétences mises à disposition par le salarié, indépendamment du plaisir qu'il y trouve. Du reste, ce plaisir, cette motivation intrinsèque, dépend de paramètres individuels, certains étant positivement sensibles à la complexité de leur travail, d'autres ayant plutôt tendance à fuir les situations trop complexes ou exigeant des efforts. On retrouve ici la typologie des personnalités établie par David McClelland (voir chapitre 10).

Zoom 12.4 : Hackman et Oldham et le travail motivant

Hackman et Oldham reprochent à l'école sociotechnique de se contenter de dire que le travail doit être autonome sans préciser comment il doit être organisé pour être motivant. Pour combler cette lacune, ils développent un modèle organisé autour de cinq caractéristiques du travail :

1. La **variété des tâches**, qui doit solliciter le plus de compétences possible chez le travailleur.
2. L'**identité de la tâche** : l'individu doit avoir le sentiment de mener une activité en intégralité pour pouvoir s'y identifier.
3. L'**utilité sociale de la tâche** : l'individu doit sentir que son travail est socialement utile et a un impact significatif sur la vie ou le travail d'autres personnes (collègues ou clients).

Derrière ces trois premières dimensions, on retrouve l'idée que le travail doit être suffisamment riche pour avoir un sens et que l'ensemble des activités rassemblées constitue un métier auquel on peut s'identifier, et non pas seulement une parcelle de métier.

4. Le **travail doit être autonome** : l'individu doit avoir la possibilité de choisir librement comment il s'organise et comment il va réaliser son ouvrage.
5. Le **feedback** : l'individu doit être informé de façon régulière et claire de sa performance.

Ces deux dernières dimensions renvoient à l'idée de responsabilisation.

À partir de ces cinq dimensions, Hackman et Oldham proposent de calculer un score de potentiel de motivation pour les différents postes de travail.

Source : d'après Hackman, J. R. et Oldham, G. R., « Motivation through the design of work : Test of a theory », *Organizational behavior and human performance*, 16(2), 1976, pp. 250-279.

2.3. Les ingrédients du travail enrichi

La combinaison d'une réflexion sur la richesse du travail, la variété des compétences qu'il sollicite, la mise en visibilité de sa contribution ou encore les interactions sociales par lesquelles il est reconnu, ouvre des pistes pour l'invention de nouveaux modèles d'organisation du travail. Les modèles sont nombreux et se succèdent. Cela peut être interprété comme un signe de vitalité du concept, mais aussi comme une difficulté à s'institutionnaliser dans des pratiques pérennes, tellement répandues qu'on les considérerait comme « naturelles » et qu'elles apparaîtraient moins dans le débat public.

Afin de rendre compte de cette diversité, la présentation des pratiques sera organisée autour des principaux « ingrédients » du travail enrichi : des équipes semi-autonomes, l'accent mis sur l'excellence et la finalité du travail, et le progrès technique comme vecteur de la libération du travail.

a) Équipes semi-autonomes

Dans une équipe semi-autonome, un petit collectif de salariés est **solidairement responsable d'une séquence complète de travail** dans le processus de production. Cette équipe assure à la fois la production et des tâches de gestion et de planification. Cette forme d'organisation favorise la solidarité et l'entraide, et facilite l'introduction d'innovations en milieu de travail dans la mesure où le collectif peut décider de la façon de s'en saisir. Pour fonctionner de façon efficace, il est nécessaire de bien préciser les responsabilités de l'équipe et son degré d'autonomie dans la fixation des objectifs, mais aussi dans la prise de décisions relatives à la résolution de problèmes.

L'équipe semi-autonome est souvent associée aux secteurs de l'industrie lourde, dans lesquels elle a été observée et conceptualisée, mais on retrouve le principe sous d'autres appellations dans d'autres contextes, et notamment le « groupe projet » dans les activités intellectuelles, l'« équipe soignante » à l'hôpital...

Plusieurs limites expliquent que ces formes d'organisation restent rares et se sont parfois révélées décevantes, notamment par le fait que les gains de productivité ne sont pas si évidents et par le fait également que les équipes peuvent constituer des niches de résistance et de contestation sociales. Les facteurs à l'origine de ces résultats mitigés sont les suivants (voir Figure 1) :

- Difficultés à **régler les conflits entre pairs** à l'intérieur de l'équipe : il faut donc prévoir des procédures claires d'arbitrage des litiges.
- **Obstruction passive et résistance collective** à l'introduction de changements : l'introduction des changements peut compter au nombre des objectifs donnés à l'équipe.
- **Excès d'autonomie et dérive de l'équipe** : il faut prévoir des mécanismes d'intégration pour garder l'équipe dans la ligne voulue. La culture d'entreprise, mais également les systèmes de contrôle et la ligne managériale doivent permettre d'éviter le repli des équipes sur elles-mêmes.
- Sentiment de **perte de contrôle des managers de proximité** : un plan de formation des managers doit contribuer à les repositionner sur un rôle de conseiller des équipes.

Figure 1. Les risques de dérives des équipes semi-autonomes.

Difficulté rencontrée	Pistes de résolution managériale
Conflits entre pairs	Procédures d'arbitrage de litiges
Obstruction passive	Ajouter l'introduction de changements aux objectifs de l'équipe
Excès d'autonomie	Prévoir des mécanismes intégrateurs, comme la culture d'entreprise ou des systèmes d'information intégrés
Affaiblissement du management	Former les managers de proximité et les repositionner sur des rôles d'animation et de conseil

b) Focalisation sur l'excellence des processus de travail

Les formes de travail enrichi ayant pour but d'autonomiser les salariés, l'accent est souvent mis sur la finalité du travail, et moins sur le processus de travail qui doit être laissé à la discrétion de celui qui l'exerce. Des innovations plus récentes, comme la production en juste-à-temps, le *lean management* ou des technologies de production avancées, contribuent à la focalisation sur l'excellence des processus de travail.

Comme son nom l'indique, **le juste-à-temps** consiste à lancer des petites séries de production pour faire face à des demandes immédiates. L'objectif est de limiter les stocks. Ce mode de production a pour avantage de favoriser l'attention permanente aux besoins du client interne ou externe.

Le ***lean management*** consiste à concentrer l'attention sur les besoins et la valeur perçue par le client. On éliminera ainsi les étapes du processus de production qui n'ajoutent pas de valeur au produit. On s'intéresse à l'excellence et à la « minceur » de la chaîne de valeur.

L'informatisation et les **technologies de production avancées** permettent, quant à elles, de modifier la production très rapidement, d'effectuer de nouveaux réglages ou de tirer des séries très limitées, voire des prototypes.

Mises bout à bout, des innovations de cette nature, combinées à l'autonomie laissée aux équipes, contribuent à améliorer la qualité et l'efficience productive. Elles peuvent constituer un élément favorable à la fois à la productivité et à la satisfaction au travail. Néanmoins, ces mêmes innovations managériales sont aussi à l'origine d'une intensification de l'activité et d'une nouvelle prescription du travail, pouvant dans ce cas aller à l'encontre d'éventuels objectifs de travail enrichi, en dépit de la recherche d'excellence qui leur est associée. La question essentielle n'est donc pas celle des techniques managériales elles-mêmes, mais des philosophies de gestion qui président à leur implantation dans les organisations.

c) Progrès techniques et libération du travail

Enfin, l'enrichissement des tâches peut passer par la mise en place d'innovations technologiques qui contribuent à supprimer des tâches sans intérêt ou usantes physiquement. Dès lors, le travail peut s'enrichir en laissant plus de place à des **activités de conception d'organisation ou de résolution de problèmes** (voir Illustration 12.3).

Illustration 12.3 : L'usine de montage automobile de Volvo Uddevalla

Au début des années 1990, dans un contexte politique favorable aux salariés, Volvo a voulu que sa nouvelle usine d'Uddevalla réponde à des exigences d'enrichissement du travail. Les groupes de conception de l'unité de production se sont donné pour objectif de rendre possible l'assemblage d'une voiture en station fixe, par une équipe de 10 personnes prenant en charge l'ensemble du processus. 130 personnes, ingénieurs, techniciens et ouvriers ont été impliqués dans la conception du processus de production dans un atelier dédié à la formation à cette nouvelle méthode.

Une des principales limites à ce modèle de production est la capacité de mémorisation de la succession de tâches par les ouvriers. Cette capacité de mémorisation est améliorée par la vue d'ensemble que ces derniers ont du produit fini, dès lors qu'ils voient le véhicule en train de se faire en intégralité. « Dans ces conditions, le produit lui-même, y compris et même grâce à ses variantes, devient un guide pour son propre montage ».

D'autres limites concernaient la disponibilité de l'ensemble des pièces pour l'ensemble des équipes sans avoir à constituer pour chaque équipe un magasin complet. Pour lever cette difficulté, des chariots filoguidés ont été mis en place pour amener l'ensemble des pièces nécessaires pour chaque véhicule assemblé, rangées dans l'ordre du montage, palliant encore une fois la difficulté liée à la mémorisation des tâches à accomplir.

On voit dans cet exemple comment la **technologie peut contribuer à enrichir le travail** et à soutenir des formes de relations sociales sereines et productives à la fois.

Source : d'après Charron, E. et Freyssenet, M., « L'usine d'Uddevalla dans la trajectoire de Volvo », *Actes du Gerpisa*, n° 9, mars 1994.

Questions : Dans l'exemple d'Uddevalla, pouvez-vous montrer en quoi les choix d'organisation et de technologie agissent sur le contenu et l'enrichissement du travail ? Savez-vous ce qu'est devenu le site d'Uddevalla ?

3. Les styles de management

Le style de management constitue un deuxième pilier des pratiques d'entreprises visant la motivation et la mobilisation des hommes. Certains managers sont capables de créer les conditions d'un engagement dans le travail et parfois de conduire leurs subordonnés sur le chemin de l'autonomisation, y compris lorsque le travail est très peu « riche » ou les récompenses absentes. Cette capacité est peut-être une question de personnalité et de caractéristiques personnelles du manager. Mais il est également possible à l'échelle d'une entreprise de **décider d'un style de management et de l'outiller**. Au-delà des caractéristiques des individus, c'est alors la situation qui détermine la bonne façon de manager les hommes.

3.1. Les caractéristiques des leaders

La littérature sur les qualités des « meneurs d'hommes » est très prolixe, ce qui signale à la fois l'importance du sujet, mais aussi le manque de réponses claires et unanimes. De fait, savoir ce qui fait qu'une personne est en mesure d'entraîner d'autres personnes est une question qui a beaucoup préoccupé la recherche sur les phénomènes de mobilisation du personnel.

Dans ses premières formulations, la réflexion a tenté de décrire le travail du manager et son rôle de leader pour pouvoir y adosser des compétences, des aptitudes et des savoir-être. L'idée est alors d'outiller le recrutement et de planifier la formation des personnes appelées à prendre des responsabilités d'encadrement. Dans l'histoire de cette réflexion sur les caractéristiques des bons « meneurs d'hommes », la tentation a été de combiner les apports de la réflexion taylorienne et de l'école des relations humaines. Le management est alors vu comme la **combinaison d'une capacité à reconnaître les individus**, à leur témoigner du respect et de la considération, **et d'une capacité à structurer et à organiser le travail**, à clarifier les objectifs ou encore à enseigner les bonnes méthodes de travail.

Plus récemment, l'idée a émergé que les caractéristiques des bons leaders n'étaient pas les mêmes selon les situations et qu'il était donc nécessaire d'affiner la compréhension du problème en tenant compte des **caractéristiques du travail et des organisations**, mais également des **caractéristiques des individus et des équipes à manager**. Le « management situationnel » complique alors la tâche. Rapidement, la liste des « talents » à dénicher ou à développer s'est allongée, de telle sorte que les recruteurs pourraient se décourager. Une véritable aubaine pour les chasseurs de têtes (voir Illustration 12.4) !

Illustration 12.4 : Évaluer le leadership au moment du recrutement

Dans cette communication à caractère commercial, le cabinet de recrutement Morgan McKinley précise les caractéristiques à rechercher chez un bon leader et les questions à poser en entretien. Extraits :

- **Personnalité et comportement :** Parlez-moi des deux idées majeures issues de vos collaborateurs et que vous avez intégrées dans votre stratégie ?
- **Sang-froid et maîtrise de soi :** Dans quelle situation vous êtes-vous énervé la dernière fois ?

- **Persévérance, ténacité :** Êtes-vous allé au bout de ce projet ?
- **Relations interpersonnelles :** Comment pensez-vous que les autres vous perçoivent ?
- **Communication :** Comment vérifier, selon vous, la bonne compréhension d'un message ?
- **Éthique, équité et confiance :** Combien de temps vous faut-il pour accorder votre confiance ?
- **Adaptabilité :** Quel est le changement que vous avez vécu au sein de votre entreprise ?
- **Analyse, décision :** Que feriez-vous à la place du dirigeant de l'entreprise ? Quelle décision stratégique importante avez-vous prise dans les 24 derniers mois ? Qu'a-t-elle impliqué ? Quel est le projet le plus complexe que vous ayez géré ? Quelle a été votre valeur ajoutée ?
- **Qualités managériales :** Comment accompagnez-vous ceux qui ne suivent pas le rythme ?
- **Courage managérial :** Avez-vous déjà dû sanctionner sévèrement un subordonné ?
- **Ambition – excellence :** Comment abordez-vous la définition des objectifs ?

Conclusion : Le leadership est un doux mélange de personnalité et de compétences. La synthèse des réponses à ces questions permettra d'y voir plus clair. [...]

Source : d'après Hubert Lévêque, « Réussir son recrutement – Évaluer le leadership », www.morganmckinley.fr, 12/05/2016.

3.2. Les profils des managers

Les bons managers possèdent des caractéristiques communes : ils sont plein d'énergie, cultivent une forte confiance en soi et sont résistants au stress ; ils sont animés par un désir de pouvoir et d'autorité, et aiment influencer les autres ; ils connaissent l'entreprise, ses métiers et sa stratégie ; enfin, ils maîtrisent les tâches managériales et les relations interpersonnelles. Sur ce dernier point, les compétences mobilisées sont différentes selon les types de managers. On distingue ainsi les managers dits transactionnels des managers transformationnels.

Les **managers transactionnels** cultivent des relations d'échange avec leurs subordonnés. Ils sont en mesure de jouer sur leurs besoins, leurs valeurs et de manipuler des ressources matérielles ou affectives pour faire en sorte que les individus les suivent et se comportent comme ils l'entendent. D'une certaine manière, les leaders transactionnels sont des experts des théories de la motivation telles qu'elles ont été exposées dans les chapitres précédents.

Les **managers transformationnels** jouent beaucoup plus de leur charisme et de leur capacité à développer l'imagination de leurs subordonnés pour les amener à transcender le quotidien. C'est en cultivant une vision à laquelle ils peuvent adhérer et en leur donnant le pouvoir de faire que les leaders transformationnels les mobilisent et les motivent. Ils n'offrent rien d'autre en échange que la seule envie magnétique de les suivre. Les leviers de ce type de management sont la culture d'entreprise, les symboles, l'exemplarité. Le management transformationnel consiste ainsi à transformer les salariés et à les rendre acteurs du changement bien plus qu'à négocier avec eux les conditions de leur ralliement (voir Zoom 12.5).

On notera qu'un même manager peut cultiver des **aptitudes aux deux types de leadership**. Les meilleurs managers sont d'ailleurs capables de jouer sur les deux registres, qui ne sont pas adaptés à toutes les situations. Le management transactionnel est plutôt adapté à des situations stables, dans lesquelles la motivation doit être entretenue autour de schémas de fonctionnement inchangés. Le management transformationnel se justifie davantage lors de situations incertaines ou de crises, dans lesquelles il convient de repenser les façons de fonctionner.

Zoom 12.5 : Bernard Bass et le leadership transformationnel

Dans la continuité des travaux de James Burns consacrés au leadership des politiciens, Bernard Bass conceptualise le leadership transformationnel. Ce type de leadership compte quatre dimensions fondamentales :

- L'**influence idéalisée** : ces leaders incarnent un modèle digne de confiance, à suivre dans des contextes nouveaux et complexes, et pour lesquels un effort supplémentaire peut être consenti.
- La **motivation inspirée** : ces leaders expriment clairement une vision convaincante de l'avenir, ce qui permet aux suiveurs de prendre des initiatives.
- La **stimulation intellectuelle** : ces leaders encouragent à la remise en cause des croyances, à prendre des risques en cherchant de nouvelles façons de faire.
- La **considération individualisée** : ces leaders offrent une reconnaissance individualisée, qui permet à chacun de donner ce qu'il a à donner et de surmonter les situations stressantes.

Au-delà du leadership charismatique, le leadership transformationnel offre un **soutien aux suiveurs**, et les aide à se transformer et à **développer leur autonomie**. En cela, il contribue à élargir le « portefeuille » des besoins des suiveurs et les invite à cibler plus haut dans la pyramide de Maslow.

Source : d'après Bass, B. M., *Leadership and performance beyond expectations*, Free Press, Collier Macmillan, 1985.

3.3. Le choix d'un management autoritaire ou participatif dans les organisations

Au-delà des caractéristiques individuelles des managers, les organisations peuvent développer des styles de management plus ou moins autoritaires et inversement plus ou moins démocratiques. Le choix de ces styles de management dépend beaucoup de la situation et est donc sensible à des facteurs de contingence. Une fois choisi, le style de management s'inscrit dans des outils de gestion qui facilitent sa mise en application.

a) Trois formes de leadership, à l'origine de trois approches du management

Les travaux de Kurt Lewin, autre figure emblématique de l'école des relations humaines, ont conduit à identifier **trois styles de leadership** et à en évaluer l'impact sur les groupes (voir Zoom 12.6). Ses travaux concluent à la supériorité d'un **style démocratique** sur un style autoritaire du point de vue du climat social et de la capacité d'innovation. Le **style autoritaire** conduit, en revanche, à une productivité légèrement plus élevée. Le **style permissif** produit, quant à lui, de l'agressivité entre les membres du groupe et ne permet pas d'atteindre les objectifs.

Zoom 12.6 : Kurt Lewin et les styles de leadership

Pour étudier l'incidence du style de leadership sur la dynamique des groupes, Kurt Lewin a construit un protocole d'observation de groupes d'enfants dans un contexte de centre de loisirs. Ces enfants, en petits groupes, étaient amenés à produire des œuvres artistiques sous la direction d'un animateur « complice » de l'expérimentation sociale. Les animateurs devaient adopter avec les groupes des styles de leadership différents :

- **Autocratique** : l'animateur impose les activités, les évalue mais n'y participe pas.
- **Démocratique** : l'animateur propose un cadre de travail négociable et négocié, et se pose en conseiller.
- **Permissif** : l'animateur se met en retrait et n'apporte de l'aide qu'à la demande en s'impliquant très peu dans les activités et son évaluation.

Le style permissif est celui qui génère le plus d'agressivité entre les enfants livrés à eux-mêmes. Le style démocratique est celui qui produit le climat le plus serein. Le style autocratique produit tantôt des formes d'obéissance passive, tantôt des révoltes violentes pouvant conduire au point de rupture.

Par ailleurs, le style autocratique conduit à une productivité légèrement plus élevée que les autres styles de management, mais génère une créativité moindre que le style démocratique. Le style démocratique est celui qui génère le plus de satisfaction chez les enfants.

Pour critiquables qu'ils soient d'un point de vue méthodologique, les travaux de Lewin mettent en avant l'incidence du style de management sur la **conflictualité interne aux groupes**, ainsi que sur la **production et la prise d'initiative**.

Source : d'après Lewin, mort prématurément ses travaux ont été publiés par ses assistants ; Ralph K. White et Ronald Lippitt, *Autocracy and Democracy: An Experimental inquiry*, Harper & Brothers, New York, 1960, 330 p.

Si l'on suit les conclusions de Lewin, le **leadership démocratique**, qui est **à l'origine du management participatif**, semble ainsi préférable. Il produit à la fois plus de cohésion sociale et stimule l'imagination. Lorsque les membres du groupe peuvent s'exprimer, les décisions sont de meilleure qualité puisqu'on brasse plus d'informations. Elles sont également plus facilement acceptées, ne serait-ce que parce que les opposants peuvent mesurer leur isolement. Enfin, la participation produit de l'équité et des affects positifs, dont les effets sont ressentis sur la motivation.

On pourrait en conclure que les autres formes de leadership sont à bannir. Mais le style de leadership est un élément qui reste très contingent et le **style démocratique n'est pas adapté à toutes les situations**. Il suppose que soient réunies un certain nombre de conditions concernant les membres de l'équipe de travail et la nature même de cette équipe. Il est ainsi nécessaire :

- Que les individus soient suffisamment **matures et compétents** pour pouvoir exprimer et accepter des opinions pertinentes et différentes.
- Que les membres du groupe n'aient **pas une préférence pour l'autoritarisme**, notamment lorsqu'ils se projettent eux-mêmes dans une position de responsabilité d'équipe.
- Que **l'unité soit suffisamment petite** pour que la participation soit possible.
- Que le travail se prête au **partage d'information et à la prise d'initiative collective**. Les univers bureaucratiques, les technologies très structurantes ou le travail taylorisé sont plus compatibles avec une chaîne de commandement autocratique.
- Que la prise de décision **ne nécessite pas la manipulation d'informations secrètes** (secrets de fabrication, manœuvres stratégiques, etc.).

On peut retourner tous ces arguments pour justifier la mise en place d'un management autocratique dans une organisation (travailleurs immatures et incompétents, grande taille rendant illusoire la consultation des salariés, absence de marge de manœuvre, etc.). On ajoutera enfin que le choix du management autocratique par une organisation repose, quant à lui, sur une hypothèse lourde : la compétence et la capacité cognitive de ses managers à prendre les meilleures décisions, indépendamment de leur capacité à y faire adhérer leurs subordonnés.

b) Les démarches de management participatif

On voit tout l'intérêt que revêt le passage à un management participatif. Mais il ne suffit pas de l'avoir choisi, encore faut-il disposer des outils pour le mettre en place. La participation peut prendre des formes concrètes variées et être plus ou moins poussées.

Certaines démarches sont **obligatoires et imposées par la loi**. Ainsi, on peut classer au rang des démarches participatives les cycles d'information et de consultation du personnel dans le cadre du fonctionnement des instances représentatives du personnel (voir chapitre 4 et Outil 12.1 pour une illustration dans la fonction publique).

Outil 12.1 : La participation des agents de la fonction publique à la gestion de l'administration

Pour la fonction publique, le statut général de la fonction publique (Loi n°83-634 du 13 juillet 1983), dans son titre premier portant sur les droits et obligations des fonctionnaires, pose dans son article 9 le principe de la participation des agents de l'État à la gestion et au fonctionnement de l'administration. Cette participation, qui s'exerce au travers des représentants du personnel élus au sein des organismes consultatifs, est le fondement du fonctionnement du dialogue social.

En complément, comme dans les entreprises, et souvent dans le cadre de réorganisations profondes, des opérations de participation directe des agents sont régulièrement engagées. [...]

Source : extrait de « La lettre de l'École de la GRH », DGAFP, numéro spécial, septembre 2013.

La participation peut également prendre la forme de **dispositifs de communication interne**. Les outils de communication ascendante, de la base vers le sommet, sont nombreux. Certains laissent libre cours à l'expression des salariés (boîtes à idées, réseaux sociaux d'entreprise, forums, etc.), d'autres sont plus cadrés dans des démarches formalisées (enquêtes de satisfaction des salariés, démarches qualité). Enfin, la participation peut être lancée à l'occasion de projets de mobilisation collective, comme la rédaction de chartes ou de projets d'entreprise, ou de séminaires internes (voir Illustration 12.5).

Illustration 12.5 : Le management participatif chez Monoprix

La lucidité, ennemi du management ? Sans vouloir faire du sujet une dissertation de philo, la question a le mérite d'être posée. [...] D'habitude, ce sont les équipes qui remplissent chaque année, plus ou moins consciencieusement, leurs entretiens d'évaluation, sans avoir le droit d'émettre un avis sur leur manager. Une fois n'est pas coutume, celles de Monoprix doivent répondre à un questionnaire d'une soixantaine de questions sur leur supérieur hiérarchique, mais aussi sur l'environnement et l'ambiance dans leur magasin.

Ainsi, dans les 150 points de vente qui testent la démarche depuis début 2009, les hôtesses de caisse donnent leur avis sur les pratiques managériales du responsable de caisses, les employés sur le manager de rayon, ce dernier sur le directeur de magasin, ainsi de suite jusqu'au directeur de région. Exemples de questions, parmi d'autres, élaborées avec l'aide du cabinet Sopra : « *Je suis encouragé à faire des propositions* » ou « *J'ai le sentiment d'apprendre mon métier* ». [...]

Damien Pichot en est persuadé. [...] Pour lui, rien de tel pour faire progresser les managers : « *On croit savoir les choses, et puis parfois c'est le contraire. Le management, c'est le travail d'une vie. Alors, si on peut éviter certains pièges, c'est mieux.* » [...]. Si la démarche séduit, elle inquiète aussi. Pour certains, la transparence a ses limites. « *Ce n'est pas confortable pour celui qui est évalué. [...] Ouvrir les vannes de l'expression peut faire beaucoup de dégâts,* note une consultante. *Une fois que c'est dit, on n'est plus dans le non-dit.* »

Source : extrait de « Monoprix s'essaie au management participatif », LSA-conso.fr, 26/08/2010.

Enfin, la démarche participative peut être inscrite dans des **pratiques de gestion ordinaires**. Ici encore, les formes sont variées et seules quelques-unes peuvent être évoquées :

- ***Morning meeting***. Certaines entreprises imposent aux équipes une réunion quotidienne au cours de laquelle on fait un point sur les dysfonctionnements de la veille et les enjeux de la journée.
- **Comités permanents et groupes projets**. Certaines entreprises se dotent d'organes permanents chargés de réfléchir à des problématiques transverses. Ce sont les descendants des cercles de qualité qui ont fleuri dans les années 1970 sur le terreau des évènements de 1968.
- **Politique de la porte ouverte**. Certaines entreprises imposent à leurs managers de rester en permanence disponibles pour entendre les suggestions des salariés et, le cas échéant, leurs doléances.
- **Aménagement des espaces de travail et travail collaboratif**. Le management participatif passe aussi par l'aménagement spatial des entreprises. La proximité entre les membres des équipes, les lieux de convivialité, la présence sur place des leaders ou encore l'accès simplifié à la documentation sont des pratiques qui contribuent à des formes de management participatif.

Le management participatif, complément de l'enrichissement des tâches, est un levier d'une forme de mobilisation des individus au travail reposant des fondements humanistes. La promesse est forte : améliorer la productivité par l'autonomie et le bien-être relationnel au travail. Pourtant, la gestion des ressources humaines hésite à intégrer ces avancées.

Figure 2. Le management participatif comme mise en œuvre de la théorie Y.

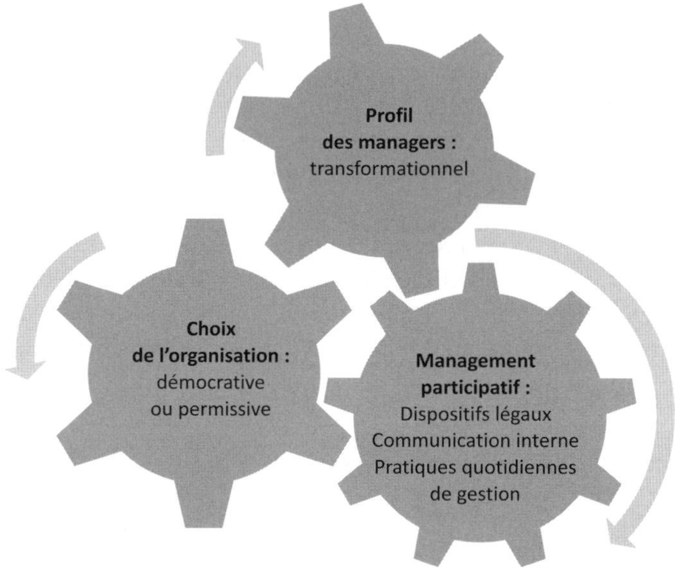

4. Pourquoi ne passe-t-on pas définitivement à des pratiques humanistes ?

Au moins deux explications peuvent être avancées à cette hésitation. La première réside dans le fait que la GRH reste avant tout de la gestion et que les pratiques reposant sur la confiance lui restent souvent étrangères. La seconde cause de cette hésitation tient probablement davantage au contexte économique et aux effets de mode qui traversent les communautés RH et qui font que les pratiques vantées un jour semblent dépassées le lendemain pour mieux revenir ensuite.

4.1. La GRH reste avant tout de la gestion

Tout d'abord, la gestion des ressources humaines reste avant tout de la gestion. Sa mission est de **rationaliser des décisions**, et de piloter les éléments de performance qui sont placés sous son contrôle. En cela, les réflexes de la GRH portent à la normalisation des postes, des hommes, des compétences, des activités, et à la mise en place de dispositifs de contrôle reposant sur des standards. La plupart des pratiques développées par les équipes RH restent structurées par l'univers dans lequel elles ont été créées : la grande usine et la grande administration. S'en remettre à la capacité d'auto-organisation, aux dynamiques de groupe et aux ressorts psychologiques individuels constitue **un double pari difficile à assumer** : le pari de la prise en compte, dans les systèmes de gestion intégrés, de l'extraordinaire complexité des ressorts de l'action humaine, individuelle et collective ; le pari ensuite de la confiance et du lâcher-prise.

Les propositions de l'école des relations humaines invitent à porter l'attention sur les situations locales et inspirent davantage l'**action managériale de proximité** que le pilotage gestionnaire centralisé. Dans la même veine, les critiques de l'école des relations humaines attirent l'attention sur les limites de ce courant : à trop insister sur le rôle clé de la qualité des relations humaines, le risque est de retirer trop de pouvoir à la hiérarchie qui n'oserait plus faire preuve d'autorité, de peur de faire chuter la productivité et de se retrouver à terme avec de bonnes relations de travail, mais une productivité faible. Pour le dire autrement, le DRH peut être amené à faire le choix rationnel de maintenir des pratiques d'incitation et de coercition s'il ne sait pas comment les personnes se situent entre le travail-contrainte de la théorie X ou le travail-accomplissement de la théorie Y (voir Illustration 12.6).

Illustration 12.6 : « Allez les gars, on n'est pas au Club Med ! »

Ce coup de semonce paternaliste maintes fois entendu dans les open spaces valorise l'effort et mobilise les troupes façon garnison. « On se met les tripes sur la table ! », crie un cuisinier à ses commis. « Drop the bomb tout le monde ! Le concurrent, on va le défoncer ! », hurle un chef de plateau à ses commerciaux.

Ces incantations viriles sont des rappels à l'ordre : on est là pour travailler, pas pour rigoler.

Pourtant, aujourd'hui, en entreprise, il faut rigoler. Les bureaux des start-up prennent des allures de villégiature. Les salles de réunion ont des hamacs et sont baptisées Martinique ou Tahiti. À la « K-fête », on joue au baby-foot. Le fun est de rigueur, le sourire, un signe d'implication. Les managers deviennent des GO. Chacun est invité à masquer ses efforts. Et potasse ses dossiers en douce le week-end, car l'entreprise aime les victorieux, pas les laborieux. D'ailleurs, on ne travaille plus, on collabore. La dernière trouvaille : l'entreprise « libérée ». Pas de contraintes, les salariés décident eux-mêmes du choix de leur mission.

Un vrai club de vacances ? Bien sûr que non : quand les chiffres sont au rouge, on siffle la fin de la récré. « On n'est quand même pas au Club Med ! tempère Yann Toupin, dirigeant d'une PME de marketing numérique libérée. Toutes les trois semaines, un bilan est dressé sur la réalisation des objectifs. » Alors, on joue ou on bosse ? « Sifflez en travaillant et le balai paraît léger », chantaient les sept nains.

Source : d'après Alexandre des Isnards, Capital.fr, 21/08/2015.

4.2. Libérer et humaniser l'entreprise : une mode sur fond de crise ?

Une deuxième explication au fait que ces pratiques ne s'imposent pas définitivement tient aux phénomènes de modes managériales. Des discours se succèdent, prônant successivement des approches très rationnelles et des approches plus humanistes en matière de mobilisation des hommes. L'avantage de ces mouvements est probablement de rappeler périodiquement à l'ordre les milieux managériaux qui s'emballeraient dans un sens ou dans un autre. Mais on peut également voir derrière ces mouvements la conséquence de mouvements plus macroéconomiques et macrosociaux.

Ainsi, les pratiques humanistes seraient particulièrement en vogue en période de crise. Les entreprises confrontées à des difficultés seraient plus ouvertes à une remise en cause de leur mode de fonctionnement, surtout s'il s'agit de se donner les moyens de faire émerger des innovations. En période de croissance, en revanche, l'accent serait davantage mis sur l'optimisation des ressources, afin de tenir les objectifs de développement sans qu'on ait besoin de mettre en débat les produits ou l'organisation. Par ailleurs, les périodes de crise se caractérisent souvent par une diminution des ressources monétaires, ce qui pousse à motiver les hommes autrement, notamment en améliorant les conditions de travail à un moment où il est difficile d'investir. À l'inverse, en période de conjoncture faste, le « partage des profits » permet davantage de faire accepter l'intensification du travail.

De fait, les grands progrès dans la formalisation et la diffusion des pratiques de management reposant sur la qualité des relations humaines correspondent à des moments historiques assez précis de crise économique généralisée : les années 1930, 1970 et 2010.

Enfin, comme cela a déjà été évoqué, l'enrichissement du travail, l'autonomie et le management participatif ne conviennent pas à toutes les entreprises et à toutes les situations. Claude Lévy-Leboyer résume bien ce problème dans ce tableau qui lui est emprunté :

Tableau 1 : Les conditions de réussite d'une politique d'enrichissement du travail

Changer le travail pour le rendre motivant est difficile quand...	Changer le travail pour le rendre motivant est indiqué quand...
• Le système technologique s'y oppose, comme quand il y a des chaînes d'assemblage ou quand l'enrichissement suppose une modification coûteuse du matériel de production. • La description des postes est codifiée et a fait l'objet d'un accord avec le personnel. • Les tâches de contrôle, de commande de matières premières, de planning du travail, etc. sont actuellement le privilège d'une maîtrise qui ne souhaite pas en être dessaisie. • L'enrichissement des tâches suppose des efforts de formation qui sont trop coûteux pour l'entreprise. • Le personnel dont les tâches seraient enrichies s'attend à recevoir des promotions et/ou des augmentations de salaire que l'entreprise ne peut pas se permettre, ce qui risque de créer un sentiment d'iniquité et, par suite, une démotivation.	• La tâche est découpée en segments courts qui pourraient être réunis pour les rendre moins répétitifs. • Il est possible de diminuer le nombre de niveaux hiérarchiques sans altérer la qualité des performances. • Des contrôles inutiles continuent à être effectués, alors que l'évolution des techniques ne les exige plus. • L'intégration des tâches et des services requiert la présence de personnel de liaison, mais ceux-ci ont également des fonctions de contrôle qui réduisent l'autonomie du personnel. • Le travail est très fractionné et il est possible de réunir toutes les parties qui exigent le même matériel. • Il existe des possibilités de formation qui faciliteront l'accroissement des responsabilités.

Source : d'après Lévy-Leboyer, C., *La motivation au travail : Modèles et stratégies*, Éditions Eyrolles, 2011.

À retenir

✓ **Selon la théorie Y, les individus se révèlent et se construisent naturellement par le travail. L'employeur doit donc jouer sur la nature du travail et sur la qualité des relations sociales pour que les employés s'engagent dans leur travail. Le management qui en découle peut-être qualifié de management humaniste.**

✓ **Deux corpus théoriques constituent le paradigme de référence pour comprendre les comportements organisationnels lorsqu'on retient l'hypothèse de la théorie Y : l'école des relations humaines et l'approche sociotechnique.**

✓ **L'école des relations humaines soutient que les dynamiques de groupe et un management attentif aux hommes sont gages de performance. L'ap**

proche sociotechnique soutient que l'efficacité passe par la mise en cohérence du système social et du système technique, et donc par une adaptation réciproque des hommes et de l'organisation.

- ✓ **Dans cette perspective, l'enrichissement du travail devient une voie privilégiée pour mettre en œuvre un management humaniste. On peut en attendre une réduction de la souffrance au travail, une sollicitation plus stimulante des compétences et une meilleure perception du sens du travail.**
- ✓ **Cette approche peut s'opérationnaliser de différentes manières, plus ou moins ambitieuses : la constitution d'équipes semi-autonomes de production, la recherche de l'excellence dans les processus de travail, ou l'utilisation des nouvelles technologies pour libérer les individus des tâches les plus fastidieuses. Néanmoins, ces dispositifs managériaux ne produiront des effets positifs que si leur implémentation procède d'une philosophie de gestion conforme à la théorie Y.**
- ✓ **Le style de management constitue un deuxième pilier des pratiques d'entreprise visant la motivation et la mobilisation des hommes. On parle de style de management pour évoquer la personnalité des leaders, qui relèvent soit du management transactionnel, soit du management transformationnel. On parle aussi de style de management pour désigner des choix opérés au sein des organisations, qui peuvent relever de logiques autoritaires, démocratiques ou permissives.**
- ✓ **Le management participatif, déclinaison du leadership démocratique, relève d'incitations ou d'obligations légales, mais aussi et surtout de dispositifs de communication interne et de pratiques de gestion ordinaires.**
- ✓ **La perspective d'un management humaniste est explorée depuis les années 1930 sous la forme de variantes régulièrement revisitées (la version la plus actuelle étant les expériences d'entreprise libérée), mais elle ne s'impose pas de manière définitive. La raison en est probablement que la GRH est une discipline de gestion avant tout et, qu'à ce titre, ses praticiens ont des réticences à se lancer pleinement dans ce pari.**

Table des applications

Table des illustrations

Table des zooms

Table des outils

Index

C

I

J

K

L

M

N

O

P

Q

R

S

PEFC PEFC/30-32-821

Achevé d'imprimer en juin 2021 par Wilco aux Pays-Bas
Dépôt légal: juin 2021
N° éditeur MAGSI20200648